भारत विभाजन

भारत विभाजन

सरदार पटेल

संपादक

डॉ. प्रभा चोपड़ा

प्रभात प्रकाशन

प्रकाशक • **प्रभात प्रकाशन प्रा. लि.**
4/19 आसफ अली रोड,
नई दिल्ली–110002

संस्करण • 2026
मूल्य • छह सौ रुपए
मुद्रक • नरुला प्रिंटर्स, दिल्ली

BHARAT VIBHAJAN

by Sardar Patel ₹ 600.00
Published by Prabhat Prakashan Pvt. Ltd., 4/19 Asaf Ali Road, New Delhi-2
e-mail: prabhatbooks@gmail.com ISBN 978-93-5562-684-4

विषय-सूची

प्राक्कथन

सरदार पटेल कांग्रेस के एक प्रमुख सदस्य थे और पूर्ण स्वराज्य प्राप्त करने के उद्‌देश्य से स्वतंत्रता आंदोलन में उन्होंने महत्त्वपूर्ण भूमिका निभाई थी। उनके संपूर्ण राजनीतिक जीवन में भारत की महानता और एकता ही उनका मार्गदर्शक सितारा रहा।

सरदार पटेल दो समुदायों के बीच आंतरिक मतभेद उत्पन्न करने के लिए अलग-अलग चुनाव क्षेत्रों और सांप्रदायिक भेदभाववाले पुरस्कारों को स्वीकृत करके 'बाँटो और राज करो' की ब्रिटिश नीति के आलोचक थे। भारत की स्वतंत्रता को अस्वीकार करने के लिए हिंदू-मुसलिम मतभेद अंग्रेजों के लिए सरल बहाना था। लिनलिथगो-एमरे-चर्चिल समझौते ने इस मिथ्या तर्क को खूब भुनाया, जिससे हिंदू-मुसलिम एकता बनाए रखने के सरदार पटेल के प्रयासों के बावजूद पाकिस्तान को एक मूर्त स्वरूप प्रदान करने के जिन्ना के सपनों को सहायता मिली। सरदार पटेल का एक मापदंड यह जाँचना होता था कि क्या ब्रिटिश सरकार की कोई विशेष नीति देश के हित में है? उन्होंने महसूस किया कि जितनी जल्दी अंग्रेज भारत छोड़ दें, उतना ही यह देश के लिए अच्छा होगा। पाकिस्तान के लिए मुसलिम लीग की निरंतर माँग के संबंध में सरदार पटेल ने हिंदुओं और मुसलमानों दोनों से ही यह आग्रह किया था कि अपने मिश्रित प्रयासों से पहले स्वतंत्रता प्राप्त कर ली जाए; और फिर अंग्रेजों के चले जाने के बाद भारत के भाग्य का निर्णय किया जाए; क्योंकि 'गुलामों के पास न तो पाकिस्तान है, न ही हिंदुस्तान।'

भारत की एकता को बनाए रखना ही उनकी प्रमुख चिंता थी और इस उद्‌देश्य से ही अनेक अवांछित शर्तों के बावजूद उन्होंने 'कैबिनेट मिशन योजना' को स्वीकार किया था; क्योंकि इसमें भारत की एकता पर बल देते हुए और एक अलग पाकिस्तान राज्य के लिए मुसलिम लीग की माँग को स्पष्ट रूप से अस्वीकार करते हुए यह कहा

गया था कि 'भारत राज्यों का एक संघ होना चाहिए।' सरदार पटेल इस बात से प्रफुल्लित थे कि पाकिस्तान के विचार को 'हमेशा के लिए दफना दिया गया', जैसाकि उन्होंने अपने मित्रों को लिखा था।

किंतु कांग्रेस अध्यक्ष के द्वारा अल्पसंख्यकों के मामले को एक ऐसी घरेलू समस्या के रूप में निरूपित किए जाने पर, जिसमें अंग्रेजों की मंजूरी या हस्तक्षेप की कोई आवश्यकता नहीं है, जिन्ना अत्यंत क्रुद्ध थे। मुसलिम लीग ने तब 'असंवैधानिक तरीकों' को अपनाया एवं जिन्ना ने मुसलमानों से 16 अगस्त को 'सीधी कारवाई दिवस' मनाने को कहा। इस निर्णय का अत्यंत दुःखद परिणाम यह हुआ कि बंगाल में दंगे और खून-खराबे का सिलसिला चला पड़ा तथा उत्तर प्रदेश और बिहार में भी इससे गंभीर प्रतिहिंसा हुई। असम, पंजाब, बंगाल, उत्तर-पश्चिम सीमा प्रांत में व्यापक अव्यवस्थाएँ फैलीं एवं दंगे हुए और बड़ी संख्या में लोगों की हत्याएँ हुईं। जब कांग्रेस ने अंग्रेजों से जल्दी जाने को कहा, तब उन्होंने कहा कि वे चले जाएँगे, यदि हम 'आपस में सहमत हों'।

गांधीजी ने 20 जुलाई, 1947 को 'हरिजन' में लिखा—"एक समुदाय को दूसरे के विरुद्ध उकसाते रहने की नीति का अनुसरण करते हुए ब्रिटेन दो संगठित सेनाओं के बीच भारत को एक युद्ध-स्थल के रूप में छोड़ रहा है।"

माउंटबेटन ने, जिन्होंने लॉर्ड वावेल से वाइसराय का पदभार ग्रहण किया था, 3 जून, 1947 को अपनी योजना घोषित की। इसमें बँटवारे के सिद्धांत को स्वीकृति दी गई थी। इस योजना को कांग्रेस और मुसलिम लीग ने स्वीकार किया। सरदार पटेल ने कहा कि उन्होंने विभाजन के लिए सहमति इसलिए दी, क्योंकि वह विश्वसनीय रूप से समझते थे कि "(शेष) भारत को संयुक्त रखने के लिए इसे अब विभाजित कर दिया जाना चाहिए।" बँटवारे का समर्थन करते हुए पं. नेहरू ने टिप्पणी की थी कि "निर्दोष नागरिकों की हत्या से विभाजन बेहतर है।"

पं. नेहरू और सरदार पटेल दोनों ने ही कांग्रेस कमेटी से कठोरतापूर्वक कह दिया था कि "या तो विभाजन स्वीकार करना होगा अथवा पूर्ण रुकावट और अराजकता का सामना करना पड़ेगा।"

एक दूसरे अवसर पर सरदार पटेल ने कहा था कि "हमें विभाजन के लिए सहमत होना पड़ा···तमाम संशयों और दुःखों के बाद। किंतु मैंने महसूस किया कि यदि मैं विभाजन को स्वीकार नहीं करता हूँ तो भारत अनेक समुदायों में बँट जाएगा और पूर्णतः बरबाद हो जाएगा। विभाजन के बाद भी 75 प्रतिशत जनसंख्या इस ओर रह जाएगी, जिन्हें हमें ऊपर उठाना है।"

यहाँ तक कि गांधीजी ने भी, जिनसे अनेक वर्षों तक सरदार पूर्णतः सहमत थे,

महसूस किया कि यद्यपि वे इस निर्णय से सहमत नहीं हैं, "किंतु उन्होंने मुझसे (सरदार से) कहा कि यदि मेरा हृदय मेरी धारणा को ठीक समझता है तो मैं आगे बढ़ सकता हूँ।"

यह पुस्तक ऐसे विषयों की पुस्तकों की श्रृंखला में छठी पुस्तक है। पहली पाँच पुस्तकें हैं—कश्मीर और हैदराबाद; मुसलमान और शरणार्थी; नेहरू, गांधी और सुभाष; आर्थिक एवं विदेश नीति तथा सरदार पटेल एवं प्रशासनिक सेवा।

मैंने पाठकों की सुविधा के लिए एक विस्तृत भूमिका प्रस्तुत करने की चेष्टा की है, जो उन दस्तावेजों पर आधारित है, जो पंद्रह खंडों में डॉ. पी.एन. चोपड़ा एवं मेरे द्वारा संपादित 'कलेक्टेड वर्क्स ऑफ सरदार पटेल', दुर्गादास द्वारा संपादित 'वॉल्यूम्स ऑफ सरदार पटेल्स कॉरस्पोंडेंस' और दो खंडों में वी. शंकर द्वारा संपादित 'सिलेक्टेड कॉरस्पोंडेंस ऑफ सरदार पटेल' में दिए गए हैं। उपर्युक्त स्रोतों से संबंधित दस्तावेजों को ध्यानपूर्वक चुनकर भूमिका के साथ संलग्न किया गया है।

—प्रभा चोपड़ा

प्रलेखों का सार

संलग्नक

V. सरदार पटेल ने संदूर के शासक द्वारा देश की एकता के प्रति उनके सुदृढ़ दृष्टिकोण की सराहना करते हुए उन्हें पत्र लिखा

VI. सरदार पटेल ने कांग्रेस को यह समझाया कि इफ्तकारउद्दीन की पाकिस्तान की माँग ने उनके निष्कासन को प्रेरित किया

□

भूमिका

दिसंबर 1929 के लाहौर कांग्रेस अधिवेशन में एक ऐतिहासिक प्रस्ताव पारित किए जाने के साथ ही, जिसमें पूर्ण स्वराज्य या 'कंपलीट इंडिपेंडेंस' ही अंतिम लक्ष्य घोषित किया गया था, भारत के स्वतंत्रता आंदोलन में एक नया अध्याय शुरू हुआ। इस लक्ष्य को ध्यान में रखते हुए कांग्रेस कार्यकारिणी समिति ने फरवरी 1930 की अपनी बैठक में महात्मा गांधी को 'सविनय अवज्ञा आंदोलन' प्रारंभ करने की अनुमति प्रदान की। सरदार वल्लभभाई पटेल कांग्रेस कार्यकारिणी समिति के एक प्रमुख सदस्य थे। गांधीजी ने कानून तोड़ते हुए दांडी समुद्र-तट पर नमक बनाकर 6 अप्रैल, 1930 को इस आंदोलन को प्रारंभ करने का निर्णय लिया।

वाइसराय की तरफ से एक गोपनीय टेलीग्राम में बंबई की सरकार ने 17 जनवरी, 1930 को सूचित किया कि एक 'सविनय अवज्ञा आंदोलन' या टैक्स न देने संबंधी अभियान गुजरात के किसी भाग में कभी भी प्रारंभ किया जा सकता है (प्रलेख-1)। सरदार पटेल को, जो कि एक जन्मजात आंदोलनकारी एवं स्कूल के दिनों से ही नेता थे और इस आंदोलन के एक प्रमुख व्यक्ति थे, बंबई की सरकार द्वारा 7 मार्च, 1930 को बोरसाद में 'ग्रामीणों को नमक बनाने के लिए' उकसाने के आरोप में गिरफ्तार कर लिया गया (प्रलेख-2)। उनकी गिरफ्तारी और तीन महीने जेल की सजा ने एक संकेत दे दिया कि युद्ध प्रारंभ हो चुका है। जैसाकि नेहरू ने टिप्पणी की कि "इसका अर्थ यह है कि हम लड़ाई के बीचोबीच हैं।" (प्रलेख-3)

सरदार पटेल को गुप्त रूप से एक विशेष ट्रेन द्वारा साबरमती से यरवदा जेल भेज दिया गया। जेल में रहते हुए उन्हें सुबह 'ज्वार का दलिया' और एक दिन के अंतराल पर ज्वार की रोटी और दाल या रोटी एवं सब्जी दी जाती थी। सरदार पटेल दाँत दर्द से पीड़ित थे और जब उनसे पूछा गया कि उन्होंने ज्वार की रोटी को किस प्रकार चबाया, तब उन्होंने हँसते हुए कहा, "ओह, मैंने उसे पानी में भिगोकर तोड़ दिया और बड़ी

आसानी से खा गया।'' कुछ देर मौन रहने के बाद उन्होंने फिर कहा, ''एक चीज जो मुझे चिंतित करती है वह यह है कि जेल में सभी जिम्मेदार अधिकारी भारतीय हैं। हम भारतीयों के माध्यम से ही वे ऐसी अमानवीय व्यवस्था चलाते हैं। मेरी कामना है कि सभी विदेशी होते, ताकि मैं उनसे लड़ सकता। लेकिन मैं अपने ही सगे-संबंधियों से कैसे लड़ सकता हूँ?'' (प्रलेख-4)

सरदार पटेल ने स्पष्ट किया कि ब्रिटिश इंडिया में कांग्रेस जिस स्वतंत्रता आंदोलन को चला रही थी, वह सामंतों की रियासतों सहित 33 करोड़ लोगों की मुक्ति के लिए था। (प्रलेख-5) उन्होंने संपूर्ण भारत के लिए सैन्य बलों एवं आर्थिक नियंत्रण सहित अपने लोगों के प्रति जिम्मेदार एक पूर्ण राष्ट्रीय सरकार की माँग की। जवाहरलाल नेहरू ने अक्तूबर 1930 में अपनी संभावित गिरफ्तारी का खयाल करते हुए सरदार पटेल को कार्यकारी अध्यक्ष नामांकित किया। सरदार पटेल ने कार्यभार ग्रहण करने के बाद देश का एक तूफानी दौरा किया और कांग्रेस के संदेश को लोगों तक पहुँचाया तथा इस बात पर जोर दिया कि विदेशी कपड़ों का बहिष्कार किया जाए। उन्होंने अपने श्रोताओं को यह भी बताया कि जनता परिषद् में सांप्रदायिक प्रतिनिधित्व और सीटें नहीं चाहती। उनकी समस्या भूख और रोटी है। (प्रलेख-6) हिंदू-मुसलिम एकता पर जोर देते हुए उन्होंने इस विचार का खंडन किया कि मुसलिम इस राष्ट्रीय आंदोलन में भाग नहीं ले रहे हैं। (प्रलेख-7) किंतु सरदार पटेल बंगाल की स्थिति से परेशान थे, विशेष रूप से अंग्रेजों द्वारा मुसलमानों को उकसाए जाने के कारण । (प्रलेख-8)

सरदार पटेल की अध्यक्षता में 2 अप्रैल, 1931 को कराची में इंडियन नेशनल कांग्रेस की कार्यकारिणी समिति के द्वारा विभिन्न स्तरों पर विचार किए जाने के बाद तिरंगा राष्ट्रीय ध्वज स्वीकार किया गया। कमेटी का यह दृष्टिकोण सर्वसम्मत था कि ध्वजा के रंगों का कोई सांप्रदायिक महत्त्व नहीं होना चाहिए। किंतु अनेक सदस्यों ने यह महसूस किया कि झंडे का लाल व हरा रंग हिंदू और मुसलमानों का प्रतिनिधित्व करता है और बाद में सफेद रंग जोड़ा गया, जो भारत के अन्य समुदायों के लिए था। यह वही ध्वज था जिसके नीचे सन् 1930-31 में महान् भारतीय अहिंसा आंदोलन प्रारंभ किया गया। बाद में इसे असांप्रदायिक महत्त्व देने के लिए नीले रंग के चरखों के साथ लाल रंग को केसरिया रंग में बदल दिया गया। केसरिया रंग साहस और त्याग का, सफेद शांति और सत्य का, हरा रंग विश्वास और शौर्य का एवं चरखा जनता की आशा का प्रतीक है। (प्रलेख-9)

यद्यपि सरदार पटेल परिषद् (काउंसिल) में प्रवेश के विरुद्ध थे, फिर भी उन्होंने सन् 1934 में महासभा (असेंबली) का चुनाव लड़ने के कांग्रेस के निर्णय का समर्थन किया। कांग्रेस पार्टी के एक अनुशासित सिपाही के रूप में उन्होंने चुनाव लड़ने के

आलाकमान के फैसले को स्वीकार किया और कहा कि "वह कांग्रेस के द्वारा स्वीकार किए गए किसी भी कार्यक्रम में सहयोग करेंगे, क्योंकि मनोवैज्ञानिक दृष्टि से उपयुक्त वर्तमान समय में कार्यकर्ताओं के बीच मतभेद उत्पन्न कर वह कांग्रेस की प्रतिष्ठा को संकटापन्न करने के विरुद्ध हैं'''। सरदार पटेल उत्सुक थे कि कांग्रेस कार्यकर्ताओं में हर कीमत पर एकता बनी रहे और प्रत्येक कार्यकर्ता कांग्रेस के कार्यक्रमों का निर्विवाद रूप से पालन करता रहे।" उन्होंने प्रांतों का, विशेषकर बंबई और गुजरात का, तूफानी दौरा किया और लोगों से आग्रह किया कि वे कांग्रेस प्रत्याशी को वोट दें और कांग्रेस संसदीय बोर्ड के महामंत्री भूलाभाई जे. देसाई से कहा कि वे बंबई के लोगों तक उनका संदेश पहुँचाएँ। (प्रलेख-10, 11 और 12) सरदार पटेल ने रास (*Ras*) के लोगों को आनेवाले प्रांतीय महासभा (प्रोविंशियल असेंबली) चुनावों के महत्त्व को समझाने का प्रयास किया और उन्हें कांग्रेस प्रत्याशी को वोट देने के लिए प्रेरित किया, "लड़ाई अभी समाप्त नहीं हुई है, लेकिन इसका तरीका बदल दिया गया है। स्वतंत्रता के लिए संघर्ष कभी खत्म नहीं होता।" इस अवधि में उनके सभी भाषणों में उनका स्वर सत्ता के साथ सामंजस्य स्थापित करने का था, न कि विरोध करने का। किंतु उन्होंने लोगों को सलाह दी कि कांग्रेस की नीतियों में बदलाव के कारण कोई भी नियम-विरुद्ध कार्य न करें। परंतु इसके साथ ही उन्होंने लोगों को यह भी स्पष्ट कर दिया कि देश की मुक्ति के लिए विदेशी सरकार के साथ लंबे समय तक चलनेवाले संघर्ष में यह सिर्फ एक अगला कदम है और लोगों को स्वतंत्रता-प्राप्ति के लिए और अधिक बलिदान करने को तैयार रहना चाहिए। (प्रलेख-13 और 14)

उन्होंने तर्क दिया कि यद्यपि उन लोगों ने 'सविनय अवज्ञा आंदोलन' स्थगित किया है, किंतु "लोगों और सरकार के बीच की लड़ाई अभी भी समाप्त नहीं हुई है।" (प्रलेख-15)

वह हिंदू-मुसलिम एकता के प्रति अडिग रहे और उन्होंने समुदायों में आंतरिक मतभेद उत्पन्न करने के उद्देश्य से सांप्रदायिक पुरस्कारों की स्थापना करने के लिए ब्रिटिश सरकार की आलोचना की। उन्होंने हिंदुओं और मुसलमानों दोनों को ही नसीहत दी कि वे आपस में झगड़ा न करें। उनका विश्वास था कि "मसजिदों और गुरुद्वारों के विषय पर लड़ना अत्यंत अधार्मिक है और ऐसे सांप्रदायिक झगड़े ही देश की पराधीनता के लिए जिम्मेदार हैं।" (प्रलेख-16) उन्होंने घोषित किया कि "वास्तव में ईश्वर मसजिदों और मंदिरों तक ही सीमित नहीं है। वह सर्वत्र परिव्याप्त है। उसे देखने का सबसे अच्छा तरीका अपने अंदर देखना है।" (प्रलेख-17)

ब्रिटिश सरकार सरदार पटेल के क्रियाकलापों के बारे में बहुत चिंतित थी और उन पर नजर रख रही थी। इस संबंध में डी.आई.जी. पुलिस, बंबई ने अपने गोपनीय

पत्र दिनांक 22 मार्च, 1935 के द्वारा विशेष सचिव (गृह), बंबई को सूचित किया कि वल्लभभाई की यात्रा स्थिति का जायजा लेने तथा यह आँकने के लिए की गई थी कि सरकार-विरोधी उस आंदोलन में कांग्रेस की नीति क्या होनी चाहिए, जिसकी तैयारी वर्धा में उस समय की जा रही थी। (प्रलेख-18)

सरदार ने लोगों से कांग्रेस को वोट देने का आग्रह किया, जिसका "लक्ष्य स्वतंत्रता या 'पूर्ण स्वराज्य' प्राप्त करना है। किंतु कांग्रेस का उद्देश्य तभी पूरा हो सकता है, जब इस आंदोलन में कांग्रेस को देश का सर्वाधिक समर्थन प्राप्त हो…। जिन लोगों को वोट देने का अधिकार दिया गया है उन्हें इस अधिकार को देश की पवित्र धरोहर समझना चाहिए।" "कांग्रेस को वोट देना स्वतंत्रता को चुनना है; कांग्रेस के विरुद्ध वोट देना गुलामी को अपनाना है।" (प्रलेख-19 और 20)

सरदार पटेल सरकार द्वारा हरिजनों और मुसलमानों के लिए अलग चुनाव क्षेत्रों की व्यवस्था की नीति के आलोचक थे। इस संबंध में उन्होंने कहा, "सरकार भारत को दो अलग भागों में बाँटना चाहती है। सरकार 'बाँटो और राज करो' की नीति अपनाकर कांग्रेस को पराजित करना चाहती है।" (प्रलेख-21) वह कांग्रेस मंत्रालयों के काम-काज से पूर्णत: संतुष्ट थे और हरिपुर सम्मेलन के दौरान अपने भाषण में उन्होंने विशेष रूप से जोर देकर कहा, "कांग्रेस के कार्यभार ग्रहण करने के पूर्व सांप्रदायिक क्लेश अधिक था, किंतु कांग्रेस के कार्यभार ग्रहण करने के बाद से सांप्रदायिक बलवे का एक भी गंभीर मामला नहीं हुआ है और इससे कांग्रेस के शासन करने की क्षमता की विस्तृत अभिव्यक्ति होती है।" (प्रलेख-22)

सरदार पटेल ने दृढ़तापूर्वक जिन्ना के इस आरोप का खंडन किया कि कांग्रेस शासन में मुसलमानों का दमन किया जा रहा है। 11 दिसंबर, 1939 को 'हिंदू' में प्रकाशित अपने एक वक्तव्य में उन्होंने इन आरोपों को "अविचारित, अदूरदर्शी और सांप्रदायिक शांति को खतरे में डालनेवाला" बताया। वह यह देखकर दु:खी थे कि स्थिति को अच्छी तरह समझते हुए भी वाइसराय और गवर्नर्स ने इन आरोपों का समुचित जवाब देने से इनकार किया। यद्यपि वे भी इससे उतने ही संबंधित थे जितना कि मंत्री; और इसका कारण केवल वे ही जानते थे।

स्वयं जिन्ना ने भी एक स्वतंत्र न्यायाधिकरण के समक्ष अपने आरोपों को जाँच के लिए प्रस्तुत करने के कांग्रेस अध्यक्ष डॉ. राजेंद्र प्रसाद के प्रस्ताव की अवहेलना की। (प्रलेख-23, 24 और 25)

16 अक्तूबर, 1939 को राजेंद्र बाबू को लिखे अपने पत्र में सरदार पटेल ने जिन्ना का तुष्टीकरण किए जाने की आलोचना की। उन्होंने लिखा—"मेरे विचार से, हम लोगों के द्वारा अब कोई और पहल नहीं की जानी चाहिए…। आपके पत्र के जवाब

में श्री जिन्ना के पिछले उत्तर से अब आगे किसी पहल की पूरी जिम्मेदारी उन्हीं पर पड़ती है। मैं समझता हूँ कि लगातार प्रस्ताव देकर हम लोग अपना केस खराब कर रहे हैं।''मेरा दृढ़ विश्वास है कि सांप्रदायिकता के प्रश्न का कोई समाधान तब तक नहीं हो सकता जब तक कि श्री जिन्ना यह महसूस न कर लें कि वह कांग्रेस पर दबाव नहीं डाल सकते।'' (प्रलेख-26)

कांग्रेस मंत्रालयों के विरुद्ध जिन्ना के आधारहीन आरोपों पर वाइसराय एवं राज्यपालों की चुप्पी पर अपनी भावनाओं के उद्वेग में सरदार पटेल ने टिप्पणी की— ''कांग्रेस कार्यकारिणी समिति की बैठक की संध्या में जिन्ना के साथ किसी विवाद में पड़ने की मेरी कोई इच्छा नहीं है, विशेष रूप से जब उन्होंने सांप्रदायिकता के प्रश्न पर एक असंभव तर्क प्रस्तुत करना उचित समझा है। लेकिन मैं देश के प्रति अपना यह कर्तव्य समझता हूँ कि जनता का ध्यान जिन्ना के हालिया बयान के अभिप्रेत अर्थों की ओर आकर्षित करूँ।

''जिन्ना के वक्तव्य से यह स्पष्ट है कि वह कोई सांप्रदायिक समझौता नहीं चाहते हैं।'' उनका एकमात्र उद्देश्य सांप्रदायिकता की भावना को अत्यधिक तनाव की स्थिति में बनाए रखना ही प्रतीत होता है। उनकी तथाकथित मुक्ति के दिन को मनाए जाने की जिद स्पष्टतः व्याप्त विद्वेष को उत्तेजित करना है, जिससे अनेक लोग यह समझते हैं कि दो समुदायों में लड़ाई-झगड़ा प्रारंभ हो सकता है।'' (प्रलेख-24)

जवाहरलाल नेहरू को 9 दिसंबर, 1939 को लिखे अपने पत्र में उन्होंने जिन्ना के वक्तव्य को मुसलमानों को मात्र भड़कानेवाला एक वक्तव्य बतलाया। उन्होंने कहा, ''संपूर्ण भारत में हमारे लोग यह सुनकर क्रोधित होंगे कि आप उनके इस भड़काऊ वक्तव्य के बाद भी उनसे मिल रहे हैं। हम लोगों को इस स्थिति को जल्द-से-जल्द समाप्त कर देना चाहिए।''

मैं देखता हूँ कि सर स्टैफोर्ड क्रिप्स भी सर्वश्री जिन्ना एवं अंबेडकर और राजकुमारों के कुछ प्रतिनिधियों से मिल रहे हैं। मैं आशा करता हूँ कि उनकी मुलाकातों से राजनीतिक समुद्र के नीचे दबे पंकिल जल की गंदगी में पुनः हलचल नहीं होगी।''

---

* श्री वी.बी. कुलकर्णी ने अपनी पुस्तक में लिखा, ''भारत की स्वाधीनता के बारे में ब्रिटिश शासन की हठ और दुराग्रह को ध्यान में रखते हुए कांग्रेस ने मंत्रालय से अपने आपको अलग कर लिया था और सरकार व वाइसराय लिनलिथगो को किसी भी प्रकार का सहयोग देने के मूड में नहीं थी। इसलिए उसका जिन्ना के प्रति रुझान बढ़ा।''

''इससे जिन्ना का ब्रिटिश सरकार के निकट आने का मार्ग खुला, जिससे वह अपने लिए और अपनी पार्टी के लिए आशा से अधिक बेहतर स्थान बना सकें। 5 नवंबर 1939 को वाइसराय को लिखे पत्र से उनकी बढ़ती माँगों का सिलसिला शुरू हुआ, जिसमें उन्होंने ब्रिटिश शासन से कहा

(प्रलेख-27) *

बाद में भावनगर प्रजामंडल कांग्रेस में पहुँचने पर जब सरदार पटेल को एक जुलूस में ले जाया गया तो एक मसजिद के निकट उस जुलूस पर मुसलमानों द्वारा आक्रमण किया गया। इस संघर्ष में दो व्यक्ति मारे गए और एक गंभीर रूप से घायल हुआ। किंतु सरदार शांत रहे और लोगों से अपील की कि वे इस स्थिति से उत्तेजित न हों तथा पूर्ण अहिंसा का पालन करें। (प्रलेख-28) यद्यपि सरदार पटेल यह चाहते थे कि विभिन्न समुदायों में निश्चित रूप से एकता होनी चाहिए, किंतु फिर भी उन्होंने यह जरूरी समझा और कहा कि ''यदि हम वास्तव में एकता चाहते हैं तो उन लोगों का पता लगाया जाना चाहिए, जो इन घृणित कार्यों के पीछे हैं और हमें उन्हें तब तक नहीं छोड़ना चाहिए जब तक वे अपने कृत्यों के लिए पश्चात्ताप न करने लगें। उन्हें यह सोचने का अवसर नहीं दिया जाना चाहिए कि हम मूर्ख और कमजोर हैं।'' (प्रलेख-29) भावनगर में कुछ मुसलमानों द्वारा उन पर आक्रमण किए जाने के बावजूद सरदार पटेल ने राजेंद्र बाबू से कहा कि उन आर्यसमाजियों पर कठोर काररवाई की जानी चाहिए, जो शोलापुर में दो मुसलमानों की हत्या के जिम्मेदार हैं। (प्रलेख-30)

ब्रिटिश सरकार द्वारा भारतीयों के पूर्ण स्वराज्य की महत्त्वाकांक्षा को अंगीकार करने की मनोवृत्ति से यद्यपि कांग्रेस के नेतागण अत्यधिक हताश थे, फिर भी सन् 1939 में प्रारंभ हुए द्वितीय विश्व युद्ध में अंग्रेजों ने बिना उनकी सहमति के ही उन्हें शामिल कर लिया। तात्कालिक वाइसराय लॉर्ड लिनलिथगो ने जर्मनी के विरुद्ध भारत को युद्ध में शामिल घोषित कर दिया और कांग्रेस मंत्रालयों से परामर्श करने की परवाह नहीं की। कांग्रेस के द्वारा इस पर आक्रोश व्यक्त करते हुए स्पष्ट किया गया कि भारत युद्ध में तभी सहयोग कर सकता है जब उसे एक स्वतंत्र देश घोषित किया जाए। सरदार पटेल ने ब्रिटिश सरकार की तीखी आलोचना की, ''यह आश्चर्यजनक है कि संसार की कुल जनसंख्या के पाँचवें हिस्सेवाले एक देश को बिना उसकी सहमति के ही एक

कि वह भारत के भविष्य के बारे में केवल दो प्रमुख समुदायों हिंदू व मुसलिम को छोड़कर कोई घोषणा न करें।''

''इसी तथ्य के कारण मुसलिम लीग को 23 मार्च, 1940 को अपने लाहौर सत्र में विभाजन से संबंधित वह प्रसिद्ध प्रस्ताव पारित करने की शक्ति मिली।''

''लिनलिथगो-जिन्ना पत्राचार से यह स्पष्ट हो जाता है कि ब्रिटिश शासन ने देश में विभाजन की ज्वाला को धधकाने के प्रयासों को खूब हवा दी, ताकि वह भारतीय राष्ट्रवाद की शक्ति के प्रतीक गांधी और कांग्रेस का मुकाबला कर सके।''

'द इंडियन ट्राइमविरेट', संपादक वी.बी. कुलकर्णी, भारतीय विद्या भवन, बॉम्बे, 1969, पृ. 161 व 164।

भयंकर युद्ध में सम्मिलित कर दिया गया है।"

उन्होंने कहा, "कांग्रेस 35 करोड़ लोगों के लिए स्वतंत्रता चाहती है। संपूर्ण भारत के लिए स्वाधीनता।" किंतु भारत की सहमति के बिना ही ब्रिटिश सरकार द्वारा भारत के द्वितीय विश्व युद्ध में शामिल होने की घोषणा पर उन्होंने कहा, "यह भारत की गरिमा और प्रतिष्ठा के लिए अपमानजनक है। वे कांग्रेस को दबाना चाहते हैं। यह घोषणा संघर्ष के लिए कांग्रेस को एक निमंत्रण है।" (प्रलेख-31)

हम अंग्रेजों से कहते हैं कि हम आपको पूर्ण सहयोग करने के लिए तैयार हैं। यद्यपि हम अपने अहिंसा के प्रयोग में और आगे नहीं बढ़ सकेंगे, फिर भी हम युद्ध में आपकी तरफ रहेंगे। युवक लोग सैन्य प्रशिक्षण प्राप्त करने के लिए एक अवसर चाहते हैं। कांग्रेस की विधायी (लेजिस्लेटिव) पार्टी ने बारंबार यह प्रस्ताव पास किया है कि सेना का भारतीयकरण किया जाना चाहिए।''' "हम लोग आपके सभी पिछले दुष्कर्मों को भुला देने के लिए तैयार हैं। लेकिन मैं आपसे यह पूछता हूँ कि मरते समय भी क्या आप एक वसीयत लिखना और भविष्य के लिए व्यवस्था करना चाहेंगे? हम सोचते हैं कि जब हमारा देश स्वतंत्र नहीं है तो हम किस प्रकार संसार की स्वतंत्रता के लिए प्रयास कर सकते हैं, जबकि हम स्वयं गुलाम हैं! यदि हम सत्ता के हस्तांतरण के बारे में बिना किसी स्पष्टीकरण के ही उन्हें मदद करते हैं तो हमारी बेड़ियाँ और भी कस जाएँगी—हमारा पिछला अनुभव ऐसा ही है। इसलिए हम जो बात कर रहे हैं वह सौदे के बारे में नहीं है, बल्कि एक स्पष्टीकरण के बारे में है।" (प्रलेख-32)

सरदार पटेल आक्रोशित थे कि ब्रिटिश साम्राज्यवादी मीठी-मीठी बातें करते हैं। बार-बार वार्त्तालाप किए गए। गांधीजी वाइसराय से बार-बार मिले, किंतु उन्हें कुछ भी ऐसा नहीं मिला जो स्वीकार्य हो। "हम लोगों ने काफी धैर्य रखा, क्योंकि हम लोग दुश्मन को उस समय तंग नहीं करना चाहते थे जब वह कठिनाई में है। किंतु अब हमारा धैर्य समाप्त हो चुका है। ऐसा लगता है कि ब्रिटिश साम्राज्य अपना असली स्वभाव दिखला रहा है। सरकार इस समय जो कर रही है, उससे लगता है कि वह हमें विभाजित करना चाहती है। उन्हें करने दीजिए। किंतु हमारी राष्ट्रीयता, जिसकी जड़ें गहराई तक हैं, प्रभावित नहीं होगी। इस समय वे कांग्रेस को कुचलने के उद्देश्य से विरोधी शक्तियों को एक साथ जोड़ने में व्यस्त हैं।"

उन्होंने कहा, "आप हमारे कंधों पर पिछले डेढ़ सौ सालों से सवारी करते चले आ रहे हैं, अब उतर जाइए। वे कहते हैं कि यदि वे चले जाएँ तो हमारा क्या होगा? आप हमसे यह प्रश्न दो सौ वर्षों तक शासन करने के बाद पूछ रहे हैं! फिर आपने इतने वर्षों तक क्या किया? इससे मुझे एक झगड़े का प्रसंग याद आता है—एक मकान

मालिक से चौकीदार पूछता है कि 'क्या होगा, जब वह चला जाएगा?' 'मैं सुरक्षा करना सीख लूँगा।' लेकिन यह चौकीदार काम छोड़ता नहीं है और हम लोगों को बार-बार धमकाता रहता है।'' (प्रलेख-33)

वचनबद्ध न रहने के लिए ब्रिटिश सरकार को फटकार लगाते हुए सरदार पटेल ने कहा, ''कांग्रेस ने कहा है कि यदि आप वास्तव में हमारी मदद करना चाहते हैं तो वाइसराय की परिषद् का गठन बंद कीजिए और इसकी जगह कांग्रेस, मुसलिम लीग, हिंदू महासभा और अन्य सभी पार्टियों के प्रतिनिधियों और कुछ अंग्रेजों को भी साथ लेकर एक राष्ट्रीय सरकार बनाइए और इस सरकार को जनता के प्रति जिम्मेदार रहने दीजिए...लेकिन उनका प्रस्ताव सरकारी नौकरों को शामिल करके वाइसराय की परिषद् को विस्तृत करना है...उनकी आकांक्षा पवित्र नहीं है।'' (प्रलेख-34)

किंतु ''उनकी परीक्षा की घड़ी में हम भारत के प्रति उनकी त्रुटियों को याद नहीं दिलाना चाहते हैं; परंतु हम अपनी माँगों से थोड़ा भी पीछे नहीं हट रहे हैं। हमने यह स्पष्ट कर दिया है कि यदि हमारी माँगें स्वीकार कर ली जाती हैं तो हमारा पूर्ण और हार्दिक सहयोग ग्रेट ब्रिटेन के साथ होगा।'' सरदार पटेल ने जोर देकर कहा था कि यदि ब्रिटिश सरकार भारत की स्वतंत्रता की माँग को स्वीकार कर लेती है तो ''यह अच्छा होगा, क्योंकि यह उनके लिए लाभकारी होगा और हमारे हित में; किंतु यदि वे नहीं मानते हैं तो हम अपना रास्ता चुनने के लिए स्वतंत्र हैं और हम ऐसा करेंगे।''

उन्होंने आगे कहा, ''कुछ ऐसे लोग भी हैं, जो इस कदम से खतरा महसूस कर रहे हैं... किंतु भारत जैसे विशाल देश की स्वतंत्रता के मसले को तब तक नहीं सुलझाया जा सकता है जब तक कि हम एक सीमा तक जोखिम उठाने को तैयार न हो जाएँ, और हम ऐसा करने के लिए तैयार हैं।... हमारा सहयोग, यदि इसे पूर्ण और हार्दिक होना है, तो इसे स्वतंत्र भारत के लोगों से आना चाहिए। फिर हम ब्रिटेन की तब तक मदद नहीं कर सकते जब तक कि हम स्वतंत्र नहीं हैं; क्योंकि इस प्रकार दिए गए सभी सहयोगों से हमारी बेड़ियाँ हमें और जकड़ेंगी और हम मूर्ख नहीं हैं कि इसे होने देंगे।'' (प्रलेख-35)

इसी बीच ब्रिटेन के विरुद्ध 'ऐक्सिस पावर' (जर्मनी, इटली और जापान की संधि) में एक मित्र-राष्ट्र के रूप में जापान के सम्मिलित हो जाने से जहाँ तक भारत का संबंध है, युद्ध ने एक खतरनाक मोड़ ले लिया था। सन् 1942 में भारत युद्ध के मैदान के बहुत निकट पहुँच गया था।

गुजरात में नडियाड के लोगों के सम्मुख बोलते हुए सरदार पटेल ने कहा था, ''युद्ध अब हमारे दरवाजे पर पहुँच गया है।... अब हमें एक जाति और दूसरी जाति, एक धर्म और दूसरे धर्म, एक समुदाय और दूसरे समुदाय आदि के मतभेदों को भूलकर

एकजुट हो जाना है और भय का परित्याग करना है।" (प्रलेख-36) उन्होंने जोर दिया कि अहिंसा एक सीमित क्षेत्र तक ठीक है, किंतु यह आंतरिक या बाह्य आक्रमण का सामना करने के लिए उचित नहीं है। (प्रलेख-37)

जापानी सेना ने सिंगापुर, मलाया, रंगून और मांडले पर बड़ी तेजी से कब्जा कर लिया। सीलोन (श्रीलंका) पर आक्रमण किया गया और भारत पर भी आक्रमण का खतरा था। इस प्रकार सन् 1942 में भारत युद्ध के मैदान के बहुत निकट पहुँच गया था, क्योंकि अप्रैल 1942 में विशाखापट्टनम और काकीनाडा पर हवाई हमले किए गए। जापानी युद्धपोत भी बंगाल की खाड़ी में दिखे थे।*

सरदार पटेल ने टिप्पणी की कि कांग्रेस एक अद्वितीय संगठन है। करोड़ों लोग इसके पीछे हैं और इसकी आवाज सुनते हैं। "हम लोगों को उस किसी भी शक्ति से लड़ना है, जो हमारे ऊपर शासन करने की कोशिश करती है। कांग्रेस किसी भी हमलावर से लड़ेगी। हम यह नहीं चाहते कि एक बुराई को दूसरी बुराई से स्थानांतरित किया जाए। हम लुटेरों के बीच चुनाव नहीं कर सकते।" (प्रलेख-38) उन्होंने लोगों को राष्ट्रीय शक्तियों से जुड़ने और कांग्रेस की सहायता करने के लिए प्रेरित किया। "मृत्यु से मत डरिए।... हम लोगों को गांधीजी से एक चीज सीखनी है और वह है निर्भयता।"

मित्र-राष्ट्र भारत के भाग्य के बारे में बहुत चिंतित थे। संयुक्त राज अमेरिका के राष्ट्रपति रूजवेल्ट और चीन के चिआंग काई-शेक ने ब्रिटिश सरकार पर भारतीय नेताओं के साथ एक समझौता करने के लिए दबाव डाला। तदनुसार ब्रिटिश मंत्रिमंडल के एक सदस्य सर स्टैफोर्ड क्रिप्स को ब्रिटिश प्रधानमंत्री श्री चर्चिल ने भारत जाकर इस गतिरोध का निपटारा करने के लिए प्रतिनियुक्त किया।

सर स्टैफोर्ड क्रिप्स मार्च 1942 में कुछ प्रस्तावों के साथ दिल्ली (भारत) आए। उन्होंने वाइसराय, उनकी कार्यकारी परिषद् के सदस्यों, राज्यपालों और फिर प्रमुख पार्टियों के नेताओं से बातचीत की, जिनमें सर्वश्री गांधी, ज़िन्ना और नेहरू शामिल थे। उनके प्रस्तावों में तीन मुख्य बातें सन्निहित थीं—

(1) युद्ध के समाप्त होने के तुरंत बाद एक नया संविधान निर्मित करने के लिए भारत में एक निर्वाचित समिति का गठन किया जाएगा। नए प्रांतीय चुनावों के बाद प्रांतों को जनसंख्या के अनुपात में अपने प्रतिनिधियों को भेजने के लिए आमंत्रित किया जाएगा (उनके निचले सदन से) तथा उनके अधिकार ब्रिटिश भारत के सदस्यों के समान ही होंगे।

---

* 'क्विट इंडिया मूवमेंट', संपादक पी.एन. चोपड़ा, प्रकाशन विभाग, 1987, पृ. 6।

ब्रिटिश सरकार ने नए संविधान को निम्नलिखित शर्तों के साथ स्वीकार करने और लागू करने का वचन दिया—

(2) (अ) जो प्रांत नए संविधान को स्वीकार करने के लिए तैयार नहीं हैं, वे अपनी वर्तमान संवैधानिक स्थिति पर बने रहेंगे। यदि वे बाद में शामिल होने का निर्णय करते हैं तो उसकी व्यवस्था की गई है। शामिल न होनेवाला प्रांत यदि प्रतिनिधियोंवाली समान प्रक्रिया से एक नया संविधान बनाना चाहता है तो ब्रिटिश सरकार उससे सहमत होगी और उसका वही स्थान होगा, जो स्वयं भारतीय संघ का होगा।

(ब) ब्रिटिश महामहिम की सरकार और संविधान की रचना करनेवाली समिति के बीच हुए समझौते पर हस्ताक्षर किए जाएँगे। इस संधि में शासन के हस्तांतरण से उत्पन्न होनेवाले सभी आवश्यक विषयों को समाविष्ट किया जाएगा; ब्रिटिश वायदे के मुताबिक इसमें अल्पसंख्यकों की सुरक्षा के लिए व्यवस्था होगी, लेकिन ब्रिटिश कॉमनवेल्थ से भविष्य के अपने संबंधों के निर्णय के भारतीय संघ के अधिकार को सीमित नहीं किया जाएगा। भारतीय रियासतों से की गई संधियों पर पुनर्विचार किया जाएगा।

(3) किंतु क्रिप्स ने यह भी अनुबद्ध किया कि युद्ध के दौरान वाइसराय की परिषद् का पुनर्गठन पार्टी नेताओं की एक अंतरिम सरकार बनाकर किया जाएगा; परंतु प्रतिरक्षा विभाग अंग्रेजों के पास ही रहेगा। इस प्रकार, जैसाकि हडसन ने टिप्पणी की कि दीर्घकालिक नीतियाँ यथार्थतः ब्रिटिश सरकार की ही थीं··· प्रांतीयता का विकल्प सांप्रदायिक गतिरोध की कुंजी थी।··· एक और तथ्य जिसे दृढ़ता से, किंतु सरकारी सलाहकारों द्वारा निराधार ही प्रस्तुत किया गया, वह यह था कि संधि में अल्पसंख्यकों की सुरक्षा के लिए तब तक व्यवस्था नहीं हो सकती जब तक कि इसमें उनके प्रतिनिधिस्वरूप ब्रिटिश हस्तक्षेप की आवश्यक व्यवस्था न कर ली जाए।

कांग्रेस और मुसलिम लीग दोनों ने ही इन प्रस्तावों को अस्वीकृत कर दिया। कांग्रेस ने महसूस किया कि क्रिप्स मिशन के प्रस्तावों से ''कांग्रेस और सरकार के बीच की दूरियाँ बढ़ेंगी और जिसे वे मानते थे कि शासन त्यागने की अपनी असम्मति को अंततः उन्होंने अभिव्यक्त किया था।'' कांग्रेस ने यथार्थतः भारतीय हाथों में तत्काल

---

* द ग्रेट डिवाइड (ब्रिटेन-इंडिया-पाकिस्तान)—संपादक एच.वी. हडसन, ऑक्सफॉर्ड यूनिवर्सिटी प्रेस, कराची, पृ. 96-97 व 105।

शासन हस्तांतरित करने के लिए आग्रह किया। यानी पूर्ण शक्ति-संपन्न एक मंत्रिमंडलीय सरकार और (क्रिप्स के) प्रस्तावों को अस्वीकृत कर दिया।*

यद्यपि कांग्रेस का यह विचार था कि वह किसी भी रियासत को अपनी इच्छा के विरुद्ध भारतीय संघ में रहने के लिए बाध्य नहीं करेंगे, पर वे समान और संयुक्त राष्ट्रीय जीवन एवं एक दृढ़ राष्ट्रीय राज्य का निर्माण करने के लिए सभी प्रयास करने को उत्सुक हैं। इसलिए उन्होंने प्रस्तावों को अस्वीकार कर दिया।

मुसलिम लीग ने भी इन प्रस्तावों को अस्वीकार कर दिया, क्योंकि वे महसूस करते थे कि शामिल न होनेवाला प्रावधान बिलकुल भ्रामक था और पाकिस्तान के निर्माण को दूरस्थ संभावना के क्षेत्र में धकेल दिया गया था।

क्रिप्स मिशन की विफलता से, जो स्पष्टतः अमेरिका के लोगों की भावनाओं को ब्रिटेन के पक्ष में निर्मित करने के लिए भारत आया था, गांधीजी की मनःस्थिति में एक स्पष्ट परिवर्तन आया। क्रिप्स प्रस्ताव को अस्वीकृत करते हुए गांधीजी ने इसे "एक डूबते हुए बैंक का पोस्टडेटेड चेक" बताया।[1]

क्रिप्स मिशन के प्रस्तावों से पूर्णतः निराश होकर तथा ऊबकर गांधीजी ने होरेस अलेक्जेंडर को 22 अप्रैल, 1942 को लिखा—"सर स्टैफोर्ड क्रिप्स आए और चले गए। कितना अच्छा होता, यदि वे इस दुःखमय मिशन के साथ न आए होते। कम-से-कम उन्हें तो जवाहरलाल की इच्छाओं को जाने बगैर नहीं ही आना चाहिए था। इस संकटपूर्ण समय में ब्रिटिश सरकार कैसे ऐसा व्यवहार कर सकती है, जैसाकि उन्होंने किया है? प्रमुख पार्टियों से विचार-विमर्श किए बिना ही उन्होंने प्रस्तावों को क्यों प्रेषित किया? एक भी पार्टी संतुष्ट नहीं थी। सभी को खुश करने की कोशिश में प्रस्तावों ने किसी को भी संतुष्ट नहीं किया।…"[2]

"मैंने उनसे खुलकर बातचीत की, लेकिन एक मित्र की तरह।… मैंने कुछ सुझाव भी दिए, किंतु उन सबका कोई उपयोग नहीं किया गया। यथारीति वे लोग व्यावहारिक नहीं थे। मैं जाना नहीं चाहता था। सभी युद्धों का विरोधी होने के कारण मेरे पास कहने के लिए कुछ नहीं था। कार्यकारिणी समिति से पूरी बातचीत के दौरान मैं उपस्थित नहीं था। मैं हट गया था। परिणाम आप जानते हैं। यह होना ही था। इन सबसे एक मन-मुटाव उत्पन्न हो गया है।"

---

1. 'ए न्यू एडवांस्ड हिस्ट्री ऑफ इंडिया', संपादक पी.एन. चोपड़ा व अन्य, प्रेंटिस हॉल ऑफ इंडिया, नई दिल्ली, 1996, पृ. 622।
2. 'क्विट इंडिया मूवमेंट' (ब्रिटिश सीक्रेट रिपोर्ट, सीक्रेट एविडेंस, भाग-1), संपादक पी.एन. चोपड़ा, थॉमसन प्रेस, 1976, पृ. 217।

"मेरा दृढ़ विश्वास है कि क्रमबद्ध रूप से अंग्रेजों को भारत छोड़ देना चाहिए और उन्हें वह जोखिम नहीं उठाना चाहिए, जो उन्होंने सिंगापुर, मलाया और बर्मा में उठाया। इस कार्य के लिए उच्चस्तरीय साहस, मानवीय सीमाओं की आत्मस्वीकृति और भारत के द्वारा श्रेष्ठ कार्यों की आवश्यकता होगी। ब्रिटेन भारत की रक्षा नहीं कर सकता। भारतीय भूमि पर तो वे अपनी भी रक्षा नहीं कर सकते, चाहे उनकी संख्या कितनी भी क्यों न हो। उनके लिए सर्वोत्तम यही होगा कि वे भारत को अपने भाग्य पर छोड़ दें। येन-केन-प्रकारेण मैं यह महसूस करता हूँ कि तब भारत की स्थिति बुरी नहीं होगी। यदि यह तथ्य आपको स्पष्ट नहीं है तो मुझे इस बिंदु पर तर्क नहीं करना चाहिए।"* उन्होंने तर्क दिया कि उनके ऐसा करने से भारत न सिर्फ अपनी स्वतंत्रता पुनः प्राप्त कर लेगा, बल्कि वह ब्रिटेन और जापान के बीच युद्ध का मैदान बनने से भी बच जाएगा।

गांधीजी ने, जो अब तक कोई भी जन-आंदोलन युद्ध के दौरान छेड़ने के विरुद्ध थे, अखिल भारतीय कांग्रेस कमेटी के 8 अगस्त, 1942 को बंबई में हुए ऐतिहासिक अधिवेशन में ब्रिटिश सरकार से 'भारत छोड़ो' की स्पष्ट और उच्च स्वर में माँग की तथा अपने देशवासियों को 'करो या मरो' के साथ जोशीले स्वर में ललकारा—"या तो भारत को स्वतंत्र कराओ अथवा प्रयास में मर जाओ।"

कार्यकारिणी समिति के सदस्यों में सरदार पटेल भारत छोड़ो प्रस्ताव और आंदोलन के सक्रिय समर्थक थे। गांधीजी द्वारा प्रारंभ किए गए भारत छोड़ो आंदोलन में उन्होंने प्रत्येक व्यक्ति से अपनी शक्ति भर सहयोग करने का आग्रह किया। "यदि आप सहयोग नहीं करते हैं तो अगली पीढ़ियाँ आप पर दोषारोपण करेंगी।...अपने मन में भय मत रखिए...कार्यक्रम मत माँगिए...कोई टैक्स नहीं, अभियान या सविनय अवज्ञा अथवा कोई दूसरी लड़ाई, जिसे सरकारी तंत्र को तोड़ने के लिए प्रत्यक्ष या अप्रत्यक्ष रूप से प्रारंभ किया गया था, उसे कांग्रेस द्वारा पुनः प्रारंभ किया जाएगा। रेलवे कर्मचारी गाड़ियों को चलाना बंद कर देंगे, पोस्टल कर्मचारी अपने काम छोड़ देंगे, स्कूलों और कॉलेजों को बंद कर दिया जाएगा और संपूर्ण सरकारी तंत्र को काम करने नहीं दिया जाएगा।... यदि आप सभी इस संघर्ष में सक्रिय रूप से भाग लें तो यह संघर्ष चार दिनों में समाप्त हो जाएगा और अंग्रेजों को भारत छोड़ना पड़ेगा।... हम चाहते हैं कि पुलिस सहित सभी सरकारी कर्मचारी भी अपने काम छोड़ दें और इस आंदोलन में भाग लें, क्योंकि यह भारत को मुक्त कराने के लिए एक बड़ा अभियान है।" (प्रलेख-39)

उन्होंने कहा कि "भारत छोड़ो का नारा तभी प्रभावी होगा जब 40 करोड़

---

* वही।

भारतीय 1 लाख अंग्रेजों से भारत छोड़ने के लिए कहेंगे।" उन्होंने आगे कहा कि कांग्रेस अपने लिए सत्ता नहीं चाहती है और वह संतुष्ट रहेगी, यदि इसे मुसलिम लीग को दे दिया जाए। (प्रलेख-40) इस प्रश्न का उत्तर देते हुए कि क्या हमारी लड़ाई मुसलिम लीग के सहयोग के बिना ही सफल हो सकती है, सरदार पटेल ने कहा, "मैं यह नहीं कह सकता कि इस लड़ाई में मुसलिम लीग हमारा सहयोग करेगी या नहीं, किंतु यह कहना सही नहीं होगा कि मुसलमान हमारा सहयोग नहीं कर रहे हैं; क्योंकि कांग्रेस में अनेक मुसलमान हैं।..." (प्रलेख-41)

जिन्ना ने भारत छोड़ो प्रस्ताव को इस प्रकार वर्णित किया कि यह अंग्रेजों की 'ब्लैकमेलिंग' और उन पर जोर-जबरदस्ती करके एक ऐसी सरकार के लिए स्वीकृति प्रदान करने एवं सत्ता उस सरकार को हस्तांतरित करने को मजबूर करना है, जो एक हिंदू राज स्थापित करेगी।...।"[1]

मुसलमानों को आश्वस्त करते हुए सरदार पटेल ने कहा, "मुसलमानों को यह समझना चाहिए कि यह लड़ाई हिंदू राज स्थापित करने के लिए नहीं है, बल्कि गुलामी की बेड़ियों को तोड़ने के लिए है।" उन्होंने यह गलतफहमी पैदा करने के लिए अंग्रेजों की आलोचना की। वह एक समुदाय को भी विभाजित कर सकते हैं। हिंदुओं में भी वे सवर्णों और अनुसूचित जाति के हिंदुओं के बीच चीरा लगाते हैं। (प्रलेख-42)

सन् 1942 का 'भारत छोड़ो आंदोलन' भारत के स्वतंत्रता संग्राम में एक मील का पत्थर है। यह स्वतंत्रता के लिए भारत में अंग्रेजों के विरुद्ध छेड़ी गई अंतिम और निस्संदेह अब तक की सबसे कठिन लड़ाई थी। यह सन् 1857 के स्वतंत्रता संग्राम सहित पहले के सभी आंदोलनों में क्षेत्र और तीव्रता की दृष्टि से सबसे बड़ी लड़ाई थी। इस संबंध में तत्कालीन वाइसराय लॉर्ड लिनलिथगो की टिप्पणी महत्त्वपूर्ण है। वाइसराय ने 31 अगस्त, 1942 को प्रधानमंत्री विंस्टन चर्चिल को लिखा—"मैं यहाँ सन् 1857 से अब तक के सबसे खतरनाक विद्रोह का सामना करने में लगा हुआ हूँ। इसकी गंभीरता और विस्तार को सैन्य सुरक्षा के कारणों से हमने अब तक संसार से छुपा रखा है।" यह लगभग सभी प्रांतों में, हिमालय से लेकर कन्याकुमारी तक, फैल चुका था। अपनी मातृभूमि की मुक्ति के लिए जनता का तीव्र विद्रोह और सबकुछ बलिदान कर देने की उनकी तत्परता विदेशी पराधीनता को उखाड़ फेंकने के उनके दृढ़ निश्चय को

1. 'द ग्रेट डिवाइड (ब्रिटेन-इंडिया-पाकिस्तान) संपादक—एच.बी. हडसन ऑक्सफोर्ड सिटी प्रेस, कराची, पृ. 106।
2. 'क्विट इंडिया मूवमेंट' (ब्रिटिश सीक्रेट रिपोर्ट, सीक्रेट एविडेंस, भाग-1), संपादक पी.एन. चोपड़ा, थॉमसन प्रेस, 1976, पृ. 1।

दरशाती है। इसने अंग्रेजों को एक चेतावनी दी कि अब भारत में उनकी जरूरत नहीं है और यह एक भ्रम है कि "भारतीय लोगों का एक वर्ग—मुसलमान, पिछड़े लोग या रियासतों के लोग—उनके शासन के पक्षधर हैं।…"[2]

सन् 1942 के आंदोलन में सरदार पटेल की भूमिका पर टिप्पणी करते हुए 'लंदन टाइम्स' ने लिखा—"सरदार पटेल जैसे कुछ नेताओं और कार्यकारिणी समिति के अन्य वामपंथी सदस्यों ने सिर पर मँडरा रहे जन-आंदोलन को विद्रोह के धरातल पर लाकर खड़ा कर दिया है। उन्होंने अपने श्रोताओं को चेतावनी दी कि गोलियों और बमों का सामना करना उनके लिए अनिवार्य होगा, जो यह कहने जैसा था कि वे ऐसी स्थिति पैदा करने वाले हैं, जिससे केवल गोलियों और बमों से ही निबटा जा सकता है।" (प्रलेख-43)

'भारत छोड़ो आंदोलन' पर सुप्रसिद्ध रिपोर्ट लिखनेवाले मध्य प्रांत के जज विकेंडेन, आई. सी. एस. ने पटेल के दृष्टिकोण को इस प्रकार संक्षिप्त किया है—"एंटी-फासिस्ट एवं ब्रिटिश शासन कायम रखने के कठोर विरोधी।" उन्होंने आगे कहा कि "यह इंगित करने योग्य कुछ भी नहीं है कि वह फासिस्टों या जापानी प्रवृत्तियों के समर्थक हैं।" और यह कि उन्होंने 'अत्यंत विद्रोहजनक शब्दों' को व्यक्त किया है।* (प्रलेख-44) जैसाकि सरदार पटेल ने कहा था, "हम मालिक का परिवर्तन नहीं चाहते हैं। कोई भी गुलाम अपने मालिक का परिवर्तन करके लाभ नहीं पाता। हम लोगों को स्वाधीन होना है। केवल स्वतंत्र भारत ही युद्ध में सहायता कर सकता है।" (प्रलेख-45) एक संवाददाता सम्मेलन में सरदार पटेल ने कहा, "देश में गृह युद्ध या अराजकता फैलने पर भी आंदोलन रोका नहीं जाएगा।" उन्होंने गुलामी की अपेक्षा अराजकता को श्रेयस्कर समझा और आशा की कि अराजकता से एक स्वतंत्र भारत का उदय होगा। (प्रलेख-44 और 46)

अखिल भारतीय कांग्रेस कमेटी के द्वारा 8 अगस्त, 1942 को 'भारत छोड़ो प्रस्ताव' के पास किए जाने के अगले ही दिन (9 अगस्त, 1942) 'डिफेंस ऑफ इंडिया रूल्स' के अंतर्गत गांधीजी और कार्यकारिणी समिति के सदस्यों को गिरफ्तार कर लिया गया। उन्हें अलग-अलग अहमदनगर फोर्ट और आगा खाँ पैलेस, पूना में रखा गया। कांग्रेस कमेटी को एक गैर-कानूनी संगठन घोषित किया गया। इलाहाबाद में कांग्रेस के मुख्यालय को सील कर दिया गया। अखिल भारतीय कांग्रेस कमेटी की राशियों को जब्त कर लिया गया। सभी प्रांतों में कांग्रेस जनों को बड़ी संख्या में गिरफ्तार

---

* 'हिस्टॉरिक जजमेंट ऑन क्विट इंडिया मूवमेंट', जस्टिस विकेनडंस रिपोर्ट, संपादक पी.एन. चोपड़ा, कोणार्क पब्लिशर्स, दिल्ली, 1989, पृ. 234-238।

किया गया और अखबारों के प्रकाशन पर सरकारी रोक लगाने के लिए एक 'न्यू डिफेंस ऑफ इंडिया रूल' तुरंत जारी कर दिया गया। लगातार स्वप्रेरित हड़तालें होती रहीं। शांतिपूर्ण एवं अहिंसात्मक प्रदर्शन हुए। इस संघर्ष में संपूर्ण उत्तरी बिहार और उत्तर प्रदेश के पूर्वी जिलों, तमिलनाडु, आंध्र प्रदेश, उड़ीसा के तटीय क्षेत्र, महाराष्ट्र में सतारा, खानदेश और गुजरात में भरूच ने महत्त्वपूर्ण भूमिका निभाई।

सरकार ने आंदोलन को दबाने के लिए बड़े कठोर कदम उठाए। हजारों लोगों को गिरफ्तार किया गया और जेल भेजा गया और बड़ी संख्या में लोग मारे गए, क्योंकि पुलिस और सेना ने सख्ती की।

तत्कालीन ब्रिटिश पत्रकार और 'इंडिया सिंस क्रिप्स' के लेखक होरेस अलेक्जेंडर ने यह परिपुष्ट किया है कि ''जिस भीड़ की मंशा शांतिपूर्ण तरीके से कार्य करने की थी उसे पुलिस ने अपनी दमनकारी क्रियाओं से उत्तेजित करके अत्यंत क्रोधित कर दिया था।''[1]

हिंसा और तीव्रता के बावजूद 'भारत छोड़ो आंदोलन' सफल नहीं हुआ। परंतु यह आंदोलन यह प्रदर्शित करने में सफल रहा कि स्वतंत्रता प्राप्त करने के लिए पूरे देश में लोग सबकुछ बलिदान करने को तैयार थे।

तत्कालीन ब्रिटिश प्रधानमंत्री विंस्टन चर्चिल ने अहंकारपूर्वक कहा कि ''जिसका कभी भय था कि 1857 के सिपाही-विद्रोह के बाद का भारत में सबसे खतरनाक विद्रोह होगा, वह कुछ महीनों में ही बिना किसी जनहानि के असफल हो गया।'' स्पष्टत: उनका तात्पर्य ब्रिटिश जनहानि से था।[2]

सन् 1944 में युद्ध का रुख मित्र राष्ट्रों के पक्ष में घूम गया था। लॉर्ड लिनलिथगो के उत्तर प्राधिकारी लॉर्ड वावेल ने महात्मा गांधी को मई 1944 में मुक्त कर दिया। गांधीजी ने जिन्ना से बातचीत करके सांप्रदायिक समस्या को हल करने की कोशिश की; किंतु उनके प्रयास विफल रहे। सरदार पटेल अभी भी जेल में थे, पहले अहमदनगर फोर्ट में और उसके बाद जून 1945 तक यरवदा जेल में।

लगभग तीन वर्षों के कारावास से मुक्त होने के बाद सरदार पटेल सक्रिय राजनीतिक जीवन में वापस लौटे। उन्होंने घोषित किया कि ''मैं स्वाधीनता चाहता हूँ और मैं इसे प्राप्त करने जा रहा हूँ। ऐसे दस इंग्लैंड इसे पाने से मुझे रोक नहीं सकते।'' उन्होंने जोड़ा कि किसी भी देश को हमेशा के लिए पराधीनता में नहीं रखा जा सकता। (प्रलेख-47)

---

1. 'क्विट इंडिया मूवमेंट', संपादक पी.एन. चोपड़ा, प्रकाशन विभाग, 1987, पृ. 11।
2. वही, पृ. 14।

कांग्रेस कार्यकारिणी समिति के बैठक की पूर्व संध्या में 'एसोशिएटेड प्रेस ऑफ अमेरिका' के साथ एक साक्षात्कार में सरदार पटेल ने सत्ता में आई यूनाइटेड किंगडम की लेबर सरकार को चेतावनी दी कि स्वाधीनता के लिए भारत 'लंबे समय तक प्रतीक्षा नहीं करेगा' और यदि अंग्रेजों ने इसकी स्वीकृति जल्दी नहीं दी तो भारतीय स्वयं इसे पाँच साल के अंदर ले लेंगे। (प्रलेख-48)

सरदार पटेल ने दो समुदायों के बीच आपसी झगड़ा खड़ा करने के इरादे से मुसलमानों के लिए अलग चुनाव क्षेत्र दिए जाने के कारण सरकार की आलोचना की। "आज लीग यह प्रचार करता फिर रहा है कि कांग्रेस में हिंदुओं का प्रभुत्व है। मुसलिम लीग पाकिस्तान के लिए चिल्ला रहा है। किसी को यह नहीं बताया गया कि पाकिस्तान क्या है। वह चाँद के लिए रो रहा है। सच्चाई यह है कि गुलामों के पास न तो पाकिस्तान है और न ही हिंदुस्तान।" उन्होंने टिप्पणी की। (प्रलेख-49) इसलिए उन्होंने हिंदू और मुसलमान दोनों को ही प्रेरित किया कि अपने सम्मिलित प्रयास से वे पहले देश को स्वतंत्र कराएँ और अंग्रेजों के जाने के बाद भारत के भाग्य का निर्णय करें। किंतु उन्होंने महसूस किया कि "यदि अंग्रेज भारत छोड़ देते हैं तो मुसलमानों और हिंदुओं के बीच का मतभेद दस वर्षों में समाप्त हो जाएगा।" (प्रलेख-49 और 50) मुसलमानों को गुमराह करने के लिए जिन्ना के बँटवारे की माँग की उन्होंने आलोचना की। (प्रलेख-51)

जब तक लिनलिथगो गवर्नर जनरल रहे, तब तक लिनलिथगो-एमरे[1] चर्चिल[2] का सम्मिलित प्रयास भारत में ब्रिटिश शासन को अनिश्चित काल तक जारी रखना था। हिंदू-मुसलिम मतभेद भारत की स्वतंत्रता को नकारने का एक आसान बहाना था। लिनलिथगो की जगह पर आए लॉर्ड वावेल ने पूर्वानुमान कर लिया कि युद्ध समाप्त होने के बाद ब्रिटिश सरकार अधिक समय तक भारत पर शासन नहीं कर पाएगी। चर्चिल की इच्छाओं के विरुद्ध भारतीय नेताओं को संतुष्ट करने के लिए वाइसराय की एक उत्तरदायी एवं प्रतिनिधियुक्त कार्यकारिणी समिति के गठन हेतु अपने सुप्रसिद्ध शिमला सम्मेलन प्रस्ताव को जून 1945 में संचालित करने की सहमति प्राप्त करने के लिए उन्होंने ब्रिटिश सरकार पर दबाव डाला।

शिमला सम्मेलन में लॉर्ड वावेल ने वाइसराय की कार्यकारिणी समिति का पुनर्गठन करने के लिए अपनी योजना प्रस्तुत की। उनके और पहली बार कमांडर-इन-चीफ (वॉर) के अलावा वह भारतीय राजनीतिक नेताओं को अपनी कार्यकारिणी समिति में

---

1. एल.एस. एमरे, भारत में ब्रिटेन के सेक्रेटरी ऑफ स्टेट।
2. विंस्टन चर्चिल, ब्रिटेन के प्रधानमंत्री।

सभी विभागों में (गृह, वित्त और विदेश—युद्ध को छोड़कर) नियुक्त करना चाहते थे तथा हिंदुओं और मुसलमानों को समान प्रतिनिधित्व देना चाहते थे। किंतु शिमला सम्मेलन विफल हो गया, क्योंकि कांग्रेस और मुसलिम लीग एक परस्पर-सम्मत समझौते पर नहीं पहुँच सके। मुसलिम लीग ने, जो पूरे देश के मुसलमानों का प्रतिनिधित्व करने का दावा करती थी, ने यह जिद की कि कार्यकारिणी समिति के सभी मुसलमान सदस्यों को "लीग का सदस्य होना चाहिए", जबकि कांग्रेस ने समिति के राष्ट्रीय चरित्र पर जोर दिया और वे कम-से-कम एक मुसलिम सदस्य को नियुक्त करना चाहते थे। वार्त्ता विफल रही।[1] वास्तव में "लीग और कांग्रेस दोनों के ही पूर्णत: अलग-अलग दृष्टिकोण थे। पाकिस्तान का विचार और एक संयुक्त भारत का विचार आपस में संबद्ध नहीं हो सकते थे।"[2]

द्वितीय विश्व युद्ध समाप्त हुआ और यूनाइटेड किंगडम में सन् 1945 के चुनावों में विजयी लेबर पार्टी सत्ता में आई तथा विंस्टन चर्चिल की जगह क्लीमेंट एटली प्रधानमंत्री बने। लेबर पार्टी भारत के लिए पूर्ण स्वतंत्रता की नीति के लिए वचनबद्ध थी। भारतीय समस्या के समाधान की अत्यावश्यकता को ध्यान में रखते हुए सितंबर 1945 में राजनीतिक पार्टियों की आपसी शक्तियों का आकलन करने हेतु उन्होंने केंद्रीय और प्रांतीय विधानसभाओं के देशव्यापी चुनावों की घोषणा कर दी। चुनावों में सामान्य सीटों पर कांग्रेस की व्यापक विजय हुई; जबकि मुसलिम सीटों पर मुसलिम लीग को जबरदस्त बहुमत मिला। केंद्रीय विधानसभा के चुनाव पहले हुए और ये सन् 1945 के अंत तक पूरे हो चुके थे। इन चुनावों के परिणामों से एक स्पष्ट संकेत यह मिला कि कांग्रेस और मुसलिम लीग के बीच की दरार अब पूरी तरह बन चुकी थी और

---

1. लॉर्ड वावेल ने स्वयं अपने जर्नल में खुलासा किया था कि 'दोनों पार्टियों के बीच बेहतर आपसी समझ लाने के मेरे सारे प्रयास विफल हो गए और खाई बढ़ती जा रही है।' वैसे मौलाना आजाद ने अपनी पुस्तक 'इंडिया विन्स फ्रीडम' (बॉम्बे, 1959, पृ. 106-107) में वावेल द्वारा कांग्रेस और ब्रिटिश सरकार के संबंधों को एक नया आयाम देने की वास्तविक इच्छा और प्रयासों को सराहा है।

   लॉर्ड वावेल को लिखे एक खुले पत्र में आजाद ने कहा कि उन्होंने (वावेल ने) शिमला कॉन्फ्रेंस बुलाकर भारत व ब्रिटिश शासन के पास्परिक संबंधों में दृढ़ता हेतु एक अभूतपूर्व कार्य किया है, जिससे भारत-ब्रिटिश मैत्री को नए आयाम मिलेंगे। वावेल (द वाइसराय जर्नल), पेंड्रेल मून, लंदन, ऑक्सफोर्ड यूनिवर्सिटी प्रेस, दिल्ली-कराची, 1973, पृ. 149-150, 155, 157 व 158।
2. द ग्रेट डिवाइड (ब्रिटेन-इंडिया-पाकिस्तान)—संपादक एच.वी. हडसन, ऑक्सफॉर्ड यूनिवर्सिटी प्रेस, कराची, पृ. 125।
3. सरदार पटेल सिलेक्टेड कॉरस्पोंडेंस-1949-50, खंड-1, वी. शंकर, नवजीवन पब्लिशिंग हाउस, अहमदाबाद, पृ. 8।

गहरी हो गई थी तथा जिन्ना को अपनी नकारात्मक सोच में प्रोत्साहन मिला। दूसरी ओर, इससे पूरे देश में कांग्रेस को मिले समर्थन का भी पता चला। मुसलिम-रहित वोटों के 91.3 प्रतिशत वोट कांग्रेस को मिले, जबकि मुसलिम वोटों के 86.6 प्रतिशत वोट लीग को मिले।[3]

ब्रिटिश सरकार ने अब कैबिनेट मिनिस्टर्स के एक मिशन को अंतिम समझौते के लिए वार्त्तालाप हेतु भेजने का निर्णय लिया। कैबिनेट मिशन के सदस्य थे—लॉर्ड पेथिक लॉरेंस, सेक्रेटरी ऑफ स्टेट फॉर इंडिया; सर स्टैफोर्ड क्रिप्स, प्रेसिडेंट ऑफ द बोर्ड ऑफ ट्रेड और ए. वी. अलेक्जेंडर, फर्स्ट लॉर्ड ऑफ एडमिरैलिटी। कैबिनेट मिशन मार्च 1946 में भारत आया। ''मिशन का कार्य भारत के नए संविधान के बनाए जाने में जिन सिद्धांतों और पद्धतियों का पालन किया जाना है, उनपर भारतीय नेताओं के बीच सहमति उत्पन्न करना था।'' लगभग एक महीने तक मिशन ने कांग्रेस के नेताओं, मुसलिम लीग और जनता के अन्य वर्गों से बातचीत की। किंतु एक अंतरिम सरकार बनाने एवं भारत के संविधान का निर्माण करने हेतु एक संविधान सभा निर्मित करने के विषय पर दो प्रमुख पार्टियों—कांग्रेस और मुसलिम लीग—के नेताओं के बीच सहमति नहीं बन पाई। दोनों पार्टियों के बीच मुख्य मतभेद तत्काल स्वतंत्रता और उपमहाद्वीप में एकता बनाए रखने के विषय पर केंद्रित था; जबकि जिन्ना लीग की पाकिस्तान की माँग को बार-बार उठा रहे थे। इस प्रकार उन दोनों पार्टियों के उद्घोषित उद्देश्य एक-दूसरे के पूर्णतया विरोधी थे। लीग और कांग्रेस के बीच दरार बढ़ती गई। ''तीन ब्रिटिश मंत्रियों के भारत आने के लगभग दो सप्ताह के अंदर ही—10 अपैल, 1946 तक—जिन्ना ने विधानसभाओं में चुने गए नए सदस्यों की एक मीटिंग बुलाई। उन्होंने लीग की पाकिस्तान की माँग को फिर दुहराया और एक प्रस्ताव पारित कर उसमें बंगाल, असम, पंजाब, सिंध, नॉर्थ-वेस्ट फ्रंटियर प्रोविंस और बलूचिस्तान को शामिल किया। व्यावहारिक रूप से प्रस्ताव में संविधान का निर्माण करनेवाली दो समितियों के गठन की माँग की गई थी—एक पाकिस्तान के लिए और दूसरी भारत के लिए।''*

सरदार पटेल ने जिन्ना के 'द्विराष्ट्र के सिद्धांत' को अर्थहीन बताया। ''एक ही देश में दो राष्ट्रों के विचार को हास्यास्पद बताते हुए सरदार ने कहा कि इसका अर्थ यह होगा कि पिता एक राष्ट्र का होगा और उसके बच्चे दूसरे राष्ट्र के।''

''इसमें मैं यह भी जोड़ना चाहूँगा कि कुछ लोग तो 'नो मैंस लैंड' के भी होंगे—यदि पिता एक राष्ट्र का हो और माता दूसरे राष्ट्र की!'' (प्रलेख-52)

भारत की एकता को बनाए रखने के लिए कैबिनेट मिशन ने एक भारतीय राष्ट्र

---

* वही, पृ. 92।

संघ का प्रस्ताव रखा, जिसमें ब्रिटिश भारत और रियासतें भी शामिल होंगी। संघ सरकार में एक कार्यकारिणी एवं विधानसभा होगी, जिसका गठन ब्रिटिश भारत और रियासतों के प्रतिनिधियों से होगा और यह विदेशी मामले एवं सुरक्षा और संचार के मामले निबटाएगी तथा इसे इन उद्देश्यों के लिए आवश्यक अर्थव्यवस्था करने के भी अधिकार होंगे। विधान सभा में उठे किसी प्रमुख सांप्रदायिक प्रश्न का समाधान दोनों प्रमुख समुदायों के उपस्थित प्रतिनिधियों की वोटिंग के बाद प्राप्त बहुमत तथा सदन के सभी उपस्थित सदस्यों की वोटिंग से प्राप्त बहुमत के आधार पर किया जाएगा।

संघ के विषयों को छोड़कर बाकी सभी विषय एवं सभी अविशिष्ट शक्तियाँ प्रांतों (राज्यों) में निहित होंगी।

राज्यों/प्रांतों को कार्यपालिका एवं विधानमंडल के साथ समूहों को निर्मित करने की स्वतंत्रता होगी और प्रत्येक समूह उन प्रांतीय विषयों को सुनिश्चित करेगा, जिन्हें सामूहिक रूप से लिया जाना है।

संघ और समूहों के सविधानों में एक ऐसी व्यवस्था होगी, जिसके द्वारा कोई भी प्रांत अपनी विधानसभा के बहुमत से प्रारंभिक दस वर्षों के बाद और उसके बाद दस वर्षों के अंतराल पर संविधान के प्रावधानों पर पुनर्विचार के लिए आग्रह कर सकता है। (प्रलेख-53)

कैबिनेट मिशन ने भारतीय राजनीतिक पार्टियों के प्रतिनिधियों को शामिल करते हुए एक अंतरिम सरकार के गठन का प्रस्ताव रखा। सरदार पटेल का झुकाव कैबिनेट मिशन के प्रस्ताव की ओर स्वीकारात्मक प्रतीत हुआ, क्योंकि उन्होंने गोपीचंद भार्गव को अपने 26 मई, 1946 के पत्र में लिखा—"संपूर्ण भारत के लिए केवल एक संविधान-सभा है। पाकिस्तान के विचार को वाक्य-संयमिता के साथ तिरस्कृत करते हुए अस्वीकृत कर दिया गया है।" (प्रलेख-53) उन्होंने यह भी महसूस किया कि संविधान सभा और अंतरिम सरकार के गठन के बाद मुसलिम लीग के पास निषेधाधिकार (वीटो पावर) नहीं रह जाएगा और भारतीय रियासतों को संविधान सभा या अंतरिम सरकार से एक समझौता करना होगा। (प्रलेख-54 और 53)

कैबिनेट मिशन ने मुसलिम लीग की पाकिस्तान की माँग को सांप्रदायिक आधार पर भी अस्वीकार कर दिया, क्योंकि यह भारत की सुरक्षा को कमजोर कर देगा, जैसाकि सरदार पटेल ने के.एम. मुंशी को लिखा। (प्रलेख-55)

एक दूसरे पत्र में अपने मित्र एम. एम. घारेखान को उन्होंने लिखा—"ब्रिटिश सरकार ने अपनी घोषणा में यह स्पष्ट कर दिया है कि वे इस देश को छोड़ने का इरादा रखते हैं और उनका विचार तुरंत एक संविधान सभा गठित करने का भी है, जिसे स्वतंत्र भारत के लिए बिना किसी बाहरी हस्तक्षेप के अपना संविधान निर्मित करने का

अधिकार होगा। इस मध्यकाल में एक अंतरिम सरकार तुरंत स्थापित की जाएगी, जिसके स्वतंत्र सरकार के रूप में कार्य करने की सभी संभावनाएँ हैं; वास्तव में ऐसा होगा, हालाँकि कानून में ऐसा नहीं भी हो सकता है। इससे भारत की स्वतंत्रता की राह पूर्णतः साफ हो जाती है। मुसलिम लीग के पास निषेधाधिकार (वीटो पावर) होने के कारण उत्पन्न हो सकनेवाला कठिन व्यवधान हमेशा के लिए समाप्त कर दिया गया है। निस्संदेह इस योजना में त्रुटियाँ हैं, किंतु इस प्रकार की त्रुटियाँ किसी भी समझौते में अंतर्निहित होती ही हैं। हम लोगों को यह आशा करनी चाहिए कि संविधान सभा अपना कार्य शीघ्र पूरा कर लेगी और भारत अपना स्थान ग्रहण कर लेगा; पहली बार, गुलामी की एक लंबी अवधि के बाद, संसार के स्वतंत्र राष्ट्रों के बीच।'' (प्रलेख-54)

अपने मित्र सी.आर. रेड्डी को पत्र लिखते हुए 16 अगस्त, 1946 को सरदार पटेल ने टिप्पणी की—''काफी परिवर्तन हुए हैं। कांग्रेस अध्यक्ष को अंतरिम सरकार का गठन करने के लिए आमंत्रित किया गया है और पहली बार ब्रिटिश सरकार ने मुसलिम लीग को उसका सही स्थान दिखलाया है। इस प्रकार उन्होंने अपनी ईमानदारी का प्रमाण दे दिया है और अब यह हम पर है कि भारत के भविष्य को बनाएँ या बिगाड़ें।'' (प्रलेख-56)

आंध्र स्वराज पार्टी, बेजवाड़ा के अध्यक्ष जी.वी. सुब्बाराव को लिखे अपने अगले पत्र दिनांक 1 जून, 1946 को सरदार पटेल ने लिखा—''संविधान सभा द्वारा तैयार किए गए संविधान के प्रारूप को स्वतंत्र भारत की संसद् पारित करेगी, जिसे ब्रिटिश सरकार को स्वीकार करना ही होगा।'' (प्रलेख-57)

इस प्रकार यह स्पष्ट है कि पटेल की स्वीकृति मुख्यतः इस कारण थी कि मुसलिम लीग के पाकिस्तान की मुख्य माँग को इस योजना के तहत 'हमेशा के लिए दफना दिया गया था।' 2 जून, 1946 को निहछलदास वजीरानी को लिखे अपने पत्र में सरदार ने यह संतोष व्यक्त किया कि ''जिन्ना और लीग ने कांग्रेस के विरुद्ध अपने पाँच वर्षों के संघर्ष के बाद तथा इतनी कड़वाहट फैलाने के बाद भी मुसलमानों के लिए कुछ भी हासिल नहीं किया। उनकी पाकिस्तान की मुख्य माँग को हमेशा के लिए दफना दिया गया है। समानता की उनकी माँग स्वीकार नहीं की गई है। हिंदू बहुल प्रांतों की संविधान सभा में मुसलमानों ने अपना अधिप्रतिनिधित्व खो दिया है। वे निराशाजनक अल्पमत में होंगे।'' यह दूसरा महत्त्वपूर्ण कारण था, जिसने उन्हें कैबिनेट मिशन प्लान स्वीकार करने के लिए प्रेरित किया था। (प्रलेख-58)

सर चिमनलाल शीतलवाड़ को इसका उत्तर देते हुए कि कैबिनेट मिशन के प्रस्ताव में एक 'कमजोर और नपुंसीकृत केंद्र' की परिकल्पना की गई है। सरदार पटेल ने उन्हें आश्वस्त किया कि ऐसा कुछ भी स्वीकार नहीं किया जाएगा जिसमें एक

कमजोर केंद्र का साक्ष्य मिलता हो। प्रांतीय कांग्रेस कमेटी, असम के महामंत्री को लिखे एक दूसरे पत्र में सरदार ने एक शक्तिशाली केंद्र पर जोर दिया और कहा कि "देश के विभाजन का कोई प्रश्न ही नहीं होगा।" कांग्रेस एक मजबूत केंद्र के लिए कृतसंकल्प है। (प्रलेख-59, 60, 61)

जवाहरलाल नेहरू ने कांग्रेस अध्यक्ष का पदभार (मौलाना आजाद से) ग्रहण करने के बाद 10 जुलाई, 1946 को एक संवाददाता सम्मेलन में कहा कि अल्पसंख्यकों का प्रश्न एक घरेलू समस्या है और वह इसमें ब्रिटिश हस्तक्षेप स्वीकार नहीं करेंगे। उन्होंने संविधान सभा की प्रभुता पर भी जोर दिया और कहा कि वह योजना में परिवर्तन घोषित करने के लिए स्वतंत्र है।

जिन्ना अत्यंत क्रुद्ध थे और उन्होंने जवाहरलाल नेहरू के विचारों को—कैबिनेट मिशन के उन आधारभूत सिद्धांतों सहित, जिन तथ्यों पर वह आधारित था—उनका पूर्ण परित्याग करनेवाला बतलाया। जिन्ना कड़वाहट से भरे हुए थे और उन्होंने अपने समर्थकों को 'सीधी काररवाई' (डायरेक्ट एक्शन) का मार्ग अपनाने के लिए प्रेरित किया।

सरदार पटेल इन क्रमिक उद्घाटनों से अत्यंत अप्रसन्न थे, क्योंकि एक बार फिर पाकिस्तान की माँग को पुन: प्रवर्तित किया गया था और इसके अलावा मुसलिम लीग ने 'सीधी काररवाई' का निर्णय लिया। प्रेस को दिए एक वक्तव्य में जिन्ना ने 18 अगस्त, 1946 को कहा, "पं. जवाहरलाल नेहरू सत्य के करीब होते, यदि वह 'लीग की तरफ से असहयोग था' कहने के बजाय यह कहते कि 'मुसलिम लीग समर्पण करने के लिए तैयार नहीं था' तथा यह और भी सच होता, यदि वह यह कहने के बजाय कि 'कांग्रेस के दरवाजे सहयोग के लिए खुले हुए हैं', वह यह कहते कि 'कांग्रेस के दरवाजे मुसलिम लीग के निकृष्ट समर्पण के लिए खुले हुए हैं।" (प्रलेख-62)

वावेल ने नेहरू से उनके विचार पहले पूछ लिये थे कि क्या जिन्ना को एक बार फिर आमंत्रित किया जाए और उन्हें मनाया जाए? (प्रलेख-63) जवाहरलाल ने इनकार कर दिया था।

इन सभी गतिविधियों से विक्षुब्ध होकर सरदार पटेल ने डी.पी. मिश्रा को 29 जुलाई, 1946 को लिखा था—"यद्यपि अध्यक्ष (नेहरू) को चौथी बार चुना गया है, वह अकसर बच्चों जैसी अबोधता के साथ कार्य कर जाते हैं, जो हम सभी को अप्रत्याशित रूप से अत्यधिक कठिनाई में डाल देता है।... उन्होंने अभी हाल में अनेक ऐसे कार्य किए हैं जिनसे हम सभी के लिए काफी उलझन पैदा हो गई है।... इससे मामलों को सुव्यवस्थित करने में हम लोगों को काफी श्रम करना पड़ता है।" (प्रलेख-64) किंतु पटेल ने स्वाधीनता और देशभक्ति के उत्कट जोश के लिए नेहरू की प्रशंसा की।

लीग द्वारा समस्त भारत में 16 अगस्त, 1946 को 'सीधी काररवाई' के दिन का

अनुपालन किए जाने पर कलकत्ते में बड़ी संख्या में लोग मारे गए और उसके बाद नोआखाली में हत्याएँ हुईं तथा प्रतिशोधस्वरूप बिहार और उत्तर प्रदेश में भयंकर बलवे हुए।

इन घटनाओं से दुःखी होकर 16 अगस्त, 1946 को सी.आर. रेड्डी को लिखते हुए सरदार पटेल ने टिप्पणी की—"मुसलिम लीग का असहयोग प्रारंभ हो गया है और आज के दिन को वे 'सीधी काररवाई' के दिन के रूप में मना रहे हैं। कांग्रेस, जो भारत की जनसंख्या के एक बहुत बड़े भाग का प्रतिनिधित्व करने का दावा करती है, कमजोर नहीं रह सकती या उन सारी कठिनाइयों के बावजूद, जिनका उसे सामना करना पड़ सकता है, देश की सरकार का पदभार ग्रहण करने की जिम्मेदारी लेने से पीछे नहीं हट सकती। यदि ब्रिटिश सरकार और कांग्रेस अपना काम ठीक तरह से करें तो मुझे इसमें संदेह नहीं है कि हम लोग, अनेक लोगों की कल्पना से बहुत पहले ही, भारत को स्वतंत्र देखेंगे और न तो लीग और न ही अन्य संवर्ग या अभिरुचि के लोग, चाहे वे कितने ही मजबूत या शक्तिशाली क्यों न हों, इसे रोक सकने में सक्षम होंगे। (प्रलेख-56)

शरतचंद्र बोस को लिखे 24 अगस्त, 1946 के अपने पत्र में सरदार पटेल ने कलकत्ता में मारे गए लोगों के लिए अत्यंत दुःख अभिव्यक्त किया। उन्होंने जोड़ा—"मैं आशा करता हूँ कि एक न्यायसंगत, निष्पक्ष और स्वतंत्र जाँच होगी। कलकत्ता के लोगों को इस सदमे से उबरने में काफी समय लगेगा। मैं नहीं जानता कि उस सरकार का क्या होगा, जिसके शासनकाल में ऐसी अपमानजनक घटनाएँ घटी हैं! किसी भी सभ्य देश में ऐसी सरकार को एक दिन भी अस्तित्व में नहीं बने रहना चाहिए। परंतु हम लोग विचित्र परिस्थितियों में रह रहे हैं और हम लोगों को इस कठिन परीक्षा से गुजरना पड़ रहा है।" (प्रलेख-65)। सरदार पटेल ने लोगों को, यदि आवश्यक हो तो अहिंसात्मक तरीके से भी, अपना बचाव करने की सलाह दी।

बंबई में एक विशाल जनसभा को संबोधित करते हुए सरदार पटेल ने पिछली अप्रैल में ब्रिटिश कैबिनेट मिशन के भारत आने से अब तक की देश की राजनीतिक स्थितियों की विस्तार से समीक्षा की। सरदार ने कहा कि मुसलिम लीग और उसके नेता श्री जिन्ना ने धमकी दी है कि वे तब तक आराम से नहीं बैठेंगे, जब तक कि पाकिस्तान प्राप्त नहीं कर लिया जाता। कांग्रेस ने बारंबार लीग के साथ मामला सुलझाने की कोशिश की, किंतु कोई लाभ नहीं हुआ। बल्कि श्री जिन्ना ने 'सीधी काररवाई' की नीति अपना ली, जिससे अंततोगत्वा पूरे देश में खून-खराबा और अराजकता फैली। कलकत्ता, बंबई, पूर्वी बंगाल और बिहार में जो हुआ, वह मुसलिम लीग के द्वारा अपनाई गई नीति का सीधा परिणाम था। (प्रलेख-66) सांप्रदायिक दंगों के विकास को

चिह्नित करते हुए 'एसोशिएटेड प्रेस ऑफ अमेरिका' ने टिप्पणी की कि यह वास्तव में कलकत्ते में ही प्रारंभ हुआ। (प्रलेख-66)

एक दूसरी बृहत् जनसभा में सरदार पटेल ने टिप्पणी की कि ''जिन्ना की मनोवृत्ति का रूपरेखण करने पर उनकी हठधर्मी प्रकृति का पता चलता है।'' उन्होंने कहा कि ''वह किसी प्रकार के समझौते के लिए तैयार नहीं थे, केवल पाकिस्तान के विचार पर ही अड़े रहे।'' ''श्री जिन्ना यह विश्वास करते हैं, नहीं, वह जिद करते हैं'', सरदार ने इंगित किया, ''कि मुसलिम, जो लीग के अंदर और लीग के साथ हैं, वे ही वास्तव में मुसलमान हैं। दूसरे सभी मुसलमान वास्तव में मुसलमान हैं ही नहीं।'' वल्लभभाई ने इस वक्तव्य की यथार्थता पर कोई टिप्पणी नहीं की और श्रोताओं को अपना निष्कर्ष निकालने के लिए छोड़ दिया, जिससे वह सबकुछ स्पष्ट हो गया, जिसे वह कहने का प्रयास कर रहे थे।

''मैं महसूस करता हूँ कि लीग के घेरे के बाहर के मुसलमानों ने अब अपनी शक्ति खो दी है अथवा तेजी से खो रहे हैं। पहले हम अकसर राष्ट्रवादी मुसलिम समुदाय के विभिन्न संवर्गों के द्वारा विरोध के बारे में पढ़ते थे। उनके विचार नहीं भी बदले हो सकते हैं, किंतु उनकी आवाज अस्थायी रूप से चली गई है। चुनावों ने उन्हें मृतवत् आघात दे दिया है अथवा कम-से-कम उन्हें अचेतावस्था में तो ला ही दिया है।''

''...और जिन्ना ने अंतरिम सरकार के गठन के समय इस स्थिति को यह जोर देकर कहते हुए उठाया कि कांग्रेस में उनके चुने गए प्रतिनिधियों में कोई भी राष्ट्रवादी मुसलिम नहीं होगा।''

''लीग के नेताओं के इस अविवेकपूर्ण तर्क पर टिप्पणी करते हुए सरदार पटेल ने कहा कि कांग्रेस अल्पसंख्यकों के अधिकारों को सुरक्षित रखने के लिए उत्सुक है। इसने अपने मंत्रिमंडल में अल्पसंख्यकों के हर समुदाय से प्रतिनिधि लिये हैं और चूँकि राष्ट्रवादी मुसलिमों को भी ऐसे अल्पसंख्यकों में रखा जा सकता है, इसलिए कांग्रेस पार्टी उन्हें प्रतिनिधित्व का अवसर देकर उनके हितों की रक्षा करना अपने कर्तव्य का एक भाग समझती है।'' (प्रलेख-52)

सरदार पटेल ने सर स्टैफोर्ड क्रिप्स को अपने 19 अक्तूबर, 1946 के पत्र में याद दिलाया कि ''जब वह (क्रिप्स) यहाँ थे तो उन्होंने (सरदार ने) उन्हें मुसलिम लीग के साथ समझौता न होने की स्थिति में भारत में, खासकर बंगाल में, सांप्रदायिक दंगों की संभावना से आगाह किया था और तब क्रिप्स ने उन्हें आश्वस्त किया था कि बंगाल में हमारे गवर्नर किसी भी गंभीर समस्या की स्थिति में तुरंत धारा 93 लगा देंगे।'' (प्रलेख-67)। सरदार पटेल को लिखे अपने 24 अक्तूबर के पत्रोत्तर में क्रिप्स ने टिप्पणी की

''मैं अच्छी तरह महसूस करता हूँ कि आप सभी कितनी कठिन परिस्थितियों का सामना कर रहे हैं और बंगाल में कितनी भयानक घटनाएँ घटी हैं। हम लोगों के लिए यहाँ से यह अनुमान लगा पाना सचमुच असंभव है कि वहाँ वास्तव में क्या हो रहा है और क्यों हो रहा है! हम लोगों को ऐसा प्रतीत हो रहा है कि दंगों को शांत करने के लिए कठोर कदम उठाए जा रहे हैं और मैं आशा करता हूँ कि वे सफल होंगे।'' इस दिशा में सरदार पटेल के प्रयासों की सराहना करते हुए उन्होंने आगे लिखा—''जिस प्रकार आपकी टीम इस अत्यंत कठिन समस्या को सुलझाने का प्रयास कर रही है, हम सभी उससे बहुत प्रभावित हैं और मैं आपको अपनी शुभकामनाएँ भेजता हूँ तथा कामना करता हूँ कि आपका धैर्य कभी समाप्त नहीं होगा।'' (प्रलेख-68)

सरदार पटेल ने 28 अक्तूबर, 1946 को लॉर्ड वावेल को भी लिखा—''मैं बंगाल की समस्या को तत्काल विचार-विमर्श और निर्णय के लिए पूर्ण अंतरिम सरकार के समक्ष लाना चाहता हूँ। मुझे माननीय उपाध्यक्ष (जवाहरलाल नेहरू) ने बताया है कि महामहिम के विचार यह हैं कि बंगाल में शांति और अमन-चैन बहाल करने की समस्या आपकी विशेष जिम्मेदारी है और भारत सरकार अर्थात् गवर्नर जनरल-इन-काउंसिल अपनी वर्तमान स्थिति में उस दुर्भाग्यपूर्ण प्रांत के लोगों को राहत देने के लिए कुछ भी नहीं कर सकते। यह वास्तव में एक दुःखद विरोधाभास होगा, यदि हम, जिन्होंने भारत सरकार की जिम्मेदारी ली है, बंगाल में व्याप्त इस आतंक के साम्राज्य को समाप्त करने के लिए कुछ भी कर पाने में अक्षम हो जाते हैं, वह भी उस स्थिति में जब ऐसे लोगों की संख्या स्पष्टतः काफी कम हो चुकी है, जिनकी सहमति से उनकी आँखों के सामने इन घटनाओं को अंजाम दिया जा रहा है। पूरा देश इन घटनाओं से तथा इस मामले में हमारे हिस्से की जिम्मेदारियों को लेकर अत्यधिक आक्रोशित है और जब इस प्रश्न को किसी-न-किसी रूप में विधानसभा में उठाया जाएगा, तब हमें इससे निपटना होगा। हम लोगों के लिए इसका समाधान करना उस प्रकार संभव नहीं होगा, जैसाकि पिछली सरकार ने किया था।''

''अधिनियमावली की नौवीं सूची और उसके विशिष्ट परिच्छेद 41 का अध्ययन करने के बाद मैंने पाया है कि गृह मंत्रालय के प्रभारी सदस्य के रूप में मैं और मेरे प्रत्येक सहकर्मी बंगाल की वर्तमान अशांत स्थितियों से प्रभावित एक विस्तृत क्षेत्र में अमन-चैन कायम करने के लिए प्रस्ताव प्रस्तुत करने के लिए सक्षम हैं। यद्यपि उस परिच्छेद से संबंधित पत्र के अनुसार महामहिम को स्वविवेक का इस्तेमाल करते हुए यह अधिकार है कि हमारे प्रस्तावों को अस्वीकृत कर दें, किंतु हम समझते हैं कि महामहिम मंत्रिमंडल के सामूहिक सुझावों के अनुरूप ही कार्य करेंगे।'' (प्रलेख-69)

मुसलिम लीग के भय को निष्प्रभावी करने के लिए सरदार पटेल ने उसके नेता

जिन्ना को कैबिनेट मिशन के प्रस्तावों तथा अन्य सभी समस्याओं का समाधान ढूँढ़ने के उद्‌देश्य से एक संयुक्त विचार-विमर्श एवं स्पष्ट बातचीत के लिए आमंत्रित किया। उन्हें चेतावनी देते हुए सरदार ने टिप्पणी की—''इस रास्ते को छोड़िए। प्रेम से बहुत कुछ किया जा सकता है, किंतु अपने हाथों में पिस्टल थामकर कुछ नहीं हो सकता। आप अपना उद्‌देश्य धमकाकर नहीं प्राप्त कर सकते। कांग्रेस भयभीत नहीं है। यदि आप अब भी स्वतंत्रता प्राप्त करने के इच्छुक हैं।'' सरदार ने लीग से अपील की, ''तो आइए और दो भाइयों की तरह साथ बैठिए तथा एक समझौते पर पहुँचिए अथवा हम अपने मतभेदों को मध्यस्थ-निर्णय के लिए प्रस्तुत करें और पंच-फैसले को स्वीकार करें। आइए, हम मिलकर इस दस्तावेज के व्यवधानों को दूर करें (कैबिनेट की संस्तुतियाँ)। हमारे साथ बैठिए और मिलकर स्वाधीनता लीजिए।''

भारत की राजनीतिक स्थिति की ओर रुख करते हुए सरदार पटेल ने घोषणा की कि ''अंग्रेजों से हमारा संघर्ष वस्तुतः समाप्त हो गया है। उन्होंने देश छोड़ने के अपने इरादे की घोषणा कर दी है।'' अपने जीवन भर वह अंग्रेजों के इरादों पर अविश्वास करते रहे हैं, परंतु अब उन्हें यकीन हो गया था कि वे भारत छोड़ने के लिए तैयार हैं।

एक विशिष्ट मन:स्थिति में सरदार पटेल ने कहा, ''श्री जिन्ना उन्हें और कांग्रेस को बुरा-भला कहते रहे हैं, उनका दोष क्या है? श्री जिन्ना ने साधिकार कहा कि वाइसराय ने उन्हें कोई गुप्त आश्वासन दिया था और अब वह उससे पीछे हट गए हैं। वाइसराय ने कहा कि उन्होंने ऐसा कोई आश्वासन नहीं दिया था। इसमें सत्य जो भी हो, कांग्रेस इन दोनों के बीच कहाँ आती है? वाइसराय का वह पत्र बहुत पहले ही प्रकाशित हो चुका है, जिसमें उन्होंने घोषणा की है कि उन्होंने इस प्रकार का कोई आश्वासन नहीं दिया है, जिसे श्री जिन्ना द्वारा लक्षित किया गया है। फिर क्यों वह इतने दिनों तक इंतजार करते रहे?''

इसका कारण श्री जिन्ना ने यह बतलाया कि एक संवाददाता सम्मेलन में कांग्रेस अध्यक्ष पं. नेहरू ने कुछ कहा था। श्री जिन्ना ने जोर देकर कहा कि इसके कारण एक नई स्थिति पैदा हो गई है।'''

सरदार ने श्री जिन्ना के वक्तव्य का उल्लेख करते हुए कहा कि कांग्रेस अथवा सरकार ने ही पहल की है और यह भी कहा कि कांग्रेस उनके दरवाजे पर सैकड़ों बार जा चुकी है। उन्होंने एक बार भी कांग्रेस के पास तक आने की कृपा नहीं की। वह ऐसी आशा कैसे कर सकते हैं कि उनके ऐसे भाषण के बाद भी कांग्रेस उनके पास जाएगी? उन्होंने कांग्रेस को अपशब्द कहे और उसका अपमान किया है। कांग्रेस इतनी असहाय नहीं है कि उसे उनके पास जाना चाहिए।

''इस आधार पर कोई भी सहयोग संभव नहीं था। इन दो पार्टियों में कोई भी

संधि नहीं हो सकती थी—एक उत्तर जाना चाहती थी तो दूसरी दक्षिण। अंग्रेज किसी प्रकार चला रहे थे। वे इस देश में और अधिक दिन नहीं रह सकते थे। भारतीयों को भारत को स्वाधीन कराना था और स्वतंत्र भारत का प्रशासन सँभालना था। यदि सामान्य आधार पर सहमति होती तो चीजें आसान हो गई होतीं।'' (प्रलेख-70)

मुसलिम लीग अंतरिम सरकार में भाग लेने के लिए सहमत नहीं हुई, इसलिए अंग्रेजों ने कांग्रेस के द्वारा बनाई जानेवाली अंतरिम सरकार को ही सत्ता सौंपने का निर्णय किया। चूँकि मुसलिम लीग अंतरिम सरकार में भाग लेने के लिए सहमत नहीं थी, इसलिए कांग्रेस ने पाँच राष्ट्रवादी मुसलिम सदस्यों को अंतरिम सरकार में नामित करने का निर्णय लिया। वे थे—आसफ अली, शफत अहमद, अली जहीर, फजलुल हक और मौलाना आजाद। किंतु मौलाना आजाद पाँच मुसलिम सदस्यों में एक के रूप में शामिल नहीं होना चाहते थे और कांग्रेस कोटा के अंतर्गत ही स्थान पाना चाहते थे। ''सरदार पटेल इससे सहमत नहीं थे, क्योंकि इससे अन्य नई समस्याएँ उत्पन्न हो सकती थीं।'' (प्रलेख-62)। किंतु फजलुल हक को समाविष्ट किए जाने के बारे में वाइसराय सहमत नहीं हुए, इसलिए मौलाना आजाद के पास सरदार पटेल का प्रस्ताव स्वीकार करने के अलावा कोई विकल्प नहीं था। (प्रलेख-71)

लीग को हुई राजनीतिक क्षति को महसूस करते हुए उन्होंने अपनी स्थिति बदली और संविधान सभा में भाग न लेने का अपना विरोध बनाए रखते हुए वे सरकार में शामिल होने को सहमत हुए।

सरदार पटेल प्रसन्न थे कि मुसलिम लीग, जिन्होंने दिल्ली में अपने सम्मेलन के दौरान यह कसम खाई थी कि 'जब तक पाकिस्तान को सैद्धांतिक रूप से स्वीकार नहीं कर लिया जाता, तब तक वे अंतरिम सरकार में शामिल नहीं होंगे', अपनी उपर्युक्त कसम के बावजूद अब सरकार में शामिल होने के इच्छुक हैं। (प्रलेख-58)

सरदार पटेल ने गजनफर अली के उस उत्तेजक भाषण की तीव्र आलोचना की, जिसमें लाहौर में छात्रों की एक सभा में उन्होंने कहा था कि ''हम अंतरिम सरकार में अपना पैर जमाने हेतु जा रहे हैं, ताकि पाकिस्तान के अपने प्रिय उद्देश्य के लिए लड़ सकें और मैं आपको आश्वासन देता हूँ कि हम पाकिस्तान प्राप्त करेंगे। अंतरिम सरकार में हमारी सारी क्रियाएँ इन दो बातों की ओर निर्देशित होंगी कि कांग्रेस को यकीन दिलाना है कि भारत में कोई भी सरकार मुसलिम लीग के सहयोग के बिना निर्विघ्न कार्य नहीं कर सकती और (10 करोड़) भारतीय मुसलमानों का प्रतिनिधित्व करनेवाला एकमात्र संगठन लीग ही है। अंतरिम सरकार 'सीधी कारवाई आंदोलन' के युद्धस्थलों में एक है और हम लोग हर मोरचे पर अत्यंत सावधानी से श्री जिन्ना के आदेशों का पालन करेंगे।'' ऊबकर सरदार पटेल ने वावेल को ''उनका (गजनफर अली का) नाम

अंतरिम मंत्रिमंडल में तब तक शामिल न करने के लिए लिखा जब तक वह अपने भाषण को वापस नहीं ले लेते।'' (प्रलेख-72)

सरदार पटेल ने यह भी उद्‌घाटित किया कि वाइसराय को यह स्पष्ट कर दिया गया है कि यदि लीग को अंतरिम सरकार में शामिल होना है तो उसे एक टीम के रूप में कार्य करना होगा, न कि एक अलग संवर्ग के रूप में। दूसरे, वे अंतरिम सरकार में तभी शामिल हो सकेंगे जब वे कैबिनेट मिशन के 16 मई, 1946 के प्रस्ताव को स्वीकार करेंगे।

इस स्थिति से वाइसराय सहमत थे और उन्होंने कहा कि लीग को इसे स्वीकार करना होगा। ''श्री जिन्ना ने ब्रिटिश सरकार पर अकसर अविश्वसनीय होने और दोहरी बातें करने का आरोप लगाया है। अब यह वाइसराय पर निर्भर है कि वह श्री जिन्ना के साथ अपने मसले को हल करें। हम लोगों को इस झगड़े से कुछ लेना-देना नहीं है।'' इसके साथ ही उन्होंने यह भी स्पष्ट किया कि जहाँ तक कांग्रेस का संबंध है, वे लोग अपनी सीटों पर जमे रहेंगे। ''हम वहाँ रहेंगे। हम लोग प्रभावशाली तरीके से और एक मंत्रिमंडल की तरह कार्य करेंगे।'' (प्रलेख-73)

जब मुसलिम लीग ने अंतरिम परिषद् में शामिल होने की घोषणा की तो जैसा कि संयुक्त राज्य अमेरिका में जिन्ना के व्यक्तिगत दूत श्री इस्पहानी ने स्पष्ट किया, उनका मुख्य उद्‌देश्य सरकार में रहकर और बाहर भी पाकिस्तान के लिए संघर्ष जारी रखना है।''*

श्री जिन्ना ने सहमति दी और यह समझा गया कि कुछ समय के लिए लीग का सहयोग अनिवार्य है। कांग्रेस की आशंका उचित थी, क्योंकि शीघ्र ही यह स्पष्ट हो गया कि लीग इस निश्चय के साथ आया था कि अंतरिम सरकार की अब तक चली आ रही निर्विघ्न कार्य-प्रणाली को बाधित किया जाए। ''लीग एक बार फिर अपने वचन से उस समय मुकर गया जब श्री जिन्ना ने घोषणा की कि लीग संविधान सभा में भाग नहीं लेगा।'' किंतु सरदार ने घोषणा की कि ''संविधान सभा की बैठक 9 दिसंबर को हर हालत में होगी। यदि यह बैठक नहीं होती है तो यह सदस्यों और सदस्यों को चुननेवालों का तिरस्कार होगा।'' उन्होंने आगे कहा कि ''कांग्रेस ने स्थायी रूप से मंत्रालय में डटे रहने के लिए दृढ़ संकल्प किया है।''

लंदन की बातचीत के संदर्भ में, जहाँ जिन्ना को आमंत्रित किया गया था, उन्होंने टिप्पणी की कि ''लंदन की दौड़ लगाने से श्री जिन्ना यह आशा नहीं कर सकते कि पाकिस्तान निकट आ जाएगा। हिंसा की धमकी से भी उन्हें कोई मदद नहीं मिलेगी।

* इंडियाज स्ट्रगल फॉर फ्रीडम, संपादक पी.एन. चोपड़ा, प्रकाशन विभाग, दिल्ली, 1984, पृ. 67।

कांग्रेस के साथ एक समझौता करके ही मुसलमानों को अपनी न्यायोचित माँगों का संतोषप्रद समाधान मिल सकेगा। सरदार ने मुसलिम जनसंख्या के स्थानांतरण के विचार को असंगत और अव्यावहारिक बताते हुए उसकी निंदा की।'' (प्रलेख-66) उन्होंने आगे कहा कि ''सांप्रदायिक समस्या का समाधान भारत में और भारतीयों के द्वारा ही करना होगा। इस क्षेत्र में अंग्रेजों का कोई स्थान नहीं है और जितनी जल्दी वे देश छोड़ दें उतना ही अच्छा सभी संबंधित लोगों के लिए होगा।'' सरदार पटेल ने जोर देते हुए आगे कहा, ''हम लोग स्वतंत्रता प्राप्त करने की कगार पर हैं। यह हम पर है कि हम इसे ग्रहण करें या फेंक दें!'' (प्रलेख-74)

व्यापक अशांति का उल्लेख करते हुए, जो उनकी दृष्टि में मुसलिम लीग की राजनीतिक नीतियों का परिणाम था, सरदार पटेल ने कहा कि वह समय आ गया है कि लोग अपनी सुरक्षा स्वयं करें। ''वे पाकिस्तान माँग सकते हैं; वे पूरे भारत को माँग सकते हैं। परंतु यह तरीका लाभकारी नहीं होगा। विष से विष ही निर्मित होगा और तलवार का अंततः तलवार से ही सामना करना पड़ेगा।'' इसलिए पूरी कांग्रेस की ओर से उन्होंने लीग से एक अंतिम अपील की कि वे वर्तमान काररवाई से बाज आए और कांग्रेस के साथ एक शांतिपूर्ण समझौते पर पहुँचे। (प्रलेख-73)

सरदार पटेल ने लोगों से भी अपील की कि ''वे पुलिस और सेना की सहायता पर निर्भर रहने के बजाय आत्मरक्षा की भावना विकसित करें।'' (प्रलेख-66)। ''भागें नहीं, रोएँ नहीं, व्यर्थ में अपनी जान मत दें; बल्कि हर प्रकार से अपनी सुरक्षा करें, चाहे वह हिंसा से हो या अहिंसा से। पुलिस या सेना की ओर सहायता के लिए न देखें। देश का एक सिपाही बनिए और एक राष्ट्रीय (नागरिक) सेना तैयार कीजिए।'' सरदार ने कहा। ''बुजदिली किसी की सहायता नहीं करती। इसका परिणाम केवल अधिकाधिक निर्दोष लोगों की हत्या के रूप में ही सामने आता है।'' (प्रलेख-75 और 74)

लीग ने सामूहिक जिम्मेदारी और नेहरू के नेतृत्व को स्वीकार करने से इनकार कर दिया। वस्तुतः अंतरिम सरकार में अलग-अलग नेतृत्व के साथ एक कांग्रेस गुट और दूसरा मुसलिम गुट था। वाइसराय भी संविधान सभा में मुसलिम लीग को शामिल करने के लिए जिन्ना को मनाने में विफल रहे।

इन स्थितियों से दुःखी होकर सरदार पटेल ने कैबिनेट मिशन के एक सदस्य सर स्टैफोर्ड क्रिप्स को लिखे अपने 15 दिसंबर, 1946 के पत्र में ब्रिटिश सरकार की भारत के प्रति सत्यनिष्ठा में कमी पर खेद व्यक्त किया। ''अत्यधिक कठिनाई से, अपने सम्मिलित प्रयासों के द्वारा हम लोगों ने इंग्लैंड और भारत के बीच एक सेतु का निर्माण किया था—और आप मेरे योगदान को जानते हैं। मुझे लिखते हुए खेद है कि ब्रिटेन की सत्यनिष्ठा के बारे में विश्वास और भरोसे की भावना का, जिसे हम लोगों ने समझौते के

द्वारा निर्मित किया गया था, बड़ी तेजी से क्षय हो रहा है और इस सेतु में दरार पड़ने या इसके गिरने की स्थिति आ गई है। बहस के तुरंत बाद लंदन में जिन्ना ने जो कहा है, उसे आपने अवश्य देखा होगा। वह पाकिस्तान में विश्वास करते हैं और उन्हें जो कुछ प्रदान किया जा रहा है उन सबका उपयोग उस उद्देश्य के लिए एक भारोत्थापक (लीवर) के रूप में किया जाना है। आप चाहते हैं कि हम उनके इस पागलपन भरे स्वप्न को साकार करने में मदद करें? इस तनाव की घड़ी में आपको लिखते हुए मुझे खेद है; किंतु इस पूरे मामले पर मैं दुःखी महसूस करता हूँ। आप जानते हैं कि "जब गांधीजी हम लोगों के समझौते का दृढ़ता से विरोध कर रहे थे, तब मैंने इसके पक्ष में अपनी शक्ति लगा दी थी।" (प्रलेख-76)

इन दोनों पार्टियों को साथ लाने के लिए एटली ने एक अंतिम प्रयास किया और उनके आदेश पर लॉर्ड वावेल अपने साथ जवाहरलाल नेहरू, लियाकत अली खान, एम. ए. जिन्ना और बलदेव सिंह को महामहिम की सरकार से विचार-विमर्श के लिए लंदन ले गए। सरदार पटेल नेहरू के साथ नहीं गए, क्योंकि उन्होंने कहा, "वहाँ क्या है? प्रत्येक महत्त्वपूर्ण निर्णय यहाँ भारत में ही लिया जाएगा। लंदन में होनेवाली बातचीत निरर्थक है। इससे कोई उद्देश्य पूरा नहीं होगा। मैं जानता हूँ कि ब्रिटिश सरकार क्या कहेगी। ओह, आप ग्यारह में से नौ प्रांतों में शासन कर रहे हैं। आप थोड़े उदार क्यों नहीं हो जाते और लीग की माँगों को स्वीकार कर लेते? ब्रिटिश सरकार का यह रवैया उसी प्रकार का है जैसा उन्होंने हिटलर के प्रति अपनाया था।" (प्रलेख-77)। लंदन में हुई बातचीत, आशा के अनुरूप, किसी सहमति पर पहुँचने में विफल रही। ब्रिटिश सरकार ने 6 दिसंबर, 1946 को एक वक्तव्य जारी किया कि यदि मुसलिम लीग संविधान सभा में शामिल नहीं होती है तो नया संविधान मुसलमानों पर लागू नहीं होगा। इससे संविधान सभा का कार्य अप्रभावी हो गया, क्योंकि मुसलिम लीग के सभी 74 सदस्यों ने इसका बहिष्कार कर दिया।*

प्रधानमंत्री एटली द्वारा 20 फरवरी, 1947 को यह घोषित करते हुए गतिरोध तोड़ा गया कि ब्रिटिश सरकार जून 1947 से पहले भारत छोड़ने का इरादा रखती है। लॉर्ड माउंटबेटन को नया वाइसराय नियुक्त किया गया, जो सत्ता के हस्तांतरण के लिए आवश्यक कदम उठाएँगे। अब यह स्पष्ट हो चुका है कि दो राजनीतिक पर्टियों के नेताओं के बीच कोई समझौता स्वीकार्य नहीं होगा, इसलिए भारत का विभाजन अनिवार्य हो गया है। केवल गांधीजी और मौलाना आजाद अब भी इसका विरोध कर रहे हैं और पं. नेहरू ने कहा, "हम लोगों को अपनी स्वाधीनता प्राप्त करने का कोई और रास्ता

---

* वही, पृ. 67-68।

नहीं दिखा।...हमारा तात्पर्य है कि निकट भविष्य में... ।'' गांधीजी ने अपने अखबार 'हरिजन' में 20 जुलाई, 1947 को लिखा—''अंग्रेजों ने हस्तक्षेप करके चालाकी कर दी।''[1] और एक समुदाय को दूसरे के विरुद्ध उकसाने की अपनी नीति के अनुरूप ब्रिटेन भारत को दो सुसंगठित सेनाओं के बीच एक अखाड़े के रूप में छोड़ रहा है।

माउंटबेटन ने विभिन्न राजनीतिक दलों के नेताओं से विचार-विमर्श किया और 3 जून, 1947 को अपनी योजना की घोषणा की। इसमें विभाजन के सिद्धांत को स्वीकार किया गया था, यदि मुसलमानों के बहुमतवाले क्षेत्रों की यह आकांक्षा हो तो! यह भी स्वीकार किया गया कि विभाजन की स्थिति में सत्ता दो उत्तराधिकारी राज्यों को हस्तांतरित की जाएगी। भारतीय रियासतों पर ब्रिटिश प्रभुता समाप्त हो जाएगी और इन रियासतों को इन दोनों में से किसी एक राज्य में शामिल होने के लिए प्रोत्साहित किया जाएगा। इस योजना को कांग्रेस और मुसलिम लीग के द्वारा स्वीकार किया गया। स्थापित कार्य-पद्धति के अनुरूप दो आयोगों की नियुक्ति बंगाल और पंजाब के बँटवारे की व्यवस्था करने के लिए की गई और उन दोनों का अध्यक्ष सर सिरिल रैडक्लिफ को बनाया गया। उत्तर-पश्चिमी सीमांत प्रांत और सिलहट जिला एक जनमत-संग्रह के बाद पाकिस्तान में शामिल हो गया। ब्रिटिश संसद् ने भारत और पाकिस्तान को 15 अगस्त, 1947 तक सत्ता हस्तांतरित करने के लिए 'इंडियन इंडिपेंडेंस ऐक्ट' पारित किया, जिसे 18 जुलाई को राजशाही स्वीकृति प्रदान की गई।[2] इस प्रकार 15 अगस्त, 1947 को भारत और पाकिस्तान स्वतंत्र राज्य बन गए। भारत में परिषद् ने मध्य रात्रि के सत्र में सत्ता प्राप्त की और एक बजे प्रात: 'पुराने योद्धा' सरदार पटेल स्वतंत्र भारत में अपने घर पहुँचे और अपनी 'थकी हुई' बाँहों को फैलाया।

अंतत: भारत की स्वतंत्रता प्राप्त की गई, किंतु इतिहासकार डॉ. ताराचंद लिखते हैं कि, ''यह अपने साथ पुराने संबंधों में विच्छेद, स्वाभाविक रूप से जुड़े हुए एक देश के विभाजन का क्रूर व त्रासद अनुभव और उस राजनीतिक दूरदृष्टि के तीव्र विनाश को भी लाया, जिसने पूरे इतिहास में एक प्रकाश-स्तंभ की तरह कार्य किया है।''

निहित स्वार्थों के कारण फैलाई गई सामान्य धारणा के विरुद्ध सरदार पटेल का हिंदू-मुसलिम एकता में अटल विश्वास था। 15 जनवरी, 1947 को अपने भाषणों में से एक में उन्होंने जोर देकर कहा था कि ''यदि हम वास्तविक स्वराज्य चाहते हैं तो हिंदुओं और मुसलमानों को एक होना होगा।'' (प्रलेख-78) किंतु पिछले वर्ष के कार्यकाल में उनके अनुभव से यह स्पष्ट हुआ कि मुसलिम लीग के साथ रहकर कुछ

1. वही, पृ. 68।
2. कलेक्टेड वर्क्स ऑफ सरदार वल्लभभाई पटेल, खंड-XI, संपादक पी.एन. चोपड़ा, कोणार्क पब्लिशर्स, दिल्ली, 1997, पृ. X।

भी रचनात्मक कर पाना असंभव था। लीग के सदस्यों ने अपने कार्यकाल में केवल अवरोध उत्पन्न करने के अलावा कुछ भी नहीं किया और उनकी भूमिका पूर्णतः एक बाधक राजनीतिज्ञ की रही। इसके अलावा, जैसाकि उन्होंने एक बार कहा था, कुछ को छोड़कर सरकार में विभिन्न पदों पर तैनात सभी मुसलमान मुसलिम लीग के थे। इस प्रकार दंगे प्रारंभ हो चुके थे और पूरे देश के विनाश का जोखिम उठाए बिना इसे अधिक समय तक चलाते रहने की आज्ञा नहीं दी जा सकती थी। वास्तव में एक समय तो, जो कुछ सीमा तक अब भी मौजूद है, स्थिति इतनी बिगड़ गई कि कलकत्ता में हत्याओं के बाद बलवे पूरे देश में फैल गए और हिंदुओं व मुसलमानों के लिए एक-दूसरे के इलाकों में जाना एक खतरनाक व साहसिक कार्य बन गया। देश का आर्थिक जीवन गतिहीन हो गया और जीवन एवं संपत्ति की कोई सुरक्षा नहीं रह गई।

इस विनाशकारी स्थिति से उबरने के एकमात्र तरीके के रूप में कांग्रेस ने यह महसूस किया कि तीसरी पार्टी यानी ब्रिटिश सत्ता को आपसी समस्याओं से अलग रखा जाय। अंग्रेजों ने अपनी ओर से यह घोषणा कर दी थी कि वे जून 1948 में भारत छोड़ देंगे। किंतु यह समय लंबा था। इसके अलावा, उनके इस आश्वासनयुक्त वक्तव्य से कि वे प्रांतों में प्राधिकारियों को सत्ता सौंपेंगे, असम, पंजाब और सीमांत प्रांत में कार्यरत मंत्रिमंडलों को स्थानच्युत करने के लिए जोरदार प्रयास शुरू कर दिए गए। लीग पंजाब में सफल भी हुआ। यद्यपि वे सीमांत प्रांत और असम में विफल रहे, फिर भी उनके आंदोलन से असाधारण कष्ट और रक्तपात हुआ। समस्या का तुरंत समाधान और निर्दोष लोगों की हत्याओं को रोकने के लिए कांग्रेस ने देश के विभाजन से सहमत होने का निर्णय लिया और पंजाब व बंगाल के बँटवारे की माँग की। यह लीग की धमकियों के प्रति समर्पण या तुष्टीकरण की नीति नहीं थी। (प्रलेख-79)

सरदार पटेल ने यह भी अनुभव किया कि यदि मुसलिम लीग बँटवारे पर जोर देता है तो इसका परिणाम पंजाब और बंगाल के विभाजन के रूप में भी होगा, अन्यथा जोर-जबरदस्ती की जाएगी और हिंदुओं एवं गैर-मुसलिम समुदाय के लोगों को पाकिस्तान छोड़ने के लिए बाध्य किया जाएगा तथा वहाँ गृह-युद्ध हो जाएगा। (प्रलेख-80)

बँटवारे के रक्तपात के दौरान घोर कष्ट सहन करनेवाले सिख समुदाय से सहानुभूति व्यक्त करते हुए सरदार पटेल ने कहा, ''जब हमने विभाजन स्वीकार किया तो वह एक रोगग्रस्त नीबू से वंचित रहना स्वीकार करने जैसा था, ताकि बाकी भाग अच्छी स्थिति में रह सके। परंतु इससे पहले कि हम निरोगण की प्रक्रिया आरंभ कर पाते, घटनाओं ने हमें आ घेरा।'' (प्रलेख-81)। उन्होंने सभी सरकारी अधिकारियों से गंभीरतापूर्वक अपील की कि वे पश्चिमी पंजाब से समस्त शरणार्थियों को रेल या सड़क मार्ग से निकाल ले आने के लिए सभी संभव कदम उठाएँ। अपने 3 सितंबर,

1947 के वक्तव्य में उन्होंने पंजाब की स्थिति की गंभीरता पर जोर देते हुए कहा कि "इसने पंजाब के उस ओर वाले भाग में हमारे लाखों देशवासियों के जीवन को संकटापन्न कर दिया है और आग्रह किया कि यह उनका परम कर्तव्य है कि वे उजड़े एवं दुःख के मारे हुए उन शरणार्थियों को तत्काल उस विभेदशील नरक से सुरक्षा के वास-स्थान में ले आएँ।" (प्रलेख-82)

सरदार पटेल ने पाकिस्तान में अल्पसंख्यकों के साथ किए जा रहे व्यवहार के बारे में लियाकत अली खान की कड़ी आलोचना की और उनका ध्यान शरणार्थियों की दुर्दशा एवं पाकिस्तान के अल्पसंख्यक समुदाय को दिए जानेवाले, अकसर सुने जा रहे, आश्वासनों की ओर खींचा। उन्होंने आगे जोड़ा कि "इन आश्वासनों का महत्त्व उन हजारों हत्याओं, अपहरणों, जबरदस्ती किए गए विवाहों, जले हुए घरों और अपाहिज बच्चों एवं अत्यधिक कष्ट में पाकिस्तान छोड़ रहे गैर-मुसलिम समुदायों के पुरुषों, स्त्रियों और बच्चों पर विस्तारपूर्वक दर्ज कर दिया गया है, जब उन्हें अत्यधिक परेशानी एवं तिरस्कारपूर्ण अनुभवों से गुजरना पड़ा है। इसके विपरीत, भारत में देश के तीन-चौथाई क्षेत्र में मुसलिम अपना सामान्य कारोबार कर रहे हैं और उनमें देश छोड़ने के कोई संकेत नहीं हैं। वे शांतिपूर्वक अपने पैतृक घरों में या अपनी जमीन पर उनकी सरकार द्वारा प्रदत्त जान-माल की पूर्ण सुरक्षा के साथ रह रहे हैं।" (प्रलेख-83)

सरदार पटेल ने दृढ़तापूर्वक अस्वीकार किया कि उन्होंने एवं उनके सहकर्मियों ने विभाजन के लिए सहमति किसी भय अथवा पराजय की भावना के कारण दी। देश की वर्तमान स्थितियों में इस प्रकार का बँटवारा ही वह सर्वोत्तम वस्तु थी, जो संभव था और उन्हें इसके लिए कोई पछतावा नहीं है। कुछ सप्ताहों में ही उन लोगों ने देश, सेना, सेवाओं आदि का विभाजन कर दिया और यह वास्तव में एक बृहत् कार्य पूरा किया गया। (प्रलेख-79)

विभाजन का एक अनिष्टकर अनिवार्यता के रूप में समर्थन करते हुए सरदार पटेल ने टिप्पणी की कि "लोग कहते हैं कि भारत का विभाजन कांग्रेस ने किया, यह सत्य है। हम लोगों ने यह जिम्मेदारी अच्छी तरह सोचने-समझने के बाद ली है, न कि किसी भय या दबाव के कारण। मैं भारत के विभाजन का प्रबल विरोधी था।* किंतु जब मैं केंद्रीय सरकार में बैठा तो मैंने देखा कि एक चपरासी से लेकर बड़े अधिकारियों तक, सभी सांप्रदायिक घृणा से ग्रसित हैं। इन स्थितियों में लड़ने और तीसरी पार्टी के हस्तक्षेप को बरदाश्त करने से बेहतर है कि बँटवारा हो जाए।"

"कलकत्ते की जन-हत्याओं के बाद हम लोगों ने सरकार में प्रवेश किया। दो

---

* देखिए, संलग्नक I-IV

समुदायों के बीच काफी दुश्मनी है। कलकत्ता, लाहौर और बंबई में जहाँ भी जाएँ, आप देखेंगे कि एक छोटा पाकिस्तान बन चुका है। कोई भी हिंदू मुसलमानों की बस्ती में नहीं जा सकता। कोई भी हिंदू रावलपिंडी में नहीं रह सकता। हम लोगों ने देखा कि इस समस्या का समाधान तब तक नहीं हो सकता जब तक कि विदेशी सरकार यहाँ रहेगी। जब ब्रिटिश सरकार ने डेढ़ साल के बाद सत्ता त्यागने का निर्णय लिया तो असम, पंजाब, बंगाल और उत्तर-पश्चिमी सीमांत प्रांतों में—हर जगह दंगे भड़क उठे और बड़ी संख्या में लोगों की हत्याएँ की गईं। हम लोगों ने अंग्रेजों से कहा कि वे जल्दी जाएँ। तब उन्होंने कहा, 'हम चले जाएँगे, यदि आप आपस में सहमत हो जाएँ।' इसलिए हम लोगों ने पाकिस्तान के निर्माण के लिए सहमत होने का निर्णय लिया। किंतु हमने बंगाल और पंजाब के विभाजन की माँग की। हम लोगों ने यह निर्णय बड़ी पीड़ा के साथ लिया। परिणामस्वरूप ब्रिटिश सरकार ने, जो जून 1948 में सत्ता हस्तांतरित करने वाली थी, 15 अगस्त, 1947 को ही सत्ता का हस्तांतरण करने का निर्णय लिया। दो देशों के बीच सेना के अधिकारियों आदि का भी बँटवारा कर दिया गया।''

''विभाजन के बाद भी मुसलमानों की कुल जनसंख्या का 75 प्रतिशत इस ओर है। हमें उनका उत्थापन करना है। आज भारत कठिनाई में है। आर्थिक संकट है। भारत एक ऋणी देश है। यद्यपि अब यह लेनदार बन गया है, किंतु अभी यह निश्चित नहीं है कि ब्रिटेन हमारा पैसा कब वापस करेगा। ऐसी स्थिति में लेनदार बनने का क्या फायदा है?'' (प्रलेख-84)

सरदार पटेल ने आगे कहा कि देश के बँटवारे के संबंध में वे कांग्रेस की जिम्मेदारियों की विवेचना करने का प्रयास नहीं करेंगे। ''हम लोगों ने यह आखिरी कदम अत्यधिक सोच-विचार के बाद उठाया है। विभाजन के संबंध में पहले अपने प्रबल विरोध के बावजूद मैं इससे अब सहमत हो गया, क्योंकि मैंने महसूस किया कि भारत की एकता बनाए रखने के लिए इसे अब विभाजित हो जाना चाहिए।'' ''देश में शांति रहनी चाहिए। जंगली जानवरों की तरह लड़ने, सड़क पर चलते हुए किसी महिला या बच्चे को चाकू मार देने से किसी भी समुदाय की प्रतिष्ठा नहीं बढ़ती। केवल शांति ही हमें बचा सकती है। हम लोग किसी को संतुष्ट करने के लिए नहीं जी रहे हैं।''' आज हमारे पास भारत को संयुक्त करने का एक अवसर है। लाहौर और पूर्वी बंगाल के कुछ भागों को छोड़कर एक हजार वर्षों बाद संपूर्ण भारत को संयुक्त करने का अब हमारे पास एक सुनहरा अवसर है।'' (प्रलेख-84 और 79)

पुनः बँटवारे को उचित ठहराते हुए सरदार पटेल ने जोर दिया कि ''अंतरिम सरकार में मुसलिम लीग की मनोवृत्ति एवं मुसलिम लीग समर्थक सरकारी अधिकारियों के रवैए से भारत का विभाजन अनिवार्य हो गया।'' आज भारत का विभाजन एक

स्थापित सत्य है, फिर भी यह एक अवास्तविक तथ्य है। उन्होंने आशा की कि बँटवारे ने भारत के राजनीतिक शरीर से विष को निकाल फेंका है। इससे उन्हें यकीन था कि अलग हुए भाग फिर से भारत में मिलना चाहेंगे। भारत एक है और अविभाज्य है। समुद्र को कोई बाँट नहीं सकता या बहती हुई नदी को कोई विभाजित नहीं कर सकता। मुसलमानों की जड़ भारत में है। उनके धार्मिक स्थान और सांस्कृतिक केंद्र भारत में स्थित हैं। मैं नहीं जानता कि वे पाकिस्तान में क्या करेंगे और अधिक दिन नहीं बीतने पाएँगे कि वे फिर वापस आना चाहेंगे।'' (प्रलेख-85, 84 और 79)

2 जून को अखिल भारतीय कांग्रेस कमेटी के विचार-विमर्श के दौरान पं. जवाहरलाल नेहरू और सरदार वल्लभभाई पटेल ने समिति के सदस्यों से ''दो टूक कह दिया था कि समिति के सामने विकल्प केवल यह है कि या तो विभाजन स्वीकार कर लिया जाए अथवा पूर्ण रुकावट और अराजकता का सामना करना होगा।'' (प्रलेख-86) सरदार पटेल ने गांधीजी को भी (1 फरवरी, 1947 को) लीग द्वारा उत्पन्न की गई कठिनाइयों को सूचित किया, ''लीग अब लड़ाई के रास्ते पर है।* देखा जाए कि अब क्या होता है! ऐसा प्रतीत होता है कि प्रमुख लोग अच्छा व्यवहार नहीं करने वाले हैं। यहाँ अकसर आपकी सलाह की आवश्यकता होती है, परंतु क्या किया जा सकता है! हम लोग जो उचित समझते हैं वह कर रहे हैं; परंतु कठिनाइयाँ बढ़ती जा रही हैं।'' (प्रलेख-87)

महात्मा गांधी एक आदर्शवादी थे, परंतु वह लोगों के बारे में अपनी धारणा निर्मित करने में भी बहुत प्रवीण थे। उन्होंने भी महसूस किया कि मुसलिम लीग के पूर्व काल के योद्धाओं के लिए यह असंभव था कि वे रात भर में राष्ट्रवादी बन जाएँ। इस प्रकार विश्वासघाती मुसलमानों के हृदय-परिवर्तन का उनका तर्क जहाँ पूर्णतः औचित्यपूर्ण था, वहीं वांछित परिणाम सुनिश्चित करने के लिए इसके अतिरिक्त और भी बहुत कुछ अनिवार्य था। इस सिद्धांत को कि 'हिंसा लाभकारी नहीं होती है', बड़ी सख्ती से लागू किए जाने की आवश्यकता थी। केवल सरदार की दृढ़ काररवाई ही इस आवश्यकता को पूरा कर सकती थी।

विभाजन की स्वीकृति का समर्थन करते हुए पं. नेहरू ने भी यह टिप्पणी की कि ''कांग्रेस कार्यकारिणी समिति ने भी पंजाब को दो प्रशासनिक प्रांतों में बाँटे जाने के पक्ष में प्रस्ताव पास किया था। बँटवारा निर्दोष नागरिकों की हत्या से बेहतर था। प्रस्ताव पास किए जाने के बाद समिति को बंगाल से अनेक शिकायतें प्राप्त हुई थीं कि बंगाल का भी

---

* मुसलिम लीग के सदस्यों ने यद्यपि अंतरिम सरकार में स्थान ले लिया था, किंतु वे संविधान सभा के विचार-विमर्शों में भाग नहीं ले रहे थे। (फुटनोट, प्रलेख-9)

बँटवारा कर दिया जाना चाहिए। पंजाब और बंगाल के मामले में अंतर्निहित सिद्धांत एक ही था।''

सरदार पटेल से सहमत होते हुए नेहरू ने यह भी कहा कि ''वर्तमान समय कष्टों और विपत्तियों से भरा शायद सबसे कठिन समय है। आज हमें उत्तरदायित्व का निर्वाह करना है। जो सबसे पहला काम हमें करना है, वह है भारत की स्वतंत्रता को मजबूती से स्थापित करना और एक दृढ़ केंद्रीय सरकार की रचना करना। एक मजबूत और स्थायी सरकार की स्थापना कर लिये जाने के बाद अन्य सभी योजनाओं में अधिक कठिनाई नहीं आएगी। कांग्रेस पर भारी जिम्मेदारी है। आपको अपनी सारी शक्ति कांग्रेस संगठनों को मजबूत बनाने में लगानी चाहिए। हम लोगों को बाहरी और आंतरिक दोनों ही खतरों का सामना करना है और यदि हम शक्तिशाली नहीं हैं तो हम गिर जाएँगे।'' (प्रलेख-88)

पं. नेहरू का अनुसरण करते हुए सरदार पटेल ने अखिल भारतीय कांग्रेस कमेटी में अपने एक ओजस्वी भाषण में 3 जून के महामहिम की सरकार के वक्तव्य को अपना पूरा समर्थन प्रदान किया। कैबिनेट मिशन के प्रस्तावों को देखते हुए पिछले नौ महीनों में अंतरिम सरकार में अपने अनुभवों के आधार पर, वह इस बात के लिए बिलकुल दुःखी नहीं थे कि 'स्टेट पेपर' को समाप्त कर दिया गया। यदि उन्होंने 'स्टेट पेपर' को स्वीकार कर लिया होता तो पूरा भारत ही पाकिस्तान के रास्ते पर चल पड़ा होता। आज उनके पास भारत का 75 से 80 प्रतिशत भाग है, जिसे वे अपनी प्रतिभा से विकसित कर सकते हैं और मजबूत बना सकते हैं। लीग देश के बाकी भाग को विकसित कर सकता है।

लीग समिति, जिसने गुप्त रूप से अपनी बैठक की थी, 15 अगस्त के बाद संपूर्ण भारत का ही परिग्रहण करने की अपनी महत्त्वाकांक्षा पाल रही थी। यह प्रत्येक कांग्रेसी का कर्तव्य है कि वह भारत को शक्तिशाली बनाने, एक कार्य-कुशल सेना निर्मित करने एवं आर्थिक स्थिति सुदृढ़ करने के लिए मिल-जुलकर कार्य करें। सरदार पटेल ने कहा कि ''16 मई की योजना ने निस्संदेह उन्हें एक संयुक्त भारत दिया है। इसकी कमियों के बावजूद कांग्रेस इससे सहमत हुई। लेकिन इसमें एक रुकावट थी। यदि किसी एक या दूसरी पार्टी ने सहयोग रोक दिया तो इस योजना को कार्यान्वित नहीं किया जा सकता था।'' सरदार पटेल ने यह भी कहा कि ''उनके नौ महीने के कार्यकाल ने उन्हें 'स्टेट पेपर' की संभावित श्रेष्ठताओं के बारे में पूर्णतः भ्रांतिमुक्त कर दिया था। उन्होंने यह देखा था कि मुसलिम कर्मचारी, उच्च पदाधिकारियों से लेकर चपरासियों तक, कुछ सम्माननीय अपवादों को छोड़कर सबके सब मुसलिम लीग के लिए थे। इसके बारे में कोई भ्रांति नहीं होनी चाहिए।''

16 मई की योजना समाप्त हो गई, इसलिए वह प्रसन्न थे। इस योजना में संघर्ष और कलह के लिए काफी स्थान था। कांग्रेस पाकिस्तान का विरोध कर रही थी, लेकिन फिर भी सदन में प्रस्तुत प्रस्ताव में विभाजन के लिए सहमति दी गई। चाहे अखिल भारतीय कांग्रेस कमेटी को यह पसंद हो या न हो, पाकिस्तान पंजाब और बंगाल दोनों ही में पहले ही कार्यरूप में आ चुका था। ऐसी स्थिति में वह वास्तविक पाकिस्तान पसंद करेंगे, क्योंकि तब वे जिम्मेदारी का कुछ तो एहसास करेंगे। (प्रलेख-89)

अल्पसंख्यकों, मौलिक अधिकारों आदि की सलाहकार समिति के अध्यक्ष के रूप में संविधान सभा की समिति को अपनी रिपोर्ट प्रस्तुत करते हुए सरदार पटेल ने विभिन्न अल्पसंख्यकों जैसे एंग्लो-इंडियन, पारसी और क्रिश्चियंस आदि को बधाइयाँ दीं, जिन्होंने अलग चुनाव-क्षेत्र के अपने दावे का परित्याग कर दिया था और समस्याओं के प्रति सही दृष्टिकोण अपनाकर अनेक मुद्दों के संबंध में सर्वसम्मत निष्कर्ष पर पहुँचने में सहायता की थी। सरदार महसूस करते थे कि अलग चुनाव-क्षेत्रों से पृथक्तावादी प्रवृत्तियों को अधिक प्रोत्साहन मिलता है।

उनका मन उन बीते हुए दिनों की ओर गया, जब अलग चुनाव-क्षेत्र के प्रश्न पर पहली बार विचार-विमर्श किया गया था। अनेक प्रख्यात मुसलमानों ने अपने विचार व्यक्त किए थे कि सांप्रदायिक चुनाव-क्षेत्र राजनीतिक समितियों में एक गंभीर दोष है। अनेक अंग्रेजों ने भी यह स्वीकार किया कि अलग चुनाव-क्षेत्रों के कारण आज देश का बँटवारा करना पड़ा। मुसलमानों के संदर्भ में सरदार पटेल ने कहा कि ''जब पाकिस्तान की स्वीकृति दी गई थी तब कम-से-कम यह माना गया था कि बाकी बचा हुआ भारत एक देश होगा और यहाँ 'द्विराष्ट्र के सिद्धांत' को लादने की कोशिश नहीं की जाएगी। यह कहने का कोई अर्थ नहीं है कि हम लोग एक अलग चुनाव-क्षेत्र की माँग करेंगे, किंतु आपके निर्णयों का पालन करेंगे।'' हम लोगों ने यह अनेक वर्षों तक सुना है और इस आंदोलन का परिणाम यह हुआ, उन लोगों ने कहा, कि अलग चुनाव-क्षेत्र या कुछ और भी उनकी सुरक्षा के लिए पर्याप्त नहीं है। इसलिए उन लोगों ने एक अलग राज्य की माँग की। हम लोगों ने कहा, ''ठीक है, लीजिए, किंतु इस बात से सहमत होइए कि बाकी बचा 80 प्रतिशत भारत एक देश रहेगा।'' (प्रलेख-90)

ब्रिटिश अधिकारी बोजमैन को लिखे 11 जुलाई, 1947 के अपने पत्र में सरदार पटेल ने उस अधिकारी के विचारों से अपनी सहमति व्यक्त की कि भारत का बँटवारा दुर्भाग्यपूर्ण था, लेकिन येन-केन-प्रकारेण उनके पास कोई विकल्प नहीं था। ''उन्होंने यह आकांक्षा व्यक्त की कि एक दिन पाकिस्तान भारत में वापस आ मिलेगा। (प्रलेख-91) लखनऊ में 6 जनवरी, 1948 को स्त्रियों और पुरुषों के एक विशाल जनसमुदाय

को किए गए अपने एक संबोधन का स्मरण करते हुए उन्होंने 'द्विराष्ट्र के सिद्धांत' के प्रचार के लिए मुसलिम लीग को दोषी ठहराया।" "आज मेरा मन उन पुराने दिनों की ओर लौटता है, जब लखनऊ शहर में 'द्विराष्ट्र के सिद्धांत' की आधारशिला रखी गई थी। यह कहा गया था कि मुसलिम सभ्यता और परंपराएँ हिंदुओं के समान नहीं हैं। उनका एक अलग देश था। इस शहर के मुसलमानों ने इस सिद्धांत को हवा देने में महत्त्वपूर्ण भूमिका निभाई। कुछ राष्ट्रवादी मुसलमानों ने इसका विरोध किया। उन्होंने हिंदुओं के साथ मिलकर एक साझा उद्देश्य तय किया, क्योंकि ऐसे सिद्धांत को प्रचारित किए जाने से वे दोनों ही विचलित थे और इसके विरुद्ध उन्होंने आवाज उठाई। किंतु मुसलिम लीग के मेरे मित्रों ने विभाजन के लिए शक्तिशाली तर्क प्रस्तुत किए। वे केवल बँटवारा और एक अलग राज्य की स्थापना चाहते थे। संपूर्ण भारत में मुसलिम लीग ने बँटवारे के सिद्धांत को फैलाया और मुसलिम नौजवानों का एक बहुत बड़ा भाग इसके प्रभाव में आ गया। उन्होंने इसे संपूर्ण सच्चाई के रूप में स्वीकार कर लिया।"

15 अगस्त को कलकत्ता में उन लोगों को एक प्रत्यक्ष झटका देने के लिए, जो अब भी 'द्विराष्ट्र के सिद्धांत' में विश्वास नहीं करते थे, उन लोगों ने एक 'अमली काररवाई' शुरू की। तब हम लोगों ने सोचा कि यदि देश का विभाजन होना ही है तो इसे हो जाने दिया जाए। उन्हें अपनी समस्याएँ सुलझाने दिया जाए और हम अपने मामले सुलझाएँगे। उस समय हम लोग विदेशी शासन की समस्या से छुटकारा पाने के लिए जूझ रहे थे, इसलिए हम लोगों ने देश का बँटवारा स्वीकार कर लिया। (प्रलेख-95) उन्होंने कहा कि सांप्रदायिकता की बढ़ती हुई तीव्रता को ध्यान में रखते हुए देश के बँटवारे को न्यूनतर अनिष्टकारी समझा गया। (प्रलेख-96)

एक दूसरे अवसर पर सरदार पटेल ने कहा कि "अनेक वर्षों तक गांधीजी और मैं एक-दूसरे से पूर्णत: सहमत रहे, किंतु जब भारत की स्वतंत्रता के प्रश्न पर निर्णय का समय आया तो हम दोनों में मतभेद हो गया। मैंने कहा कि मैं यह महसूस करता हूँ कि हम लोगों को स्वाधीनता तुरंत प्राप्त कर लेनी चाहिए। इसलिए हम लोगों को विभाजन के लिए सहमत होना पड़ेगा। मैं इस निर्णय पर बहुत सोच-विचार के बाद और अत्यधिक कष्ट के साथ पहुँचा हूँ। लेकिन मैं महसूस करता हूँ कि यदि हम लोगों ने बँटवारा स्वीकार नहीं किया तो भारत अनेक छोटे-छोटे टुकड़ों में बँट जाएगा और पूर्णत: बरबाद हो जाएगा। कार्यालय में अपने एक वर्ष के अनुभव से मुझे यकीन हो गया है कि जिस रास्ते पर हम बढ़ रहे हैं, वह हमें बरबादी की ओर ले जा रहा है। गांधीजी ने महसूस किया कि वह इस निष्कर्ष से सहमत नहीं हो पा रहे हैं; किंतु उन्होंने मुझसे कहा कि यदि मेरा हृदय मेरी धारणा को ठीक समझता है तो मैं आगे बढ़ सकता हूँ। हमारे नेता, जिन्हें उन्होंने अपना वारिस और उत्तराधिकारी नामित किया था, मेरे

साथ थे। गांधीजी ने हमारा विरोध नहीं किया, न ही उन्होंने उस पर अपनी सहमति दी, जिसे हम ठीक और उचित समझते थे। आज भी मैं अपने उस निर्णय के लिए अफसोस नहीं करता हूँ, यद्यपि इसकी अत्यधिक पीड़ा है कि हम लोगों को ऐसा करना पड़ा।'' (प्रलेख-92)

कलकत्ता में पूछे गए एक प्रश्न के उत्तर में कि विभाजन क्यों स्वीकार किया गया, सरदार ने कहा, ''यह एक लंबी कहानी है; परंतु आप इन तथ्यों का मूल्यांकन ज्यादा अच्छी तरह कर सकेंगे, क्योंकि कलकत्ता ने लीग मंत्रालय के कड़वे अनुभव का स्वाद चखा है। व्यापारीगण शहर छोड़ने के लिए सोचने लगे।'' (प्रलेख-93) ''मैं आपसे यह कह सकता हूँ।'' उन्होंने आगे कहा, ''यदि हम लोगों ने विभाजन स्वीकार नहीं किया होता तो भारत टुकड़ों-टुकड़ों में बँट गया होता। अब जबकि हम भारत के एक बड़े भाग का भ्रंशोद्धार कर सके हैं और इसे एक बृहत् एकांश में निर्मित करने में सफल हुए हैं, आइए, अब इसे हम अधिक शक्तिशाली बनाएँ।'' (प्रलेख-94)

सरदार पटेल ने 30 अक्तूबर, 1948 को बंबई में अपने भाषण में भारत के विभाजन को एक बार फिर सही ठहराया—''यदि हम लोगों ने भारत का विभाजन नहीं किया होता तो परिणामस्वरूप जो कुछ होता, वह उससे कहीं अधिक खराब होता, जो बँटवारे के बाद हुआ है। उस समय हम लोग झगड़ रहे थे और आपस में बुरी तरह लड़ रहे थे। हम जिस धर्म-संकट में पड़े हुए थे और जिन स्थितियों में हमने अपने आपको डाल लिया था, तीसरी पार्टी उसका भरपूर फायदा उठा रही थी। हम लोगों को अपनी स्वाधीनता की कीमत चुकानी है। तब हम लोगों ने यह निर्णय लिया कि यदि विदेशी सरकार जल्द-से-जल्द हमें छोड़ने के लिए तैयार है तो कीमत के रूप में विभाजन स्वीकार करना उचित है। बँटवारे के फलस्वरूप हम लोगों ने दारुण कष्ट झेला है। एक अंग की धज्जियाँ उड़ा दी गईं और हमारा बहुत खून बहा। लेकिन यह उन कष्टों की तुलना में कुछ भी नहीं है, जो हमें झेलना पड़ सकता था और जिन्हें हमें सहन करना पड़ता। इसलिए विभाजन स्वीकार करने का मुझे कोई पछतावा नहीं है। सरकार में अपने अनुभवों से मुझे विश्वास हो गया है कि यदि हम उसी प्रकार चलते रहे, जैसे चल रहे हैं तो जो भी मूल्यवान् हमने प्राप्त किया है, वह सब हम खो देंगे।…'' (प्रलेख-97)

राजकोट में एक जनसभा को संबोधित करते हुए सरदार पटेल ने विभाजन को पुनः उचित ठहराया—''हम लोगों ने भारत के विभाजन के लिए सहमति दी।'' उप-प्रधानमंत्री ने कहा, ''क्योंकि इसके बिना भारत में पूर्ण रुकावट और अराजकता फैल जाती। आज हम लोगों ने देश को एकीकृत कर लिया है।…'' (प्रलेख-98)

सरदार वल्लभभाई पटेल के लिए अपनी मातृभूमि की रक्षा से अधिक प्रिय कुछ

भी नहीं था। पूर्वी बंगाल और युद्ध में पहले से जकड़ी हुई कश्मीर की सुंदर घाटी में जब पाकिस्तान अल्पसंख्यकों के प्रति अपनी लड़ाकू प्रवृत्ति की ऊँचाइयों पर था तो सरदार पटेल ने 4 नवंबर, 1948 को नागपुर में देश की सुरक्षा के खतरों के बीच लोगों से आग्रह किया कि वे देश के प्रति अपने वास्तविक कर्तव्यों को महसूस करें और अपने ऐतिहासिक भाषण में वह गरजे, "हम लोग भारत के संरक्षक हैं और जब तक हम जीवित रहेंगे, अपने राष्ट्रीय अस्तित्व पर इन खतरों को कभी बरदाश्त नहीं करेंगे।" अपने समय के शीर्ष नेताओं में एक सरदार यहाँ पाकिस्तान को सनसनी से भर देनेवाली चेतावनी देने में पुनः प्रथम रहे और उन्होंने कहा कि "यदि पाकिस्तान पूर्वी बंगाल में हिंदुओं को अपने घरों से निकालने की हिमाकत के रास्ते पर अड़ा रहा तो लाखों उजड़े हुए लोगों को पुनः बसाने के लिए उसे अपने राज्य-क्षेत्र के एक भाग से हाथ धोकर उनकी क्षतिपूर्ति करनी पड़ेगी।" (प्रलेख-99)

16 जनवरी, 1948 को बंबई की एक सभा में नागरिकों को संबोधित करते हुए अपने उत्तर में सरदार पटेल ने कहा, "...हमने लोगों को चिल्लाते हुए अभी सुना है कि मुसलमानों को भारत से निकाल दिया जाना चाहिए। जो ऐसा कहते हैं, वे क्रोध से पागल हो गए हैं। इसके साथ ही, हम लोगों को ऐसे लोगों से सहानुभूति रखनी चाहिए जिन्होंने अपने प्रियजनों एवं अपनी संपत्तियों को खो दिया है।... उनके हृदयों में क्रोध व्याप्त है और वह उनके मस्तिष्क को उलट-पलट देता है। परंतु हम लोगों को यह सब बरदाश्त करना है। जब तक हम सरकार में हैं तब तक हमें शासन भी करना है। यदि हम जाति, संप्रदाय या धर्म का विभेद किए बिना ही संपूर्ण जनसंख्या के लिए राजन्यासधारी (ट्रस्टी) के रूप में कार्य नहीं कर सकते तो हम उस स्थान के लिए सत्पात्र नहीं हैं, जहाँ हम हैं।" मैं स्पष्ट रूप से अपने आपसे पूछता हूँ, 'क्या हमें संसार के सामने यह स्वीकार करना है कि हम शासन करने योग्य नहीं हैं?" (प्रलेख-100)

नागपुर विश्वविद्यालय के छात्रों को संबोधित करते हुए सरदार पटेल ने नसीहत दी कि उन्हें अपनी जिम्मेदारियों को महसूस करना चाहिए और देश में रह रहे विभिन्न समुदायों के लोगों के बीच विभेदों को भुलाकर यह सिद्ध करना चाहिए कि वे अत्यंत कठिनाई से प्राप्त देश की इस स्वतंत्रता के लिए एक सत्पात्र हैं। "हम ऐसा कुछ भी करने नहीं जा रहे हैं, जो सभी समुदायों—हिंदुओं, मुसलमानों, ईसाइयों, पारसियों आदि के प्रति हमारे न्यायिक सिद्धांतों के विरुद्ध है। सभी समुदायों को उनका उचित स्थान मिलना चाहिए। उनका धर्म उनके अपने अनुराग का विषय है।" (प्रलेख-101)

सरदार पटेल लोकतांत्रिक भारत में सभी धर्मों की संरक्षा चाहते थे। "सरकार किसी भी प्रकार से धर्म के मामले में कोई हस्तक्षेप नहीं करती है।" "किंतु कुछ लोग हैं," उन्होंने कहा, "जो धर्म के नाम पर पाखंड को बढ़ावा देते हैं और जनता सरकार से

उसकी शिकायत करती है। इसलिए जनता के हित में हमें हस्तक्षेप करना पड़ता है।" "हम लोगों को सभ्य लोगों की तरह रहना चाहिए—चाहे वे ईसाई, हिंदू, मुसलमान या पारसी कोई भी हों। असहिष्णुता पर आधारित कोई भी धर्म प्रतिफलित नहीं होता। जिस देश में चरित्र नहीं है, वह राष्ट्र उन्नति नहीं कर सकता।" (प्रलेख-101, 102, 103, और 104)

सरदार पटेल ने आगे कहा, "मैं एक स्पष्टवादी व्यक्ति हूँ। न्याय का हमारा सिद्धांत सभी समुदायों के लिए है—हिंदुओं, मुसलमानों, ईसाइयों, पारसियों आदि सभी के लिए। सभी समुदायों के लिए उनका उचित स्थान है। मैं हिंदुओं और मुसलमानों दोनों को ही समान रूप से कड़वी बातें कहता हूँ; लेकिन जैसाकि मैंने कई बार कहा है—मैं मुसलमानों का मित्र हूँ। यदि मुसलमान लोग मुझे इस प्रकार स्वीकार नहीं करते हैं तो वे भी पागलों की तरह कार्य कर रहे हैं। ऐसा प्रतीत होता है कि वे सही या गलत को नहीं समझ पा रहे हैं।" (प्रलेख-100 और 101)

सरदार पटेल ने शांतिपूर्वक स्थापित रहकर अपना जीवनयापन करने के लिए मुसलमानों के बहुतर भाग की प्रशंसा की और जहाँ तक उनके जान-माल का संबंध है, उन्हें पूर्ण सुरक्षा का आश्वासन दिया। उन्होंने जोड़ा कि "इस संबंध में दिल्ली शहर में ही उनकी सुरक्षा सुनिश्चित करने के लिए हम लोगों ने जो कदम उठाए हैं, उससे अच्छा कोई प्रमाण नहीं दिया जा सकता (प्रलेख-105 और 106)। हम लोगों ने स्वेच्छा से पाकिस्तान चले गए लोगों के घरों को उनके लिए खाली रखने की सहमति दी, जो वापस आने वाले थे। यद्यपि बड़ी संख्या में आवास-विहीन शरणार्थी हमारे पास हैं। मसजिदों के पुनर्निर्माण का कार्य, जो वास्तव में पूरा हो चुका है और पाकिस्तान से शरणार्थियों की एकतरफा वापसी, देश में शांतिपूर्ण एवं मधुर संबंधों के व्याप्त होने के पर्याप्त प्रमाण हैं। इसमें सेना और सिविल सेवाओं तथा जन-जीवन के उच्च पदों की सहभागिता बनी हुई है।..."

सरदार पटेल ने आगे कहा, "इन सबके प्रतिदान के रूप में मुसलमानों से सरकार कुछ भी अधिक न चाहकर अन्य समुदायों के अनुरूप ही देश के प्रति पूर्ण और असंदिग्ध राष्ट्रभक्ति चाहती है।..." (प्रलेख-107)

उन मुसलमानों को जवाब देते हुए, जो अब भी अलग चुनाव-क्षेत्र और सीटों के आरक्षण की माँग कर रहे थे, सरदार पटेल ने कहा कि, "देश के बँटवारे और एक स्वतंत्र राज्य के लिए कार्य करने के बाद अपनी आजादी का आनंद प्राप्त करने के लिए इस देश को शांति से छोड़कर उन्हें वहाँ चले जाना चाहिए। ऐसे लोगों के लिए भारत में कोई जगह नहीं है।" (प्रलेख-108)

उन्होंने जोर देते हुए कहा, "हम लोगों ने भारत को, जो पिछली कई शताब्दियों

में कभी भी इतना संगठित नहीं था, आज पहले की अपेक्षा अधिक एकीकृत करके ही कुछ पाया है। हम लोगों में और एकता होनी चाहिए, किंतु उसके लिए दृढ़ संकल्प के साथ और अधिक प्रयास करने की आवश्यकता है। ऐसे संगठित भारत में मुसलमानों को भी बाकी जनसंख्या की तरह सुरक्षित महसूस करना चाहिए। लेकिन इसके लिए मुसलमानों को अपनी मनोवृत्ति बदलनी होगी। उन्हें जो 'द्विराष्ट्र के सिद्धांत' को सिखाया गया है, उसे भुलाना होगा।'' (प्रलेख-100)

उनके भाषणों और कार्यों से उन पर लगाए गए इस आरोप का जबरदस्त खंडन होता है कि वे मुसलिम-विरोधी हैं। नागपुर में 5 नवंबर, 1948 को अपने भाषण में सरदार पटेल ने टिप्पणी की थी कि ''विभिन्न समुदायों के लोग—हिंदू, मुसलमान, ईसाई, पारसी आदि सभी भाइयों की तरह हैं और सरकार किसी एक या दूसरे समुदाय के बारे में किसी विशेष तरीके से नहीं सोचेगी।'' (प्रलेख-101) उन्होंने इस तथ्य की पुनरावृत्ति की कि भारत विभिन्न धर्मों, संस्कृतियों, परंपराओं, आदतों और भाषाओं का देश है। फिर भी अपने संपूर्ण इतिहास में इसने समरसता और अभिन्नता का एक ऐसा सामंजस्य प्रस्तुत किया है, जिसकी सारे संसार में प्रशंसा होती है और जो इसके परिरक्षण का रहस्य भी है। हम लोगों को अपनी इस बहुमूल्य विरासत के अनुरूप रहना है और संसार को यह दिखला देना है कि यद्यपि धर्म, आदतें, विचार और भाषा हमें बाँट सकते हैं; किंतु देश हमें जोड़ता है। (प्रलेख-109)

लखनऊ में संपन्न राष्ट्रवादी मुसलमानों के एक सम्मेलन का संदर्भ लेते हुए सरदार वल्लभभाई पटेल ने कहा, ''यह आश्चर्यजनक है कि लखनऊ में 70 हजार मुसलमान एकत्रित हुए; किंतु कश्मीर में पाकिस्तान क्या कर रहा है, इसके बारे में उन्होंने एक शब्द भी नहीं कहा।'' इसलिए मुसलमानों के एक मित्र के रूप में मैं यह कहना चाहता हूँ कि यह उनका कर्तव्य है कि वे अब एक ही नाव की सवारी करें और साथ-साथ तैरें या डूबें। मैं आपसे यह स्पष्ट रूप से यह कहना चाहता हूँ कि आप दो घोड़ों पर सवारी नहीं कर सकते। किसी एक घोड़े को चुनिए, जिसे आप बेहतर समझते हैं। जो लोग पाकिस्तान जाना चाहते हैं, वे वहाँ जा सकते हैं और शांतिपूर्वक रह सकते हैं। हम लोगों को यहाँ शांतिपूर्वक रहने और अपने लिए काम करने दीजिए।'' (प्रलेख-95 व 110)

सरदार पटेल ने हिंदू महासभा और आर.एस.एस. को चेतावनी दी कि ''उन्हें यह समझना चाहिए कि भारत सरकार देश की शांति और स्थिरता पर कोई भी आक्रमण बरदाश्त नहीं कर सकती।'' उन्होंने कहा कि प्रत्येक देशभक्त मुसलमान को अपने भाई की तरह समझा जाना चाहिए और किसी ने भी यह सोचा कि वह मुसलमानों को कष्ट देने के लिए स्वतंत्र है तो यह स्वतंत्रता उचित नहीं है। (प्रलेख-111)

लॉर्ड वावेल के बाद ब्रिटिश भारत के अंतिम वाइसराय के रूप में कार्यभार ग्रहण करनेवाले लॉर्ड माउंटबेटन ने सरदार की महत्ता को पहचाना। उन्होंने एक अनुशासनप्रिय, यथार्थवादी के रूप में पटेल की राजनीतिज्ञता की अत्यधिक प्रशंसा की और उन्हें "व्यावहारिकता से परिपूर्ण, दूरदृष्टि-संपन्न एक ऐसा सच्चा राजनीतिज्ञ बताया, जिसके दोनों पाँव मजबूती से जमीन पर स्थिर हैं।" उन्होंने 14 अगस्त, 1947 को सरदार वल्लभभाई पटेल को लिखा—"यह वास्तव में एक सौभाग्य ही था कि आप जैसा दूरदृष्टि-संपन्न, यथार्थवादी राजनीतिज्ञ 3 जून की योजना के समस्त विचार-विमर्शों में तथा बाद में प्रांतों के साथ सभी महत्त्वपूर्ण और संवेदनशील वार्त्ताओं में सम्मिलित था।'' भविष्य की पीढ़ियाँ आपके द्वारा अनुसरण की गई निपुण-नीति के पूर्ण प्रभावों की सराहना करेंगी।" (प्रलेख-112)

सरदार ने, जो माउंटबेटन की विवेकशीलता एवं भारत के प्रति उनकी सहानुभूतिपूर्ण अभिवृत्ति के लिए उनका बड़ा सम्मान करते थे, अपने प्रत्युत्तर में लिखा—"जब आपके छह महीनों के वाइसराय के कार्यकाल का इतिहास लिखा जाएगा तब जिस प्रकार इस अवधि में नाना प्रकार के कठिन कार्यों को पूरा किया गया है और इन निर्णायक महीनों में भारत-ब्रिटेन संबंधों में जिस कुशलता के साथ बदलाव लाया गया है, उसका प्रमुख श्रेय आपको ही दिया जाएगा। वास्तव में आपने मित्रता और सद्भावना के साथ जिन कार्यों को पूरा कर लिया है, वह सिर्फ इस बात की अभिव्यक्ति है कि आपके पूर्वाधिकारियों की लंबी कतार ने उसे अपने चिंतन की पृथक्ता और जनता के विचारों को व्यक्त करनेवाले नेताओं के भरोसे को न जीत पाने के कारण खो दिया था।" (प्रलेख-113)

लेबर सरकार द्वारा वावेल की जगह माउंटबेटन को लाए जाने के निर्णय से प्रसन्न पटेल ने सर स्टैफोर्ड क्रिप्स को 28 फरवरी, 1947 को यह आशा व्यक्त करते हुए पत्र लिखा कि "नए वाइसराय के द्वारा सत्ता के हस्तांतरण की प्रक्रिया सुगमता एवं तीव्रता से आगे बढ़ेगी।" (प्रलेख-114)।

अपने उत्तर में क्रिप्स ने पटेल को भरोसा दिलाया, "मुझे विश्वास है कि आप माउंटबेटन को बहुत पसंद करेंगे, जैसाकि मैं करता हूँ और उनका आदर करेंगे। आप पाएँगे कि वह अपने विचारों में बड़े प्रगतिशील हैं और आप भी उन्हें पसंद करेंगे।" एक व्यक्तिगत टिप्पणी लिखते हुए क्रिप्स ने जोड़ा, "आप अपना पर्याप्त ध्यान रखें, क्योंकि आजकल इन अंतिम महीनों में आप भारत के लिए अत्यंत बहुमूल्य हैं।" (प्रलेख-115)

लॉर्ड माउंटबेटन के कर्मचारियों के प्रमुख लॉर्ड इस्मे (मार्च से 19 नवंबर तक) ने भारत में अपने प्रवास के दौरान सरदार पटेल की कृपाशीलता के लिए उन्हें धन्यवाद दिया। पटेल ने विदाई के अवसर कहा, "आप व्यक्तिगत रूप से सौभाग्यशाली रहे हैं

(और मैं इन परिस्थितियों में किसी प्रकार यह महसूस करता हूँ कि भारत भी भाग्यशाली रहा है) कि लॉर्ड माउंटबेटन के साथ आप भारत आए और इसलिए नजदीक से यह देख सके कि हम लोगों के प्रति अभिव्यक्त आप लोगों की अंतिम भाव-भंगिमाओं पर भारत ने कैसी प्रतिक्रिया दी। आपने यह भी देखा कि हम लोगों ने शायद उस अत्यंत कठिन कार्य का सामना किस प्रकार किया, जो किसी भी देश की सरकार के सामने शायद ही कभी आया होगा। आप इसके भी साक्षी रहे हैं कि पूरे देश और प्रशासन ने किस प्रकार एक विदेशी शासन से स्वशासन के बृहत् और महत्त्वपूर्ण परिवर्तनों से अपने आपको अभ्यस्त कर लिया है। अब यह आप पर है कि आप अपने पुराने प्रमुख को यह विश्वास दिलाएँ कि आपको यहाँ भूसा भरे लोगों से अथवा बुद्धि-संपन्न लोगों से संव्यवहार करना पड़ा है। मुझे विश्वास है कि यदि आप भारत के लोगों और यहाँ के लोक-कार्य प्रशासन के बारे में कंजरवेटिव पार्टी में फैली भ्रांतियों को दूर करने के लिए कुछ कर सके—और खासतौर से उसके मेधावी नेता की भ्रांतियों को मिटा सके तो आप न सिर्फ इस देश की एक बड़ी सेवा करेंगे, बल्कि अपने देश की भी; क्योंकि मैं वास्तव में यह महसूस करता हूँ कि दोनों देशों की सतत मित्रता और सद्भावना में ही दोनों का हित है। आपने स्वयं देखा है कि 15 अगस्त को जब वह मनोवैज्ञानिक अवसर आया तो किस प्रकार हमारी मित्रता और सद्भावना फूट पड़ी। अब यह आपके राजनीतिज्ञों और आपके देश पर निर्भर है कि वे इस मित्रता और सद्भावना को एक पूँजी के रूप में परिणत करें और पुराने मतभेदों को नए रूप में इन्हें ढँकने न दें।'' (प्रलेख-116)

□

प्रलेख

1

बंबई सरकार द्वारा भारत सरकार को भेजे गए पत्र में यह इंगित किया गया है कि वल्लभ भाई ने सत्याग्रह प्रारंभ करने के लिए अपनी शिकायतें प्रारक्षित कर रखी हैं

सरदार पटेल का संपूर्ण वाङ्मय

I0L & R MSS. Eur. F-150/2

17 जनवरी, 1930

(उद्धरण)

गोपनीय

प्रतिलिपि वाइसराय को दी गई

टेलीग्राम सं. एस. डी. 82, दिनांक 17 जनवरी, 1930

प्रति,

गृह, नई दिल्ली

....

यह जरूरी समझा गया है कि कांग्रेस के प्रस्तावों के पालन हेतु कोई भी प्रत्यक्ष काररवाई, चाहे वह करों का न भुगतान करना, शराब की दुकानों पर धरना देना या अन्य प्रकार से कोई कार्य और युवा संघों का कोई सक्रिय आंदोलन आदि हो, तो उसका तुरंत मुकाबला किया जाए और उसे रोका जाए—चाहे वह 26 जनवरी के पहले हो या उसके बाद। ऐसे कृत्यों के संबंध में साधारण क्रिमिनल लॉ के अंतर्गत मुकदमा चलाए जाने पर यह सरकार पर्याप्त भरोसा नहीं करती; क्योंकि यह बहुत कम ही संभव या सफल हो पाता है और लगभग हमेशा ही यह अनैतिकता को प्रश्रय देनेवाला होता है तथा ऐसे आंदोलनों के लिए शक्ति जुटाने अथवा लोगों को खुलेआम जनता के बीच क्रांतिकारी प्रचार करने की छूट दिए जाने से हुई प्रतिष्ठा की क्षति को पुनः प्राप्त करने में इस कानून के कारण काफी विलंब होता है।

एक सविनय अवज्ञा आंदोलन या टैक्स न देने संबंधी अभियान गुजरात के किसी भी भाग में प्रारंभ किया जा सकता है, जहाँ कांग्रेस के कार्यकर्ता वर्षों से आधार तैयार करने में लगे हुए हैं और अब काररवाई करने के लिए तैयार हैं। इस प्रकार के अभियान के वर्तमान संकेत 'माटार' में मिलते हैं और वल्लभभाई पटेल कुछ शिकायतों को प्रारक्षित रखने में सदैव ही सतर्क रहे हैं, ताकि एक नया सत्याग्रह अभियान, जब भी राजनीतिक रूप से सुविधाजनक हो, बारदोली में शुरू किया जा सके।

....

....

इसलिए बंबई की सरकार यह जरूरी समझती है कि काररवाई की एक योजना तैयार कर ली जाए, ताकि ज्यों ही ऐसी कोई स्थिति कहीं भी उत्पन्न होती है तो तत्काल काररवाई की जा सके। इसके लिए पूर्ण प्राधिकार की आवश्यकता है, ताकि कानूनी रूप से अमान्य संगठनों के प्रति काररवाई शुरू की जा सके और कानून का पालन करनेवाले लोगों को हर प्रकार से सुरक्षा प्रदान की जा सके...।

बॉम्बे स्पेशल

□

2

वल्लभभाई की गिरफ्तारी की परिस्थितियों के संबंध में बंबई की सरकार द्वारा भारत सरकार को भेजा गया स्पष्टीकरण

सरदार पटेल का संपूर्ण वाङ्मय

गृह विभाग (स्पेशल) : एमएसए

गोपनीय *8 मार्च, 1930*

टेलीग्राम

प्रेषक : बोम्पोल, बंबई

प्रति : पोल इंडिया, नई दिल्ली

प्रेषित 8 मार्च, 1930, प्रातः 1.30 बजे

वल्लभभाई पटेल को आज बोरसाद के निकट गिरफ्तार कर लिया गया और बाद में उन्हें निम्नलिखित परिस्थितियों के अंतर्गत तीन महीने जेल की सजा और 500 रुपए जुरमाना लगाया गया। यह सुने जाने पर कि वल्लभभाई ग्रामीणों को नमक बनाने हेतु उकसाने जा रहे थे, जिलाधीश ने डिस्ट्रिक्ट पुलिस ऐक्ट की धारा 42 के अंतर्गत नोटिस जारी किया और एक महीने तक उनके भाषण देने पर पाबंदी लगाई तथा सरकार को

सूचना दी⋯सरकार ने तार द्वारा सूचित किया कि यदि इन आदेशों को अभी जारी नहीं किया गया है तो उन्हें रोक लिया जाए और यदि जारी कर दिया गया है तो उन्हें तुरंत निरस्त कर दिया जाए। थोड़ी ही देर बाद जिलाधीश से एक तार प्राप्त हुआ, जिसमें कहा गया था कि "वल्लभभाई को गिरफ्तार कर लिया गया है और कोई उत्तेजना नहीं है।" इसके फिर थोड़ी देर बाद एक दूसरे तार द्वारा उनको जेल की सजा दिए जाने की सूचना दी गई। जिलाधीश ने सूचना दी कि सरकार ने स्थिति को स्वीकार कर लिया है और कहा है कि आगे की घटनाओं से सरकार को सूचित करते रहें तथा अन्य लोगों के प्रति सरकार से बिना आज्ञा प्राप्त किए ऐसी कारवाई न की जाए।⋯ खेड़ा में लैंड रिवेन्यू आंदोलन के संबंध में जिलाधीश सरकार से सघन संपर्क बनाए हुए हैं और उन्हें मालूम है कि जल्दबाजी में किसी प्रकार की कोई कारवाई नहीं की जानी है। वल्लभभाई अब साबरमती जेल में हैं। इसके अलावा जिलाधीश से अभी एक तार प्राप्त हुआ है, जिसमें दृढ़तापूर्वक यह कहा गया है कि 11 तारीख को गांधीजी के जुलूस को रोका जाए। अपने विचार मैं तार से कल भेजूँगा। कृपया गैरेट को सूचित करें।

□

3

जवाहरलाल महसूस करते हैं कि वल्लभभाई की गिरफ्तारी का अर्थ है— "भारत अब स्वाधीनता की लड़ाई के बीचोबीच है"

सरदार पटेल का संपूर्ण वाङ्मय

द ट्रिब्यून

12 मार्च, 1930

सरदार वल्लभभाई पटेल की गिरफ्तारी और सजा* एक महत्त्वपूर्ण और शुभ शकुन है। इसका अर्थ यह है कि हम लोग लड़ाई के बीचोबीच हैं। हम लोगों को उनका विवेकपूर्ण परामर्श नहीं मिल पाएगा; किंतु बारदोली को भारत में विख्यात कर देनेवाला उनका दृढ़ संकल्प और उनकी निर्भीक आत्मशक्ति साबरमती जेल की दीवारों से फैलेगी और संपूर्ण भारत को बारदोली बना देगी। यह स्पष्ट है कि अन्य कांग्रेसजन भी जल्दी ही सरदार वल्लभभाई का अनुसरण करेंगे और गांधीजी

* उन्हें 7 मार्च, 1930 को रास में गिरफ्तार किया गया था और तुरंत उन्हें तीन महीने कारावास तथा अर्थदंड का भुगतान करने की सजा सुनाई गई थी।

को भी शीघ्र ही गिरफ्तार कर लिया जाएगा।

सभी कांग्रेस समितियों, अन्य संगठनों और व्यक्तियों को मेरी सलाह है कि गांधीजी की गिरफ्तारी के तुरंत बाद इस महान् नेता के प्रति हमारे सम्मान और उनमें हमारे पूर्ण विश्वास तथा उनका अनुसरण करने के हमारे दृढ़ निश्चय को अभिव्यक्त करने के लिए एक अखिल भारतीय हड़ताल की जानी चाहिए। मैं आशा करता हूँ कि स्वाधीनता के लिए किए जानेवाले संघर्ष से सहानुभूति रखनेवाली सभी संस्थाएँ उस दिन अपने दरवाजे बंद रखेंगी और पूरा देश एक बार फिर यह दिखला देगा कि हम सभी भारत की स्वाधीनता के लिए एक साथ खड़े हैं।

□

4

सरदार वल्लभभाई पटेल से जेल में महादेव देसाई की बातचीत के कुछ अंश
(10 मार्च, 1930)

सरदार पटेल का संपूर्ण वाङ्मय

यंग इंडिया

12 मार्च, 1930

(उद्धरण)

प्रोफेसर कृपलानी के साथ जेल में सरदार के दर्शन करने का मुझे सौभाग्य मिला। उनका पहला और अंतिम शब्द यह था कि वह जीवन में पहले कभी इतने प्रसन्न नहीं थे जितने इस समय हैं।···

'किंतु मजाक छोड़कर कृपया यह बतलाएँ कि आपके साथ कैसा व्यवहार किया जा रहा है?'

'एक साधारण अपराधी की तरह। मैं पूर्णत: प्रसन्न हूँ।'

'क्या जेल के नए कानून आप पर लागू नहीं होते?'

'अधीक्षक नए कानूनों के बारे में कुछ भी नहीं जानते और 'जेल नियमावली' की एक प्रति मुझे देने से उन्होंने इनकार कर दिया है।'

'किंतु आप मुझे अपने समयादेश और साथियों के बारे में कुछ बतलाइए।'

'ठीक है। मुझे एक 'सेल' में रखा गया है, जिसे सप्ताह के सभी दिनों में शाम 5.30 बजे रात भर के लिए बंद कर दिया जाता है और रविवार को शाम 3.30 बजे। मैं पहले दिन डरा हुआ था कि शायद नींद न आए, किंतु कोई परेशानी नहीं हुई। मैं निश्चिंत सोता हूँ। किंतु मैं चाहता हूँ कि गरमी के दिनों में वे हम लोगों को बाहर सोने की आज्ञा दे देते। मैं समझता

हूँ कि वर्ष 1922 में मेरे जो मित्र यहाँ थे, उन्हें बाहर सोने की इजाजत दी गई थी।

'और खाना?'

'जैसा अच्छा या खराब कोई जेल में पाने की आशा कर सकता है। भोजन के लिए परेशान मत होइए। मैं आपको आश्वासन देता हूँ कि मैं हवा पीकर तीन महीने रह सकता हूँ।' उन्होंने कहा और फिर जोर से हँसने लगे।

हम लोगों ने विवरण के लिए उनसे आग्रह किया। सुबह ज्वार की दलिया दी गई थी, किंतु उन्होंने आमातिसार (डिसेंट्री) हो जाने के भय के कारण उसे नहीं खाया और फिर ज्वार की रोटी और दाल या रोटी और सब्जी एक दिन के अंतराल पर। 'चने की रोटी एक घोड़े के लिए ठीक है, उन्होंने जोड़ा। वह दाँत दर्द से पीड़ित थे। मैंने पूछा कि उन्होंने ज्वार की रोटी कैसे चबाई? 'ओह।' मैंने उसे पानी में भिगोकर तोड़ दिया और फिर बड़े आराम से खा गया। मैं आपसे कहता हूँ कि आप मेरे भोजन के बारे में परेशान न हों।'

'क्या आपको सोने के लिए बिस्तर दिया गया है, और प्रकाश?'

'दोनों में से कोई भी नहीं। उन्होंने मुझे एक कंबल दिया है और एक भगवद्गीता तथा तुलसी रामायण। यदि मुझे प्रकाश मिल जाता तो मैं रात को पढ़ सकता था, जो कि अभी असंभव है।'

'क्या आप पढ़ने के लिए कुछ और चाहते हैं?'

'मैं केवल आश्रम भजनावली चाहता हूँ। तीन महीने की इस छोटी अवधि के लिए ये तीन ही काफी हैं।'

'और आपके साथ रहनेवाले लोग?'

'साधारण अपराधी लोग। हमारे इस वार्ड को 'किशोर वार्ड' कहा जाता है, यद्यपि इसमें मुझसे भी ज्यादा उम्र के लोग हैं। वे देश के सभी भागों के हैं और विभिन्न प्रकार के अपराधों के कारण यहाँ लाए गए हैं। हमारे तीन मित्र जबलपुर के हैं, जिन्हें धरना देने के लिए सजा दी गई है। वे मेरे साथ एक दिन थे, किंतु उन्हें हटा दिया गया। खतरनाक, क्योंकि सुपरिचित मंडली, मैं समझता हूँ।'

... ...

उन्होंने मुझे उन सामानों की एक सूची दी, जिसे वे चाहते थे। जिसमें एक साबुन और उनका दाढ़ी बनाने का सामान शामिल था। 'उस्तरे की इजाजत नहीं है।' अधीक्षक ने कहा, 'किंतु हम लोग आपको दाढ़ी बनाने की अनुमति देंगे।'

'मैं जानता हूँ कि आप मुझे किस प्रकार की हजामत की अनुमति देंगे।' वल्लभ भाई ने कहा।

किंतु यहाँ जेलर ने, जिसे जेल के नियमों की बेहतर जानकारी थी, अधीक्षक को बीच में रोकते हुए कहा, 'इस स्थिति में श्रीमान, उस्तरे की अनुमति दी जा सकती है, बशर्ते

कि आप उसे अपने पास न रखें। जब आप चाहेंगे, तब हम उसे आपको दे देंगे।'

'बिलकुल ठीक है।' वल्लभभाई ने कहा, 'परंतु क्यों नहीं आप मुझे एक उस्तरा देते हैं और साथ ही दूसरों की दाढ़ी बनाने की अनुमति? मेरे पास कुछ काम करने का श्रेय होगा।' और जेल कही जानेवाली इस अमानवीय मशीनी व्यवस्था के छोटे-छोटे पुरजों में भी हँसी फूट पड़ी। किंतु वे अपने अमानवीय अधिकारों के प्रति सावधान रहते हैं और यदि उनसे कोई भारी मानवीय भूल हो ही गई तो उसे जल्दी ही दुरुस्त कर लेते हैं। इसलिए जेलर ने जोड़ा, 'आप साबुन तो रख सकते हैं, किंतु यह खुशबूदार नहीं होना चाहिए।' और एक बार फिर जेल के गेट पर तैनात कर्मचारियों में हँसी की घंटी बज गई।

जब हम विदा हो रहे थे तो सरदार ने कहा, 'मेरे लिए परेशान न हों। मैं एक पक्षी की तरह प्रसन्न हूँ। केवल एक ही चीज ऐसी है जिस पर मैं वास्तव में अप्रसन्न हूँ।' और वह एक क्षण के लिए चुप हो गए। जेल अधीक्षक और जेलर दोनों ने ही एक-दूसरे को जिज्ञासावश देखा।

हम लोग भी कुतूहल में पड़ गए कि यह क्या हो सकता है! 'इसे नहीं कह सकते।' सरदार ने कहा। हम लोगों की जिज्ञासा और बढ़ गई। हमने आग्रह किया।

'ठीक है,' सरदार ने कहा, 'एक चीज और केवल एक चीज मुझे चिंतित करती है और वह यह है कि जेल के सभी उत्तरदायित्वपूर्ण अधिकारी भारतीय हैं। हम भारतीयों के माध्यम से ही वे इस अमानवीय व्यवस्था को चलाते हैं। मैं चाहता हूँ कि वे सभी विदेशी होते, ताकि मैं उनसे लड़ सकता। किंतु मैं अपने ही सगे-संबंधियों से कैसे लड़ सकता हूँ?…'

□

5

वल्लभभाई ने ब्रिटिश भारत और रियासतों में स्वाधीनता की लड़ाई की आवश्यकता पर जोर दिया*

सरदार पटेल का संपूर्ण वाङ्मय

गृह विभाग (स्पेशल) : एमएसए

24 जुलाई, 1930

(उद्धरण)

ऐसा कहा जाता है कि जब ब्रिटिश राज में आंदोलन चल रहा हो तो रियासतों की प्रजा को इसमें भाग नहीं लेना चाहिए। मैं यह नहीं समझता कि उन्हें कौन अलग

* कलियावाड़ी, जलालपुर में 24 जुलाई, 1930 को दिए वल्लभभाई के भाषण का सरकारी संस्करण।

कर सकता है। जो भी हो, देशी रियासतों और ब्रिटिश राज की प्रजा एक ही है। उन्हें कोई अलग नहीं कर सकता और यदि कोई देशी रियासत या किसी देशी रियासत का कोई अधिकारी उस दिशा में प्रयत्न करता है तो वह व्यर्थ है। ब्रिटिश राज में चल रहा स्वाधीनता आंदोलन 33 करोड़ लोगों की आजादी का अभियान है। इन 33 करोड़ लोगों में इन देशी रियासतों ने भी स्वतंत्रता की माँग की है, क्योंकि वास्तविकता यह है कि गुलाम देशी रियासतों की अपेक्षा हम अधिक स्वतंत्र हैं। हम लोग 33 करोड़ लोगों के लिए गुलामी से मुक्ति चाहते हैं। इनमें कोई विभेद नहीं कर सकता है। कुछ अधिकारी ऐसे प्रयास कर रहे हैं—ये कोशिशें मूर्खतापूर्ण हैं। यह युग का परिवर्तन है। इसे कोई रोक नहीं सकता। भारत के सभी क्षेत्रों में आज जो हो रहा है, उसे कोई रोक नहीं सकता। वे लाठियों से सिर तोड़ सकते हैं या गोलियों से भून सकते हैं। यह सब ईश्वर का कार्य है। ईश्वर ही इसे रोकेगा। कोई और इसे रोक नहीं सकता। जो भी कठिनाई हम लोगों को बरदाश्त करनी है, वह अनिवार्य है। आपको कठिनाइयों से डरना नहीं चाहिए।''' आप मार खाने से डर रहे होंगे। आप डर रहे होंगे कि सरकार आपको फाँसी पर चढ़ा देगी, पुलिस आपको लाठियों से मारेगी। आपको अपना जीवन खोने से डरना नहीं चाहिए, क्योंकि आपका जीवन जो ले सकता है 'वह' ऊपर बैठा हुआ है। कोई भी किसी दूसरे की जान लेने के लिए अधिकृत नहीं किया गया है। जीवन लेने का अधिकार 'उसने' केवल अपने पास रखा है'''। कांग्रेस की कार्यकारिणी समिति को गैर-कानूनी बताया गया है। कल अन्य समितियों को भी विधि-विरुद्ध बताया जाएगा। हम पाँच एक घर में बैठे हो सकते हैं; किसी एक ही परिवार के पाँच से अधिक सदस्यों को एक गैर-कानूनी सभा बताया जा सकता है। कुछ भी हो, क्या फर्क पड़ता है ? वे हमारा क्या बिगाड़ सकते हैं ? जो निर्भय है, उसे कोई भयभीत नहीं कर सकता। इसलिए हमें निर्भीक होना चाहिए।''' इसलिए मैं आप सबसे कहता हूँ कि बहादुर बनिए। पहली बार गुजरात के इतिहास के पन्ने लिखे जा रहे हैं। संपूर्ण भारत यह विश्वास करता है कि बंबई और गुजरात में अच्छा काम किया जा रहा है, जबकि सरकार कहती है कि इन क्षेत्रों में शिथिलता है। इसलिए ईश्वर आपको पर्याप्त बुद्धि व पर्याप्त शक्ति दे और 'वह' आपको सुख-समृद्धि-संपन्न करे।

□

6

वल्लभभाई ने सांप्रदायिक आधार पर प्रतिनिधित्व के तर्क की निंदा की

सरदार पटेल का संपूर्ण वाङ्मय

बॉम्बे क्रोनिकल
25 फरवरी, 1931

सरदार वल्लभभाई पटेल ने कहा कि भाषणों और दर्शनों ने न तो लोगों की मदद की है और न ही देश की। जरूरत इस बात की है कि ठोस काम किए जाएँ। जब तक एक गज विदेशी कपड़ा भी देश में रहता है तब तक देश की स्वतंत्रता की प्रगति बाधित रहेगी। मुझे यकीन है कि जब तक खरीदार रहेंगे तब तक व्यापारी विदेशी कपड़े बेचना बंद नहीं करेंगे। इसका प्रतिकार लोगों के द्वारा विदेशी कपड़ों का बहिष्कार करना ही है।

"जो लोग सांप्रदायिक आधार पर प्रतिनिधित्व और परिषद् में सीटों की बात करते हैं, उन्हें मेरे साथ ग्रामीण भारत में आना चाहिए, जहाँ समाधान के लिए कोई सांप्रदायिक समस्या नहीं है। भारत के उस भाग में झेली जा रही एकमात्र समस्या भूख और रोटी की है। पिछले पंद्रह वर्षों में महात्मा गांधी का काम जनता की रोटी की समस्या को हल करना रहा है और आज देश ने यह महसूस कर लिया है कि इस समस्या का समाधान खद्दर के माध्यम से ही हो सकता है। इसलिए हम आपको चेतावनी देते हैं कि जब तक हम जीवित रहेंगे, विदेशी कपड़े भारत में बेचना असंभव कर देंगे।"*

□

7

स्वतंत्रता संग्राम में मुसलमानों की भूमिका के लिए सरदार पटेल ने उनकी प्रशंसा की

सरदार पटेल का संपूर्ण वाङ्मय

बॉम्बे क्रोनिकल
1 अगस्त, 1930

सरदार वल्लभभाई पटेल, पं. मदन मोहन मालवीय और श्री टी. ए. के. शेरवानी ने बृहस्पतिवार की रात डोंगरी मैदान (बंबई) में कांग्रेस मुसलिम पार्टी के तत्त्वावधान में

* 23 फरवरी, 1931 को दिल्ली में दिए गए भाषण का अंश।

एक अन्य विशाल जनसभा को संबोधित किया। डॉ. रजब अली पटेल ने अध्यक्षता की। इस सम्मेलन में हजारों मुसलमान मौजूद थे और इसमें मुसलिम समुदाय के सभी वर्गों का प्रतिनिधित्व था। इस सभा में अनेक स्थानीय मुसलिम नेता भी उपस्थित थे।

सरदार वल्लभभाई ने अपने भाषण में इस विचार का खंडन किया कि मुसलमान लोग राष्ट्रीय संघर्ष में भाग नहीं ले रहे हैं।

पं. मालवीय लगभग एक घंटे तक बोले और उन्होंने हिंदू-मुसलिम एकता पर अत्यधिक जोर दिया। उन्होंने भारत के तीन हजार वर्षों के राजनीतिक इतिहास का सर्वेक्षण किया और यह स्पष्ट किया कि हिंदुओं व मुसलमानों में किस प्रकार भारत में शांति बनी रही और देश में उन्नति हुई तथा अंग्रेजी शासन ने किस प्रकार सांप्रदायिक विभेद पैदा किया और आर्थिक तबाही उत्पन्न की।

श्री टी.के.ए. शेरवानी ने भी राष्ट्रीय संघर्ष में मुसलमानों की स्थिति पर एक महत्त्वपूर्ण भाषण दिया।

□

8

बंगाल की बिगड़ती हुई स्थिति के बारे में वल्लभभाई ने गांधीजी को लिखा

सरदार पटेल का संपूर्ण वाङ्मय

(उद्धरण)

सरदार श्रीनो पत्रो-4

21 सितंबर, 1931

आदरणीय बापू,

बंगाल में स्थिति लगातार बिगड़ती जा रही है। सेनगुप्ता के भाषण से यह स्पष्ट है कि अंग्रेजों ने मुसलमानों को भड़काया है। लिबरल्स* ने एक अशासकीय समिति का गठन किया है। हम लोग सुन रहे हैं कि सरकार ने पुलिस कमिश्नर से इन सब चीजों को दबा देने के लिए कहा है। कलकत्ता के ब्रिटिश व्यापारियों ने सरकार से कहा है कि वह सेनगुप्ता को गिरफ्तार करें। सेनगुप्ता ने अपनी ओर से उन्हें गिरफ्तार करने के लिए सरकार को चुनौती दी है। जब यह सब हो रहा था तब जेल में कैदियों पर गोली चलाई गई, जिसमें कैदियों की मृत्यु हो गई और 20 या 25 कैदी घायल हुए। इसके कारण बंगाल में हिंदुओं की भावना प्रज्वलित हुई है।

---

* लिबरल पार्टी के नेतागण।

...बंगाल में सुभाष बाबू ने बंगाल कांग्रेस कमेटी के अध्यक्ष पद से त्यागपत्र दे दिया है।

वर्तमान में स्थितियाँ ऐसी ही हैं और हम लोग अपना काम कर रहे हैं; किंतु आप इसकी चिंता न करें। आपके यहाँ क्या होता है, यह कुछ दिनों में पता चल जाएगा। चाहे यह अँधेरा (निराशा) हो अथवा प्रकाश (आशा), सभी लोग जान जाएँगे। यहाँ की स्थिति यथावत् है; यह न तो बिगड़ी है और न ही सुधरी है।

आदर सहित,

आपका

वल्लभभाई

महात्मा गांधी,
कैंप : लंदन

□

9

कांग्रेस पार्टी के नेताओं ने सरदार पटेल की अध्यक्षता में 'तिरंगे' को राष्ट्रीय ध्वज के रूप में स्वीकार किया।

सरदार पटेल का संपूर्ण वाङ्मय

ए.आई.सी.सी. पेपर
8 अगस्त, 1931

सेवा में,
अध्यक्ष
अखिल भारतीय कांग्रेस कमेटी

महोदय,

अखिल भारतीय कांग्रेस कमेटी की कार्यकारिणी समिति की एक बैठक 2 अप्रैल, 1931 को कराची में संपन्न हुई, जिसमें निम्न प्रस्ताव पास किया गया और वर्तमान झंडे के बारे में प्राप्त आपत्तियों पर विचार करने एवं कांग्रेस की स्वीकृति के लिए एक ध्वज की संस्तुति करने हेतु सात सदस्यों की एक समिति का गठन किया गया—"यद्यपि वर्तमान में व्यवहृत राष्ट्रीय ध्वज ने चलन और परंपरा के कारण लोकप्रियता हासिल कर ली है, फिर भी ध्वज के तीन रंगों के बारे में यह आपत्ति उठाई गई है कि इनकी परिकल्पना सांप्रदायिक आधार पर की गई है। अतः कार्यकारिणी समिति निम्नलिखित सदस्यों के साथ एक समिति का गठन इस उद्देश्य से करती है कि समिति ध्वज के

संबंध में उठाई गई आपत्तियों की जाँच करेगी और कांग्रेस की स्वीकृति के लिए एक ध्वज की संस्तुति करेगी। कमेटी को यह अधिकार होगा कि वह उन साक्ष्यों को प्राप्त करे, जिन्हें वह आवश्यक समझती है और वह अपनी रिपोर्ट एवं संस्तुतियाँ कार्यकारिणी समिति को 31 जुलाई, 1931 को या उससे पहले प्रस्तुत करे।''

1. सरदार वल्लभभाई पटेल
2. मौलाना अबुल कलाम आजाद
3. मास्टर तारा सिंह
4. पं. जवाहरलाल नेहरू
5. प्रिंसिपल डी. बी. कालेकर
6. डॉ. एन. एस. हार्डीकर और
7. डॉ. बी. पट्टाभि सीतारामैया (संयोजक)

इसके बाद ही कमेटी के द्वारा निम्नलिखित प्रश्नावली तैयार की गई और उसे विस्तृत रूप से प्रचारित किया गया—

1. क्या आपके प्रदेश में किन्हीं संवर्ग या समुदाय के लोगों में राष्ट्रीय ध्वज के डिजाइन के संबंध में ऐसी कोई धारणा है, जिस पर आपकी दृष्टि से समिति को विचार करना चाहिए?
2. क्या आपके पास ध्वज को और अधिक लोकप्रिय बनाने के लिए कोई विशेष सुझाव है?
3. क्या वर्तमान में व्यवहृत ध्वज के डिजाइन में कोई दोष या कमी है, जिस पर आप समझते हैं कि ध्यान दिया जाना चाहिए?

विभिन्न प्रांतीय कांग्रेस समितियों को सीधे पत्र लिखा गया और प्रेस के माध्यम से जनता से संपर्क किया गया, जबकि अखिल भारतीय कांग्रेस कमेटी के सदस्यों को व्यक्तिगत रूप से कमेटी के कार्यालय द्वारा पत्र लिखा गया। इस प्रश्नावली के प्रत्युत्तर में आठ प्रांतीय कांग्रेस समितियों यानी आंध्र, बिहार, बंबई (शहर), कर्नाटक, सिंध, तमिलनाडु, उत्कल एवं उत्तर प्रदेश और पचास व्यक्तियों एवं केंद्रीय सिख लीग की कार्यकारिणी समिति ने ज्ञापन-पत्र (मेमोरेंडम) भेजे। यद्यपि पत्रोत्तर प्राप्त करने की तिथि पहली जून को ही समाप्त हो गई थी, किंतु 5 जुलाई तक जवाब आते रहे।

ध्वज समिति की एक बैठक बंबई में कार्यकारिणी समिति की बैठकों के दौरान (7 जुलाई के बाद) की गई। 8 और 9 जुलाई को दो बैठकें हुईं। पहले दिन सभी सदस्य बैठक में उपस्थित रहे और दूसरे दिन मौलाना अबुल कलाम आजाद को छोड़कर बाकी सभी सदस्य मौजूद थे। हम लोगों को दोनों ही बैठकों में सरदार शार्दूल सिंह की उपस्थिति का लाभ मिला। हम लोगों ने महसूस किया कि किसी मौखिक साक्ष्य की आवश्यकता नहीं है।

समिति के समक्ष जो कार्य था, उसे कठिन और संवेदनशील समझा गया। समिति के सदस्यों एवं प्रश्नावली का उत्तर देनेवाली जनता के विचारों में एकात्मता थी कि ध्वज के रंगों का कोई सांप्रदायिक महत्त्व नहीं होना चाहिए। यद्यपि यह सच है कि ध्वज के रंगों की किसी सांप्रदायिक व्याख्या को कांग्रेस ने कभी स्वीकृति नहीं दी थी, किंतु वास्तविकता यही है कि आरंभ में जब इसकी कल्पना की गई तो चुने हुए दो रंग—यानी लाल और हरे को इस आधार पर चुना गया था कि वे हिंदू व मुसलिम समुदायों के प्रतीक हैं और बाद में सफेद रंग जोड़ा गया, जो भारत के शेष समुदायों के प्रतीक के रूप में था।''

आपका आज्ञाकारी
वल्लभभाई पटेल,
अबुल कलाम आजाद,
तारा सिंह,
जवाहरलाल नेहरू,
डी. बी. कालेकर,
एन. एस. हार्डीकर
बी. पट्टाभि सीतारामैया
(संयोजक)

अखिल भारतीय कांग्रेस कमेटी के प्रस्ताव :

अखिल भारतीय कांग्रेस कमेटी की बंबई में 6, 7 और 8 अगस्त, 1931 को संपन्न बैठकों में पास किए गए कुछ महत्त्वपूर्ण प्रस्ताव निम्नलिखित हैं—

(II) राष्ट्रीय ध्वज

कार्यकारिणी समिति की संस्तुतियों के अनुरूप अखिल भारतीय कांग्रेस कमेटी राष्ट्रीय ध्वज में निम्नलिखित परिवर्तनों की पुष्टि करती है—

> ''ध्वज में पहले की तरह ही क्षितिजीय रूप से व्यवस्थित तीन रंग होंगे, किंतु ये रंग होंगे—केसरिया, सफेद और हरा, जो उपर्युक्त क्रम में ही ऊपर से नीचे आएँगे तथा साथ में एक गहरे नीले रंग का चरखा होगा, जो मध्य की सफेद पट्टी के बीचोबीच स्थित होगा—यह समझा जाता है कि इन रंगों का कोई सांप्रदायिक महत्त्व नहीं है; किंतु केसरिया रंग साहस और त्याग का, सफेद शांति और सच्चाई का तथा हरा रंग विश्वास और शौर्य का एवं चरखा जनता की आशा का प्रतीक होगा। ध्वज की लंबाई और चौड़ाई का सापेक्ष संबंध 3 : 2 होगा।''

□

10

सरदार पटेल ने परिषद् में प्रवेश संबंधी कांग्रेस के निर्णय का समर्थन किया, समाजवादियों की आलोचना करने से इनकार किया।

सरदार पटेल का संपूर्ण वाङ्मय

बॉम्बे सेंटिनेल

14 जुलाई, 1934

(उद्धरण)

नासिक रोड जेल से बाहर आने के बाद...

अपने साथ यात्रा कर रहे 'सेंटिनेल' के प्रतिनिधि को दिए एकमात्र साक्षात्कार में सरदार पटेल ने कहा, "किसी भी अन्य चीज की तुलना में कांग्रेस में एकता की सबसे अधिक आवश्यकता है। मेरी समझ से यह समय नहीं है जब हमें छोटे-छोटे मतभेदों पर आपस में लड़ना चाहिए। यदि हम एक संगठित मोरचा प्रस्तुत नहीं करते तो यह उन लोगों के प्रति अन्याय होगा जिन्होंने कांग्रेस में निष्ठावश अपनी नावें जला दी हैं।..."

परिषद् में प्रवेश के संबंध में पटना में लिये गए निर्णय के विषय में जब उनसे पूछा गया तो सरदार ने कहा कि वह कांग्रेस के द्वारा स्वीकार किए गए किसी भी कार्यक्रम का समर्थन करेंगे, क्योंकि मनोवैज्ञानिक दृष्टि से उपयुक्त वर्तमान में कार्यकर्ताओं के बीच मतभेद उत्पन्न कर वह कांग्रेस की प्रतिष्ठा को संकटापन्न करने के विरुद्ध हैं।

सरदार ने आगे कहा कि वह यह महसूस करते हैं कि परिषद् में प्रवेश के प्रश्न पर यदि अगले अधिवेशन में कांग्रेस में फूट पड़ती है तो वह अत्यंत दुर्भाग्यपूर्ण होगा। उनका विचार था कि यद्यपि नीतियों में परिवर्तन हो सकते हैं, फिर भी, किसी भी सच्चे कांग्रेसी को कांग्रेस के कार्यक्रमों का निर्विवाद रूप से पालन करने में कोई कठिनाई नहीं आएगी।

यह पूछे जाने पर कि क्या वह परिषद् में प्रवेश के कार्यक्रम से सहमत हैं, सरदार ने कहा कि परिषद् में प्रवेश के कार्यक्रम को उन्होंने कभी स्वीकृति नहीं दी है, किंतु अपने सहकर्मियों से विचार-विमर्श करने के पूर्व वह यह कहने के लिए तैयार नहीं हैं कि वह क्या करेंगे।... वह केवल एक चीज निश्चित रूप से कह सकते थे और वह यह थी कि कांग्रेस की प्रतिष्ठा व सम्मान को बचाने के लिए वह किसी भी कार्यक्रम का समर्थन करेंगे।

इस संबंध में सरदार पटेल ने कहा कि कांग्रेस कार्यकर्ताओं के बीच पहले के किसी काल की अपेक्षा इस समय और अधिक एकता की आवश्यकता है। वह महसूस करते थे कि आपसी मतभेदों के कारण इस समय कांग्रेस में फूट नहीं पड़नी चाहिए,

क्योंकि यह उन लोगों के प्रति अन्याय होगा, जिन्होंने कांग्रेस में निष्ठावश अपनी नावें जला दी हैं। प्रत्येक कांग्रेसी को अनुशासन के रूप में कांग्रेस के कार्यक्रम का निर्विवाद रूप से पालन करना चाहिए।'''

□

11

सरदार पटेल ने बंबई के लोगों से कहा कि वे सरकार की चुनौती स्वीकार करें और कांग्रेस प्रत्याशियों को अत्यधिक बहुमत के साथ विधानसभा में भेजें

सरदार पटेल का संपूर्ण वाङ्मय

बॉम्बे क्रॉनिकल
16 जुलाई, 1934

(उद्धरण)

जेल से छूटने के बाद रविवार की शाम कांग्रेस हाउस परिसर में सरदार वल्लभ भाई पटेल ने बंबई की जनता को, खासतौर से कांग्रेस सोशलिस्ट पार्टी के लोगों को, पहली बार पूरी गरमाहट के साथ उद्‌बोधित किया कि आगामी कांग्रेस अधिवेशन को पूर्ण रूप से सफल बनाएँ और कांग्रेस कार्यकर्ताओं के बीच फूट न पड़ने दें।

आगे बढ़ते हुए सरदार वल्लभभाई ने कहा कि जब वह जेल में थे तो अनेक राजनीतिक परिवर्तन हुए हैं, किंतु स्वाधीनता की लड़ाई जो एक बार शुरू हो गई है, वह तब तक कभी बंद नहीं होगी जब तक कि लक्ष्य प्राप्त नहीं हो जाता।''' यह जग-जाहिर था कि वह परिषद् में प्रवेश लेने के कट्टर विरोधी थे। किंतु अब जब कांग्रेस ने इस कार्यक्रम के लिए निर्णय ले लिया है तो वह इस निर्णय का पूरी निष्ठा के साथ पालन करेंगे। जो कदम कांग्रेस ने उठा लिया है, उसके बारे में अब प्रश्न करने से कोई लाभ नहीं है। लोग स्वयं ऐसी स्थिति पैदा करने के लिए जिम्मेदार हैं, जिसके कारण यह कदम उठाने की आवश्यकता पड़ी। यदि स्थिति भिन्न होती तो परिषद् में प्रवेश की बात करने की कोई हिम्मत नहीं करता।

''अब विचार-वस्तु बिलकुल स्पष्ट था। चुनाव लड़ने का निर्णय कर लेने के बाद अब उनका यह कर्तव्य है कि वे यह सुनिश्चित करें कि विधानसभा पर अधिकर कर लेंगे। उनकी प्रतिष्ठा दाँव पर थी। सरकार ने एक चुनौती दी थी और कांग्रेस ने उसे स्वीकार किया था। वर्तमान समय यह विचार करने का नहीं था कि उन्होंने सही कदम उठाया या गलत! वोट देने के अपने अधिकार का पूरा-पूरा

इस्तेमाल करें और यह सुनिश्चित करें कि अधिक-से-अधिक कांग्रेस जन विधानसभा में निर्वाचित होकर पहुँचें। तब मेरे पास आइए और मैं आपको रास्ता दिखाऊँगा।''

उन्होंने दुहराया कि परिषद् में प्रवेश के कार्यक्रम में जिन लोगों का विश्वास है, वे कांग्रेस में अपनी निष्ठा के कारण कांग्रेस प्रत्याशी का समर्थन करने के लिए बाध्य हैं। अपने इस कर्तव्य का पालन कर लेने के बाद वे सरदार के पास आ सकते हैं। तब वे उन्हें रास्ता दिखाएँगे।

आगामी चुनावों में कांग्रेस प्रत्याशी की सफलता या विफलता अत्यधिक महत्त्व रखती है। चुनावों में बहुमत न प्राप्त कर पाने का अर्थ सरकार की दमनकारी नीतियों और महात्मा गांधी के बंदीकरण का औचित्य समझा जाएगा।"'

□

12

भूलाभाई देसाई ने लोगों से आग्रह किया कि वे परिषदों के लिए कांग्रेस प्रत्याशियों को चुनें, जैसाकि वल्लभभाई ने निवेदन किया है

सरदार पटेल का संपूर्ण वाङ्मय

बॉम्बे क्रॉनिकल

21 जुलाई, 1934

(उद्धरण)

कांग्रेस संसदीय बोर्ड के महासचिव श्री भूलाभाई जे. देसाई ने शुक्रवार की रात मद्रास मेल द्वारा बंबई से मद्रास के लिए रवाना होने से तुरंत पहले यह घोषणा की कि कांग्रेस अध्यक्ष सरदार पटेल से परामर्श के बाद यह निर्णय लिया गया है कि बंबई शहर विधानसभा चुनाव-क्षेत्र से विधानसभा की दोनों सीटों के लिए कांग्रेस प्रत्याशी चुनाव लड़ेंगे।

सभी चुनाव-क्षेत्रों में हम लोगों के पास प्रत्याशी चुनने के लिए पर्याप्त कांग्रेस जन हैं। इसके साथ ही मैं यह भी कहना चाहता हूँ कि आपस में इतना निश्छल सहयोग है कि जो भी कांग्रेस प्रत्याशी चुना जाएगा, उसे उन सबका सहयोग मिलेगा, जो उसकी अनुपस्थिति में चुने गए होते।"'

□

13

सरदार पटेल ने लोगों को सलाह दी कि कांग्रेस की नीतियों में परिवर्तन के कारण गैर-कानूनी गतिविधियों में संलिप्त न हों*

सरदार पटेल का संपूर्ण वाङ्मय

गृह विभाग (स्पेशल) : एमएसए
25 मार्च, 1935

(उद्धरण)

गोधरा में एक जनसभा को संबोधित करते हुए सरदार पटेल ने कहा कि "एक लंबे अंतराल के बाद मैं आप लोगों से मिलकर अत्यंत प्रसन्न हूँ। आपने मुझे एक अभिनंदन-पत्र भेंट किया है; किंतु यह समय अभिनंदन-पत्रों को भेंट करने का नहीं है और न ही मेरे लिए यह समय ऐसे अभिनंदन-पत्रों को स्वीकार करने का है। एक समय ऐसा आएगा जब भारत एक स्वतंत्र देश होगा और तब मैं ऐसे अभिनंदनों का स्वागत करूँगा। जब तक हम लोग गुलाम हैं तब तक ऐसे अभिनंदनों का कोई महत्त्व नहीं है। इस समय हम लोग अपनी स्वाधीनता के लिए लड़ रहे हैं और हमारा संघर्ष तब तक जारी रहेगा जब तक कि हम अपने अभीष्ट उद्देश्य को प्राप्त नहीं कर लेते। हम जानते हैं कि स्वराज्य प्राप्त करना बहुत कठिन है। स्वराज्य प्राप्त करने के लिए हम लोगों को बहुत त्याग करना होगा। जेल जाने या लाठियों की मार खाने अथवा कुछ एकड़ जमीन का त्याग कर देने मात्र से हमें स्वराज्य नहीं मिलनेवाला। स्वराज्य तभी मिलेगा, जब आप सभी महात्मा गांधी के सिद्धांतों का पालन करेंगे।

महात्मा गांधी ने आपसे बारंबार यह आग्रह किया है कि आप खादी पहनें और विदेशी सामानों का इस्तेमाल न करें। परंतु ऐसा लगता है कि आप इस सलाह पर ध्यान नहीं दे रहे हैं। यदि आप उनकी सलाह के अनुसार कार्य करें तो मैं आपको विश्वास दिलाता हूँ कि हम लोग एक सप्ताह के अंदर स्वराज्य प्राप्त कर लेंगे। हम लोगों ने सरकार से चार वर्षों तक लड़ाई लड़ी है और सरकार ने भी यह महसूस किया है कि हमें उत्पीड़ित करने से कोई लाभ नहीं है। मैं यह कहना चाहता हूँ कि आपने सरकार

---

* गोधरा की एक जनसभा में 25 मार्च, 1935 को दिए सरदार पटेल के भाषण का सरकारी संस्करण। लगभग 300 महिलाओं और 300 बच्चों सहित कुल लगभग 2,000 लोग इस सभा में उपस्थित थे।

से पूरी ताकत और जोश से लड़ाई लड़ी है। किंतु चार वर्षों बाद हम लोगों को यह विचार छोड़ना पड़ा, क्योंकि हम थक गए थे। हम लोगों के पास शक्ति नहीं बची थी। अब वह समय आ गया है, जब हमें अपनी खोई हुई शक्ति पुनः प्राप्त कर लेनी चाहिए। जब हम अपनी नई ऊर्जा प्राप्त कर लेंगे तो फिर से स्वराज्य के लिए अपना संघर्ष जारी रखेंगे। स्वाधीनता के लिए हमारा संघर्ष कभी बंद नहीं होगा। किंतु संघर्ष का तरीका बदल दिया गया है। जब कांग्रेस ने यह देखा कि आप और अधिक त्याग करने के लिए तैयार नहीं हैं, आपका विश्वास अपने नेताओं पर से उठ गया है, तब उसने अपने कार्यक्रम में बदलाव किया है। अब कांग्रेस की नीति यह है कि वे अपने लोगों को विधान परिषद् में भेजकर स्वराज्य प्राप्त करना चाहते हैं। पहले सरकार यह समझती थी कि कांग्रेस से लोगों का विश्वास उठ गया है; लेकिन चुनावों में जब आपने हमारे प्रत्याशियों का समर्थन किया, तब सरकार को कांग्रेस की शक्ति का ज्ञान हुआ। चुनावों में हमारे उम्मीदवारों का समर्थन करने के लिए मैं आप सबको धन्यवाद देता हूँ। परंतु आपका कर्तव्य यहीं समाप्त नहीं हो जाता। हमारे उम्मीदवारों को गोपनीय रूप से वोट देकर आपने अपने एक कर्तव्य का पालन किया है। अब हमारा कर्तव्य खुले रूप से कांग्रेस को वोट देने का है—अर्थात् आपको कांग्रेस की वरदी (खादी) पहननी चाहिए। कपड़ा आप अपने घर में बनाएँ और उसे पहनें। मिलों में बनी हुई खादी न पहनें। हाथ से बुनी हुई खादी ही सदैव पहनें। ऐसा करके आप अपने उपवास कर रहे भाई-बहनों को रोटी दे सकेंगे। अंग्रेज भारत पर शासन करना चाहते हैं, क्योंकि वे भारत के साथ अपना व्यापार बनाए रखना चाहते हैं। वे भारत के साथ अपना व्यापार और मजबूत करना चाहते हैं और इसलिए वे हम लोगों के साथ हर तरह की चाल चलते हैं। हम लोग मूर्ख हैं, जो उनकी चालों को नहीं समझते और वे भारत से हमारा सोना ले जाते हैं। इस प्रकार हम प्रतिदिन गरीब होते जा रहे हैं और वे हमारे धन से मोटे होते जा रहे हैं। जब तक अंग्रेज भारत में रहेंगे तब तक हम सुखी नहीं हो सकते। जब हम दूसरे देशों की तरह स्वतंत्र हो जाएँगे, तभी अपने व्यापार की उन्नति कर पाएँगे और सुखी होंगे। एक समय ऐसा आएगा जब अंग्रेजों को देश का शासन हमारे हाथों में देना पड़ेगा और उन्हें यहाँ से वापस वहाँ जाना पड़ेगा, जहाँ से वे आए हैं और मेरी समझ से वह समय आने ही वाला है। इसमें संदेह नहीं है कि अंग्रेज बहुत शक्तिशाली हैं। उनके पास बंदूकें, तोपें, सेना, नौसेना व पुलिस है और ब्रिटिश साम्राज्य को संसार में सबसे शक्तिशाली समझा जाता है। इन सबके बावजूद एक समय ऐसा आएगा जब उन्हें अपना अध:पतन देखना पड़ेगा।''

□

14

स्वाधीनता प्राप्त करने के लिए वल्लभभाई ने लोगों को और अधिक त्याग करने के लिए प्रेरित किया

सरदार पटेल का संपूर्ण वाङ्मय

गुजरात समाचार
18 जुलाई, 1934

सरदार पटेल ने निम्नलिखित विशेष संदेश जन्मभूमि के पाठकों के लिए प्रेषित किया—

''ढाई साल की लंबी सजा भोगने के बाद मैं कारावास से बाहर आया हूँ। मुझे अभी बहुत कुछ जानना और मनन करना है तथा मैं अनेक लोगों से विचार-विमर्श भी करना चाहता हूँ। इसलिए मैं अभी कुछ कहने के लिए तैयार नहीं हूँ। मेरी अनुपस्थिति में बड़े उथल-पुथल हुए हैं। अनेक नए विचार आए हैं और अनेक नई पार्टियाँ संगठित हुई हैं। किंतु हम लोगों के लिए ऐसा कोई कारण नहीं है, जिससे हम आतंकित या परेशान हों।

यदि हमें स्वतंत्रता के नजदीक ले जाने में ये नई पार्टियाँ और नए विचार सहायक हों तो हम लोगों को इनका स्वागत करना चाहिए। यदि स्वाधीनता प्राप्त करने के हमारे लक्ष्य के लिए ये व्यवधान सिद्ध होते हैं तो उन्हें छोड़ने में हमें हिचकना नहीं चाहिए। किसी भी देश ने आसानी से, बिना कीमत चुकाए, स्वाधीनता हासिल नहीं की है। यद्यपि हम लोगों को अपने त्याग और तपस्या पर गर्व होना चाहिए, परंतु यह दूसरे देशों की तुलना में बहुत कम है, जिन्होंने अपनी स्वतंत्रता प्राप्त करने एवं उसे बचाए रखने दोनों के लिए ही काफी त्याग किए हैं। वे लोग, जो यह समझते हैं कि अपनी यातनाओं की तुलना में हमने कुछ भी प्राप्त नहीं किया है, वे भ्रम में हैं।

आज जो जागरूकता और आत्मसम्मान हम देखते हैं, वे हमारे त्याग के ही उत्कर्ष हैं। इसलिए हम लोगों के निराश होने का वस्तुत: कोई कारण नहीं है।

एक रास्ता चुनना और उस पर एकाग्र रहने के अपने लक्ष्य को प्राप्त करना ही आज की परम आवश्यकता है। आपस में एकता सुनिश्चित करने की ऐसी आवश्यकता पहले उत्पन्न नहीं हुई थी। छोटी-छोटी बातों पर बहस करने एवं अपने मतभेदों को बृहत् रूप देने का समय नहीं है। हम लोगों के लिए यह अत्यंत आवश्यक है कि हम अपने मतभेदों को पीछे छोड़कर एकमत होकर कार्य करें। अपने परिश्रम के पारितोषिक को आपस में बाँटने का समय अभी बहुत दूर है। महत्त्वपूर्ण उपलब्धि अभी भी कल्पनामय है।

हमारे स्वतंत्रता प्राप्त करने में कोई व्यवधान नहीं आएगा, यदि हम मिल-जुलकर एकभाव से आगे बढ़ें, जैसाकि हमने पिछले चार वर्षों में किया है। मुझे विश्वास है कि इतने बड़े और महत्त्वपूर्ण बलिदानों के बाद हम गुमराह नहीं होंगे। यदि आप कांग्रेस में विश्वास रखेंगे तो सबकुछ ठीक होगा। निराशा का कोई कारण नहीं है।''

—वल्लभभाई पटेल

□

15

वल्लभभाई का बालू भाई के नाम पत्र, जिसमें उन्होंने दृढ़ रहते हुए राजा की वर्षगाँठ पर आयोजित समारोहों में भाग न लेने के लिए कहा

सरदार पटेल का संपूर्ण वाङ्मय

गृह विभाग (राजनीतिक) : एनएआई

बंबई

20 मार्च, 1935

(संलग्नक)

सरदार पटेल को लिखे गांधीजी के पत्र के साथ (गुजराती में)

वर्धा

18 मार्च, 1935

भाई वल्लभभाई,

सलाह देना कठिन है। ऐसा लगता है कि बालू भाई कुछ हद तक वचनबद्ध हैं। यदि प्रार्थनाएँ की जाती हैं तो मिठाइयाँ क्यों नहीं बाँटी जातीं? क्या मुक्त अनुदान और आर्थिक अनुदान के लिए केवल एक और वही शर्त हो सकती है? सरकार की माँग में कोई प्रभेद नहीं है।

जो भी हो, बालू भाई को मित्रों से परामर्श करना चाहिए और यदि सभी सहमत हों तो निम्नलिखित कहना चाहिए—

सरकार और जनता के बीच संघर्ष अभी बंद नहीं हुआ है। वर्षगाँठ का समारोह किसी गैर-सरकारी व्यक्ति के संबंध में नहीं है, बल्कि यह राजा के राज्य के लिए है।

ऐसे राज्य के समारोहों में, जिसकी प्रशासनिक नीतियों की हम निंदा करते हैं, भाग लेने का मतलब होगा—अति सिद्धांतवादिता की कीमत चुकाना। नागरिक अवज्ञा आंदोलन को स्थगित कर दिया गया है। सरकार आज्ञा देकर काम करवा सकती है। किंतु बहुतेरे ऐसे होंगे, जो अपनी इच्छानुसार ऐसी आज्ञा का पालन करने के लिए तैयार नहीं होंगे। ऐसे अवसरों को सरकारी दबाव के अंतर्गत नहीं मनाया जाना चाहिए। हम लोग किसी की भावनाओं को आहत नहीं करना चाहते। इसलिए सरकार को दबाव नहीं डालना चाहिए और हम लोग कोई कुचेष्टा नहीं करेंगे। जो चाहते हैं, वे समारोह में भाग ले सकते हैं। सरकार को नगरपालिका को नहीं लिखना चाहिए और न ही नगरपालिका द्वारा सरकार को। मेरे विचार से, इस स्थिति में कुछ रियायतों के स्वीकृत किए जाने के बाद भी नगरपालिका इसमें भाग नहीं ले सकती। बालू भाई बड़े प्रश्न को स्पर्श नहीं कर सकते। यह मेरा सामान्य विचार है। मैं यह कैसे जान सकता हूँ कि अहमदाबाद की परिस्थितियों को देखते हुए कौन सा मोड़ आवश्यक होगा! बालू भाई को वही सलाह दें, जो आप उपयुक्त समझते हैं।

'बापू' का आशीर्वाद।

□

16

सरदार पटेल ने हिंदुओं को आश्वस्त किया कि कांग्रेस उनके हितों की रक्षा करेगी*

सरदार पटेल का संपूर्ण वाङ्मय

द ट्रिब्यून

10 अक्तूबर, 1935

(उद्धरण)

"मेरा संदेश कांग्रेस का संदेश है और इस पर कार्य करना कांग्रेस को मजबूत करना है, जो कि विदेशी दासता से देश को मुक्त कराने के लिए संघर्ष कर रही है।" 'नेशनलिस्ट पार्टी' के द्वारा कांग्रेस के विरुद्ध लगाए गए आरोपों का खंडन करते हुए सरदार ने कहा कि कांग्रेस के हाथों में अन्य समुदायों की तरह हिंदुओं के हित भी सुरक्षित हैं।

देश में फैले हुए सांप्रदायिक तनाव, विशेष रूप में लाहौर में, की निंदा करते हुए

* जालंधर में 8 अक्तूबर, 1935 को सरदार पटेल का भाषण।

सरदार ने इसे अशांति और राजनीतिक प्रतिगमन के लिए जिम्मेदार ठहराया। उनका विचार था कि मसजिदों और गुरुद्वारों के प्रश्न पर लड़ना अत्यंत अधार्मिक था और इस प्रकार के सांप्रदायिक झगड़े देश की पराधीनता के लिए जिम्मेदार हैं।

□

17

सरदार पटेल ने पंजाबियों को सलाह दी कि वे सांप्रदायिक झगड़ों से बचें*

सरदार पटेल का संपूर्ण वाङ्मय

द हिंदुस्तान टाइम्स.
5 अक्तूबर, 1935

(उद्धरण)

कांग्रेस संसदीय बोर्ड के निमंत्रण पर सरदार पटेल आज सुबह यहाँ (जालंधर) पहुँचे।

सरदार पटेल ने दोनों जगहों पर रायजादा हंसराज के समर्थन में जनसभाओं को संबोधित किया और पंजाब में सांप्रदायिक झगड़ों की तीव्र निंदा करते हुए इसे राष्ट्रीय प्रगति और अंततः स्वराज्य की प्राप्ति में एक भारी अवरोध बताया। उन्होंने जलियाँवाला बाग की दुःखद घटना को याद करते हुए पूर्ण स्वराज्य हेतु संघर्ष करने के लिए दिसंबर 1929 में रावी के किनारे ली गई उनकी शपथ की याद दिलाई। उन्होंने कहा कि अशांति फैलाने के लिए धार्मिक उपदेशों का जितना दुरुपयोग पंजाब में किया गया है उतना किसी भी दूसरे प्रदेश में नहीं किया गया। उन्होंने आगे कहा कि वास्तव में ईश्वर केवल मसजिदों और मंदिरों तक ही सीमित नहीं है। वह सर्वत्र व्याप्त है। उसे देखने का सबसे अच्छा तरीका अपने अंदर झाँकना है। उन्होंने जनता को, जिनमें अधिकांश किसान थे, प्रेरित किया कि वे सांप्रदायिकता से बचें और शोषण करनेवालों से अपने हितों की रक्षा करने के लिए अपने आपको संगठित करें। उन्होंने गाँवों में तैयार की गई हाथ से बुनी हुई खादी और अन्य वस्तुओं के उपयोग पर भी जोर दिया।

□

* पंजाब की फिल्लौर तहसील के अंतर्गत रुरका कलाँ और भाग में 3 अक्तूबर, 1935 को दिए गए भाषणों का अंश।

18

शिलिडी डी.आई.जी. पुलिस, बंबई ने ब्रिस्टो, स्पेशल सेक्रेटरी, होम, बंबई को लिखा कि 'पाला आर्थिक सहायता' (फ्रॉस्ट रिलीफ) मुद्दे पर गुजरात के किसानों के बीच कांग्रेस की प्रतिष्ठा बढ़ रही है

सरदार पटेल का संपूर्ण वाङ्मय

गृह विभाग, राजनीतिक (स्पेशल) : एमएसए

22 मार्च, 1935

(उद्धरण)

प्रिय ब्रिस्टो,

गुजरात में कांग्रेस की प्रतिष्ठा पुनर्निर्मित करने में सरदार वल्लभभाई पटेल और अन्य कांग्रेसी नेताओं के हाल के क्रियाकलापों पर दृष्टि रखने का अवसर मुझे मिला। इस संबंध में स्थिति जैसी मुझे प्रतीत होता है, उसकी एक विवेचना सरकार की सूचना के लिए प्रस्तुत कर रहा हूँ।

2. वल्लभभाई की यात्रा का उद्देश्य स्पष्टत: एक सर्वेक्षण करना और संपूर्ण स्थिति के बारे में आवश्यक जानकारी हासिल करना था—कांग्रेस के बारे में अब भी लोग क्या सोचते हैं? सरकार या कांग्रेस के खिलाफ लोगों की क्या शिकायतें हैं और वर्धा में तैयार किए जा रहे सरकार-विरोधी किसी भी नए आंदोलन में कांग्रेस की नीति सामान्यत: क्या होनी चाहिए? यह महत्त्वपूर्ण है कि अपनी यात्रा के बाद वल्लभभाई सीधे वर्धा गए। ऐसी सूचना है कि वह जल्दी ही गुजरात में वापस आ जाएँगे।

3. पाले के कारण जो क्षति हुई है, उसने कांग्रेस कार्यकर्ताओं को अपने क्रियाकलापों के लिए बड़े समय से और एक बहुत उपयोगी बहाना दे दिया है। कांग्रेस के लोग वस्तुत: प्रभावहीन थे। सरकार के विरुद्ध विदोहन के लिए कोई ठोस शिकायत भी नहीं थी। यह दिखाने के लिए प्रमाण की कमी नहीं है कि मोरारजी देसाई और उनके अनेक सहयोगी कार्यकर्ता किसानों को इस प्रकार प्रभावित कर रहे हैं कि कांग्रेस के दबाव के कारण ही सरकार ने अब क्षति आकलन के अनुरूप 'पाला सहायता' (फ्रॉस्ट रिलीफ) स्वीकृत किया है। इतना ही नहीं, यही कार्यकर्ता यह भी सुनिश्चित कर रहे हैं कि प्रत्येक किसान सरकार से अंतिम आने की संभव राशि तक प्राप्त कर ले। किसानों को प्रोत्साहित किया जा रहा है कि वे अपने मामले कांग्रेस कार्यकर्ताओं के पास जाँच के लिए लाएँ, ताकि राजस्व अधिकारियों द्वारा उनके हक

को दबाया न जा सके। इसके अलावा, स्पष्टत: योजना यह है कि जब तक सरकार से हर संभव रुपया निकाल नहीं लिया जाता तब तक किसान सहायता राशि को खर्च न किया जाए, ताकि फिर कांग्रेस उन माँगों का उदारतापूर्वक भुगतान करेगी, जिसे सरकार ने स्वीकृत करने से 'अनुचित तरीके' से इनकार कर दिया था। चित—कांग्रेस जीतेगी, पट—सरकार हार जाएगी।

4. इसके साथ ही यह कोशिश की जा रही है कि सरकार को तुच्छ ठहराया जाए। जिलाधीशों के द्वारा गोपनीय आदेश जारी किए गए हैं, इसलिए चारों ओर कानाफूसी की जा रही है कि अन्नावरी जितना अधिक हो सके उतना अधिक बढ़ाया जाए, ताकि भुगतान की जानेवाली सहायता राशि को कम किया जा सके। यह तर्क दिया जा रहा है कि जिस सरकार की आर्थिक स्थिति सुदृढ़ नहीं है उसके लिए यह स्वाभाविक ही है। इसलिए समस्त राजस्व अधिकारियों के काम के ढंग की सूक्ष्म जाँच किए जाने की आवश्यकता है : सरकार को इस कारण शिकायतें मिल सकती हैं।

5. अभी हाल में कुछ आश्रमों और भवनों के पुनर्निर्माण से ऐसी आशंका है कि कांग्रेस कार्यकर्ताओं को गाँवों में अपना कार्य करने में सहायता मिलेगी। अब तक उनके काम करने का तरीका वस्तुत: कठिन था—वही पुरानी कहानी—लोमड़ियों के बिल थे और आसमान की चिड़ियों के घोंसले, किंतु कांग्रेस के कार्यकर्ताओं के पास सिर छुपाने को कोई जगह नहीं थी। गाँवों के कार्यकलाप अब और अधिक सुनिश्चितता के साथ किए जाएँगे, चाहे वे अखिल भारतीय ग्रामीण उद्योग संघ के तत्त्वावधान में हों या अन्य प्रकार से।

भवदीय

जी.जी. शिलिडी

श्री सी. एच. ब्रिस्टो, एस्क्वायर, आई.सी.एस.,
सचिव, बंबई सरकार, गृह विभाग (स्पेशल),
बंबई।

□

19

कांग्रेस संसदीय समिति के अध्यक्ष वल्लभभाई ने राष्ट्र से अपील की कि वे कांग्रेस प्रत्याशी को चुनें

सरदार पटेल का संपूर्ण वाङ्मय

बॉम्बे क्रॉनिकल
7 जुलाई, 1936

कांग्रेस संसदीय समिति की ओर से निम्नलिखित अपील जारी की गई है—

"इंडियन नेशनल कांग्रेस के लखनऊ अधिवेशन में यह निर्णय लिया गया था कि नए संविधान के अंतर्गत विधानसभाओं के चुनाव कांग्रेस की ओर से लड़े जाएँगे। इसलिए कांग्रेस की कार्यकारिणी समिति ने कांग्रेस की ओर से चुनावों की व्यवस्था करने के लिए संसदीय समिति का गठन किया है।"

..."समिति का यह कर्तव्य है कि कांग्रेस प्रत्याशियों के चुनाव को 30 करोड़ से अधिक मतदाताओं के द्वारा सुनिश्चित करा लिया जाए। इस कार्य को तभी पूरा किया जा सकता है, जब देश के समस्त कांग्रेस संगठन इसमें प्रवृत्त हों और सामान्य जनता का सक्रिय सहयोग प्राप्त कर लिया जाए।

देश जानता है कि इतने वर्षों के संघर्ष और त्याग के दौरान कांग्रेस के उद्देश्य क्या रहे हैं। हमारा लक्ष्य स्वतंत्रता या 'पूर्ण स्वराज्य' है और वे, केवल वे ही, जिन्होंने इसकी और इसे प्राप्त करने के लिए संघर्ष करने की शपथ ली है, उन्हें ही कांग्रेस की ओर से इसके लिए प्रत्याशी बनाया जा सकता है।

अखिल भारतीय कांग्रेस कमेटी नियत समय पर घोषणा-पत्र जारी करेगी और सुयोग्य प्रत्याशियों को चुना जाएगा, जिनका कार्य यह होगा कि वे सम्मिलित रूप से कांग्रेस की नीतियों का विधानसभाओं में पालन करें। कांग्रेस का उद्देश्य तभी पूरा हो सकता है जब इस अभियान में कांग्रेस को देश के लोगों का जबरदस्त सहयोग मिले। जनता और विशेष रूप से वे लोग जिन्हें मतदान का अधिकार दिया गया है, उन्हें अपने इस अधिकार को देश के लिए एक पवित्र धरोहर समझना चाहिए।

कांग्रेस ने अपनी पात्रता शब्दों से नहीं, बल्कि अपने कार्यों और दुःखानुभवों से सिद्ध कर दी है और अब उसकी ओर से हर प्रकार से हरसंभव सहयोग के

लिए देश से एक अपील की जा रही है, ताकि वह अपना उच्चतम लक्ष्य प्राप्त कर सके।''

वल्लभभाई पटेल,
अध्यक्ष
राजेंद्र प्रसाद
गोविंद बल्लभ पंत
सचिव-द्वय

□

20

तमिलनाडु कांग्रेस में आंतरिक कलह से सरदार दुःखी हुए और उन्होंने स्वार्थी लोगों से पार्टी छोड़ने के लिए कहा

सरदार पटेल का संपूर्ण वाङ्मय

बॉम्बे क्रॉनिकल,
21 दिसंबर, 1936

(उद्धरण)

चुनावों का उल्लेख करते हुए सरदार पटेल ने लोगों से कहा कि उन्हें विवादास्पद मामलों के बारे में चिंता नहीं करनी चाहिए। उन्होंने आगे कहा कि ''यदि कांग्रेस यह समझती है कि मंत्रालय का कार्यभार स्वीकार करने से भारत की स्वाधीनता प्राप्त करने में सहायता मिलेगी तो वह उसे स्वीकार करने में नहीं हिचकेगी। परंतु यदि यह हानिकारक होता है तो कांग्रेस इसे अस्वीकार कर देगी और इस पर विचार करने के लिए अभी काफी समय है।''

कांग्रेस प्रत्याशियों को चेतावनी देते हुए सरदार पटेल ने कहा, ''यदि कोई भी कांग्रेस प्रत्याशी इस आशा के साथ हमसे जुड़ा है कि कांग्रेस मंत्रालय का कार्यभार स्वीकार करेगी तो मैं उससे कहना चाहता हूँ कि उसे हमसे अलग हो जाना चाहिए और इसके लिए अभी भी समय है, क्योंकि मद्रास में नामांकन की तिथि अभी निर्धारित नहीं की गई है।''

नोट : कांग्रेस संसदीय समिति से संबंधित सभी पत्राचार सचिव, कांग्रेस संसदीय समिति, कांग्रेस हाउस, गिरगॉम, बंबई को संबोधित किए जाएँ।

उन्होंने त्रिचि (त्रिचनापल्ली) के मतदाताओं को प्रोत्साहित करते हुए कहा कि पिछले विधानसभा चुनावों की तरह इस बार भी सभी कांग्रेस प्रत्याशियों को भारी मतों से विजयी बनाकर विधानसभा में वापस भेजें। उन्होंने अपनी बात समाप्त करते हुए कहा, "कांग्रेस को वोट देने का अर्थ है—स्वतंत्रता को वोट देना; कांग्रेस के विरोध में वोट देने का अर्थ है—गुलामी को वोट देना।"

□

21

सरदार पटेल ने सूरत के लोगों को प्रोत्साहित किया कि वे कांग्रेस प्रत्याशियों को वोट दें; उन्होंने गांधीजी और नेहरू के बीच मतभेद की अफवाह का खंडन किया*

सरदार पटेल का संपूर्ण वाङ्मय

गृह विभाग (स्पेशल) : एमएसए

सूरत

26 जुलाई, 1936

(उद्धरण)

सेवा में,

जिला पुलिस अधीक्षक,

सूरत

महोदय,

प्रमुख व्यक्तियों में सरदार वल्लभभाई पटेल ने सूरत के लोगों को संबोधित किया। सरदार पटेल ने उनसे गुजराती में कहा—

...इस समय कांग्रेस का उद्देश्य विधानसभा पर अधिकार करना है और इस प्रकार स्वाधीनता के संघर्ष को जारी रखना है। लखनऊ कांग्रेस ने भी विधानसभा पर अधिकार करने का निर्णय किया है। इन दिनों अनेक अखबारों में इस विषय पर विभिन्न विचार प्रकाशित किए गए हैं। मैं आप सभी से अनुरोध करता हूँ कि आप अपना इरादा पक्का रखें और अयथार्थवादी संवाददाताओं के बहकावे में न आएँ। इस

* सूरत शहर समिति में सरदार पटेल के 26 जुलाई, 1936 को दिए गए भाषण का सरकारी संस्करण।

समय हमारा ध्यान परिषद् में प्रवेश के अलावा किसी दूसरी चीज पर नहीं जाना चाहिए। इस समय हमारा लक्ष्य वही होना चाहिए। विधानमंडल के दो भाग हैं—एक परिषद् और दूसरी सभा। विधानसभा के प्रतिनिधियों को सभा में पाँच वर्षों तक रहना है और परिषद् के प्रतिनिधियों को नौ वर्षों तक। इसलिए यदि अयोग्य और निष्ठाहीन प्रतिनिधि विधानमंडल में जाते हैं तो वे देश के हित का सत्यानास कर देंगे। इसलिए मैं आपसे आग्रह करता हूँ कि आप अपना वोट कांग्रेस प्रत्याशी को दें।…

सूरत जिले में पाँच सीटें हैं। मुसलमानों के लिए अलग चुनाव-क्षेत्र हैं। विधान सभा में सूरत, भरूच और पंचमहल जिलों से दो सीटें हैं। यहाँ भी मुसलमानों के लिए अलग चुनाव-क्षेत्र दिया गया है। हम लोगों को इन जिलों में पाँचों सीटों पर विजयी होने का अत्यधिक प्रयास करना चाहिए। जिन लोगों ने देश के लिए अपना सबकुछ बलिदान कर दिया है, जिन लोगों ने देश के प्रति अपने आपको निष्ठावान् और विश्वसनीय सिद्ध किया है, उन्हें ही यहाँ प्रवेश मिलेगा। उपाधिधारियों और अमीरों की विधानमंडल में आवश्यकता नहीं है। उन्होंने कुछ नहीं किया है और विधानमंडल में जाकर वे देश के हित में कुछ भी करने वाले नहीं हैं। चूँकि हम लोगों ने विधानमंडल पर अधिकार कर लेने का दृढ़ निश्चय किया है, इसलिए हम लोगों को यह सुनिश्चित कर लेना चाहिए कि कोई भी बाहरी व्यक्ति परिषद् या सभा में घुसने न पाए; क्योंकि बाहरी व्यक्ति कांग्रेस के विरुद्ध कार्य करेगा और कांग्रेस को नुकसान उठाना पड़ेगा। आपको एक भी वोट उन लोगों को नहीं देना चाहिए, जो कांग्रेस के प्रत्याशी नहीं हैं।

ऐसी परिस्थितियों में इन दो प्रांतों में हम कुछ सीटें खो सकते हैं। इसके अलावा मुसलमानों और हरिजनों आदि के लिए अलग चुनाव-क्षेत्र भी हैं। इस प्रकार सरकार भारतीयों को विभिन्न भागों में बाँटना चाहती है। सरकार अपनी 'बाँटो और राज करो' की नीति से कांग्रेस को पराजित करना चाहती है। ऐसी स्थिति में गुजरात का क्या कर्तव्य है? गुजरात से कोई और नहीं बल्कि केवल कांग्रेस प्रत्याशी को ही विधानमंडल में जाना चाहिए। संक्षेप में, चुनाव के समय गुजरात का शत-प्रतिशत परिणाम आना चाहिए।

सरकार ने कांग्रेस के कार्यकलापों को अनेक प्रकार से कुचलने का अत्यधिक प्रयास किया है, किंतु कांग्रेस काफी सशक्त रूप से अब यह कह रही है कि विधान मंडल में अधिकांश सदस्य कांग्रेस पार्टी के ही होंगे।

…इसलिए मैं आपसे एक बार फिर यह आग्रह करता हूँ कि कांग्रेस की सहायता करें। ईश्वर आपको सुख-समृद्धि से संपन्न करें। (तालियाँ)।

टिप्पणी—

वल्लभभाई जे. पटेल और कन्हैयालाल नानाभाई देसाई के भाषण राजद्रोहात्मक

या आपत्तिजनक बिलकुल नहीं थे। वी. जे. पटेल के भाषण ने जनता पर अच्छा प्रभाव छोड़ा।

मैं हूँ श्रीमान,
आपका अत्यंत आज्ञाकारी सेवक,
पी. सी. श्रॉफ,
पी.एस.आई., सी.आई.डी., अहमदाबाद।

□

22

मंत्रालयों के कामकाज में राज्यपालों के हस्तक्षेप पर खेद व्यक्त करते हुए सरदार पटेल का प्रस्ताव, जिसे कांग्रेस कार्यकारिणी समिति ने अनुमोदित किया था

सरदार पटेल का संपूर्ण वाङ्मय

हिंदुस्तान टाइम्स,
21 फरवरी, 1938

(उद्धरण)

"इस संकट की घड़ी में मैं आपसे इस प्रस्ताव को पास करने का आग्रह करता हूँ। यह कांग्रेस का एक अत्यंत महत्त्वपूर्ण प्रस्ताव है, जिसे बहुत ध्यानपूर्वक विचार-विमर्श करने के बाद तैयार किया गया है और जिससे हमारी राष्ट्रीय एकता अभिव्यक्त होती है। हम लोगों के अपने मतभेद हो सकते हैं, किंतु इस समस्या पर मैं चाहता हूँ कि आप सभी एक होकर कांग्रेस के सामने रखी गई चुनौती का समुचित उत्तर दें।"

भाषण जारी रखते हुए सरदार पटेल ने टिप्पणी की कि "कांग्रेस के कार्यभार सँभालने के पूर्व सांप्रदायिक दंगे प्रायः हुआ करते थे; किंतु जब से कांग्रेस ने कार्यभार सँभाला है तब से सांप्रदायिक बलवे का एक भी गंभीर मामला प्रकाश में नहीं आया है, और यह कांग्रेस के शासन करने की क्षमता को सविस्तार अभिव्यक्त करता है। इन सब तथ्यों तथा कांग्रेस के मंत्रियों द्वारा कानून व्यवस्था बनाए रखने के लिए बार-बार दुहराए गए आश्वासनों के बावजूद गवर्नर जनरल के हस्तक्षेप का केवल एक ही अर्थ हो सकता है और वह यह है कि वह कोई ऐसी समस्या खड़ी करने के उत्सुक

हैं, जिससे कांग्रेस के मंत्रियों को कार्यालय से बाहर किया जा सके। हम लोग ब्रिटिश सरकार के हाथों का खिलौना नहीं बन सकते।...''

□

23

सरदार पटेल ने जिन्ना के इस आरोप का खंडन किया कि कांग्रेस शासन में मुसलमानों का दमन किया जा रहा है

सरदार पटेल का संपूर्ण वाङ्मय

द हिंदू
11 दिसंबर, 1939

सरदार पटेल ने श्री जिन्ना के द्वारा मुसलमानों को दिए गए सुझावों के संदर्भ में निम्नलिखित वक्तव्य जारी किया—

सामान्यत: मैं अपने आपको मुसलमानों से की गई श्री जिन्ना की इस अपील से संबद्ध नहीं रखता कि वे 'मुक्ति का दिन' मनाएँ। किंतु इस मामले में जब उन्होंने अपना आक्रमण उस पर केंद्रित किया है, जिसे वह 'कांग्रेस हाई कमान' कहते हैं और उन्होंने अपने समुदाय के लोगों को ऐसी काररवाई के लिए आमंत्रित किया है, जिससे सांप्रदायिक संघर्ष उत्पन्न होने की आशंका है। इसलिए मैं, संसदीय उपसमिति के अध्यक्ष के रूप में, अपने कर्तव्यों के पालन में विफल रहूँगा, यदि श्री जिन्ना के द्वारा अपील एवं प्रस्ताव के प्रालेख में लगाए गए निराधार आरोपों का खंडन नहीं करता हूँ।

देश अब तक जिन्ना के संदिग्ध आरोपों से, जो प्रतिदिन अपनी संख्या और संदिग्धता में बढ़ते जा रहे हैं, परिचित हो चुका है। किंतु जब मुसलिम लीग ने पीरपुर कमेटी के माध्यम से पहली बार कांग्रेस मंत्रालयों के विरुद्ध निश्चित आरोप लगाए, तब मैंने आदेश दिया कि प्रत्येक आरोप की जाँच करके एक रपट प्रस्तुत की जाए। इन प्रतिवेदनों से, जिन्हें प्रत्येक मामले में संबंधित प्रांतीय सरकारों ने प्रकाशित किया था, यह स्पष्ट हुआ कि सभी आरोप निराधार थे। जब कांग्रेस ने ब्रिटिश सरकार से कहा कि युद्ध के संबंध में अपने उद्देश्यों एवं भारत से उनके तात्कालिक संबंधों को अभिव्यक्त करें तो जिन्ना पुन: मंत्रालयों पर दमन के अपने सामान्य आरोपों पर वापस पहुँच गए। इस पर कांग्रेस अध्यक्ष डॉ. राजेंद्र प्रसाद ने उनसे कहा कि वे, दमन के यदि कोई विशिष्ट मामले हों तो, उन्हें एक स्वतंत्र न्यायाधिकरण के समक्ष जाँच के लिए प्रस्तुत

करें। किंतु जिन्ना ने इस प्रस्ताव को यह कहकर ठुकरा दिया कि आरोपों को वाइसराय के समक्ष प्रस्तुत कर दिया गया है। किंतु वाइसराय के बोलने के पहले ही हम लोगों को जिन्ना का नवीनतम उद्‌गार मिल गया, जिसमें उनके समुदाय के लोगों और सामान्यत: समस्त संसार को उनके द्वारा लगाए गए निराधार आरोपों को सिद्ध किए हुए तथ्यों के रूप में स्वीकार कर लेने के लिए कहा गया था।

मुझे इन आरोपों को अविचारित, अदूरदर्शी और सांप्रदायिक सद्‌भाव को खतरे में डालनेवाले आरोपों के रूप में वर्णित करने के लिए विवश होना पड़ रहा है। जब कांग्रेस के मंत्रालयों ने कामकाज प्रारंभ किया तो संसदीय उपसमिति के अध्यक्ष के रूप में मैंने मंत्रालयों को यह आदेश दिया था कि अल्पसंख्यकों के अधिकारों का पूरी सावधानी के साथ सम्मान किया जाए। मंत्रालयों द्वारा सांप्रदायिक प्रकृति की शिकायतों की ध्यानपूर्वक जाँच की गई और अनेक मामलों में तो इन्हें संसदीय उपसमिति के सदस्यों द्वारा दोबारा जाँचा गया। इसके अलावा, हर विभाग के प्रमुख ने मेरे अनुरोध पर अपने राज्यपालों को निस्संकोच उन मामलों में हस्तक्षेप करने के लिए आमंत्रित किया था, जिनमें अल्पसंख्यकों के अधिकार एवं हित प्रभावित थे और वह समझते थे कि मंत्रालयों के द्वारा की गई काररवाई समुचित नहीं थी।

जब जिन्ना ने अभी हाल में आरोप लगाए थे तो मैंने प्रत्येक प्रमुख को पुन: निर्देश दिया था कि वे राज्यपालों का ध्यान भी इस ओर आकर्षित करें, क्योंकि यह उन्हें भी प्रभावित करता है। और मुझे सूचित किया गया कि राज्यपालों ने इन आरोपों को अनुचित पाया था। राज्यपालों को यद्यपि विरोध करने के लिए आमंत्रित किया गया था, किंतु वे शायद संवैधानिक औचित्य न होने के कारण उस समय विरोध नहीं कर सके। परंतु मुझे पूर्ण विश्वास है कि उन्होंने अपनी रपट वाइसराय को अवश्य प्रस्तुत की होगी। यदि राज्यपालों ने यह पाया होता कि इन आरोपों में कोई तथ्य है तो उन्होंने अवश्य ही अपने मंत्रियों का ध्यान उस ओर आकर्षित किया होता और मैं पूर्णत: आश्वस्त हूँ कि किसी भी न्यायप्रिय न्यायाधीश के सामने जिन्ना कांग्रेस मंत्रालय या 'कांग्रेस आलाकमान' के विरुद्ध एक भी आरोप को सही नहीं ठहरा पाएँगे।

यह दुर्भाग्यपूर्ण है कि अब भी वाइसराय और राज्यपालों ने अपने निजी कारणों से इन आरोपों का जवाब नहीं दिया है, यद्यपि वे इन आरोपों से उतने ही संबद्ध हैं जितने कि मंत्रीगण। मंत्रियों ने राज्यपालों के निवेदन पर मंत्रालय का कार्यभार सँभाला था और किसी उत्कृष्ट कारणवश वे कार्यालय से हटे और उनके कार्यों की ब्रिटिश राजनीतिज्ञों, वाइसराय और राज्यपालों द्वारा बड़ी प्रशंसा की गई। इसलिए मैं इसे अन्यायपूर्ण समझता हूँ कि उनकी प्रतिष्ठा को ऐसे अनुचित व झूठे आरोपों से कलुषित किया जाए।

इस अपील को जारी करने में जिन्ना का क्या प्रयोजन है, जब वह और जवाहर लाल नेहरू समझौते की संभावनाओं को तलाशने के लिए जल्द ही मिलने वाले हैं! यह

समझ पाना मुश्किल है। परंतु यदि जिन्ना जो कह रहे हैं, वह उनका सुनिश्चित विचार है तो अनेक व्यक्ति इस निष्कर्ष पर पहुँच सकते हैं कि वह यह नहीं चाहते कि बातचीत का सफल अंत हो। आत्मसम्मान के साथ कोई भी बातचीत जारी रखना उस समय तक मानवीय रूप से असंभव है, जब तक कि इस आक्रामक वक्तव्य को वापस नहीं ले लिया जाता। यह कांग्रेस जैसे उत्कृष्ट राष्ट्रीय संगठन की प्रतिष्ठा के भी विपरीत है कि वह देश-व्यापी सांप्रदायिक प्रदर्शन की धमकी के साथ कोई भी बातचीत करे। □

24

कांग्रेस मंत्रालयों के विरुद्ध जिन्ना के आधारहीन आरोपों पर वाइसराय और राज्यपालों की चुप्पी से सरदार पटेल कुपित थे

सरदार पटेल का संपूर्ण वाङ्मय

हिंदुस्तान टाइम्स,
16 दिसंबर, 1939

कांग्रेस संसदीय उपसमिति के अध्यक्ष सरदार वल्लभभाई पटेल ने प्रेस के लिए निम्नलिखित वक्तव्य जारी किया है—

''कांग्रेस कार्यकारिणी समिति की बैठक की शाम को जिन्ना से किसी वाद-विवाद में उलझने की मेरी इच्छा नहीं है, विशेष रूप से जब उन्होंने सांप्रदायिकता के प्रश्न पर एक असंभव तर्क प्रस्तुत करना उचित समझा है। परंतु मैं यह अपना कर्तव्य समझता हूँ कि जिन्ना के हाल के बयान के गूढ़ार्थों की ओर जनता का ध्यान आकर्षित करूँ।''

जिन्ना के वक्तव्य से ऐसा प्रतीत होता है कि वह सांप्रदायिकता के संबंध में कोई समझौता करना ही नहीं चाहते, यद्यपि वह इस प्रश्न पर पं. जवाहरलाल नेहरू से विचार-विमर्श करने के इच्छुक हैं। उनका एकमात्र उद्‌देश्य सांप्रदायिकता की भावना को अत्यधिक तनाव की स्थिति में बनाए रखना ही प्रतीत होता है। उनका तथाकथित मुक्ति के दिन को मनाए जाने की जिद स्पष्टत: व्याप्त विद्वेष को उत्तेजित करना है, जिससे दो समुदायों में लड़ाई-झगड़ा प्रारंभ हो सकता है। प्रस्तावित बैठकों के संकल्पित विषय से संबंधित प्रारूप घृणा का वह गीत है जो अविशिष्ट और यदि प्रमाणित नहीं है तो झूठे आरोपों को, ऐसे निस्स्वार्थ कर्मचारियों के विरुद्ध लगाया गया है जिनके उत्कृष्ट

कार्यों को सेक्रेटरी ऑफ स्टेट, वाइसराय, राज्यपालों एवं भारतीय जनता ने काफी सराहा है। ऐसी स्थिति में अपनी जिद पर अड़े रहना ही इस बात का प्रमाण है कि जिन्ना सांप्रदायिकता की आग को हवा देने पर तुले हुए हैं।

जब राजेंद्र बाबू ने यह प्रस्ताव रखा कि इस प्रश्न को मध्यस्थता के द्वारा सुलझा लिया जाए तब उनके मन में एक छोटी जाँच की बात थी, जिसे पंद्रह दिनों या अधिक-से-अधिक एक महीने में उन प्रमुख आरोपों की जाँच करके, जिन्हें जिन्ना से स्पष्ट करने के लिए कहा गया था, पूरा कर लिया जाता। कांग्रेस अध्यक्ष के द्वारा यह माना गया था कि जाँच करनेवाले अधिकारी का निर्णय शीघ्र प्राप्त कर लिया जाएगा, जिससे राष्ट्रीय एकता का मार्ग प्रशस्त होगा और सम्मिलित रूप से युद्ध के संबंध में ब्रिटेन के उद्देश्यों एवं भारत से उसके तात्कालिक संबंधों की अभिव्यक्ति की माँग की जाएगी।

कांग्रेस अध्यक्ष के ऐसे प्रस्ताव को अस्वीकृत करना, जिसमें इतनी जल्दी, आसानी से और अनापत्तिजनक तरीके से इस अप्रिय विषय को निबटाया जाना था, इस बात को इंगित करता है कि जिन्ना का मस्तिष्क किस दिशा में कार्य कर रहा है। यदि वह गंभीर होते तो ऐसी माँग नहीं करते, जो असंभव है। सार्वजनिक जीवन के लंबे अनुभव से उन्हें यह स्पष्ट हो जाना चाहिए था कि ब्रिटिश सरकार उस माँग के लिए कभी सहमत नहीं होगी, जिसका अर्थ वाइसराय और सात प्रांतों के राज्यपालों पर सीधे तौर से महाभियोग चलाना होगा। शायद यही कारण है कि उन्होंने ऐसी माँग रखी है।

"जिन्ना के अनुसार कांग्रेस द्वारा मुसलमानों पर किए जा रहे अत्याचारों की साजिश में ब्रिटिश वाइसराय और राज्यपालों की भी संलिप्तता है।" यदि ऐसा है तो उन्हें एक अंतरराष्ट्रीय कमीशन की माँग करनी चाहिए थी। यदि भारत के मुख्य न्यायाधीश जैसा व्यक्ति भी जिन्ना की दृष्टि में सुयोग्य नहीं है तो उन्हें कोई भी ब्रिटिश न्यायाधीश स्वीकार्य नहीं होगा।

मैं केवल इतना ही कह सकता हूँ कि वाइसराय और राज्यपालों की चुप्पी की इस साजिश से मैं आश्चर्यचकित हूँ। जिन्ना का आक्रमण जितना कांग्रेस पर है उतना ही उन पर भी है। लीग ने खुल्लम-खुल्ला कर्तव्य का परित्याग और राजा के कानून की उपेक्षा किए जाने का आरोप लगाया है। वे जानते हैं कि ये आरोप बेबुनियाद हैं। फिर भी न्याय सुनिश्चित करने हेतु तथा कांग्रेस मंत्रालयों को झूठे और विद्वेषपूर्ण तरीके से बुरा-भला कहने तथा निंदा करने की लीग की मुहिम की कलई खोलने में विफल रहने के साथ-साथ चुप रहकर वे संविधान के अनुरूप आचरण के विचारों को संकुचित करते हुए अपने आपको तथा भारतीय समुदायों में अपनी निष्पक्षता की आस्था को गंभीर क्षति पहुँचा रहे हैं। यदि वे सच्चाई सामने लाएँ और संसार को यह बता दें कि उन्हें कभी भी ऐसा अवसर

नहीं मिला है, जिससे वे महसूस करें कि अल्पसंख्यकों के न्यायसंगत अधिकारों का बचाव करने के लिए उन्हें कांग्रेस मंत्रालयों के विरुद्ध अपनी विशेष जिम्मेदारियों का वहन करने की आवश्यकता है तो इस शरारतपूर्ण मुहिम का अंत हो जाएगा।

"अपने वक्तव्य में जिन्ना ने कांग्रेस के अत्याचार और दमन के उदाहरण दिए हैं। वे हैं—राष्ट्रध्वज, वंदे मातरम् का गायन और हिंदी का पठन-पाठन। चूँकि उन्होंने इन शिकायतों का उल्लेख किया है, इसलिए ये उनकी प्रमुख माँगें होंगी, जिनके संबंध में वह समानता चाहते हैं। यदि उनके पास कांग्रेस मंत्रालयों के विरुद्ध इनसे और अधिक गंभीर आरोप होते हैं तो इन्हें वे सर्वप्रथम उल्लिखित नहीं करते। क्या जिन्ना गंभीरतापूर्वक यह सुझाव देते हैं कि इन आरोपों की छानबीन के लिए एक 'रॉयल कमीशन' अनिवार्य है? यह स्पष्ट करने के लिए कि उनके पास कोई मामला नहीं है, इतना ही काफी है।"

□

25

मुसलिम लीग के द्वारा कांग्रेस मंत्रालयों के विरुद्ध लगाए गए आरोपों पर राज्यपालों की चुप्पी से सरदार पटेल अप्रसन्न

सरदार पटेल का संपूर्ण वाङ्मय

द हितवाद

17 जनवरी, 1940

(उद्धरण)

सम्मेलन की कार्रवाई का प्रारंभ करते हुए सरदार पटेल ने देश की राजनीतिक प्रगति की एक संक्षिप्त समीक्षा प्रस्तुत की। उन्होंने दृढ़तापूर्वक कहा कि वर्तमान संकट का समाधान हो सकता है, यदि भारत की स्वतंत्रता और संविधान-सभा के गठन की कांग्रेस की माँग स्वीकार कर ली जाए। कांग्रेस द्वारा यदि निर्णय कर लिया जाए तो यह कल ही मंत्रालयों का कार्यभार सँभाल सकती है; परंतु वह ऐसा तब तक नहीं करेगी जब तक कि उसकी माँगें स्वीकृत नहीं कर ली जातीं।

मुसलिम लीग के द्वारा कांग्रेस मंत्रालयों पर लगाए गए आरोपों के संबंध में राज्यपालों की चुप्पी पर उन्होंने अपनी मनोव्यथा व्यक्त की। उन्होंने कहा कि यदि राज्यपालों ने सच्चाई बयान कर दी होती तो लीग का भांडा फूट जाता।"

□

26

सरदार पटेल ने जिन्ना के तुष्टीकरण की आलोचना करते हुए राजेंद्र बाबू को लिखा

सरदार पटेल का संपूर्ण वाङ्मय

राजेंद्र प्रसाद के कागजात

11 चौपाटी सी–फेस,
तिलक मूर्ति के सामने,
बंबई।
16 अक्तूबर, 1939

प्रिय राजेंद्र बाबू,

आपका 13 अक्तूबर का पत्र मिला। आपके पत्र में उल्लिखित प्रश्न के बारे में मेरी धारणा है कि हम लोगों को समाचार–पत्रों की रपटों की उपेक्षा कर देनी चाहिए। सर सिकंदर को मौलाना अबुल कलाम आजाद को लिखना चाहिए था, जिनसे वह पिछली बार दिल्ली में मिले थे अथवा गांधीजी को पत्र लिखना चाहिए था, जिनके पास उनकी पहुँच सुगमता से होती है। मेरे विचार से, हम लोगों को अब कोई और पहल नहीं करनी चाहिए। आपके पत्र के जवाब में श्री जिन्ना के पिछले उत्तर से अब आगे किसी भी पहल का पूरा दायित्व उन्हीं का बनता है। मैं समझता हूँ कि लगातार प्रस्ताव देकर हम अपना केस खराब कर रहे हैं। परंतु इस विषय में मौलाना साहब की सलाह अंतिम होनी चाहिए। मेरा दृढ़ विचार है कि सांप्रदायिकता के प्रश्न पर तब तक कोई समझौता नहीं हो सकता जब तक कि श्री जिन्ना यह महसूस न कर लें कि वह कांग्रेस पर दबाव नहीं डाल सकते।

भवदीय,
वल्लभभाई

बाबू राजेंद्र प्रसाद,
सदाकत आश्रम,
दीघा घाट, पटना।

□

27

नेहरू के जिन्ना से मिलने पर सरदार पटेल अप्रसन्न।

सरदार पटेल का संपूर्ण वाङ्मय

अखिल भारतीय कांग्रेस कमेटी के कागजात

अखिल भारतीय कांग्रेस संसदीय उपसमिति
9 दिसंबर, 1939

प्रिय जवाहर,

आपका 7 दिसंबर का पत्र और उसके साथ आपके नाम श्री जिन्ना के 4 तारीख के पत्र की एक प्रतिलिपि मिली। आपको यह पत्र लिखने के बाद उन्होंने वह आश्चर्यजनक वक्तव्य जारी किया है, जो मुसलमानों को भड़काने के अलावा और कुछ नहीं है। उन्होंने पिछले दिन एक और वक्तव्य जारी किया है और वह भी आक्रामक है। मुझे प्रसन्नता है कि आप 14 तारीख को यहाँ आ रहे हैं। संपूर्ण भारत में हमारे लोग यह जानकर क्रुद्ध होंगे कि आप उनके भड़काऊ वक्तव्यों के बाद भी उनसे मिल रहे हैं। हम लोगों को जितनी जल्दी हो सके, यह स्थिति समाप्त कर देनी चाहिए। मुझे खुशी है कि आप उनसे कार्यकारिणी समिति की बैठक से पहले ही मिल रहे हैं। मैं प्रांतीय कार्यपालिका की बैठक के लिए कल अहमदाबाद जा रहा हूँ, परंतु मैं 14 तारीख को सुबह बंबई वापस आ जाऊँगा।

मैं देखता हूँ कि सर स्टैफोर्ड क्रिप्स भी सर्वश्री जिन्ना एवं आंबेडकर और रियासतों के कुछ प्रतिनिधियों से भी मिल रहे हैं। मैं आशा करता हूँ कि उनकी मुलाकातों से राजनीतिक समुद्र के नीचे दबे पंकिल जल की गंदगी में पुनः हलचल नहीं होगी।

भवदीय
वल्लभभाई पटेल

पं. जवाहरलाल नेहरू,
इलाहाबाद।

□

28

भावनगर में सरदार पटेल के जुलूस पर मुसलमान गुंडों का आक्रमण

सरदार पटेल का संपूर्ण वाङ्मय

हिंदुस्तान टाइम्स,
15 मई, 1939

(उद्धरण)

एक व्यक्ति मारा गया और एक अन्य व्यक्ति गंभीर रूप से घायल हुआ, जब मुसलमानों के एक बड़े जत्थे ने भारी भीड़ पर हमला कर दिया। भावनगर प्रजामंडल के पाँचवें सम्मेलन की अध्यक्षता करने के लिए सरदार पटेल आज सुबह नौ बजे यहाँ पहुँचे।

सरदार पटेल को एक जुलूस में ले जाया जा रहा था। जैसे ही वे एक मसजिद के पास पहुँचे, मुसलमानों का एक जुलूस भी वहाँ पहुँचा और दोनों में टकराव हो गया।

सम्मेलन के पदाधिकारियों ने अपने जुलूस को समाप्त करने का निर्णय लिया और सरदार पटेल को गंतव्य स्थान तक पुलिस सुरक्षा में ले जाया गया।

पुलिस ने स्थिति को नियंत्रण में किया और मसजिद से लगभग सौ व्यक्तियों को गिरफ्तार किया गया।

सरदार पटेल ने जनता से अपील की है कि वे इस स्थिति से उत्तेजित न हों और पूर्ण अहिंसा का पालन करें।

बच्चूभाई वीरजी पटेल जो घातक रूप से घायल हो गए थे, की सार्वजनिक अंत्येष्टि की व्यवस्था की गई है और शहर में पूर्ण हड़ताल रखी जा रही है।

···शहर में पूर्ण हड़ताल रही।

सरदार पटेल ने तत्काल सुबह की घटना पर खेद व्यक्त करते हुए एक वक्तव्य जारी किया और लोगों से आग्रह किया कि वे आवेश के प्रभाव में अपना नियंत्रण न खोएँ और अपने कार्यक्रम को शांतिपूर्वक आगे बढ़ाएँ।

☐

29

सरदार पटेल भावनगर में मुसलमान गुंडों के आक्रमण में मारे गए बच्चूभाई एवं नानाभाई की स्मृति में एक स्मारक बनवाने के पक्ष में थे*

सरदार पटेल का संपूर्ण वाङ्मय

सरदार पटेल के भाषणों से
16 मई, 1939

(उद्धरण)

मैं चाहता हूँ कि भिन्न समुदायों में अवश्य एकता हो। किंतु यदि हम वास्तविक एकता चाहते हैं तो उन लोगों का पता लगाया जाना चाहिए, जो इन घृणित कार्यों के पीछे हैं और हमें उन्हें तब तक नहीं छोड़ना चाहिए जब तक कि वे अपने कृत्यों के लिए पश्चात्ताप न करने लगें। उन्हें यह सोचने का अवसर नहीं दिया जाना चाहिए कि हम मूर्ख और कमजोर हैं। कुछ लोग हमसे यह कहेंगे कि जो कुछ हुआ, उसे हमें भूल जाना चाहिए; किंतु यह सुझाव वैसा ही है जैसे आपसे यह कहा जाए कि आप दिन को रात और रात को दिन समझें।

वे लोग, जो हत्यारों को जगह देते हैं, उन्हें छुपाते हैं अथवा उनसे सहानुभूति रखते हैं, वे भी उतने ही खतरनाक हैं और आपको अवश्य सोचना चाहिए कि ऐसे लोगों से मित्रता बनाए रखी जाए अथवा नहीं! साँपों के बिल में अपने सिर को डालते रहने के खतरे के बारे में आपको सोचना होगा।

मैं कायरता का दुश्मन हूँ। मैं कायरों के साथ रहना पसंद नहीं करता।

यदि सरकार और अधिकारी गण यह चाहते हैं कि ऐसी घटनाओं को भूल जाना ही बेहतर है और यदि हम इन घटनाओं की उपेक्षा कर देते हैं तो यह खतरा हो सकता है कि ऐसी घटनाएँ और अधिक तीव्रता के साथ भविष्य में घटित हों। इसलिए हमें दोषियों को गिरफ्तार करना है और षड्यंत्रकारियों के गिरोह का पता लगाना है। राज्य का हित इसी में है कि ऐसे खतरनाक लोगों को जड़ से उखाड़ फेंका जाए। हम लोगों को अपने कर्तव्य का पालन करने के लिए तैयार हो जाना चाहिए, भले ही राज्य अपना काम करे या नहीं।

यह घटना जनता और भावनगर के शासक के लिए एक गंभीर चेतावनी है। हम

---

* भावनगर में 16 मई, 1939 को एक जनसभा में सरदार पटेल का भाषण।

लोगों को एक नोटिस दी गई है कि अब आगे हम इस आत्मविश्वास के साथ गहरी नींद में नहीं सो सकते कि सबकुछ ठीक-ठाक है। हम लोग ऐसी चेतावनी की उपेक्षा नहीं कर सकते।

यह हमारा कर्तव्य है कि हम समय को पहचानें और आत्मरक्षा के लिए तैयार हों। यह ऐसा समय है जब अपराधी चारों ओर घूम रहे हैं। यदि हम उन्हें यह विश्वास करने का आधार देते हैं कि हम बुजदिल हैं तो सारे असामाजिक तत्त्व स्वच्छंदतापूर्वक इधर-उधर घूमते रहेंगे।...

इस देश में, ब्रिटिश भारत और रियासतों में, मैं प्रगतिशील और लोकतांत्रिक शक्तियों को प्रोत्साहित करता रहा हूँ। इसलिए यह आक्रमण मुझ पर था। यह आक्रमण एक व्यक्ति पर नहीं था, बल्कि यह उन शक्तियों पर था जिनका मैं समर्थन करता हूँ। किंतु जिस व्यक्ति ने आक्रमण किया, वह मूर्ख था। उसके पीछे जो सूत्रधार और षड्यंत्रकारी हैं, उन लोगों की खोज की जानी चाहिए।

सम्मेलन के पहले दिन जो कुछ हुआ, यदि उसे भूल जाया जाय और यदि ऐसी घटनाओं का खतरा भविष्य में भी बना रहता है तो सांप्रदायिक एकता बहुत कम हो जाएगी। आज प्रश्न आपकी सुरक्षा का है। जब ऐसी घटनाएँ होती हैं तो आप अपना व्यापार या सामान्य दिनचर्या सक्रियतापूर्वक नहीं चला सकते। उसके लिए सुरक्षा और आत्मविश्वास का एक वातावरण होना चाहिए।

आपको सदैव सजग और सतर्क रहना है। मैं चाहता हूँ कि आप आघात सहने के लिए सदैव तैयार रहें, बुजदिलों की तरह नहीं बल्कि एक बहादुर व्यक्ति की तरह, और यदि आवश्यक हो तो और अधिक त्याग करने के लिए भी तैयार रहें। आप लोगों में से वे लोग, जो इन घटनाओं के साक्षी रहे हैं अथवा वे लोग, जो जाँच में पुलिस की मदद कर सकते हैं, उन्हें निर्भीकता के साथ आगे आकर खुलेआम पुलिस की सहायता करनी चाहिए।...

□

30

शोलापुर में दो मुसलमानों की हत्या के लिए जिम्मेदार आर्यसमाजियों के खिलाफ कड़ी काररवाई के लिए सरदार पटेल ने राजेंद्र बाबू को लिखा

सरदार पटेल का संपूर्ण वाङ्मय
राजेंद्र प्रसाद के कागजात

पुरुषोत्तम मेंशन,
ओपेरा हाउस के सामने,
बंबई।
22 मई, 1939

(उद्धरण)

प्रिय राजेंद्र बाबू,

हैदराबाद आंदोलन के प्रारंभ होने के बाद से आर्यसमाजियों ने शोलापुर को अपना केंद्र बना लिया है और अपने सभी जत्थों को इसी केंद्र से भेजते रहे हैं। इस कारण बंबई की सरकार को काफी परेशानी उठानी पड़ी है। कल जब उनका जुलूस एक मसजिद के पास से गुजर रहा था तो कोई छोटा-मोटा झगड़ा हुआ। फिर तुरंत ही कुछ आर्यसमाजी लोग चाकुओं के साथ अपने कैंप से आए और दो मुसलमानों को मार डाला तथा अनेक लोगों को घायल किया। बारूद और आग को लगातार इतने नजदीक रखने की हम इजाजत नहीं दे सकते। बंबई की सरकार ने आज कठोर कदम उठाए हैं और शोलापुर से सभी आर्यसमाजियों को हटाने की आज्ञा दी गई है। इससे हम लोगों के लिए कुछ कठिनाई उत्पन्न हो सकती है, किंतु ऐसी सांप्रदायिक स्थितियों के प्रबंधन में हम कमजोर नहीं रह सकते।

भवदीय,
वल्लभभाई

बाबू राजेंद्र प्रसाद,
कैंप : राँची (बिहार)

□

31

वल्लभभाई ने हर प्रकार की कठिनाइयों का सामना करने के लिए कांग्रेस की तैयारी का भरोसा दिलाया*

सरदार पटेल का संपूर्ण वाङ्मय

सरदार पटेल के भाषणों से
3 सितंबर, 1940

(उद्धरण)

यह आश्चर्यजनक है कि संसार की कुल जनसंख्या के पाँचवें हिस्सेवाले एक देश को बिना उसकी सहमति के ही एक भंयकर युद्ध में सम्मिलित कर दिया गया है।

आप कहते हैं कि आपका उद्देश्य पवित्र है। यदि आप उच्च आदर्शों व उत्कृष्ट सिद्धांतों के लिए लड़ रहे हैं तो ऐसा कहिए। हम यह जानना चाहते हैं। किंतु हमें सीधा जवाब नहीं मिला है। जो कुछ उन्होंने कहा है, उससे यही अनुमान लगाया जा सकता है कि ब्रिटेन और जर्मनी दोनों ही यूरोप के पुनर्निर्माण के लिए लड़ रहे हैं। यह युद्ध यह दिखाने के लिए है कि किस प्रकार गोरे लोग यूरोप और अमेरिका को छोड़कर शेष संसार पर नियंत्रण रख सकते हैं। यही वह बदबू है, जो हमें उनकी घोषणाओं से मिलती है।

हम लोग आपसे लड़ रहे हैं। आप अब दूसरे देशों से लड़ रहे हैं। फिर आप हमारे संबंधों पर विराम लगा रहे हैं।

वे कहते हैं कि यहाँ अनेक धर्म, बहुत सी जातियाँ और समुदाय हैं। उनमें एकता नहीं है। वे शासन करने में अक्षम हैं। बारह महीनों से वे यही कहते आ रहे हैं और चूहे-बिल्ली का खेल खेलते रहे हैं।

कांग्रेस 35 करोड़ लोगों के लिए स्वाधीनता चाहती है। संपूर्ण भारत के लिए स्वतंत्रता। कांग्रेस इसलिए नहीं लड़ रही है कि कुछ कांग्रेसी कार्यकर्ताओं को पद मिल जाए। हमारा यह उद्देश्य नहीं है कि दो या तीन व्यक्तियों को 5,000 रुपए महीने की नौकरी मिल जाए।

यह घोषणा भारत की गरिमा और प्रतिष्ठा के लिए अपमानजनक है। यह कांग्रेस को दबाना चाहती है। ऐसे समय में कांग्रेस यह आशा करती है कि करोड़ों लोग हृदय से इसका समर्थन करेंगे। यह घोषणा संघर्ष के लिए कांग्रेस को एक निमंत्रण है। कांग्रेस यह सुनिश्चित करेगी कि देशभक्ति की भावना को सरकार नष्ट न करने पाए। जब ऐसे

* सूरत में 3 सितंबर, 1940 को दिया गया भाषण।

प्रयास किए जा रहे हैं तब कांग्रेस निष्क्रिय होकर नहीं बैठ सकती।

क्या हम लोगों को अब भी सहन करना है? दो सौ वर्षों तक शासित होने के बाद भी हम अपने पैरों पर खड़े नहीं हो पा रहे हैं। हम लोगों को जो भी घाव दिए जाएँगे, हम उसे सहन करेंगे, पर उसकी जिम्मेदारी आपकी होगी।

हम लोग अंग्रेजों के खिलाफ नहीं हैं। यह किसी विशेष समुदाय या व्यक्ति का प्रश्न नहीं है। यह प्रस्ताव साम्राज्यवाद का विरोध करता है। हम लोग साम्राज्यवाद से उस समय से लड़ रहे हैं जब नाजीवाद का जन्म नहीं हुआ था। जब दोनों लड़ रहे हैं तो हम लोगों को क्या करना है? क्या हम इन्हें लड़ते हुए देखते रहें? यदि दो बुराइयाँ आपस में लड़ रही हैं तो उन्हें लड़ने देना चाहिए। किंतु इनमें से एक बुराई हमारे घर में ही है।...

सन् 1930-32 में हम संघर्ष के लिए तैयार थे। उस संघर्ष में सरकार कम हिंसक थी। किंतु इस संघर्ष में किसी प्रकार की दयालुता की आशा न करें। अचानक हम लोगों पर एक संघर्ष थोप दिया जाएगा।...

□

32

वल्लभभाई महसूस करते हैं कि स्वतंत्र भारत युद्ध में ब्रिटेन का एक बेहतर साथी हो सकता है*

सरदार पटेल का संपूर्ण वाङ्मय

सरदार पटेल के भाषणों से
18 जुलाई, 1940

(उद्धरण)

गांधीजी कहते हैं कि पिछले बीस वर्षों से कांग्रेस अहिंसक तरीकों का इस्तेमाल कर रही है। यदि हम इस रास्ते को बंद कर दें तो हम लोग खतरे में पड़ सकते हैं। हमारी स्थिति भिन्न है। यदि हम उस सीमा तक जाते हैं तो अच्छा है। किंतु हम लोगों के पास आंतरिक अव्यवस्था और बाह्य आक्रमण से लड़ने की सामर्थ्य नहीं है। यदि हम शक्तिशाली बन सकें तो अच्छा होगा।...

हम अंग्रेजों से कहते हैं कि हम आपको पूर्ण सहयोग करने के लिए तैयार हैं।

---

* 18 जुलाई, 1940 को एल.डी. आटर्स कॉलेज में दिया गया भाषण।

यद्यपि हम अपने अहिंसा के प्रयोग में और आगे नहीं बढ़ सकेंगे, फिर भी हम युद्ध में आपकी तरफ रहेंगे। युवक लोग सैन्य प्रशिक्षण प्राप्त करने के लिए एक अवसर चाहते हैं। कांग्रेस की विधायी (लेजिस्लेटिव) पार्टी ने बारंबार यह प्रस्ताव पास किया है कि सेना का भारतीयकरण किया जाना चाहिए।...

सैद्धांतिक रूप से यह अच्छा है कि यदि हम सार्वलौकिक प्रेम में विश्वास करते हैं तो हमें ब्रिटेन को बिना शर्त सहायता करनी चाहिए। परंतु यदि मैं ऐसा करता हूँ तो मुझे संसार से संबंध-विच्छेद करना होगा। ऐसा प्रेम मैं अपने परिवार में भी प्रेरित नहीं कर सकता। इसके विपरीत, गांधीजी को छोड़कर किसी ने भी ऐसा व्यापक प्रेम विकसित नहीं किया है, इसीलिए सारा संसार उनके सामने नतमस्तक होता है।...

हम लोग आपके सभी पिछले दुष्कर्मों को भुला देने के लिए तैयार है। लेकिन मैं आपसे यह पूछता हूँ कि मरते समय भी क्या आप एक वसीयत लिखना और भविष्य के लिए व्यवस्था करना चाहेंगे ? हम सोचते हैं कि जब हमारा देश स्वतंत्र नहीं है तो हम किस प्रकार संसार की स्वतंत्रता के लिए प्रयास कर सकते हैं, जब हम स्वयं गुलाम हैं ! यदि हम सत्ता के हस्तांतरण के बारे में बिना किसी स्पष्टीकरण के ही उन्हें मदद करते हैं तो हमारी बेड़ियाँ और भी कस जाएँगी—हमारा पिछला अनुभव ऐसा ही है। इसलिए हम जो बात कर रहे हैं, वह सौदे के बारे में नहीं है, बल्कि एक स्पष्टीकरण के बारे में है।

□

33

वल्लभभाई अंग्रेजों और हिटलर दोनों को ही युद्ध* के लिए जिम्मेदार मानते हैं

सरदार पटेल का संपूर्ण वाङ्मय

सरदार पटेल के भाषणों से
8 सितंबर, 1940

(उद्धरण)

संसार विनाश की ओर बढ़ रहा है, क्योंकि ढेरों पाप एकत्रित हो गए हैं। यूरोप भी हमारी ही तरह भ्रातृ-घातक युद्ध का अनुभव कर रहा है। यद्यपि यह बहुत दूर है, किंतु यह हमारे निकट आ रहा है; क्योंकि हमारा देश एक पक्ष (पार्टी) है। हम नहीं

* वाधवान में 8 सितंबर, 1940 को एक जनसभा में दिया गया भाषण।

जानते कि कब वह यहाँ पहुँच जाएगा, किंतु सत्य यही है कि वह बड़ी तेजी से हमारी ओर बढ़ रहा है।...

जब युद्ध शुरू हुआ तो हमने ब्रिटिश साम्राज्य से पूछा, "आपने हमसे परामर्श किए बिना ही यह घोषित कर दिया कि युद्ध में भारत हमारा सहभागी है; किंतु अब आप हमें समझाएँ कि युद्ध का उद्‍देश्य क्या है, ताकि हम यह समझ सकें कि स्वार्थपरता क्या है और हम उसके अनुरूप कदम उठा सकें?"

हम लोगों को एक सीधा जवाब नहीं मिला। इसी बीच दोनों पार्टियों ने प्रचार-अभियान शुरू कर दिया। जर्मनी ने शिकायत की कि उसके साथ अन्याय किया गया है और इसलिए जर्मन लोग अपने साथ हुए अपकृत्य को नष्ट करने के लिए लड़ रहे हैं। यह जर्मन रेडियो का लहजा था।

किंतु ब्रिटिश साम्राज्य ने हम लोगों के प्रश्न का एक सीधा उत्तर नहीं दिया है। साम्राज्यवादियों ने मीठी-मीठी बातें कीं, बार-बार वार्त्तालाप किए गए। गांधीजी वाइसराय से बार-बार मिले, किंतु उन्हें कुछ भी ऐसा नहीं मिला, जो स्वीकार्य हो। हम लोगों ने काफी धैर्य रखा, क्योंकि हम लोग दुश्मन को उस समय तंग नहीं करना चाहते थे, जब वह कठिनाई में है।

किंतु अब हमारा धैर्य समाप्त हो चुका है। ऐसा लगता है कि ब्रिटिश साम्राज्य अपना असली स्वभाव दिखा रहा है। सरकार इस समय जो कर रही है, उससे ऐसा लगता है कि वह हमें विभाजित करना चाहती है। उन्हें करने दीजिए। किंतु हमारी राष्ट्रीयता, जिसकी जड़ें गहराई तक हैं, प्रभावित नहीं होगी। इस समय वे कांग्रेस को कुचलने के उद्‍देश्य से विरोधी शक्तियों को एक साथ जोड़ने में व्यस्त हैं।

हम लोगों ने माँग की कि केंद्र में राष्ट्रीय सरकार का गठन किया जाना चाहिए। 'स्टेट्समैन' जैसे एंग्लो-इंडियन अखबार ने कहा कि यदि ब्रिटिश साम्राज्य में थोड़ा भी राजनीतिक विवेक है तो वह कांग्रेस के प्रस्ताव को स्वीकार कर लेगी, क्योंकि कांग्रेस ने ऐसा प्रस्ताव पहले कभी नहीं दिया था और भविष्य में ऐसा प्रस्ताव कभी नहीं देगी। कांग्रेस जन अब कह सकते हैं कि 'अंग्रेजों की बस छूट गई है।'

आप हमारे कंधों पर पिछले डेढ़ सौ सालों से सवारी करते चले आ रहे हैं, अब उतर जाइए। वे कहते हैं कि यदि वे चले जाएँ तो हमारा क्या होगा? आप हमसे यह प्रश्न दो सौ वर्षों तक शासन करने के बाद पूछ रहे हैं! फिर आपने इतने वर्षों तक क्या किया? इससे मुझे एक झगड़े का प्रसंग याद आता है—एक मकान मालिक से चौकीदार पूछता है कि क्या होगा, जब वह चला जाएगा? 'मैं सुरक्षा करना सीख लूँगा।' लेकिन यह चौकीदार काम छोड़ता नहीं है और हम लोगों को बार-बार धमकाता रहता है।

जब तलवार उनकी गरदन पर लटक रही है, तब भी ब्रिटिश साम्राज्य कहता है कि हम अपना शासन नहीं सँभाल सकते, क्योंकि हममें आपस में एकता नहीं है और इसलिए

वे अपनी नैतिक जिम्मेदारी का त्याग नहीं कर सकते। परदे के पीछे इस नैतिक जिम्मेदारी की वास्तविकता खतरनाक है। अंग्रेज संबंधित दलों और निहित स्वार्थों को अभिव्यक्त नहीं करते। परदे के पीछे से ऐसा लगता है कि अत्यधिक कठिनाई में चल रही सत्ता जब इस प्रकार बोलती है तो वह कोई आकाशीय प्रेरणा का संकेत हो सकता है। हम लोगों के लिए यही उचित है कि परिणाम की प्रतीक्षा की जाए। हम लोगों को निराश नहीं होना है। हम लोगों को सतर्क रहना है। जब ये लोग कुछ भी स्वीकार करने से इनकार करते हैं तो वह हमारे लिए लाभकारी हो सकता है। वह ईश्वर की इच्छा हो सकती है।

इन परिस्थितियों में हमें क्या करना चाहिए? हम लोगों को सौहार्द से रहना चाहिए। हममें एकता रहनी चाहिए। ऐसा कठिन समय आ सकता है, जब हम एक-दूसरे से लड़ेंगे, जो कि भारत के लिए खतरनाक है। ब्रिटिश सरकार को हमें विभाजित करने का प्रयास करने दीजिए; किंतु हम लोगों को प्रतिशोध और शत्रुता को निकाल फेंकना है। रियासतों के मैदान युद्ध-स्थल नहीं हैं। युद्ध का मैदान भारत में है। आपको सिर्फ कांग्रेस के कार्यक्रमों को कार्यान्वित करना है।...

□

34

वल्लभभाई ने ब्रिटिश सरकार को युद्ध के अपने उद्देश्यों को स्पष्ट न करने के लिए फटकार लगाई*

सरदार पटेल का संपूर्ण वाङ्मय

सरदार पटेल के भाषणों से
9 सितंबर, 1940

(उद्धरण)

अधिवेशन के बाद कांग्रेस ने एक प्रस्ताव पास किया है, जिसमें यह स्पष्ट रूप से कहा गया है कि नाजीवाद और फासिस्टवाद लोकतंत्र के विनाशक हैं। लोकतंत्र इन 'वाद' (*isms*) को स्वीकार नहीं करता। कांग्रेस का विश्वास है कि ये 'वाद' संसार को क्षति पहुँचाने वाले हैं। कांग्रेस ने इसे युद्ध घोषित किए जाने के बाद नहीं, बल्कि इसके पूर्व ही घोषित कर दिया है।...

कांग्रेस ने कहा है कि यदि आप वास्तव में हमारी मदद करना चाहते हैं तो

---

* 9 सितंबर, 1940 को अहमदाबाद की एक जनसभा में दिया गया भाषण।

वाइसराय की परिषद् का गठन बंद कीजिए और इसकी जगह कांग्रेस, मुसलिम लीग, हिंदू महासभा और अन्य सभी पार्टियों के प्रतिनिधियों एवं कुछ अंग्रेजों को भी साथ लेकर एक राष्ट्रीय सरकार बनाइए और इस सरकार को जनता के प्रति जिम्मेदार रहने दीजिए। आपको सिर्फ इतना कहना है कि युद्ध जब समाप्त होगा, तब सभी प्रांतों के प्रतिनिधियों की संविधान-सभा के द्वारा निर्मित संविधान पर आप हस्ताक्षर कर देंगे। परंतु उन्होंने कोई प्रस्ताव स्वीकार नहीं किया और जो वह पहले कहते रहे हैं, वही दुहराते रहे। उनका प्रस्ताव सरकारी नौकरों को शामिल करके वाइसराय की परिषद् को विस्तृत करना है। वे चाहते हैं कि हम युद्ध में शामिल हों।...

उनकी आकांक्षा पवित्र नहीं है।...

अब वे हमसे पूछते हैं कि यदि वे हार गए और दुश्मन यहाँ आ गए तो हमारा क्या होगा? वे डर रहे हैं और इस प्रश्न का उत्तर देना मुश्किल है। यद्यपि वे दो सौ वर्षों तक यहाँ रहे हैं, फिर भी, हमें दुःख है कि वे हमसे यह प्रश्न पूछ रहे हैं। हम कहते हैं कि "आप चिंता न करें। दो सौ वर्षों तक यहाँ रहने के बाद भी यदि आपको यह प्रश्न हमसे पूछना पड़ रहा है तो यातायात के प्रथम उपलब्ध साधन से आप यहाँ से चले जाएँ। हम अपना मामला सुलझा लेंगे।... हमें जो होना है, उसे होने दीजिए; किंतु आप अपने हृदय से पूछिए कि जब आप दो सौ वर्षों बाद भारत खो देंगे तो आपका क्या होगा? आपकी वास्तविक पीड़ा यही है।"

□

35

युद्ध में अंग्रेजों को भारत का समर्थन देने हेतु सरदार पटेल ने पूर्ण स्वतंत्रता की माँग दुहराई

सरदार पटेल का संपूर्ण वाङ्मय

हिंदुस्तान टाइम्स,
16 सितंबर, 1940

(उद्धरण)

श्री राजगोपालाचारी ने जो प्रस्ताव आपके सामने अभी रखा है, वह एक छोटा प्रस्ताव है—संभवतः युद्ध प्रारंभ होने के बाद कमेटी द्वारा पास किया गया सबसे छोटा प्रस्ताव। इसमें न तो भारत के स्वाधीनता की माँग को स्वीकार किए जाने संबंधी ब्रिटिश सरकार की विफलताओं और न ही उसकी आलोचना का संदर्भ है।...

''...ब्रिटेन की वर्तमान स्थिति को देखते हुए उनकी परीक्षा की घड़ी में हम भारत के प्रति उनकी त्रुटियों की याद नहीं दिलाना चाहते हैं; परंतु इसके साथ ही हम अपनी माँगों से थोड़ा भी पीछे नहीं हट रहे हैं। हमने यह स्पष्ट कर दिया है कि यदि हमारी माँगें स्वीकार कर ली जाती हैं तो हमारा पूर्ण और हार्दिक सहयोग ग्रेट ब्रिटेन के साथ होगा। हमारी माँगों के स्वीकार किए जाने अथवा न किए जाने का प्रश्न उतना महत्त्वपूर्ण नहीं है, क्योंकि यह दोनों ही स्थितियों में हम लोगों के लिए सुविधाजनक है। यदि ब्रिटिश सरकार भारत की स्वतंत्रता की माँग को स्वीकार कर लेती है तो यह अच्छा होगा, क्योंकि यह उनके लिए लाभकारी होगा और हमारे हित में; परंतु यदि वे नहीं मानते हैं तो हम अपना रास्ता चुनने के लिए स्वतंत्र हैं और हम ऐसा करेंगे।''

सरदार ने आगे कहा, ''कुछ ऐसे लोग भी हैं, जो इस कदम से खतरा महसूस कर रहे हैं और यह समझते हैं कि इस प्रस्ताव को पास करके हम एक बहुत बड़ा जोखिम उठाएँगे। इसमें संदेह नहीं है कि इसमें कुछ जोखिम तो है ही, परंतु भारत जैसे विशाल देश की स्वतंत्रता के मसले को तब तक नहीं सुलझाया जा सकता है जब तक कि हम एक सीमा तक जोखिम उठाने को तैयार न हो जाएँ—और हम ऐसा करने के लिए तैयार हैं। जब हम पिछले सितंबर में वर्धा में मिले थे तो हमने सोचा था कि यह एक लंबी लड़ाई होगी और एक लंबे समय तक गत्यवरोध बना रहेगा; किंतु पिछले दो या तीन महीनों के दौरान तेजी से बदलती घटनाओं ने युद्ध के स्वरूप को बदल दिया है और अब हम लोगों को यह तथ्य भी समाहित करना है कि देश के संपूर्ण राष्ट्रवादी पत्र-संसार ने दिल्ली में किए गए निर्णय को स्वीकार किया है, जो यह सिद्ध करता है कि देश हमारे साथ है। मैं उन लोगों की स्थिति को समझ सकता हूँ, जो स्वाधीनता प्राप्त होने के पूर्व इस पर कोई विचार नहीं करना चाहते। परंतु उस स्थिति में हमें ब्रिटेन से कोई माँग भी नहीं करनी चाहिए। ऐसे लोग भी हैं, जो नैतिक समर्थन की बात करते हैं। आज जो स्थिति ब्रिटेन की है, उसमें नैतिक समर्थन का कोई महत्त्व नहीं है—ठीक उसी प्रकार जैसे हर अंग्रेज से महात्मा गांधी की अपील का अंग्रेजों की दृष्टि में कोई महत्त्व नहीं है। परंतु यथार्थत: ऐसी ही मन:स्थिति में ब्रिटेन हम लोगों के साथ एक समझौता करने की आवश्यकता महसूस कर सकता है। इसमें मोल-भाव का कोई प्रश्न नहीं है। हमारा सहयोग, यदि इसे पूर्ण और हार्दिक होना है, तो इसे स्वतंत्र भारत के लोगों से आना चाहिए। फिर हम ब्रिटेन को तब तक मदद नहीं कर सकते जब तक कि हम स्वतंत्र नहीं हैं; क्योंकि इस प्रकार दिए गए सभी सहयोगों से हमारी बेड़ियाँ हमें और जकड़ेंगी और हम मूर्ख नहीं हैं कि इसे होने देंगे।...''

□

36

सरदार पटेल महसूस करते हैं कि अंग्रेजों द्वारा किए जा रहे दमन के विरुद्ध सबसे शक्तिशाली हथियार लोगों की एकता है*

सरदार पटेल का संपूर्ण वाङ्मय

सरदार पटेल के भाषणों से
9 मार्च, 1942

(उद्धरण)

...युद्ध अब हमारे दरवाजे पर पहुँच गया है। इतनी विशाल जनसंख्या, संसार की कुल जनसंख्या का पाँचवाँ भाग; उनके शस्त्र उनसे ले लिये गए हैं। पिछले दो सौ वर्षों से हमें शस्त्र रखने का अधिकार नहीं है। इसलिए छोटी-मोटी घटनाओं के संबंध में भी हमें पुलिस स्टेशन जाने की आदत पड़ गई है। परंतु अब ये पुलिस स्टेशन वहाँ नहीं रहेंगे।

इसलिए सीखने की कोशिश कीजिए कि अपने आपको कैसे बचाएँ। जब तक आप मृत्यु का भय अपने मन से नहीं निकाल देते, तब तक आप बहादुर नहीं बन सकते। अब हमें एक जाति और दूसरी जाति, एक धर्म और दूसरे धर्म, एक समुदाय और दूसरे समुदाय आदि के मतभेदों को भूलकर एकजुट हो जाना है और भय का परित्याग करना है। अब वह समय नहीं है कि छाया में बैठकर काम किया जाए। गांधीजी के निर्देशों का पालन करें। गाँवों में एकता मजबूत करें।

□

* नडियाड में 9 मार्च, 1942 को दिया गया भाषण।

37

अहिंसा में सरदार पटेल ने अपने विश्वास की पुनः पुष्टि एक सीमित क्षेत्र में की, आंतरिक या बाह्य आक्रमण का सामना करने के लिए नहीं

सरदार पटेल का संपूर्ण वाङ्मय

हिंदुस्तान टाइम्स,
20 जुलाई, 1940

"किसी को यह कल्पना नहीं करनी चाहिए कि कांग्रेस कार्यकारिणी समिति में कोई फूट हुई है अथवा कांग्रेस कार्यकारिणी समिति महात्मा गांधी से अलग होने जा रही है। हमें किसी तरीके से अलग नहीं किया जा सकता।" सरदार पटेल ने घोषणा की।

उन्होंने आगे कहा, "हम लोगों ने लगभग पच्चीस वर्षों तक साथ-साथ काम किया है और यदि आज भी महात्मा गांधी हमसे कहें कि हम उनका अनुसरण करें तो हम लोग निर्विवाद रूप से उन पर विश्वास करेंगे और निस्संकोच उनकी सलाह स्वीकार करेंगे। परंतु उन्होंने हम लोगों से कहा है कि हम अपना साहसिक निर्णय एक व्यक्ति के रूप में नहीं, बल्कि एक ऐसे महान् राष्ट्रीय संगठन के प्रतिनिधि के रूप में लें, जिसका उद्देश्य और जिसकी महत्त्वाकांक्षा इस महान् देश की स्वाधीनता है। इसके साथ ही, कार्यकारिणी समिति सच्ची नहीं रह जाएगी, यदि इसने अपनी सीमाओं को नहीं पहचाना।"

सरदार पटेल ने कहा, "हमारा हृदय वास्तव में अहिंसा के महान् आदर्श का अनुकरण करने में लगा हुआ है, जिसका हम लोगों ने महात्मा गांधी के प्रेरक नेतृत्व में एक सीमित क्षेत्र में व्यवहार किया है। परंतु हम लोगों को यह अवश्य स्वीकार करना चाहिए कि अपने निर्वाचन क्षेत्र के प्रतिनिधि के रूप में बाह्य आक्रमणों या आंतरिक अव्यवस्थाओं का अहिंसा के साथ सामना करने की जिम्मेदारी निभा पाने में हम अक्षम हैं। कार्यकारिणी समिति का प्रस्ताव एक वास्तविक सहायता है, जिसे ब्रिटिश लोग समझ सकते हैं। यह भारत के साथ उनके संबंधों के प्रति सत्यनिष्ठा की परीक्षा है।"

"यदि ब्रिटिश सरकार इस देश का हार्दिक सहयोग पाना चाहती है तो उसे यहाँ के लोगों के लिए यह संभव बनाना चाहिए कि वे इस परिवर्तनशील संसार में अपने उचित स्थान को प्राप्त करने के लिए तैयार रहें और उन जिम्मेदारियों के लिए अपने

आपको अनुशासित कर सकें, जिनका उन्हें वहन करना होगा।"

□

38

युद्ध के बाद कांग्रेस सरकार के गठन के लिए सरदार पटेल आशावान् थे*

सरदार पटेल का संपूर्ण वाङ्मय

सरदार पटेल के भाषणों से,
26 जनवरी, 1942

(उद्धरण)

संपूर्ण संसार को युद्ध का उन्माद (हिस्टीरिया) ग्रसित करने वाला है, एक तरह से ग्रसित कर चुका है। आप यह नहीं सोचते हैं कि युद्ध से आपका कोई सरोकार नहीं है। यह उस लकड़ी के टुकड़े के समान है, जो जलती हुई आग के आखिरी किनारे पर है और सोचती है कि वह नहीं जलेगी, किंतु वह आग में जल जाती है।

जैसे-जैसे आग नजदीक आती जा रही है, सरकार अधिकाधिक भयभीत होती जा रही है और असामाजिक तत्त्व अधिकाधिक सक्रिय होते जा रहे हैं। सरकारी तंत्र दिन-प्रतिदिन ढीला होता जा रहा है। सरकार के पास इस स्थिति पर नियंत्रण करने के लिए पर्याप्त शक्ति व संसाधन नहीं हैं और यह ढीला-ढाला तंत्र एवं टूटती हुई सरकार कांग्रेस की गोद में गिरने वाली है। आपको यह समझना है।

युद्ध ऐसा है कि यह समस्त संसार का विनाश कर सकता है। मैं नहीं जानता कि यह अंतिम लड़ाई है अथवा हम लोगों को फिर लड़ना पड़ेगा! गांधीजी कहते हैं कि जब संसार बुद्धिमान हो जाएगा तब लड़ाइयाँ बंद हो जाएँगी।...

हमारे पूर्वज घर बैठे रहकर सूत काता करते थे।

स्वराज्य का अर्थ है कि गाँव आत्मनिर्भर बन जाएँ और अपनी सुरक्षा के लिए उन्हें बाहरी मदद पर निर्भर न रहना पड़े। चरखा एक रचनात्मक कार्यक्रम का केंद्र है। ऐसी स्थिति नहीं होनी चाहिए कि जहाँ टनों कपास पैदा किया जाता हो, वहाँ कपड़े की कमी हो। इसलिए हर गाँव में पर्याप्त कपास होना चाहिए।

---

* बारदोली स्वराज आश्रम में स्वतंत्रता दिवस पर 26 जनवरी, 1942 को दिया गया भाषण।

आलसी और आमोद-प्रमोद ढूँढ़नेवाले लोग स्वराज्य के सत्पात्र नहीं हैं। जो सिर्फ अपने लिए पर्याप्त पाने पर संतुष्ट नहीं है, बल्कि यह प्रयास करता है कि गाँव में कोई भी भूखा न रहे, वही स्वराज्य ला सकता है।

कांग्रेस एक अद्वितीय संगठन है। करोड़ों लोग इसके पीछे हैं और इसकी आवाज सुनते हैं। हम लोगों को ऐसी किसी भी शक्ति से लड़ना है, जो हम पर शासन करने का प्रयास करती है। कांग्रेस किसी भी आक्रमणकारी से लड़ेगी। हम नहीं चाहते कि एक बुराई के स्थान पर दूसरी बुराई लाई जाए। हम लुटेरों के बीच चयन नहीं कर सकते।

□

39

सरदार पटेल ने गांधीजी के द्वारा अंग्रेजों को भारत छोड़ने के लिए कहे जाने पर लक्ष्यों एवं उद्देश्यों की व्याख्या की*

सरदार पटेल का संपूर्ण वाङ्मय

सरदार पटेल के भाषणों से
26 जुलाई, 1942

(उद्धरण)

जब युद्ध शुरू हुआ तो कांग्रेस कार्यकारिणी समिति ने एक प्रस्ताव पास किया, यद्यपि भारत को कांग्रेस की सहमति के बिना ही युद्ध में खींच लिया गया था। हम सरकार के पिछले कारनामों को भुला देने के लिए तैयार हैं, यदि युद्ध के उद्देश्यों को हमें स्पष्ट रूप से बताया जाए। कांग्रेस युद्ध में सहयोग करने की बात सोच सकती है। हम लोगों ने यह माँग कई बार की है। इस विषय पर संसद् में भी विचार-विमर्श किया गया था, किंतु परिणाम शून्य ही रहा।

इसके बाद पूना में अखिल भारतीय कांग्रेस कमेटी का अधिवेशन आयोजित किया गया। कांग्रेस पर आरोप लगाया गया कि वह अहिंसा में विश्वास करती है और महात्मा गांधी का नेतृत्व स्वीकार करती है, इसलिए कांग्रेस के सहयोग का कोई मूल्य

---

* 26 जुलाई, 1942 को अहमदाबाद स्थानीय परिषद् द्वारा आयोजित एक जनसभा में दिया गया भाषण, जिसमें लगभग एक लाख लोग उपस्थित थे।

नहीं है। कांग्रेस, और विशेष रूप से महात्मा गांधी, यह विश्वास करते थे कि हम लोगों को यह देखना चाहिए कि कौन सा पक्ष अधिक नैतिक है और उसी पक्ष को हमारा नैतिक सहयोग दिया जाना चाहिए। परंतु सरकार नैतिक सहयोग नहीं चाहती थी। वह सैनिक साज-सामानों तथा सेना में भरती का सहयोग चाहती थी। इसलिए पूना की अखिल भारतीय कांग्रेस कमेटी की मीटिंग में गांधीजी से असहमत होने का निर्णय लिया गया। परंतु यह निर्णय इस शर्त पर था कि असहमत होना स्वीकार किए जाने पर यदि सरकार सेना को सुदृढ़ बनाने के लिए तैयार हो, तब गांधीजी का साथ भी छोड़ा जा सकता था। हम लोगों से कह सकते हैं; किंतु यह तभी संभव हो सकता है जब लोग यह महसूस करें कि यह उनका देश है, ताकि हम लोगों के सामने अपनी जुबान खोलने में समर्थ हो सकें। हमारा तात्पर्य यह है कि सरकार तुरंत एक राष्ट्रीय मंत्रिमंडल का गठन करे। परंतु हम लोगों को कोई जवाब नहीं मिला। इसलिए कांग्रेस ने यह निर्णय लिया कि यदि सरकार चुप्पी बनाए रखती है तो यह प्रस्ताव स्वत: समाप्त हो जाएगा।

इस प्रकार जब कांग्रेस की उपेक्षा की गई तो हम लोगों ने यह महसूस किया कि ब्रिटिश साम्राज्य हमारी बिलकुल परवाह नहीं करता। इसलिए हम लोगों ने अपना नैतिक प्रतिरोध व्यक्त करने का दृढ़ निश्चय किया और गांधीजी को एक संघर्ष प्रारंभ करने के लिए पूरा अधिकार दिया। इसका नैतिक प्रभाव संपूर्ण विश्व पर पड़ा। इसके बाद ब्रिटिश साम्राज्य ने सिंगापुर, मलाया और बर्मा का अपना बड़ा क्षेत्र खो दिया। सीलोन पर आक्रमण किया गया और भारत पर आक्रमण का भी खतरा था। इसलिए यह देखने के लिए कि सरकार अपने होश में आती है या नहीं, हमने अपना नैतिक संघर्ष स्थगित करने का निर्णय लिया।

इसके बाद ब्रिटिश साम्राज्य ने अपने प्रतिनिधि सर स्टैफोर्ड क्रिप्स को भारत भेजा। वह अनेक कांग्रेस जनों के मित्र थे। इसलिए उन लोगों ने और दूसरे अनेक लोगों ने यह महसूस किया कि चूँकि क्रिप्स प्रगतिशील विचारों के व्यक्ति थे, इसलिए उन्हें यहाँ भेजने में सरकार की मंशा पवित्र होनी चाहिए और सरकार कोई समझौता चाहती है। इसलिए हम लोगों ने उनके द्वारा लाए गए प्रस्ताव पर विचार करने का निर्णय लिया और मौलाना आजाद को उनसे समझौता-वार्त्ता करने तथा क्रिप्स से हुई बातचीत का विवरण कार्यकारिणी समिति के समक्ष प्रस्तुत करने के लिए अधिकृत किया। परंतु क्रिप्स ने महसूस किया कि उन्हें कांग्रेस के नेताओं से बातचीत करने से पहले गांधीजी से बात करनी चाहिए, क्योंकि गांधीजी कांग्रेस के प्रेरणास्रोत हैं। इसलिए गांधीजी को तार भेजकर बुलाया गया। गांधीजी ने सूचित किया कि वह उपयुक्त व्यक्ति नहीं हैं, क्योंकि वह किसी भी प्रकार के हिंसक युद्ध के विरोधी हैं और उन्होंने अपने आपको कांग्रेस से अलग कर लिया है; फिर भी यदि क्रिप्स चाहते हैं तो वह उनसे मिलने जाएँगे।

इस प्रकार गांधीजी दिल्ली गए। वहाँ उन्होंने जो कुछ देखा, वह घिनौना था तथा अंग्रेजों एवं सरकार के प्रति उनकी कोमल भावनाएँ वाष्पित हो गईं। उन्होंने स्टैफोर्ड क्रिप्स से स्पष्ट कह दिया कि यदि ऐमरी जैसा विचारहीन व्यक्ति यह प्रस्ताव लाया होता तो उन्हें आश्चर्य नहीं होता, परंतु वह तो भारत और रूस के मित्र समझे जाते हैं और प्रगतिशील विचारों के व्यक्ति हैं। इसलिए वह क्यों ऐसा प्रस्ताव लाए? वह भारत पर इस प्रकार का नीतिभंजक आघात करने क्यों आए?

गांधीजी हट गए, किंतु क्रिप्स के प्रस्तावों की स्वतंत्र रूप से जाँच करने तथा स्पष्ट रूप से यह जानने के लिए कि वे क्या हैं, कांग्रेस ने पूरे पंद्रह दिनों तक बातचीत की और विचार-विमर्श किया। प्रारंभ में क्रिप्स ने बड़े प्रेमपूर्वक बातें कीं। उन्होंने यह भी कहा कि वाइसराय इंग्लैंड के संवैधानिक सम्राट् की तरह शासन करेंगे। कांग्रेस ने उनसे यह कहा कि भारत के विभाजन और देशी रियासतों के मिलाए जाने के प्रस्तावों को वे अभी स्थगित रखें तथा यह जानना चाहा कि तत्काल वह क्या करना चाहते हैं! क्योंकि भविष्य की बात क्यों की जाए? ब्रिटिश सरकार भारत को स्वाधीनता कब देना चाहती है? क्योंकि भविष्य में ऐसा हो सकता है कि उनके हाथों में देने के लिए कुछ भी न हो। इसलिए उसकी बात तब होगी, जब समय आएगा। कांग्रेस यह जानना चाहती थी कि इस समय कुछ देने का उनके पास ऐसा कोई प्रस्ताव है, जिसके आधार पर युद्ध में सहायता करने के लिए लोगों को प्रेरित किया जा सके। उन सभी दिनों उन्होंने प्रेमपूर्वक बातें कीं और अंतिम दिन उन्होंने मौलाना आजाद को एक पत्र लिखा कि चूँकि कांग्रेस ने एक राष्ट्रीय सरकार की माँग की है, इसलिए वार्त्ता के दौरान पहले लिये गए अपने आधार को उन्होंने उलट दिया है, किंतु वास्तविकता यह थी कि स्वयं क्रिप्स ही पलट गए थे और उन्होंने कांग्रेस के विरुद्ध झूठे आरोप लगाए थे।

इसलिए गांधीजी विक्षुब्ध थे। इसके बाद अखिल भारतीय कांग्रेस कमेटी का अधिवेशन इलाहाबाद में हुआ।''' जब कार्यकारिणी समिति की बैठक इलाहाबाद में हुई तो गांधीजी ने अपनी राय अभिव्यक्त की और कहा कि ब्रिटिश साम्राज्य का आशय दोहरी प्रकृति का प्रतीत होता है, इसलिए यह हमारा कर्तव्य है कि हम अपने शासकों से कह दें कि वे अपने और हमारे भले के लिए भारत छोड़कर चले जाएँ; परंतु यह एक नई बात थी।

मैंने आपसे कहा है कि कार्यकारिणी समिति ने एक प्रस्ताव पास किया है। हम लोग गांधीजी और अहिंसा को किनारे रखकर आपकी मदद करना चाहते हैं। परंतु ज्यों ही क्रिप्स ब्रिटिश सरकार का प्रस्ताव लाए, गांधीजी ने हम लोगों से कह दिया था कि सरकार से समझौते की सभी आशाएँ छोड़ देनी चाहिए। उनके द्वारा अंग्रेजों से भारत छोड़ने के लिए कहे जाने का पूरा आशय समझिए। प्रत्येक व्यक्ति यह जानता है कि एक आक्रमण होने वाला है। इस देश के 99 नहीं, बल्कि 99.75 प्रतिशत लोग कहते हैं

कि इस राक्षस को जाने दीजिए, यदि कोई दूसरा दानव आ जाता है तो हमें उससे आपत्ति नहीं है। अंग्रेजों के खिलाफ इतना अधिक विष लोगों के मन में भरा हुआ है। जब लोग जर्मनी या जापान की जीत के बारे में सुनते हैं तो वे प्रसन्न होते हैं। किसी ने भी अंग्रेजों की जीत के बारे में नहीं सुना है।...

रूस लड़ रहा है। हम उसके साहस की प्रशंसा करते हैं। वह लड़ रहा है, क्योंकि लोग जानते हैं कि वे अपने देश की स्वाधीनता के लिए लड़ रहे हैं। परंतु हम किसके लिए लड़ें? हम स्वतंत्र नहीं हैं। इसलिए गांधीजी अंग्रेजों से कहते हैं कि वे भारत छोड़ दें।

वे एक शर्त पर रह सकते हैं। उनकी सेना यहाँ रह सकती है, किंतु हमारी स्वाधीनता अक्षुण्ण रहनी चाहिए। वे हम लोगों के साथ एक समझौते पर दस्तखत करके यहाँ रह सकते हैं। यह समझौता उसी प्रकार का होना चाहिए, जैसा उन्होंने अमेरिका और चीन के साथ किया है। वे यहाँ उसी प्रकार प्रेमपूर्ण संबंध बनाकर रह सकते हैं, जैसा उन्होंने रूस के साथ किया है। वे यहाँ पूर्व शासकों के रूप में नहीं रह सकते।

यदि हम पर आक्रमण किया जाता है तो भारत की क्या स्थिति होगी? वे कहते हैं कि भारत का बचाव करने की जिम्मेदारी उनकी पवित्र बाध्यता है; परंतु हम इस पर विश्वास नहीं कर सकते। उनकी ऐसी ही जिम्मेदारी बर्मा का बचाव करने की थी। उन्होंने केवल एक वाक्य कहा कि अंतिम विजय उनकी ही होनी है। किंतु हम लोग आशंकित हैं कि वह अंतिम लड़ाई कब लड़ी जाएगी?

अमेरिका भी ऊँचे स्वर में कहता है कि यदि भारत स्वतंत्र नहीं होता है तो युद्ध नहीं जीता जा सकेगा। अंग्रेज इस जमीन को युद्धभूमि में बदलना चाहते हैं, ताकि वे पूर्वी गोलार्द्ध में अपना साम्राज्य बनाए रख सकें। हमारी जमीन को तभी युद्धभूमि में बदला जा सकता है जब हमारा देश स्वाधीन हो जाए, और तभी हम दूसरे देशों को उनकी स्वतंत्रता दिलाने में सहायता करने योग्य हो सकते हैं। लेकिन अटलांटिक चार्टर पर हस्ताक्षर करने के बाद जब चर्चिल अमेरिका से लौट रहे थे तो उन्होंने भारत के बारे में कुछ कहा। तब हम लोग उनके अनिष्टकर इरादों के बारे में जान सके।

कार्यकारिणी समिति की वर्धा में हुई बैठक में यह निर्णय लिया गया कि यदि हम लोगों को इस आक्रमण को रोकना है तो वह हम तभी कर सकते हैं जब हम स्वाधीन हों। जापान रेडियो दिन-रात ऊँचे स्वर में कहता है कि वे हमारी जमीन का एक इंच भी नहीं चाहते हैं और इसलिए लड़ रहे हैं कि वे विदेशी शासकों को भगा सकें। हमारे कुछ लोग उनके साथ जुड़ गए हैं। वे कहते हैं कि यह देशभक्ति का विषय है। सुभाष बाबू भी वहाँ हैं, परंतु हम लोगों को जापानियों के प्रचार से प्रेरित होकर अपने रास्ते से नहीं भटकना है। हम लोगों को यह भी विश्वास नहीं करना

चाहिए कि मास्को आकर हमें स्वतंत्र कराएगा।

इसलिए कांग्रेस ने यह निर्णय लिया है कि उसे किसी की सहायता की आवश्यकता नहीं है और अंग्रेजों से कहा है कि वे चुपचाप भारत छोड़कर चले जाएँ। परंतु वे शांतिपूर्वक भारत नहीं छोड़ रहे हैं। जब से प्रस्ताव पास किया गया है, उनके अखबारों ने शोर मचाना शुरू कर दिया है और वे हम लोगों पर गालियों की बरसात कर रहे हैं। वे कहते हैं कि वे देश की रक्षा करना चाहते हैं; परंतु किस देश की? यदि वे बचाव करना चाहते हैं तो दुश्मनों के लिए दरवाजे किसने खोले? चूँकि वे बर्मा को सुरक्षित नहीं रख सके, इसलिए भारत पर आक्रमण आसान हो गया है।

वे लोग जो हमारी स्वाधीनता के दुश्मन हैं, यहाँ हैं और वे ही वास्तव में देशद्रोही हैं। अमेरिकी पत्रकार धमकियाँ दे रहे हैं और लेबर पार्टी की ओर से लिखनेवाला अखबार 'डेली हेराल्ड' यह सलाह देता है कि यदि हम कुछ करते हैं तो वे हमारी मदद नहीं करेंगे। लेकिन मैं पूछता हूँ कि उन्होंने कब मदद की है और किस प्रकार की सहायता वे दे सकते हैं? सन् 1930 में लेबर पार्टी ने गांधीजी को जेल भेजा और 'राउंड टेबल कॉन्फ्रेंस' किया।

रैमसे मैक्डोनाल्ड, जिन्होंने सांप्रदायिक भेदभाववाले पुरस्कार दिए, जिसके कारण सांप्रदायिक तनाव को प्रोत्साहन मिला, लेबर पार्टी के एक नेता थे। यही कारण है कि हम अंग्रेजों से कह रहे हैं कि वे भारत छोड़ दें।

फिर भी, यदि वे हमारी सहायता चाहते हैं तो उन्हें होश में आना होगा। 40 करोड़ भारतीय यह जानते हैं कि 9 करोड़ जापानियों से कैसे लड़ा जाए! और वे यह भी जानते हैं कि कैसे शहीद हुआ जाता है! किंतु आज हर तरफ से हमारा दम घुट रहा है और हम भूल गए हैं कि मौत को कैसे गले लगाया जाता है। लेकिन एक बार खुली हवा हमें मिल जाए तो यदि और कुछ नहीं तो कम-से-कम हम यह महसूस कर लेंगे कि देश पर कैसे न्योछावर हुआ जाता है।

गांधीजी ने पहले ही लिखा है; वह कहते हैं—"अपने हित में और भारत के हित में भारत को छोड़ो। यह मैं आपके मित्र के रूप में कहता हूँ।" चाहे वे जाएँ या नहीं, हमें अपना बचाव करना है।

गांधीजी ने कहा है कि न तो वे जेल में रहेंगे और न ही किसी को जेल में रहने देंगे। यह युद्ध ज्यादा दिनों तक नहीं चलने वाला है। हम लोग शीघ्र इलाज चाहते हैं। जापानियों के भारत पर आक्रमण करने से पहले ही हम स्वतंत्र हो जाना चाहते हैं। शासक भाग सकते हैं, परंतु हम लोग भागकर कहाँ जाएँगे? बर्मा के लोग भागकर यहाँ आ गए। उनमें से कितने भारतीय मारे गए? उनका प्रतिरक्षा तंत्र कहाँ है? बर्मा के कितने लोगों ने आपसे वापस जाने के लिए पूछा? वे भारत छोड़ना नहीं चाहते हैं और वे भारतीयों को बर्मा ले जाकर लड़ना चाहते हैं। हम देखते हैं कि भारतीय आपके प्रति

कितने निष्ठावान् हैं। गांधीजी भी उनकी मनोवृत्ति जानते हैं। यह गुलामी की मनोवृत्ति है। स्वतंत्र देश के लोगों के मन में एक चीज होती है और वह यह है कि विदेशियों को बाहर निकालना है तथा उन दूसरे लोगों को, जो अंदर घुसने का प्रयास करते हैं, उन्हें आने नहीं देना है। इसलिए गांधीजी हमें शीघ्र लड़ने का रास्ता दिखलाएँगे। गांधीजी के पास संघर्ष की योजनाएँ हैं और वे अपनी इन योजनाओं को बताने जा रहे हैं। उस समय आपकी परीक्षा होगी। यदि लोग घरों में छुपे रहते हैं तो हम न सिर्फ अपना सम्मान खोएँगे, बल्कि अपनी स्वाधीनता भी खो देंगे।

जब पचहत्तर वर्ष की आयु में गांधीजी आत्म-बलिदान के लिए तैयार हैं तो हम लोग किस प्रकार शांति से बैठकर गप कर सकते हैं? गांधीजी यहाँ बीस वर्षों तक रहे हैं। उन्होंने हमें स्वतंत्रता का गीत सिखाया है और आपने यह नारा उद्घोषित किया है—"गांधीजी विजयी हों।" आपको ऐसा सुनहरा अवसर कब मिलेगा? पिछले दो सौ वर्षों में इस देश में और कौन ऐसा पैदा हुआ है, जिसने हमें स्वधीनता के लिए मरना सिखाया है? आज जब हमारे बीच गांधीजी हैं तो हमें यह सुनहरा अवसर नहीं खोना है। अनेक प्रकार की विपत्तियाँ हो सकती हैं, किंतु मक्खियों की तरह मरने से एक शहीद की तरह मरना अच्छा है।

लोग हम लोगों से पूछते हैं कि कैसे लड़ें। प्रत्येक स्त्री और पुरुष को ऐसा व्यवहार करना चाहिए मानो वह एक स्वतंत्र देश का नागरिक है। उसे यह जानना चाहिए कि इसके लिए साहस की आवश्यकता है। इसमें जोखिम है, किंतु बाह्य आक्रमण का खतरा इससे काफी बड़ा है। यह युद्ध का समय है। यदि हम युद्ध के समय अलग बैठे रहते हैं तो वे लोग जो लड़ रहे हैं, इस संसार को आपस में बाँट लेंगे। आज भारत युद्ध की लहर को बदल सकता है। भारत की स्वाधीनता के अलावा युद्ध का कोई अंत नहीं है।

गांधीजी द्वारा प्रारंभ किए गए संघर्ष में प्रत्येक व्यक्ति को अपनी शक्ति भर सहयोग करना है। यदि आप नहीं करते हैं तो अगली पीढ़ियाँ आप पर दोषारोपण करेंगी। वे लोग, जिन्हें वाइसराय की कार्यकारिणी परिषद् में नियुक्त किया गया है, जानते हैं कि वे कांग्रेस के त्याग के कारण ही वहाँ पहुँचे हैं। भारतीय सैनिकों की बहादुरी की प्रशंसा की जा रही है, परंतु वे यह क्यों नहीं सोचते कि गुलामी में सड़ रहे सैनिक जब इतनी बहादुरी से लड़ सकते हैं तो स्वतंत्र भारत के सैनिक और बहादुरी से लड़ेंगे।

ऐसा अवसर फिर नहीं आएगा। अपने मन में भय मत रखिए। इस सुनहरे अवसर से मत चूकिए। शासकों को यह मत कहने दीजिए कि गांधीजी अकेले थे। उन्होंने चौहत्तर वर्ष की उम्र में यह संघर्ष प्रारंभ किया है और अपने कंधों पर इसका भार उठाया है। इसलिए हम आपका सहयोग माँग सकते हैं। समय आ सकता है या नहीं भी आ

सकता है, परंतु आपको अधिकतम त्याग के लिए तैयार रहना है। कार्यक्रम मत माँगिए। रोलेट ऐक्ट के विरोध में प्रारंभ हुए आंदोलनों के सभी कार्यक्रमों से लेकर व्यक्तिगत सत्याग्रह तक, जिन्हें प्रारंभ किया जाना है, उन सभी को इस संघर्ष में कार्यान्वित करना है। कोई टैक्स नहीं, अभियान या सविनय अवज्ञा अथवा कोई दूसरी लड़ाई, जिसे सरकारी तंत्र को तोड़ने के लिए प्रत्यक्ष या अप्रत्यक्ष रूप से प्रारंभ किया गया था, उसे कांग्रेस द्वारा पुनः प्रारंभ किया जाएगा। रेलवे कर्मचारी गाड़ियों को चलाना बंद कर देंगे, पोस्टल कर्मचारी अपने काम छोड़ देंगे, तार कार्यालयों को काम नहीं करने दिया जाएगा, सरकारी कर्मचारी अपनी नौकरियाँ छोड़ देंगे, स्कूलों और कॉलेजों को बंद कर दिया जाएगा और संपूर्ण सरकारी तंत्र को काम नहीं करने दिया जाएगा। आप सभी को इन सब कार्यों में सहयोग करना होगा। यदि आप सभी इस संघर्ष में सक्रिय रूप से भाग लें तो यह संघर्ष चार दिनों में समाप्त हो जाएगा और अंग्रेजों को भारत छोड़ना पड़ेगा। यदि सरकार सभी कार्यकर्ताओं को भी गिरफ्तार कर लेती है तो भी, चूँकि सभी भारतीय कांग्रेस जन हैं, इसलिए यह संघर्ष चलता रहेगा। लड़ने के लिए जब बुलाया जाए, तब प्रत्येक व्यक्ति को तैयार रहना होगा। तभी स्वाधीनता हमारे दरवाजे पर दस्तक देगी। □

40

अंग्रेजों को जाना चाहिए और यदि आवश्यक हो तो सत्ता मुसलिम लीग को हस्तांतरित की जाए : वल्लभभाई*

सरदार पटेल का संपूर्ण वाङ्मय

26 जुलाई, 1942

26 जुलाई, 1942 को अहमदाबाद में गुजरात कांग्रेस की बैठक की अध्यक्षता करते हुए वल्लभभाई पटेल ने कार्यकर्ताओं से कहा कि उन्हें किसी कार्यक्रम के लिए प्रतीक्षा नहीं करनी चाहिए, क्योंकि स्ट्राइक टैक्स न देने के अभियान सहित सन् 1919 से 1942 तक प्रयोग की गई सभी प्रकार की तरकीबों को इस संघर्ष में कार्यान्वित किया जाएगा। यह संघर्ष केवल कांग्रेस जनों तक ही सीमित नहीं रहेगा, बल्कि इसमें किसान, छात्र और गैर-कांग्रेसी संगठन भी शामिल हो सकते हैं। पूरी तरह बरबाद होकर मरने

* भारत छोड़ो आंदोलन—ब्रिटिश सीक्रेट रिपोर्ट, पी.एन. चोपड़ा, पृ. 247-48।

की अपेक्षा स्वतंत्रता की लड़ाई लड़ते हुए मरना बेहतर है। 'भारत छोड़ो' नारे का उल्लेख करते हुए उन्होंने कहा कि यह प्रभावी होगा, यदि 40 करोड़ भारतीय 1 लाख अंग्रेजों से कहें कि वे भारत छोड़ें। उन्होंने आगे कहा कि कांग्रेस सत्ता की माँग अपने लिए नहीं कर रही है और वह संतुष्ट रहेंगे, यदि इसे मुसलिम लीग को हस्तांतरित कर दिया जाए। उन्होंने अपने विचार व्यक्त करते हुए कहा कि स्थानीय स्वायत्त शासन के कर्मचारियों एवं पुलिस सहित सरकारी कर्मचारियों से अपने कार्यों को छोड़कर इस आंदोलन में शामिल होने के लिए कहा जाएगा, क्योंकि यह भारत की स्वाधीनता के लिए एक बहुत बड़ा अभियान है।

□

41

भारत छोड़ो आंदोलन के कार्यक्रमों और कार्य-प्रणाली पर सरदार पटेल के विचार*

सरदार पटेल का संपूर्ण वाङ्मय

सरदार पटेल के भाषणों से

28 जुलाई, 1942

(उद्धरण)

पत्रकारों के प्रश्नों का उत्तर देते हुए सरदार ने स्पष्ट किया—

प्र. : आगामी संघर्ष किस प्रकार का होगा?

उ. : पिछले सभी संघर्षों के सीमित उद्देश्य थे; परंतु वह संघर्ष, जो जल्दी ही प्रारंभ होगा, उसका कोई भी उद्देश्य सीमित नहीं होगा। इस बार लोगों के मन में जो दुर्भावना और विष है वह अभूतपूर्व है। हमारी भूमि की वर्तमान स्थिति युद्ध के कारण उत्पन्न की गई है। लोगों की कठिनाइयों और यातनाओं को देखते हुए यह विश्वास होता है कि लोग इस संघर्ष में पूरे जोश के साथ शामिल होंगे।

प्र. : मान लीजिए कि सभी नेताओं को एक साथ गिरफ्तार कर लिया जाता है, तब क्या होगा?

---

* 28 जुलाई, 1942 को अहमदाबाद में पत्रकारों को दिए गए जवाब।

उ. : जब नेताओं को गिरफ्तार कर लिया जाएगा, तब लोगों के बीच से नए नेता प्रकट होंगे। समय और परिस्थिति नए नेताओं को उत्पन्न करती है। वे नेतागण, जो युद्ध के पहले ब्रिटेन पर शासन कर रहे थे, उन्हें युद्ध शुरू होते ही गिरा दिया गया और नए नेता उठ खड़े हुए। किसी भी देश में स्वाधीनता का संघर्ष नेताओं की कमी के कारण कभी भी नहीं रुका है। भारत में भी संघर्ष जारी रहेगा।

प्र. : वे लोग जो दंगाइयों का विरोध नहीं कर सके, क्या वे सरकार के अत्याचार का प्रतिरोध कर सकेंगे?

उ. : एक दंगे और स्वाधीनता के संघर्ष में अंतर है। अगर दंगों में लोग निराश हुए हैं तो इसमें पूरा देश सक्रिय नहीं होगा, यह सोचने का कोई कारण नहीं है।...

प्र. : निकटवर्ती संघर्ष में क्या पूरे देश में हड़ताल होने की संभावना है?

उ. : आसन्न संघर्ष में देशव्यापी हड़ताल की पूरी संभावना है और हड़ताल होनी चाहिए। सन् 1919 के संघर्ष और उसके बाद के सारे कार्यक्रमों को इस संघर्ष में शामिल किया गया है। यह तभी बंद होगा, जब अंग्रेज भारत से चले जाएँगे।

प्र. : महात्माजी ने अंग्रेजों से भारत छोड़ने के लिए कहा है, क्या यह व्यावहारिक है?

उ. : यह व्यावहारिक है। किसी भी देश में विदेशी स्थायी रूप से नहीं रह सकते। इसलिए गांधीजी का उन्हें भारत छोड़ने के लिए कहना पूर्णतः व्यावहारिक है। जब हम लोगों के पास किसी प्रकार की स्वतंत्रता नहीं है, जब भारत खतरे में है, तब भारत अपना बचाव करने की शक्ति तभी पा सकता है जब अंग्रेज यह देश छोड़कर चले जाएँगे।

प्र. : क्या अंग्रेज हमारे कहने मात्र से कि 'भारत छोड़ो', वे देश छोड़कर चले जाएँगे?

उ. : कांग्रेस में ऐसा कोई बेवकूफ नहीं है, जो यह विश्वास करता हो कि ऐसा करने के लिए कहने मात्र से अंग्रेज देश छोड़कर चले जाएँगे। इसीलिए हम लोग एक बड़ा संघर्ष प्रारंभ करने जा रहे हैं। यदि लोग पूरी तरह से इस संघर्ष में सहयोग करते हैं, तभी यह जाना जा सकेगा कि अंग्रेज जाते हैं या नहीं।

प्र. : युद्ध के बाद वे भारत को पूर्ण स्वराज्य देने की बात करते हैं, इसलिए क्या यह उचित नहीं है कि प्रतीक्षा की जाय?

उ. : युद्ध प्रारंभ होने के बाद अंतिम प्रस्ताव क्रिप्स का प्रस्ताव था। अब तक एक भी ऐसा प्रस्ताव नहीं है, जो बेईमानी से भरा हुआ और कपटपूर्ण न हो। उस योजना में युद्ध के बाद भी यहाँ स्थायी रूप से रहने का कपट प्रबंध है। वह प्रस्ताव ही कांग्रेस के इस निर्णय के लिए जिम्मेदार है। यदि निकट भविष्य में भारत पर आक्रमण का खतरा नहीं होता तो हम प्रतीक्षा कर लेते। इस खतरे से, जिससे अनिष्ट की आशंका प्रकट

होती है, निबटने के लिए भारत के पास पूर्ण अधिकार होना चाहिए। अंग्रेज हमारा बचाव करने के लिए नहीं लड़ रहे हैं, बल्कि अपने शासन को समेकित करने के लिए लड़ रहे हैं। यदि वे भारत का बचाव करने के लिए लड़ रहे हैं तो उन्हें कांग्रेस के प्रस्ताव को स्वीकार करने में कठिनाई नहीं होनी चाहिए।

प्र. : क्या बातचीत प्रारंभ करने के लिए कांग्रेस को कोई संदेश भेजा गया है?

उ. : कांग्रेस भविष्य में स्वाधीनता पाने की आशा में कोई समझौता नहीं कर सकती। अंग्रेज विदेशी आक्रमण से अपने आपको बचाने के लिए भारतीयों को तैयार करना चाहते हैं। उज्ज्वल भविष्य की आशा में हम इसके लिए तैयार नहीं हो सकते। भारत इसके लिए तभी तैयार हो सकता है जब उसे तुरंत स्वाधीन घोषित कर दिया जाय। यदि भारत को स्वतंत्र घोषित कर दिया जाय, तभी भारत मित्र राष्ट्रों से हाथ मिलाने के लिए तैयार हो सकता है और जर्मनी एवं जापान के विरुद्ध लड़ सकता है। लेकिन भारत की स्वाधीनता के संबंध में बातचीत की कोई गुंजाइश नहीं है।

प्र. : सर तेज बहादुर सप्रू ने एक राउंड टेबल कॉन्फ्रेंस आयोजित करने की सलाह दी है। आप इसके बारे में क्या सोचते हैं?

उ. : ऐसा राउंड टेबल कॉन्फ्रेंस समस्याओं का समाधान नहीं कर सकता। यह सब को मालूम है कि 'बाँटो और राज करो' की नीति से सरकार अपनी स्थिति को समेकित करने में सफल रही है और हमें आपस में लड़ा रही है। यदि सरकार राउंड टेबल कॉन्फ्रेंस बुलाती है तो हमारा अनुभव पहले आयोजित राउंड टेबल कॉन्फ्रेंस से भिन्न नहीं होगा।

प्र. : आप कहते हैं कि प्रत्येक व्यक्ति को इस प्रकार कार्य करना चाहिए, मानो वह स्वतंत्र है। क्या आप इसे स्पष्ट करेंगे?

उ. : एक गुलाम यह नहीं जानता कि उसे एक स्वतंत्र व्यक्ति की तरह किस प्रकार कार्य करना चाहिए। यदि एक गुलाम व्यक्ति गुलाम होने की गंभीरता को समझ लेता है तो वह गुलाम की तरह व्यवहार करने से इनकार कर देगा और यदि भारतीय इसे समझकर स्वाधीन नागरिक की तरह व्यवहार करने लगें तो ब्रिटिश शासन समाप्त हो जाएगा।

प्र. : क्या स्वतंत्र भारत हिंसक लड़ाई लड़ेगा या अहिंसक?

उ. : स्वतंत्र भारत सुविधानुसार लड़ाई लड़ेगा। यदि अधिकांश भारतीय एक सेना चाहते हैं तो वे सेना रखने के लिए स्वतंत्र होंगे। प्रत्येक व्यक्ति को स्वतंत्रता प्राप्त करने का अधिकार है, यहाँ तक कि हिंसक संसाधनों से भी। जो लोग अहिंसा से दृढ़तापूर्वक जुड़े हुए हैं, वे अहिंसक लड़ाई लड़ेंगे। परंतु स्वतंत्र भारत की सेना के साथ उनकी सहानुभूति रहेगी।

प्र. : क्या मुसलिम लीग के सहयोग के बिना यह संघर्ष सफल होगा?

उ. : मैं नहीं कह सकता कि इस संघर्ष में मुसलिम लीग हमारा सहयोग करेगी या नहीं। परंतु यह कहना उचित नहीं है कि मुसलमान सहयोग नहीं कर रहे हैं; क्योंकि कांग्रेस में अनेक मुसलमान हैं। यदि आप एक उदाहरण चाहते हैं तो आप खान अब्दुल गफ्फार खान के वक्तव्य से यह देख सकते हैं कि उत्तर-पश्चिम सीमा प्रांत में जन-संघर्ष प्रारंभ किया जाना है और वहाँ पूरा प्रांत मुसलमानों से भरा हुआ है।

प्र. : ऐसे बड़े संघर्ष के लिए कांग्रेस क्यों नहीं कोई तैयारी कर रही है? आप किस प्रकार यह लड़ाई लड़ सकेंगे?

उ. : हम लोग पिछले तीस वर्षों से तैयारी कर रहे हैं। हमें और क्या तैयारी करने की आवश्यकता है?

प्र. : जब संघर्ष प्रारंभ हो जाएगा, तब स्थानीय संस्थाओं, जैसे नगरपालिका या लोकल बोर्ड आदि का क्या होगा?

उ. : संघर्ष की घोषणा किए जाने के बाद हम अपने आपको इन संगठनों के पीछे छुपा नहीं सकते। वे लोग, जो इस संघर्ष में शामिल नहीं होंगे, वे इन संस्थानों को चलाएँगे; और यदि वे इन्हें चला नहीं पाएँगे तो इन संस्थानों को बंद कर दिया जाएगा। उसके बारे में अभी क्यों सोचना है!

प्र. : यदि भारत को स्वाधीनता प्राप्त हो जाती है तो भारत किस प्रकार युद्ध में सरकार की मदद कर सकता है?

उ. : यदि भारत स्वाधीन हो जाता है तो यह देश के अंदर बड़े कारखानों में शस्त्रों का निर्माण कर सकता है।

प्र. : भारत के पास पर्याप्त शस्त्र नहीं हैं। उसे शस्त्र कौन देगा?

उ. : जिस प्रकार चीन की सरकार चीन को शस्त्रों की आपूर्ति करती है, उसी प्रकार भारत सरकार भी भारत को शस्त्रों की आपूर्ति करेगी। यदि ये लोग प्रजातंत्र के लिए लड़ रहे हैं तो इन्हें भारत में प्रजातंत्र लागू करने दीजिए और तब इन्हें हमारा सहयोग मिलेगा। यदि भारत स्वाधीन हो जाता है तो जिस प्रकार मित्र राष्ट्र अपनी सेनाएँ दूसरे देशों में रखते हैं, उसी प्रकार वे भारत से एक समझौते पर हस्ताक्षर करके अपनी सेनाएँ यहाँ रख सकते हैं। जो सेना यहाँ रहेगी, वह हमारी मालिक नहीं हो सकती। वे सेनाएँ यदि स्वतंत्र रूप से किसी देश में रहती हैं तो झगड़ा हो सकता है; परंतु यदि वे एक मित्र के रूप में रह रही हैं तो शांतिपूर्वक रहेंगी। इंग्लैंड में भी अमेरिकी सेना रह रही है, जो एक मित्र के रूप में वहाँ है।...

प्र. : अभी हाल में सर स्टैफोर्ड ने हमारे संघर्ष के बारे में एक प्रबल धमकी दी है। इस संबंध में आपको क्या कहना है?

उ. : हर बार जब एक संघर्ष प्रारंभ होने वाला होता है तो ऐसी धमकियाँ दी जाती है, परंतु फिर भी संघर्ष जारी रहता है।

प्र. : देशी रियासतों के लोग इस संघर्ष में क्या कर सकते हैं?

उ. : राजाओं ने सरकार के साथ एक संधि पर हस्ताक्षर किए हैं। यदि देशी रियासतों के लोग पर्याप्त संख्या में हैं तो वे भी संघर्ष प्रारंभ कर देंगे। कांग्रेस ऐसे संघर्षों पर रोक नहीं लगाती है। राजा लोग भी स्वतंत्र नहीं हैं। वे भी स्वाधीनता चाहते हैं। इसलिए उनसे डरने की क्या आवश्यकता है! देशी रियासतों की स्थिति के बारे में समय आने पर स्वतंत्र भारत निर्णय लेगा। जिस प्रकार दूसरे लोग लड़ रहे हैं उसी प्रकार देशी रियासतों के लोगों को भी लड़ना पड़ेगा।

प्र. : यदि संघर्ष के दौरान आंतरिक लड़ाई और अराजकता हो तो भी क्या संघर्ष जारी रहेगा?

उ. : संघर्ष के दौरान आपसी लड़ाई और अराजकता हो सकती है। यदि दुर्भाग्यवश ऐसा होता है तो भी संघर्ष चलता रहेगा। गुलामी और अराजकता के बीच हम लोगों को अराजकता चुननी पड़ेगी। अराजकता के बाद भी स्वतंत्र भारत का उदय होगा। परंतु यदि भारत गुलामी को चुनता है तो यह कभी भी उठकर खड़ा नहीं हो सकेगा।

□

42

'भारत छोड़ो आंदोलन' में शामिल होने के लिए सरदार पटेल की छात्रों से अपील

सरदार पटेल का संपूर्ण वाङ्मय

सरदार पटेल के भाषणों से
19 जुलाई, 1942

यहाँ सांप्रदायिक मतभेद हैं। यदि आप मतभेदों का इतिहास जानना चाहते हैं तो अच्युत पटवर्धन द्वारा लिखित 'कम्युनल ट्रायंगिल' नामक पुस्तक पढ़ें। यह आपको बताएगी कि किस प्रकार विदेशी सत्ता ने विभिन्न समुदायों को आपस में लड़ाया और अभी तक लड़ा रहे हैं। वर्धा में पास किए गए प्रस्ताव में यह कहा गया है कि जब तक भारत में विदेशी शासन रहेगा तब तक सांप्रदायिक मतभेद दूर नहीं किए जा सकेंगे। शासक कहते हैं कि वे भारत छोड़ना चाहते हैं; किंतु तभी, जब भारतीयों में आपस में एकता हो। मैं उनसे कहता हूँ कि उन्हें ऐसा कहना शोभा नहीं देता। यह उसी प्रकार है जैसे जब दो भाई आपस में लड़ रहे हों तो एक तीसरा बाहरी व्यक्ति आकर यह कहे कि 'जब तक आप दोनों लड़ रहे हैं, तब तक मैं आपके घर में बैठता हूँ।' क्या यह

उचित होगा? उस तीसरे व्यक्ति को तमाचा लगाकर बाहर फेंक देना चाहिए।

मुसलमानों को यह समझ लेना चाहिए कि यह लड़ाई हिंदू राज स्थापित करने के लिए नहीं है, बल्कि गुलामी की जंजीरों को तोड़ने के लिए है। स्वाधीनता प्राप्त करने के बाद हम एक समझौते पर पहुँच जाएँगे। तभी हमारी गुलामी ध्वस्त होगी। यदि हम आशा करते हैं कि हिंदू और मुसलमान स्वतंत्रता प्राप्त करने से पहले एक समझौते पर पहुँच जाएँगे तो यह एक झूठी आशा है। हम लोग अंग्रेजों की बंदूकों से एक समझौते पर नहीं पहुँचने वाले हैं। वे यहाँ यह सुनिश्चित करने के लिए ही बैठे हैं कि हम किसी समझौते पर न पहुँचने पावें।

अंग्रेजों को अपनी इच्छानुसार हमें लड़ाने दीजिए। वे एक समुदाय में भी विभेद कर सकते हैं। हिंदुओं में भी वे ऊँची जाति और अनुसूचित जातियों के बीच चीरा लगा रहे हैं।

यह आश्चर्यजनक है कि जब वे अपने साम्राज्य का एक बहुत बड़ा भाग खो चुके हैं और जब वे भारत को भी खोने की कगार पर पहुँच चुके हैं, ऐसे समय में भी इतनी दूर बैठे हुए वे बड़े ही अहंकारी हैं। उसे कैसे बरदाश्त किया जा सकता है? आज यदि विभिन्न धर्मों के माननेवाले लोग एक समझौते पर पहुँच जाते हैं तो वे कोई दूसरा कारण ढूँढ़ लेंगे।

'भारत छोड़ो' प्रस्ताव के बाद यूरोप और अमेरिका के देशों से भारत को आँख दिखाई जा रही है। इंग्लैंड और अमेरिका के अखबार चिल्ला-चिल्लाकर अपने क्रोध को अभिव्यक्त कर रहे हैं। हजारों रुपए देने के बाद और भारत को उन अखबारों में थोड़ी जगह के लिए कठिन प्रयास करने पर भी उन्होंने उतना स्थान नहीं दिया होता जितना कि आज वे दे रहे हैं; यद्यपि इन कॉलमों में सिर्फ अपशब्द ही भरे रहते हैं।

कांग्रेस ने इस प्रस्ताव को पास करके अपने प्रजातंत्र को कसौटी पर रखा है। हम लोगों की भी परीक्षा हो जाएगी कि वास्तव में हम स्वाधीनता चाहते हैं या नहीं।

गांधीजी कहते हैं कि यदि हम इस परीक्षा में सफल होना चाहते हैं तो हम लोगों को यह संघर्ष तेज और अल्पकालिक बनाना होगा।

निकटवर्ती प्रस्ताव इतना बड़ा और इतनी तेज गतिवाला होगा कि प्रत्येक व्यक्ति को, चाहे वह बड़ा या छोटा हो, ऊँचा या नीचा हो—सभी को इसमें भाग लेना है। यदि हम सभी इसमें भाग लें तो यह विदेशी अखबारों के कॉलमों का समुचित उत्तर होगा। यदि बहुत थोड़े से लोग कांग्रेस के साथ हैं तो इतना गुस्सा क्यों? इतना चिल्लाना और इतनी व्याकुलता क्यों? यदि इस संघर्ष में गिने-चुने लोग ही गांधीजी के साथ हैं तो उन थोड़े लोगों के लिए जेलों में बहुत स्थान है। परंतु वे अच्छी तरह जानते हैं कि यह लड़ाई अभूतपूर्व होगी।

अब कुछ लोग कहते हैं कि इस समय मित्र राष्ट्रों को बिना शर्त सहायता करनी

चाहिए।...जब बीस साल पहले एक विश्व युद्ध प्रारंभ हुआ था तब अमेरिका के राष्ट्रपति विल्सन ने कहा था कि जर्मन लोग कंस की तरह हैं और इसलिए जब वे हार जाएँगे, तब सभी देशों के लिए आत्मनिर्णय का सिद्धांत लागू किया जाएगा। इसलिए भारतीय लोग बहुत प्रसन्न थे और उन्होंने युद्ध में बिना शर्त सहायता की। उस समय केंद्रीय विधान परिषद् में सर्वसम्मति से एक प्रस्ताव पास किया गया, जिसमें युद्ध के लिए 100 करोड़ रुपयों की स्वीकृति दी गई थी। यह एक बैठक में ही पास कर दिया गया था। इतना भाईचारा देखा गया। उस समय ब्रिटिश शासकों ने भी कहा था कि ज्यों ही युद्ध समाप्त होगा, भारत को स्वाधीनता दे दी जाएगी।

युद्ध समाप्त हुआ। अध्यक्ष घर लौटे। उन लोगों ने उनसे कहा कि वह कल्पना की दुनिया में रह रहे थे और आत्मनिर्णय का सिद्धांत अव्यावहारिक था। फिर रोलेट ऐक्ट पास किया गया, जो कि एक क्रूर अधिनियम था। वे लोग जो हमसे कहते हैं कि अभी उनकी मदद करो और वे हमें बाद में स्वतंत्रता दे देंगे, उन्हें एक दूसरा रोलेट ऐक्ट मिल जाएगा।

एक समय सरकार को मदद करने का परिणाम जलियाँवाला बाग था। लोगों को अमृतसर की सड़कों पर रेंगने की आज्ञा दी गई।

इसलिए हम कहते हैं कि हम फिर से बेवकूफ नहीं बनना चाहते। गहन चिंतन और हर तरफ से स्थितियों की विवेचना करने के बाद हम लोगों ने प्रस्ताव पास किया है। अब हम ब्रिटेन या अमेरिका का तर्क सुनने नहीं जा रहे हैं।

वाइसराय की परिषद् में बैठनेवाले लोग कहते हैं कि हम लोगों को क्रिप्स का प्रस्ताव स्वीकार कर लेना चाहिए था। श्री एम. एस. अनी की बातों से मुझे आश्चर्य होता है, क्योंकि वह अविभाजित भारत में विश्वास करते हैं। अब वह पूना चले गए हैं और हम लोगों को सुझाव देते हैं कि हमें क्रिप्स का प्रस्ताव स्वीकार कर लेना चाहिए था। इसलिए वह अब पाकिस्तान क्यों चाहते हैं? एक व्यक्ति दोनों तरह की बात नहीं कर सकता। फिरोज खान नून कहते हैं कि कांग्रेस भारत को हिंदू राज्य में बदलना चाहती है। उनके इस कथन को समझा जा सकता है। परंतु कांग्रेस अंग्रेजों से कहती है कि वे पूरे देश को मुसलमानों को हस्तांतरित कर दें, पर अंग्रेजों को देश छोड़कर जाना है। इससे उनकी कलई खुल जाती है, क्योंकि कांग्रेस की इस माँग से मुसलमानों के लिए शिकायत करने को कुछ नहीं रह जाता। परंतु यदि वे यह कहना चाहते हैं कि अंग्रेज यहाँ रहें और ऐसी व्यवस्था कर दें, जो हमारे लिए पूर्णत: लाभकारी हो तो अलग बात है। हम नहीं जानते मुसलमान यह चाहते हैं कि पाकिस्तान को बचाने के लिए अंग्रेज यहाँ रहें। श्री एम. एस. अनी ने कहा है कि क्रिप्स का प्रस्ताव स्वीकार करने योग्य था, तब उन्हें यह स्पष्ट करना चाहिए कि क्या वे भारत का विभाजन स्वीकार करेंगे?

आपको उन लोगों को भी एक समुचित उत्तर देना है, जो यह कहते हैं कि छात्र कांग्रेस के साथ नहीं हैं। इसमें संदेह नहीं कि आप सभी इस बारे में एक प्रस्ताव पास करेंगे; परंतु आपको यह सुनिश्चित करना है कि आप सभी संघर्ष में सक्रिय रूप से भाग लें। अखिल भारतीय कांग्रेस कमेटी के द्वारा वर्धा प्रस्ताव पास किए जाने के बाद आपको वह करना है, जो गांधीजी ने करने के लिए आपसे कहा है। उस समय यदि आपने नाप-तौल करने की कोशिश की तो देश का भविष्य अरक्षित है।...

अंग्रेजों ने मलाया, सिंगापुर और बर्मा की रक्षा करने का वादा किया था; परंतु हमने देखा कि उन्होंने क्या किया है। यही कारण है कि कांग्रेस यह कहती है कि अंग्रेज हमारा बचाव नहीं कर पाएँगे; और जिनके पास थोड़ा भी विवेक है, वे भी यही कहते हैं।

अमेरिका का एक दूत-मंडल यहाँ आया था। उसने यह भी कहा कि इस समय भारत में वस्तुओं का उत्पादन युद्ध-पूर्व के समय के बराबर ही है। यह बढ़ा नहीं है। यह मनुष्यों की लड़ाई नहीं है। यह मशीनों की लड़ाई है। भारत में मशीनें नहीं हैं। वे हमें मशीन क्यों नहीं देते? भारत के तीन ओर समुद्र है। इतने विशाल समुद्र के होते हुए भी हम एक भी जहाज नहीं बनाते हैं। क्या कारण है? समुद्री किनारों पर अधिक-से-अधिक हम मछली पकड़नेवाली कुछ नावें देखते हैं। सिंधिया कंपनी के मालिकों ने कहा कि हमें जहाज बनाने और अपनी आवश्यकता की चीजें निर्मित करने की अनुमति दीजिए। परंतु शासकों की इसमें रुचि नहीं है।

यह युद्ध हवा में भी है। यहाँ हवाई जहाज से हवा में उड़ने के लिए सैकड़ों हवाई अड्डे बनाए जा रहे हैं, परंतु क्या एक भी हवाई जहाज बनाने की फैक्टरी शुरू की गई है? हममें से एक ने एक कारखाना खोला, जहाँ हवाई जहाज के बने-बनाए पुरजे अमेरिका से आयात किए जाते हैं और उन्हें यहाँ जोड़कर हवाई जहाज तैयार कर लिया जाता है। इसे ढाई साल के बाद परमिट दिया गया। उसमें भी एक-तिहाई पुरजे सरकार और राज्य के थे। वह फैक्टरी भी दिवालिया हो गई। कुछ जगहों से मालगाड़ी के डिब्बे और रेलवे लाइन भी गायब हो गई हैं।

वे कहते हैं कि युद्ध में मदद कीजिए, किंतु मदद करने के लिए युवाओं को हजारों बंदूकों की आवश्यकता है, जिसकी आपूर्ति नहीं की गई। यदि वे सहायता चाहते हैं तो उन्हें राइफलों की आपूर्ति करनी चाहिए। कौन इनकार करता है? परंतु वे हम पर विश्वास नहीं करते हैं। वे डरते हैं कि यदि उन्होंने राइफलों की आपूर्ति की तो उसे उनके विरुद्ध इस्तेमाल किया जाएगा।

उन्हें सत्ता हमें सौंपकर हमारे साथ मित्रवत् रहना चाहिए और तब वे देख सकेंगे कि भारत से कितनी मदद उन्हें मिलती है। हम लोग 40 करोड़ हैं, 7 करोड़ जापानियों से निपट लेंगे। वे एक ओर खड़े रहकर देख सकते हैं कि क्या होता है! परंतु वे कहते हैं कि हम लोग अपना बचाव करने में सक्षम नहीं हैं। हम केवल गुलाम बने रहने योग्य हैं और वह भी केवल उनके, किसी और के नहीं। इससे उनकी दुर्भावना प्रकट होती है।

जब ट्रिंकोंमली पर बम गिराया गया तो वे वहाँ से भाग खड़े हुए और लोगों को भी भागने की सलाह दी। उन्होंने भागने की पूरी तैयारी कर रखी थी; किंतु हम कहाँ जाएँगे? वे कहते हैं कि वे भारत का बचाव करना चाहते हैं। भारत का बचाव केवल स्वतंत्र भारत से ही हो सकता है। हम पूरी तरह से आश्वस्त हैं। यही कारण है कि हम उन्हें भारत छोड़ने के लिए कह रहे हैं। युद्ध समाप्त होने पर वे भारत छोड़ने की बात करते हैं, परंतु अभी क्यों नहीं?

आज वे हमें अपने देश में कारखाने लगाने की इजाजत नहीं देते। कारखानों को देश की धमनियाँ कहा जा सकता है। वे जानते हैं कि यदि जापान जैसा छोटा देश औद्योगिक बन सकता है और उनके लिए कठिनाइयाँ पैदा कर सकता है तो 40 करोड़ लोगों के साथ भारत क्या करेगा? यदि वे हमें कारखाने लगाने की अनुमति दे दें तो वे यहाँ से कच्चा माल किस प्रकार ले जा सकेंगे और तैयार सामान हमारे यहाँ कैसे बेच सकेंगे? वे अपने देश में जो अनाज पैदा करते हैं, वह केवल आठ हफ्तों तक चल सकता है। जब वह समाप्त हो जाए तो उन्हें कोयला और लोहा चबाने दीजिए। यह उनकी स्थिति है। इसलिए वे भारत कैसे छोड़ सकते हैं? अब भी वे भारत को लूटना चाहते हैं।

इसीलिए गांधीजी उनसे कहते हैं कि भारत छोड़ो। ज्यों ही संघर्ष शुरू होता है, आप अपनी किताबें अलमारियों या बक्सों में रखकर बंद कर दीजिए। यदि प्रधानाचार्य आपसे कहते हैं कि पढ़ाई जारी रखो, तो आप उनसे कहिए कि जैसे ही संघर्ष समाप्त होगा, हम पढ़ाई जारी कर लेंगे।

□

43

सन् 1942 के आंदोलन में सरदार पटेल की भूमिका पर 'लंदन टाइम्स' की रिपोर्ट*

सरदार पटेल का संपूर्ण वाङ्मय

12 नवंबर, 1942

'डॉन' ने अपने 12 नवंबर, 1942 के अंक में 'लंदन टाइम्स' के एक लेखांश को इस प्रकार उद्धृत किया है—

---

* पी. एन. चोपड़ा'', पृ. 332।

"प्रदर्शन बहुत विस्तृत था, परंतु शायद उतना विस्तृत नहीं था जितना कि डरा जा रहा था। पंजाब, सिंध, उत्तर-पश्चिम सीमा प्रांत और असम तथा राजाओं द्वारा शासित भारत के एक बड़े भूभाग पर प्रभाव नहीं के बराबर था—केवल मैसूर और बड़ौदा में कुछ घटनाएँ हुईं। इन दोनों प्रांतों में कांग्रेस का प्रभाव अधिक है।... ऐसा विश्वास किया जा सकता है कि निकटवर्ती आंदोलन के संदर्भ में आंदोलनकारियों द्वारा अपनाए गए तौर-तरीकों पर गांधीजी के द्वारा इस्तेमाल किए गए शब्दों का शायद अत्यधिक प्रभाव पड़ा। इस बात के प्रमाण हैं कि खासतौर से गाँवों में लोगों ने उनकी बातों का शब्दशः पालन किया। सरदार पटेल जैसे कुछ नेताओं और कार्यकारिणी समिति के वामपंथी सदस्यों ने आसन्न जन-आंदोलन को एक विद्रोह का स्वरूप दिया। उन्होंने अपने श्रोताओं को चेतावनी दी कि उन्हें गोलियों और बमों का सामना करने की आवश्यकता पड़ सकती है, जो यह कहने जैसा था कि वे एक ऐसी स्थिति पैदा करने वाले हैं, जिसको गोलियों और बमों से ही निपटा जा सकता है। इन वक्ताओं ने छात्रों को ही विशेष रूप से संबोधित किया, जिन्होंने आंदोलन के अपने तौर-तरीकों को सुनिश्चित नहीं किया था और उसमें ऐसे लोग शामिल थे, जो राजनीतिक हिंसा के पक्षधर थे और इसे लूटपाट का एक अवसर समझते थे।"

□

44

सरदार पटेल के बारे में विकेंडॉन के विचार—फासिस्ट-विरोधी और भारत में ब्रिटिश शासन कायम रखने के कट्टर विरोधी*

सरदार पटेल का संपूर्ण वाङ्मय

13 जून, 1942

हम लोगों के पास वल्लभभाई की बिलकुल भिन्न छवि है। कार्यकारिणी समिति के अन्य सदस्यों की अपेक्षा उन्होंने गांधीजी को प्रबल सहयोग दिया। उन्होंने भारत की रक्षा करने में ब्रिटेन की अक्षमता एवं अयोग्यता और यहाँ तक कि भारतीय लोगों को अपनी रक्षा स्वयं करने से रोकने के विरोध में इलाहाबाद भेजे गए गांधी के प्रस्तावित

---

* कार्यकारिणी समिति के सदस्य के रूप में सरदार पटेल के बारे में टी. विकेंडॉन के विचार, पी. एन. चोपड़ा, पृ. 196-200।

प्रालेख का समर्थन किया; यदि अंग्रेज चले जाएँ तो हमारी प्रतिरक्षा के कुछ अवसर रहेंगे। बाद में, टिप्पणियों के अनुसार, उन्होंने यह महसूस करते हुए अपने आपको गांधी के हाथों में दे दिया था कि वह प्रत्येक संकटपूर्ण स्थिति में भी स्वाभाविक रूप से समुचित कार्य करते हैं; वह फासिस्टवादी सुझावों के हटाए जाने पर भी प्रलेख से सहमत हुए। मैं समझता हूँ कि इससे गिरफ्तार किए जाने तक के समय की पटेल की मनोवृत्ति की अभिव्यक्ति हो जाती है। वह अंग्रेजों के कट्टर विरोधी थे और उनसे घृणा करते थे। उनके लिए ब्रिटेन का भारत में बने रहने देने की अपेक्षा और कुछ भी बेहतर था। यदि स्थिति जैसी है वैसी ही बनी रहती है तो उस स्थिति में उन्होंने गांधी की हार में अपनी सहभागिता स्वीकार की और देश को बचाने की संभावनाओं को क्षीण बताया। उन्होंने कम-से-कम यह सोचा कि यदि भारत को स्वतंत्र छोड़ दिया जाए तो जापान का प्रतिरोध करने का मौका रहेगा। ऐसा कुछ भी नहीं है, जिससे यह इंगित होता हो कि उनमें फासिस्टों या जापानियों के समर्थन की प्रवृत्ति हो। जिस संतोष के साथ उन्होंने गांधी के प्रस्ताव का स्वागत किया, वह संभवत: कांजी द्वारकादास के द्वारा उनमें पाई गई दार्शनिकता से अभिव्यक्त होता है। यदि शासकों में परिवर्तन की बात आती है तो उनका विचार था कि अंग्रेज जापानियों से बेहतर नहीं थे। यह ब्रिटेन के प्रति उनकी घृणा की अभिव्यक्ति थी। गांधी को वह जिस सीमा तक समर्थन देते थे, उसका पता नागपुर की 13 जून, 1942 की रपट से चलता है, जिसमें यह कहा गया है कि उन्होंने प्रस्ताव का समर्थन करनेवालों की ओर से गांधी को आंदोलन के लिए आग्रह किया और धमकी देते हुए लिखा था कि वह और उनकी जैसी सोचवाले उनके सहकर्मी, यदि आंदोलन के लिए सहमति नहीं बनती है तो, कांग्रेस की कार्यकारिणी समिति से त्यागपत्र दे देंगे। यह पत्र जून के पहले पखवाड़े में लिखा गया था, जब नेहरू के समूह से बातचीत चल रही थी। हम जानते हैं कि यह एक निरर्थक धमकी नहीं थी, यद्यपि मुझे संदेह है कि इसने नेहरू और आजाद के निर्णय को प्रभावित किया था। वर्धा कार्यकारिणी समिति की पूरी रिपोर्ट के अनुसार वह आंदोलन प्रारंभ किए जाने में देर किए जाने के विरुद्ध थे और चाहते थे कि क्रिप्स मिशन के वापस जाने के तुरंत बाद ही आंदोलन प्रारंभ किया जाए, जो कि इस बात की समुचित अभिव्यक्ति होती कि उनके (क्रिप्स के) प्रस्तावों के बारे में देश क्या सोचता है। वर्धा प्रस्ताव के पास किए जाने के बाद वल्लभभाई पटेल बंबई प्रेसीडेंसी में आंदोलन के लिए अत्यधिक उत्साह उत्पन्न करने में हृदय से लग गए। यद्यपि गोपनीय प्रमाणों की अनेक रिपोर्ट हैं, परंतु उनसे उनके अथक प्रयासों के बारे में बहुत कम जानकारी मिलती है। सबसे महत्त्वपूर्ण सूचना अहमदाबाद से मिली है, जहाँ उन्होंने जुलाई के अंतिम सप्ताह में कई दिन बिताए थे। इसे याद रखा जाएगा कि पूरे देश में अहमदाबाद सबसे ज्यादा प्रभावित क्षेत्रों में एक था। यह महत्त्वपूर्ण है कि इस क्षेत्र में, जो इस प्रकार की

अव्यवस्थाओं के लिए बदनाम है, उन्होंने इतना अधिक समय बिताया। अहमदाबाद के लोगों ने सदैव ही अपने आपको हिंसा में लिप्त किया है और इसलिए यह विश्वास करने में कठिनाई नहीं होती है कि पटेल ने उन्हें अहिंसा के बजाय हिंसा के लिए प्रोत्साहित किया। 25 जुलाई, 1942 को वहाँ पहुँचने के तुरंत बाद ही उन्होंने लोगों से कहा कि इस आंदोलन को कुछ भी बंद नहीं कर सकता और गांधी हिंसात्मक घटनाओं के प्रति अपनी असहमति नहीं प्रकट करेंगे। परंतु उन्होंने कांग्रेस जनों से अहिंसा का पालन करने की आशा की। 26 जुलाई को गुजरात कांग्रेस कमेटी की एक बैठक में अध्यक्षता करते हुए उन्होंने कहा कि इस आंदोलन में वह सबकुछ शामिल किया जाएगा, जिसे पहले उपयोग किया जा चुका है; और इसमें शामिल होने के लिए किसी पर कोई रोक नहीं होगी। उन्होंने कहा कि पूरी तरह बरबाद होकर मरने से बेहतर है कि स्वतंत्रता की लड़ाई लड़ते हुए मरा जाए। यदि अंग्रेज जाते हैं तो उन्हें इस बात की परवाह नहीं थी कि वे सत्ता किसके हाथों में सौंपकर जाते हैं! अगले दिन अहमदाबाद के कांग्रेस हाउस में एक निजी बैठक की रिपोर्ट आई। उसमें उन्होंने अत्यंत विद्रोहजनक शब्दों को अभिव्यक्त किया, जिसकी हम लोगों को जानकारी है—

> ''यदि कल सभी नेता गिरफ्तार कर लिये जाते हैं और आपसे फिर मिलने का समय नहीं मिलता है तो आप उन कार्यक्रमों को जारी रखें, जो आपके सामने गांधीजी द्वारा सन् 1919 से 1942 तक प्रस्तुत किए गए हैं। मर जाइए, पर पीछे मत हटिए। इस संघर्ष में यदि वीरमगाम जैसे उदाहरण घटित होते हैं या रेलवे लाइन उखाड़ दी जाती है अथवा किसी अंग्रेज की हत्या हो जाती है तो भी इस संघर्ष को बंद नहीं किया जाएगा। यदि यहाँ दूसरे देशों की तरह स्वभूमि-ध्वंस नीति अपनाई जाती है तो उसे चलने दीजिए। बहादुरी से सामना कीजिए, यहाँ तक कि हिंसा होने पर भी। इस संदेश को गुजरात के कोने-कोने में पहुँचाइए। अब आप अपने रचनात्मक कार्यक्रमों को स्थगित कीजिए और गांधी के फरमानों का पालन करने के लिए तैयार हो जाइए। हिंसा के कृत्य, यहाँ तक कि चौरी-चौरा जैसी घटनाएँ भी इस आंदोलन को नहीं रोक सकतीं। कांग्रेस जनों को अवश्य ही अहिंसा की सीमाओं में रहकर ही अपना कार्य करना चाहिए; ऐसा उस स्थिति में भी होना चाहिए जब गांधी और अन्य नेताओं को अखिल भारतीय कांग्रेस कमेटी की बैठक से पहले ही गिरफ्तार कर लिया जाता है।''

28 जुलाई के संवाददाता सम्मेलन में वह स्वाभाविक रूप से अधिक आत्मसंयत थे, यद्यपि उन्होंने कहा कि गृह युद्ध अथवा अराजकता फैलने पर भी आंदोलन बंद नहीं किया जाएगा। उन्होंने गुलामी की अपेक्षा अराजकता को बेहतर समझा और आशा की कि अराजकता से एक स्वतंत्र भारत का उदय होगा। अहमदाबाद में भी

उन्होंने 29 जुलाई को विचारशील छात्रों के एक संघ को संबोधित किया और कहा कि यह संघर्ष छोटा व तेज होगा और एक सप्ताह में समाप्त हो जाएगा—यह एक ऐसा असाधारण वक्तव्य था, जो गांधीजी के द्वारा उनके अंतिम भाषण में चर्चा किए जाने योग्य था। निस्संदेह यदि आंदोलन इतनी तेजी से होने वाला था तो उसमें हिंसा जरूरी थी। अपने भाषणों के प्रत्येक भाग में उन्होंने हमारे देश की सुरक्षा करने में ब्रिटेन की अक्षमता और नाना प्रकार के उन अन्यायों की चर्चा की, जिसके लिए अंग्रेज जिम्मेदार थे। उनके कार्यकलापों की एक समेकित रिपोर्ट के अनुसार उन्होंने गुजरात में नौ जनसभाओं को संबोधित किया, जिनमें कभी-कभी तो 20,000 से भी अधिक लोग उपस्थित थे। निश्चित रूप से चंद्रकांत सच कह रहे थे कि गिरफ्तारियों के बाद बंबई के लोगों के पास आगे की काररवाई के लिए विट्ठलभाई पटेल के भाषण ही थे और उन्होंने उनके कार्यक्रमों को आगे बढ़ाया। लोग क्रोधित हो गए और उन्होंने तोड़-फोड़ की और लूटपाट किया। हम लोगों को यह याद रखना चाहिए कि कांजी द्वारकादास के दूसरे ढेर की टिप्पणियों से बी. शिवाराव को 27 जुलाई, 1942 को लिखे उनके पत्र की पुष्टि होती है। उन्होंने वल्लभभाई से दोबारा बात की और उन्हें बताया गया कि उनका आशय यह है कि अंग्रेजों को भारत से पूर्णतः बाहर कर दिया जाए और शारीरिक हिंसा को छोड़कर सबकुछ स्वीकार किया जाएगा। इस सूचना पर अविश्वास करने का कोई कारण नहीं है।

रेलवे में तोड़-फोड़ किए जाने के दो उदाहरण दिए गए हैं, जिनमें से एक में उनके व्यक्तिगत अनुयायी माने जानेवाले जयंतीलाल छोटेलाल पटेल के माध्यम से वल्लभ भाई पटेल को जोड़ा जाता है। यह सूचना एक मुकदमे के दौरान आत्मस्वीकृति में दी गई समझी जाती है। मैंने अन्यत्र उनके भाषणों के उदाहरणों को उल्लेख किया है, जिनमें उन्होंने छात्रों से कहा है कि वे उनके साथ आंदोलन में शामिल हों।

बंबई आने पर उनका नाम खासतौर से लिया गया कि वे ज्ञानी मेहर सिंह के साथ कार्यकारिणी समिति की एक गुप्त बैठक में उपस्थित थे, जिसमें तोड़-फोड़ करने का निर्णय लिया गया था। दो ऐसे रुचिकर प्रमाण हैं, जिनसे स्वयं पटेल पर तोड़-फोड़ के कार्यक्रम की प्रमुख जिम्मेदारी आती है। पहला जयचंद्र विद्यालंकार से मिलता है, जो अपनी सूचना के लिए यूनाइटेड प्रोविंसेज के अलगू राय शास्त्री, एम.एल.ए. पर भरोसा करते हैं, जिनसे वे 14 या 15 अगस्त को मिले थे। उनके अनुसार, सरदार पटेल ने तोड़-फोड़ कार्यक्रम का आदेश अपने गिरफ्तार किए जाने के लगभग एक घंटे पहले दिया था और इसके प्रचार-प्रसार की व्यवस्था गुजरात के एक कार्यकर्ता के माध्यम से की गई थी। पटेल से संबंधित दूसरी घटना के बारे में जयचंद्र ने कहा कि उन्हें विश्वास हो गया कि अलगू राय शास्त्री सच कह रहे थे। मुझे यहाँ विवरण नहीं देना चाहिए, परंतु इसका संबंध यूनाइटेड प्रोविंसेज से है और

यह स्पष्ट होता है कि पटेल ने बल-प्रयोग की सलाह दी। दूसरा प्रमाण पुलिस कमिश्नर की उस रिपोर्ट से मिलता है, जिसमें काका कालेकर के हवाले से जबलपुर जेल में बंदियों के बीच हुई बातचीत का विवरण मिलता है। कालेकर ने कहा कि यद्यपि गांधीजी इस बात से अवगत थे कि आंदोलन वह स्वरूप ले सकता है जैसा हुआ। इसे वास्तव में उस रूप में वल्लभभाई पटेल द्वारा प्रारंभ किया गया था, जो खुलेआम विद्रोह के पक्षधर थे। गिरफ्तारी से कुछ देर पहले ही वल्लभभाई पटेल द्वारा तोड़-फोड़ की योजना के बारे में कुछ गिने-चुने लोगों को बताया गया था और इसके तौर-तरीके यद्यपि पटेल द्वारा तैयार किए गए थे, परंतु कार्यान्वयन के आदेश वास्तव में उनके अपने लोगों द्वारा दिए गए। ये दोनों वक्तव्य यद्यपि स्थान और समय की दृष्टि से अलग-अलग हैं, किंतु इनका महत्त्व बढ़ जाता है, क्योंकि इनमें आपस में कोई संबंध नहीं बनता। यदि इनमें अतिशयोक्ति भी हो तो भी इनका आधार पटेल द्वारा किया गया हिंसा का प्रचार ही है, जिसे समस्त कांग्रेस जन अच्छी तरह जानते होंगे।

अखिल भारतीय कांग्रेस कमेटी के 7 जुलाई के अधिवेशन में पटेल ने अपने भाषण में ब्रिटेन के साथ किसी समझौते की आशा व्यक्त नहीं की और उन्होंने कहा कि लोगों के लिए अब यह अवसर आ गया है कि हम अपनी स्वतंत्रता के लिए उसी प्रकार लड़ें, जैसे रूसी और चीनी लोग अपनी स्वाधीनता के लिए लड़ रहे हैं। यह एक ऐसा अवसर है, जो फिर शायद न आए। संघर्ष कठिन होगा, परंतु वह चाहते थे कि यह छोटी अवधि का और तेज हो; इसमें जेल जाना नहीं था। यह याद किया जाएगा कि वह भूतकाल में इस्तेमाल किए गए नागरिक अवज्ञा आंदोलन के तौर-तरीकों में की जानेवाली कुछ वृद्धियों को बिना बोले ही चले गए। उन्होंने कहा कि लक्ष्य जापानियों के आने से पहले भारत को स्वाधीन कराना है और यदि वे आते हैं तो उनसे लड़ना है। इन सबसे, मैं समझता हूँ कि पटेल की ब्रिटेन के प्रति घृणा की प्रबलता एवं उनकी गांधी के निर्देशन की स्वीकृति और उनके पास जो भी था, उसे अंग्रेजों को देश से निकालने में लगाने की एक बहुत स्पष्ट व स्थिर तसवीर उभरती है। उन्हें ब्रिटेन की हार के बारे में विश्वास था और उन्होंने जापानियों के आक्रमण और देश पर आधिपत्य का प्रतिरोध करने की कुछ संभावनाएँ देखी थीं; परंतु यह संभावना बिलकुल नहीं होगी, यदि अंग्रेज यहाँ बने रहते हैं। इसलिए यह आश्चर्यजनक नहीं था कि वह हिंसा और तोड़-फोड़ के पक्षधर थे, जैसा कि सभी रपटें अभिव्यक्त करती हैं। ऐसी संभावना है कि तोड़-फोड़ संबंधी वास्तविक निर्देशों को जारी करने में अन्य नेताओं की अपेक्षा उनका हाथ अधिक हो।

□

45

सरदार पटेल ने दृढ़तापूर्वक कहा कि पूर्ण स्वराज्य प्राप्त करना ही हमारा अंतिम लक्ष्य है*

सरदार पटेल का संपूर्ण वाङ्मय

सरदार पटेल के भाषणों से
25 जून, 1942

(उद्धरण)

"भारत में सामान्यत: यह प्रचलित है कि मन में जो होता है, उसके ठीक उलटे ही लोग अभिव्यक्त करते हैं। प्रत्येक व्यक्ति यह चाहता है कि इस साम्राज्य का अंत हो। लोग खुलेआम यह नहीं कहते, किंतु उनके मन में इसका ठीक उलटा ही रहता है। जब ब्रिटेन का दुश्मन विजयी होता है तो वे खुशी मनाते हैं। लेकिन यह अच्छा नहीं है। हम अपने मालिक का परिवर्तन नहीं चाहते। किसी भी गुलाम को मालिक के परिवर्तन से कोई लाभ नहीं मिलता। हमें स्वाधीन होना है। केवल स्वतंत्र भारत ही युद्ध में सहायता कर सकता है।

वाइसराय कहते हैं कि यहाँ एक राष्ट्रीय मोरचा तैयार कीजिए; किंतु वे यह भी कहते हैं कि भारत एक देश नहीं है, यहाँ दो देश हैं—हिंदू और मुसलमान। फिर कैसे एक राष्ट्रीय मोरचा बनाया जा सकता है?

यह एक आश्चर्यजनक देश है। जब भी यहाँ उलट-फेर होता है तो एक महात्मा इसकी रक्षा करता है। आज संसार के श्रेष्ठ व्यक्तियों में सर्वश्रेष्ठ महात्मा गांधी हैं। आज उनके कारण दुनिया में हमारे देश की बड़ी प्रतिष्ठा है। यदि हम वह नहीं करते हैं, जो वह कहते हैं तो हम मूर्ख हैं।

...इसलिए हमारा सबसे पहला काम स्वाधीनता प्राप्त करना है और उसके लिए प्रत्येक व्यक्ति को सदैव तैयार रहना चाहिए।"

□

* 25 जून, 1942 को अहमदाबाद के वाडीलाल साराभाई अस्पताल में दिया गया भाषण।

46

गृह-युद्ध या अराजकता फैलाने पर भी संघर्ष नहीं रुकेगा—वल्लभभाई*

25 जुलाई, 1942

अहमदाबाद पहुँचने के बाद वल्लभभाई पटेल को गुजरात और काठियावाड़ के विभिन्न क्षेत्रों के कांग्रेस कार्यकर्ताओं से मुलाकात करनी है और उन्हें सुझाव देना है कि वे कांग्रेस के आह्वान के लिए तैयार रहें।

ऐसी सूचना है कि अपनी बातचीत के दौरान वल्लभभाई ने कुछ लोगों से कहा कि अखिल भारतीय कांग्रेस कमेटी की मीटिंग के तुरंत बाद संघर्ष प्रारंभ हो जाएगा और यह देश में गृह-युद्ध या अराजकता फैलने पर भी बंद नहीं होगा तथा यह सारी दुनिया को हिला देगा। अ. भा. कां. कमेटी की मीटिंग के बाद सरकार द्वारा सभी नेताओं को गिरफ्तार किए जाने के बाद भी जनता द्वारा इस संघर्ष को जारी रखा जाएगा। यदि संघर्ष के दौरान कुछ लोग क्रुद्ध हो गए और उन्होंने सरकार के विरुद्ध खतरनाक व उग्र कदम उठा लिये तो कांग्रेस उसमें हस्तक्षेप नहीं करेगी, न ही गांधीजी इस संबंध में अपनी असहमति प्रकट करेंगे। कांग्रेस जन निश्चित रूप से संघर्ष के दौरान अहिंसा का पालन करेंगे, परंतु अन्य लोग इस नियम से बँधे हुए नहीं हैं।

□

47

बंगाल में अकाल के लिए सरदार पटेल ने सरकार को फटकार लगाई और लोगों की उदासीनता के लिए अफसोस प्रकट किया

सरदार पटेल का संपूर्ण वाङ्मय

बॉम्बे क्रॉनिकल
28 जून, 1945

(उद्धरण)

जिन्ना हॉल में कांग्रेस कार्यकर्ताओं के समक्ष एक संक्षिप्त भाषण में सरदार पटेल ने कांग्रेस में और देश के अंदर एक नैतिक क्रांति के लिए गंभीर तर्क दिया।···

---

* पी.एन. चोपड़ा···, पृ. 245।

"मेरा रास्ता मेरे सामने स्पष्ट है।" उन्होंने घोषणा की, "मैं स्वाधीनता चाहता हूँ। मैं इसे प्राप्त करने जा रहा हूँ। दस इंग्लैंड भी इसे पाने से मुझे नहीं रोक सकते।" उन्होंने आगे कहा कि किसी भी देश को सदैव गुलाम बनाकर नहीं रखा जा सकता।

उन तीन वर्षों में जब वह जेल में थे, अनेक घटनाएँ हुईं। ऐसी घटनाएँ जो पहले कभी नहीं हुई थीं। इनसे भारत में ब्रिटिश शासन के इतिहास में एक काला अध्याय जुड़ा है। बाहर घटित होनेवाली अनेक घटनाओं ने उन्हें और उनके साथी बंदियों को दु:ख पहुँचाया है। परंतु उन्हें और किसी चीज से उतना दु:ख नहीं पहुँचा है जितना कि बंगाल के अकाल से। यह आश्चर्यजनक है कि लोगों ने इस विपत्ति के खिलाफ संघर्ष नहीं किया।... वे बुजदिली के साथ अकर्मण्य रहते हुए मर गए।

सरकारी अधिकारियों, ब्रिटिश और भारतीय, दोनों ही की जिम्मेदारियाँ बहुत अधिक थीं। परंतु अन्य लोगों की जवाबदेही भी कम महत्त्वपूर्ण नहीं थी। यह शर्मनाक था कि जब लोग मर रहे थे तब दूसरे लोगों को मृत्यु पर व्यापार करते हुए और उससे पैसा बनाते हुए पाया गया।

'अगस्त प्रस्ताव' की ओर मुड़ते हुए सरदार पटेल ने कहा कि अनेक लोग यह कहते हैं कि 'अगस्त प्रस्ताव' गलत था। वह उन लोगों से कहना चाहते हैं कि ऐसे लोग पागल हैं। यदि उन्होंने प्रस्ताव पास नहीं किया होता तो कांग्रेस सम्मान के साथ आगे नहीं बढ़ सकती थी। उन्होंने इस कारण काफी कष्ट भोगा है। परंतु भारतीय राष्ट्रीय आंदोलन रबड़ की एक गेंद के समान था। जितनी जोर से इस पर चोट की गई उतनी ही तेजी से वह पलटा। जितना कठोर दमन था, बाद में उसका उतना ही अधिक वर्धन और विकास हुआ।

भारत के अंग्रेज मित्रों और उनकी अपील का संदर्भ लेते हुए सरदार पटेल ने कहा कि प्रत्येक वाइसराय, जो भारत आया, उसने भारत का मित्र होने का दावा किया। जिन्होंने भारत पर शासन किया, उनकी लंबी सूची में एक भी ऐसा नहीं था जिसने यह स्वीकार किया हो कि वह भारत का दुश्मन है। अंतिम वाइसराय तो न सिर्फ भारत के मित्र थे, बल्कि वह गांधीजी के व्यक्तिगत मित्र भी थे।

उन सभी मित्रों से सरदार को केवल एक चीज कहनी है। भारत जो चाहता है वह है—स्वतंत्रता। वह उतना ही स्वतंत्र होना चाहता है जितना कि उसके मित्र हैं।...

□

48

सरदार पटेल ने लेबर सरकार को चेतावनी दी कि भारत स्वतंत्रता के लिए लंबे समय तक प्रतीक्षा नहीं करेगा

सरदार पटेल का संपूर्ण वाङ्मय

बॉम्बे क्रॉनिकल,
12 सितंबर, 1945

(उद्धरण)

कांग्रेस कार्यकारिणी समिति की बैठक के बाद अमेरिका के 'एसोशिएटेड प्रेस' से एक साक्षात्कार में सरदार पटेल ने कहा कि कांग्रेस यह प्रतीक्षा कर रही थी कि नई लेबर सरकार एक प्रस्ताव लाएगी। उन्होंने यह भी पूर्व-सूचित किया कि तब तक कांग्रेस कोई नया कदम नहीं उठाएगी। उन्होंने आगे बताया कि अंतहीन प्रतीक्षा की कोई योजना नहीं है। विशेष रूप से यह पूछे जाने पर कि उनके अपने मन में स्वाधीनता प्राप्त कर लेने की कोई समय सीमा है, सरदार पटेल ने कहा कि "हम लोग लंबे समय तक इंतजार नहीं करेंगे।"

यह याद दिलाते हुए कि नई लेबर सरकार सामान्यतः पाँच वर्षों तक सत्ता में रह सकती है, उनसे यह पूछा गया कि यदि इस समय-सीमा के अंदर कोई स्वीकार करने योग्य प्रस्ताव नहीं प्राप्त हुआ तो क्या भारत मामला अपने हाथों में ले लेगा?

"हम लोग निश्चित ही पाँच वर्षों से पहले ही इस समस्या को सुलझा लेंगे।" उन्होंने कहा।

सरदार पटेल, कांग्रेस के एक शक्तिशाली संगठन कार्य-संचालक, भारत में लगातार चले आ रहे ब्रिटिश नियंत्रण के विरुद्ध सबसे उग्र संघर्षकर्ताओं में रहे हैं और शासकों के प्रति उनकी कठोरता में जरा भी कमी आई हुई नहीं प्रतीत होती है। वह 'शिमला सम्मेलन' के संयोजन के आलोचक थे, जिसमें अंग्रेजों ने 50 प्रतिशत हिंदुओं और 50 प्रतिशत मुसलमानों के प्रतिनिधियों के आधार पर एक अंतरिम सरकार बनाने की पेशकश की थी। वह भारत में चुनाव कराने की वर्तमान पद्धति के भी समान रूप से आलोचक थे।

उन्होंने अपने पुराने विश्वास को फिर दुहराया कि अंग्रेजों की इच्छा भारतीयों को

अपनी सरकार बनाने देने अथवा उन्हें स्वाधीनता हासिल करने देने की नहीं है और इस संबंध में हाल के 'शिमला सम्मेलन' को उन्होंने एक परिवर्धित प्रमाण के रूप में प्रस्तुत किया। उन्होंने घोषित किया कि लॉर्ड वावेल अंतरिम सरकार बनाने के लिए कांग्रेस व मुसलिम लीग के साथ हुए एक समझौते को साथ लेकर वर्तमान यात्रा से पहलेवाली अपनी यात्रा में लंदन गए थे। इसकी शर्तों के अनुरूप वाइसराय की काउंसिल में इन दोनों दलों में समानता होगी। इस व्यवस्था को स्वीकार करने के बजाय सरदार पटेल ने कहा कि अपने प्रस्ताव को प्रतिस्थापित करके अंग्रेजों ने मुसलिम लीग को विभक्त करने का प्रयास किया है।

इन प्रस्तावों के अनुसार वाइसराय की परिषद् में पंजाब यूनियनिस्ट पार्टी के मुसलमानों तथा लीग के मुसलमानों को शामिल किया जाना था। उन्होंने कहा कि यही वह व्यवस्था थी, जिसका प्रस्ताव शिमला में मुसलमानों के समक्ष रखा गया था और जिसे उन्होंने अस्वीकार कर लिया था। पटेल ने जोर देकर कहा कि इससे यह स्पष्ट होता है कि अंग्रेज वास्तव में यह नहीं चाहते हैं कि भारत की दो विरोधी पार्टियों में एक समझौता हो जाए।...

□

49

अंग्रेजों के जाने के बाद हिंदुओं और मुसलमानों को भारत के भाग्य का निर्णय करने दीजिए—वल्लभभाई*

सरदार पटेल का संपूर्ण वाङ्मय

सरदार पटेल के भाषणों से
24 सितंबर, 1945

(उद्धरण)

एक लंबे समय के बाद हम बैठकों पर बिना किसी व्यवधान या प्रतिबंध के मिल रहे हैं। प्रतिबंध को अभी हाल ही में हटा लिया गया है, इसलिए यह संभव हो सका कि इतनी बड़ी जनसभा को संबोधित किया जा सके।

* 24 सितंबर, 1945 को शिवाजी पार्क, दादर में दिए गए भाषण से।

सरकार ने मुसलमानों के लिए अलग चुनाव-क्षेत्र इस इरादे से स्वीकृत किया है कि हम एक-दूसरे से लड़ते रहेंगे। आज लीग यह प्रचार कर रहा है कि कांग्रेस में हिंदुओं का प्रभुत्व है। मुसलिम लीग पाकिस्तान के लिए चिल्ला रहा है। किसी को यह नहीं बताया जा रहा है कि पाकिस्तान क्या है? वह चाँद के लिए रो रहा है। सच्चाई यह है कि गुलामों के पास न तो पाकिस्तान है और न ही हिंदुस्तान।

उत्तर भारत में जहाँ पाकिस्तान बनना है, उस क्षेत्र के मुसलमान और पंजाब के मुसलमान तथा उत्तर-पश्चिम सीमा प्रांत के मुसलमान पाकिस्तान नहीं चाहते हैं, परंतु इन सबका निर्णय बाद में किया जाएगा। भारत एक गुलाम देश है। इस देश के हिंदुओं और मुसलमानों को अपने सम्मिलित प्रयास से पहले इसे एक स्वतंत्र देश बनाना चाहिए। अंग्रेजों के भारत से चले जाने के बाद, यह प्रश्न मात्र दस दिनों का है, इसका तुरंत समाधान कर लिया जाएगा।

कांग्रेस के पास जनता की शक्ति है। आज अंग्रेज दूसरे तरीके से व्यवहार कर रहे हैं; परंतु उससे कांग्रेस या जनता की शक्ति में कोई अंतर नहीं आएगा। यह सच है कि जब तक भारत स्वतंत्र नहीं होता, तब तक संसार में शांति नहीं होगी और किसी को शांति नहीं मिलेगी।

हम लोगों को चुनावों के लिए अपने आपको तैयार करना है। हम एक ऐसा वातावरण तैयार करना चाहते है कि चुनाव में कांग्रेस के विरुद्ध खड़े होने की कोई हिम्मत न करे। बंबई से 'भारत छोड़ो' का संदेश दिया गया था और बंबई में हम लोगों ने चुनाव लड़ने का निर्णय लिया है। इसलिए मुझे बंबई को कुछ नहीं कहना चाहिए। यह सीमित मताधिकार है और हमारी संस्थाएँ अभी भी विधि-संगत घोषित नहीं की गई हैं। हमारे कार्यकर्ता अभी भी जेल में हैं। हम इन चुनावों से संसार को दिखाना चाहते हैं कि लोग कांग्रेस के साथ हैं।

यह एक नए संघर्ष के लिए तैयारी करने का समय है। यह कौन कह सकता है कि भविष्य में संघर्ष किस प्रकार का होगा! परंतु हम लोगों को आज से ही उस संघर्ष के लिए तैयारी करनी है। मैं आपके पास बंबई से वोट प्राप्त करने तथा कांग्रेस में सदस्यों के नामांकन के लिए आने वाला हूँ, परंतु उससे पहले मैं यह स्पष्टीकरण दे रहा हूँ।

वंदे मातरम्।

□

50

संसार की स्वतंत्रता के लिए भारत की स्वतंत्रता अनिवार्य है—वल्लभभाई।

सरदार पटेल का संपूर्ण वाङ्मय

बॉम्बे क्रॉनिकल,
25 सितंबर, 1945

(उद्धरण)

बंबई में सोमवार की बैठक की अध्यक्षता करते हुए सरदार वल्लभभाई पटेल ने यह संतोष व्यक्त किया कि तीन वर्षों बाद कांग्रेस पर लगाए गए कुछ प्रतिबंधों को सरकार द्वारा हटाया गया है और वे लोग अब इस स्थिति में हुए हैं कि जनता से मिल सकें और उन्हें संबोधित कर सकें। मैदान में इतनी बड़ी संख्या में स्त्रियों व पुरुषों को एकत्र देखकर उन्हें अत्यंत प्रसन्नता हुई। वह विशेष रूप से भारत की महिलाओं द्वारा प्रत्येक कदम पर अभिव्यक्त की गई प्रतिक्रियाओं से अभिभूत हुए हैं। इस वर्तमान दृष्टांत में भी उन्होंने पूरे देश में उत्साह की जबरदस्त लहर और पुनरुत्थान के लिए एक नई प्राण-शक्ति देखी है। उन लोगों की अनुपस्थिति में भारत के लोगों ने विदेशी सरकार के दमनकारी कानूनों के आगे निष्क्रिय होकर अपना सिर नहीं झुकाया है, बल्कि उन्होंने अगस्त 1942 के 'भारत छोड़ो' प्रस्ताव को लागू करने के लिए काफी प्रयास किया है। उन्होंने देश के साधारण व्यक्ति द्वारा उस स्थिति में अभिव्यक्त साहस, उसकी सहनशीलता और उसके पराक्रम की अत्यधिक प्रशंसा की, जब वे लोग नेतृत्व-विहीन थे और घोर विपत्तियों जैसे अकाल, सरकार के अत्याचारपूर्ण व्यवहार और आतंकवाद का सामना कर रहे थे।

'शिमला सम्मेलन' की विफलता का उल्लेख करने के बाद सरदार पटेल ने कहा कि यह सोचना गलत था कि कांग्रेस 'भारत छोड़ो' प्रस्ताव से पीछे हट गई है और संघर्ष समाप्त हो चुका है। तीन वर्षों के बाद उन्होंने कहा, उन लोगों को शिमला में एक समझौते के लिए आमंत्रित किया गया था। परंतु किसी सहमति पर पहुँचने के प्रयास फलीभूत नहीं हुए। समझौता हो या न हो, इसमें संदेह नहीं है कि देश की स्वतंत्रता प्राप्त करने के लिए उन्होंने किसी भी प्रस्ताव पर विचार किया है, क्योंकि उनकी माँग अधिकार और न्याय पर आधारित है। जब उन लोगों ने देश की स्वाधीनता की माँग की तो कोई उनसे यह नहीं कह सका कि वे लोग एक ऐसी चीज की माँग

कर रहे हैं, जो गलत है। इस लक्ष्य को प्राप्त करने के लिए उन लोगों ने पूर्ण अहिंसा पर भरोसा किया और उनकी ताकत उनके उद्देश्य के औचित्य में थी। वर्तमान युद्ध ने एक सबक सिर्फ पराजित लोगों को ही नहीं, बल्कि विजयी लोगों को भी सिखाया है, कि यदि किसी एक देश ने एटम बम की खोज की है तो संभावना यह है कि समय पाकर कोई दूसरा देश उससे भी घातक कोई साधन विकसित कर लेगा। परंतु भारत और कांग्रेस ऐसे किसी भी भय से ग्रसित नहीं थे, क्योंकि उनके शस्त्रागार में सबसे घातक मिसाइल अहिंसा थी।

ब्रिटेन में लेबर सरकार के आगमन का उल्लेख करते हुए उन्होंने कहा कि जो भी सरकार ब्रिटेन में सत्ता में आई, उससे भारत में कोई अंतर नहीं पड़ा। क्योंकि उन सभी ने उसी साम्राज्यवादी नीति में विश्वास किया। "हम लोगों के अनेक साथी अभी भी जेल में हैं और हम लोगों के लिए स्वतंत्रता का संग्राम अभी तक समाप्त नहीं हुआ है।"

भारत में एक अंधा भी यह देख सकता है कि लोग क्या चाहते हैं—और वह है देश की स्वाधीनता, जिसके लिए कांग्रेस लड़ रही है।...

बंबई में...कुछ मुसलमानों की यहाँ यह धारणा है कि कांग्रेस की विजय का अर्थ है—हिंदू राज्य का निर्माण। इसलिए वे पाकिस्तान चाहते हैं। परंतु पाकिस्तान क्या है, इसे किसी ने परिभाषित करने की तकलीफ नहीं उठाई। शायद वे लोग भी, जो बड़े जोर-शोर से इसके लिए आवाज उठा रहे हैं, यह नहीं जानते कि यह सब क्या है! वे शायद कांग्रेस से उन्हें चाँद देने के लिए कह सकते हैं; परंतु न तो कांग्रेस और न ही कोई और उनकी इस असंभव माँग को पूरा कर सकता है। जब तक भारत एक गुलाम देश है तब तक कोई भी किसी को उनका पाकिस्तान या हिंदुस्तान कैसे दे सकता है? विडंबना यह है कि बंबई के मुसलमान पाकिस्तान के लिए सबसे ऊँची आवाज में हंगामा मचा रहे हैं, जबकि उत्तर-पश्चिम सीमा प्रांत, पंजाब और तथाकथित पाकिस्तान क्षेत्र में इसके लिए बहुत कम आवाज उठी है। इस मसले का हल भारत के स्वतंत्र होने पर ही किया जा सकता है। इसे तब तक नहीं सुलझाया जा सकता है जब तक कि भारतीय लोग अपने ही घरों में मालिक नहीं हैं। यदि अंग्रेज भारत छोड़ दें तो मुसलमानों और हिंदुओं के बीच यह मतभेद दस दिनों में समाप्त हो जाएगा।

उपसंहार करते हुए उन्होंने कहा कि संसार की स्वतंत्रता के लिए भारत की स्वाधीनता अनिवार्य है और दुनिया में शांति व एकता तब तक नहीं हो पाएगी जब तक कि भारत और एशिया के अन्य देश गुलामी में जकड़े रहेंगे। उन्होंने जन समुदाय को विश्वास दिलाया कि जिस दिन भारत स्वतंत्र हो जाएगा, कांग्रेस का उद्देश्य पूरा हो जाएगा और आगे इसके अस्तित्व में बने रहने की आवश्यकता नहीं रहेगी।

□

51

पटेल का जवाब जमशेद मेहता को, जो महसूस करते हैं कि जिन्ना ने मुसलमानों को गुमराह किया

सरदार पटेल का संपूर्ण वाङ्मय
सरदार श्रीनो पाटको-IV

पूना
20 सितंबर, 1945

प्रिय भाई जमशेद,

आपका 5 तारीख का पत्र मिला। आपका तार भी मिल गया था। मैंने आपका पत्र बापू को दिया है और उन्होंने उसे पढ़ लिया है।

सांप्रदायिक समस्या अत्यंत जटिल हो गई है। एक भी ऐसा संकेत नहीं है कि इसका समाधान हो पाएगा। भारत का बँटवारा कोई नहीं चाहता। किंतु मुसलमानों का एक बड़ा समूह पथभ्रष्ट हो गया है और ब्रिटिश साम्राज्य के हाथों में खेल रहा है। यह देश की प्रगति में बाधक है और दोनों के लिए हानिकारक है। फिर भी, ऐसा लगता है कि अभी वे इसे महसूस नहीं कर रहे हैं। दुर्भाग्य से, सारे संकेत हमें यह सोचने की ओर प्रवृत्त करते हैं कि भाई-भाई के बीच लड़ाई ही हमारे भाग्य में है।

कांग्रेस में ऐसा कोई समूह नहीं है, जो विभाजन के पक्ष में हो।

मैं आपके हृदय की पीड़ा समझ सकता हूँ।

वल्लभभाई का वंदे मातरम्।

श्री जमशेद मेहता

□

52

सरदार पटेल ने जिन्ना के द्विराष्ट्र के सिद्धांत को अर्थहीन बताते हुए उसका मजाक उड़ाया

सरदार पटेल का संपूर्ण वाङ्मय

बॉम्बे क्रॉनिकल
5 दिसंबर, 1946

(उद्धरण)

सरदार वल्लभभाई पटेल के अंतरिम सरकार में गृह सदस्य बनने के बाद पहली बार उन्हें देखने और सुनने के लिए पिछले रविवार को चौपाटी के समुद्र-तट पर उमड़ी विशाल भीड़ को अभिव्यक्त करने के लिए 'जन-समुद्र' शब्द के प्रयोग से बेहतर और कुछ नहीं हो सकता।

बंबई प्रदेश कांग्रेस कमेटी के अध्यक्ष ने अपने छोटे और प्रेरक भाषण से नेता का स्वागत किया, और तब नेता ने स्वयं भाषण प्रारंभ किया—पहले धीमी आवाज में, जिससे हम लोगों को यह संदेह हुआ कि क्या उन्हें चारों ओर सुना जा सकेगा; परंतु उनमें जोश आया—कभी बहुत क्रोधित नहीं हुए, कभी संवेगिक मूल्यों को उत्तेजित करनेवाली अपील नहीं की, कभी अपने मनोवेगों के साथ असावधान नहीं हुए—उनमें धीरे-धीरे तेजमयता आई और उन्होंने अपनी विचार-शक्ति एवं अपने परिहास से उन विषयों पर प्रशंसा प्राप्त की, जिनके लिए अन्य लोग संवेग और क्रोध पर भरोसा करते हैं।

वल्लभभाई 'सीधी काररवाई' में विश्वास नहीं करते। उनके भाषणों में सीधा प्रहार नहीं होता। उन्होंने जिन्ना या वावेल को बुरा-भला नहीं कहा। निरुद्विग्नतापूर्वक उन्होंने ब्रिटिश प्रस्तावों के चक्रव्यूह के माध्यम से कांग्रेस-मुसलिम लीग के संबंधों के इतिहास की रूपरेखा प्रस्तुत की; परंतु विषय के अपने तटस्थ और उपयुक्त विवेचन को वह विचार-शक्ति एवं परिहास से इस प्रकार अलंकृत कर देते हैं कि मैं निश्चित रूप से यह कह सकता हूँ कि जिनके विरुद्ध वह विचार प्रस्तुत किया गया है, यदि उनमें हास्य की समझ है तो उन लोगों ने भी उससे आनंद प्राप्त किया होगा।

मैं जानता हूँ कि उनके भाषणों से लोग भारी भीड़ में हँसते-हँसते बेकाबू होकर

गिर पड़ते थे। इसका अद्‌भुत भाग यह था कि जब वह परिहास कर रहे होते थे तो स्वयं पूर्णत: गंभीर बने रहते थे।

वह बड़े व साँस फुला देनेवाले वाक्य नहीं बोलते थे, बल्कि शब्दों के हथौड़े से ऐसा अलक्षणीय प्रहार करते थे, जो बिना दिखे ही अपना प्रभाव छोड़ जाते। मूल भाषा की सुंदरता को अनुवाद में प्रस्तुत कर पाना संभव नहीं है; किंतु मैं उनके भाषण के कुछ विशिष्ट लक्षणों को पुन: हस्तगत करने का प्रयास करूँगा।

जिन्ना की मनोवृत्ति की रूपरेखा प्रस्तुत करते हुए वल्लभभाई ने उनकी हठधर्मी प्रकृति को यह कहकर इंगित किया कि वह किसी भी समझौते के लिए तैयार नहीं थे और सिर्फ मन:कल्पित पाकिस्तान पर अड़े रहे। श्री जिन्ना विश्वास करते हैं, नहीं जिद करते हैं, सरदार ने इंगित किया कि केवल वे मुसलमान, जो लीग में या लीग के साथ हैं, वे ही वास्तव में मुसलमान हैं। अन्य सभी मुसलमान, मुसलमान हैं ही नहीं। वल्लभ भाई ने इस वक्तव्य की यथार्थता पर कोई टिप्पणी नहीं की और श्रोताओं को अपना निष्कर्ष निकालने के लिए छोड़ दिया, जिससे वह सबकुछ स्पष्ट हो गया, जिसे वह कहने का प्रयास कर रहे थे।

मैं महसूस करता हूँ कि लीग के घेरे से बाहर के मुसलमानों ने अब अपनी शक्ति खो दी है अथवा तेजी से खो रहे हैं। पहले हम अकसर राष्ट्रवादी मुसलिम समुदाय के विभिन्न संवर्गों के द्वारा विरोध के बारे में पढ़ते थे। उनके विचार नहीं भी बदले हो सकते हैं, किंतु उनकी आवाज अस्थायी रूप से चली गई है। चुनावों ने उन्हें मृतवत् आघात दे दिया है अथवा कम-से-कम उन्हें अचेतावस्था में तो ला ही दिया है।

जिन्ना ने अंतरिम सरकार के गठन के समय इस स्थिति को यह जोर देकर कहते हुए उठाया कि कांग्रेस में उनके चुने गए प्रतिनिधियों में कोई राष्ट्रवादी मुसलिम नहीं होगा।

लीग के नेताओं के इस अविवेकपूर्ण तर्क पर टिप्पणी करते हुए सरदार पटेल ने कहा कि कांग्रेस अल्पसंख्यकों के अधिकारों को सुरक्षित रखने के लिये उत्सुक है—इसने अपने मंत्रिमंडल में अल्पसंख्यकों के हर समुदाय से प्रतिनिधि लिये हैं और चूँकि राष्ट्रवादी मुसलमानों को भी ऐसे अल्पसंख्यकों में रखा जा सकता है, इसलिए कांग्रेस पार्टी उन्हें प्रतिनिधित्व का अवसर देकर उनके हितों की रक्षा करना अपने कर्तव्य का एक भाग समझती है।

वल्लभभाई ने हम लोगों को उस समय फिर हँसाया, जब उन्होंने द्विराष्ट्र के सिद्धांत की बात की। इसे प्रस्तुत करने का उनका तरीका विशिष्ट था। एक ही देश में दो राष्ट्रों के विचार को हास्यास्पद बताते हुए सरदार ने कहा कि इसका अर्थ यह होगा कि पिता एक राष्ट्र का होगा और उसके बच्चे दूसरे राष्ट्र के।

इसमें मैं यह भी जोड़ना चाहूँगा कि कुछ लोग तो 'नो मैंस लैंड' के भी होंगे—

यदि पिता एक राष्ट्र का हो और माता दूसरे राष्ट्र की।

वल्लभभाई अगले कुछ समय तक लीग के नेता की 'सीधी चोट' की घोषणा पर बोलते रहे और उन्होंने कहा कि इसका जो तात्पर्य था और उससे जो प्राप्त हुआ, वह था—सिर्फ विनाश, घोर विपत्ति, विकृति और अनादर।

उन्होंने कामना की कि श्री जिन्ना अपने उद्देश्यों को प्राप्त करने के लिए यदि शांतिपूर्ण तरीकों का उपयोग करते तो कांग्रेस उनकी माँगों पर विचार करने के लिए सदैव इच्छुक थी। नोआखाली, बिहार, निर्दोषों की हत्या—ये सब क्रूरताएँ भारत की समस्या का समाधान नहीं कर सकतीं। दोनों ही दलों के द्वारा बुद्धिमत्तापूर्ण चिंतन ही शांति और समृद्धि का परिणाम ला सकता है।

उन्होंने कपटपूर्ण कार्यों के लिए अंग्रेजों की निंदा नहीं की, परंतु उन्होंने निश्चित रूप से लंदन में चल रही बातचीत में कांग्रेस के द्वारा भाग लिये जाने का विरोध किया। बातचीत में भाग न लेने का कांग्रेस का मूल निर्णय पूर्ण रूप से न्यायसंगत था, क्योंकि मामला पूर्णतः अंग्रेजों और लीग के बीच था। कांग्रेस ने अंग्रेजों के द्वारा प्रस्तावित व्यवस्था से सहमति प्रकट की थी। कांग्रेस की इच्छा उसे कार्यान्वित करने की थी। अब यह अंग्रेजों पर था कि वे अपनी व्यवस्था पर टिके रहें।

संविधान-सभा की बैठक सोमवार को निश्चित की गई है। वल्लभभाई ने दृढ़ आवाज में कहा कि बैठक सोमवार को निश्चित रूप से होगी, चाहे जो भी हो। इससे कोई फर्क नहीं पड़ता कि बैठक में किसने भाग लिया और किसने नहीं लिया। कार्य बिना किसी विलंब के आगे बढ़ना चाहिए।…

□

53

कैबिनेट मिशन के प्रस्ताव सिफारिशी हैं, अंतिम निर्णय संविधान सभा का होगा

सरदार पटेल का संपूर्ण वाङ्मय

सरदार के पत्र—अधिकांशतः अज्ञात-IV
नई दिल्ली
26 मई, 1946

प्रिय डॉ. गोपीचंद,

मुझे आपका 17 तारीख का पत्र मिला। कोई सांप्रदायिक समझौता नहीं हो सका है और कांग्रेस के सन् 1929 के प्रस्ताव को लागू नहीं किया गया है। कैबिनेट

शिष्टमंडल ने संविधान-सभा के विचारार्थ कुछ संस्तुतियाँ की हैं।* यह संविधान सभा पर है कि वह उसे स्वीकार करती है अथवा अस्वीकार। ये प्रस्ताव सिक्खों को स्वीकार्य नहीं होंगे और इसलिए यह उन पर है कि वे आवश्यक परिवर्तन के लिए कैबिनेट शिष्टमंडल से संपर्क करें।

संपूर्ण भारत के लिए एक ही संविधान सभा है। वाक्य-संयमिता के साथ पाकिस्तान के विचार को तिरस्कृत और अस्वीकृत किया गया है। समूहों की सभाएँ किसी आकार या रूप में संविधान-सभाएँ नहीं हैं। प्रांत जो चाहें वह करने के लिए स्वतंत्र हैं और इसलिए डरने का कोई कारण नहीं है।*

यह सच है कि उत्तर-पश्चिम सीमा प्रांत में गैर-मुसलमानों को कोई सीट नहीं मिलती है और न ही उसे संविधान सभा में सदस्य चुनने का अधिकार है; परंतु उड़ीसा के मुसलमानों के साथ भी वैसा ही बरताव किया गया है, क्योंकि जनसंख्या आधारित सिद्धांत को समान रूप से स्वीकार किया गया है। इसलिए यह नहीं कहा जा सकता कि इस मामले में अन्याय हुआ है।

भवदीय,

वल्लभभाई पटेल

डॉ. गोपीचंद भार्गव, लाहौर।

संलग्नक

(संपूर्ण भारत के लिए संविधान के निर्माण से संबंधित कैबिनेट शिष्टमंडल की संस्तुतियाँ)

हम यह संस्तुति करते हैं कि संविधान की आधारभूत संरचना का निम्नलिखित स्वरूप होना चाहिए—

भारत एक राज्य संघ होगा, जिसमें ब्रिटिश भारत और रियासतें शामिल होंगी तथा उसका कार्यक्षेत्र निम्नलिखित होगा—विदेश से संबंधित मामले, रक्षा एवं संचार तथा उपर्युक्त विषयों के लिए आवश्यक आर्थिक संसाधन जुटाने की भी शक्ति उसमें निहित होगी।

संघ में एक कार्यपालिका और विधानमंडल होगा, जिसमें ब्रिटिश भारत और रियासतों के प्रतिनिधि होंगे। किसी प्रमुख सांप्रदायिक समस्या के समाधान से संबंधित निर्णय के लिए विधान सभा में दोनों प्रमुख समुदायों के उपस्थित एवं वोट देनेवाले सदस्यों के बहुमत के साथ-साथ सभी उपस्थित तथा मताधिकार का प्रयोग करनेवाले सदस्यों के बहुमत की आवश्यकता होगी।

---

* संलग्नक देखिए।

* कैबिनेट शिष्टमंडल के विवरणों से—19 (VIII)। जैसे ही नई संवैधानिक व्यवस्था लागू होगी, किसी भी प्रांत के लिए यह छूट होगी कि वह उस वर्ग से बाहर हो जाए, जिसमें उसे रखा गया है। ऐसा निर्णय नए संविधान के लागू होने पर पहले देशव्यापी निर्वाचन के बाद गठित प्रांत की नई विधानसभा के द्वारा लिया जाएगा।

संघ से संबंधित विषयों के अतिरिक्त अन्य सभी विषय तथा शेष सभी शक्तियाँ प्रांतों में निहित होंगी।

प्रांतों में वे सभी विषय और वे सभी शक्तियाँ निहित होंगी, जो संघ को नहीं सौंपी गई हैं।

प्रांतों को कार्यपालिकाओं और विधानसभाओं के समूह बनाने की छूट होगी और प्रत्येक समूह प्रांतीय विषयों को सुनिश्चित करेगा, जिसे सामूहिक रूप से उठाया जा सकेगा।

संघ और समूहों के संविधान में एक ऐसी व्यवस्था होगी जिससे विधानसभा में बहुमत के द्वारा कोई भी प्रदेश प्रारंभिक दस वर्षों के बाद और उसके बाद प्रति दस वर्ष के अंतराल पर संविधान के नियमों पर पुनर्विचार करने की माँग कर सकता है।

□

54

कैबिनेट शिष्टमंडल के प्रस्तावों पर सरदार पटेल के विचार

सरदार पटेल का संपूर्ण वाङ्मय

सरदार के पत्र—अधिकांशतः अज्ञात-IV
नई दिल्ली
20 मई, 1946

प्रिय मित्र,

मुझे आपका 18 तारीख का पत्र* मिल गया है।

मुझे अन्य मित्रों के भी अनेक पत्र मिले हैं, जिन्होंने हमारे इतिहास की इस संकटपूर्ण परिस्थिति में कैबिनेट मिशन की भावनाओं एवं उसके कार्यों की सराहना की है।

आपने प्रधानमंत्री (एटली) की घोषणा में यह अवश्य देखा होगा कि सर्वोपरिता पूर्णतः समाप्त होनी है। इसका अर्थ यह है कि राजनीतिक विभाग भी समाप्त हो जाएगा। भारतीय रियासतों को अलग से सीधे संविधान सभा अथवा अंतरिम सरकार से संधि करनी होगी। इस प्रकार इस महत्त्वपूर्ण राजनीतिक विभाग का पुराना, जटिल एवं गोपनीय कार्य समाप्त होने वाला है।

ब्रिटिश सरकार ने अपनी घोषणा के द्वारा यह स्पष्ट कर दिया है कि वे इस देश को छोड़ने का इरादा रखते हैं और वे तुरंत एक संविधान सभा भी गठित करना चाहते हैं, जिसे स्वाधीन भारत के लिए बिना किसी बाहरी हस्तक्षेप के अपने संविधान

---

* एम. एम. घरेखान के पत्र से—"मिशन के बनने की बातों से इतिहास रच दिया गया है। इसमें आपने काफी योगदान दिया है। अच्छी सलाह से हमारे अन्य देशवासियों में प्रचलित कमियों को सुदृढ़ और सरल नियमों से बदला जा सकता है।"

को निर्मित करने की पूर्ण स्वतंत्रता होगी। इस मध्यकाल में कार्य करने के लिए एक अंतरिम सरकार स्थापित की जाएगी और हम आशा करते हैं कि इसके एक स्वतंत्र सरकार के रूप में कार्य करने की सभी संभावनाएँ हैं, यद्यपि कानून में ऐसा नहीं भी हो सकता है। इससे भारत की स्वतंत्रता की राह पूर्णतः साफ हो जाती है। मुसलिम लीग के पास निषेधाधिकार (वीटो पावर) होने के कारण उत्पन्न हो सकनेवाला कठिन व्यवधान हमेशा के लिए समाप्त कर दिया गया है। निस्संदेह इस योजना में त्रुटियाँ हैं; किंतु इस प्रकार की त्रुटियाँ किसी भी समझौते में अंतर्निहित होती हैं। हम लोगों को यह आशा करनी चाहिए कि संविधान सभा अपना कार्य शीघ्र पूरा कर लेगी और भारत अपना स्थान ग्रहण कर लेगा—पहली बार, गुलामी की लंबी अवधि के बाद, संसार के स्वतंत्र राष्ट्रों के बीच।

स्वतंत्रता के आगमन के साथ ही सभी क्षेत्रों में सेवाओं के रास्ते खुल जाएँगे, किंतु हम लोगों के पास अत्यधिक व्यापक स्तर पर किए जानेवाले रचनात्मक कार्यों के लिए पर्याप्त लोग नहीं हैं। योग्यता, अनुभव और सेवा करने की भावना से संपन्न युवाओं की वास्तव में माँग होगी; और यदि आपकी सेवाओं के उपयोग किए जाने का कोई अवसर आता है तो मैं आपके प्रस्ताव को अवश्य याद करूँगा।

भवदीय

वल्लभभाई पटेल

श्री एम. एम. घरेखान,
बंबई

□

55

पाकिस्तान अस्वीकृत किए जाने पर सरदार पटेल ने मुंशी को लिखा

सरदार पटेल का संपूर्ण वाङ्मय

सरदार के पत्र—अधिकांशतः अज्ञात-IV

नई दिल्ली

17 मई, 1946

प्रिय मुंशी,

मुझे आपका 17 तारीख का तार मिला। ईश्वर की बड़ी कृपा है कि हम लोगों ने सफलतापूर्वक उस महान् विपत्ति से अपना बचाव कर लिया है, जो हमारे देश के लिए खतरा बनी हुई थी। अनेक वर्षों में पहली बार स्पष्ट रूप से किसी भी आकार या रूप में

पाकिस्तान की संभावना के विरुद्ध एक आधिकारिक घोषणा* की गई है। विकास को लगातार अवरुद्ध करनेवाला यह खतरा और अवरोध उत्पन्न करनेवाले तत्त्वों का निषेधाधिकार (वीटो पावर) सदैव के लिए समाप्त कर दिया गया है। भारत से ब्रिटिश सत्ता के हटने में अब संदेह नहीं है और हम लोग बिना किसी बाहरी अवरोध या हस्तक्षेप के अपने भाग्य का निर्माण करने के लिए स्वतंत्र हैं। हम अपने जीवन का लक्ष्य प्राप्त करने की पूर्व संध्या पर पहुँच चुके हैं और यदि हम इस कार्य को जल्दी पूरा कर लें तो हम लोगों को अपना अंतिम लक्ष्य प्राप्त करने से कोई नहीं रोक सकता।

भवदीय,
वल्लभभाई पटेल

श्री के.एम. मुंशी
कैंप : मथेरन

संलग्नक

(देश के विभाजन को अस्वीकार करते हुए कैबिनेट मिशन के 16 मई, 1946 के विवरण से संबद्ध उद्धरण)

"...मुसलिम लीग के द्वारा माँगे गए एक अलग प्रभुता-संपन्न पाकिस्तान राज्य की स्थापना से अल्पसंख्यकों की सांप्रदायिक समस्या का समाधान नहीं होगा, न ही प्रभुता-संपन्न पाकिस्तान में गैर-मुसलिम बहुल जनसंख्यावाले पंजाब, बंगाल और असम के जिलों को शामिल करने का कोई औचित्य ही हम देख रहे हैं। पाकिस्तान के पक्ष में प्रस्तुत किए जानेवाले प्रत्येक तर्क को, हमारी दृष्टि में, समान रूप से पाकिस्तान से गैर-मुसलिम क्षेत्रों को निकालने के लिए इस्तेमाल किया जा सकता है। सिक्खों की स्थिति के निर्णय के बाद यह तर्क विशेष रूप से प्रभावशाली हो जाता है।

इसलिए हम लोगों ने यह विचार किया है कि क्या मुसलिम बहुल क्षेत्रों तक सीमित एक छोटा प्रभुता-संपन्न पाकिस्तान समझौते का संभावित आधार बन सकता है? मुसलिम लीग के द्वारा इस प्रकार के पाकिस्तान को पूर्णत: अव्यावहारिक समझा गया है; क्योंकि इस स्थिति में पाकिस्तान से निम्नलिखित क्षेत्र निकल जाएँगे—(अ) पंजाब का पूरा अंबाला और जालंधर डिवीजन; (ब) सिलहट जिले को छोड़कर पूरा असम और (स) कलकत्ता सहित पश्चिम बंगाल का एक बहुत बड़ा भाग; कलकत्ते में मुसलमानों की संख्या कुल जनसंख्या का 23.6 प्रतिशत है। हम लोग स्वयं भी यह विश्वास करते हैं कि कोई भी ऐसा समाधान, जिसमें पंजाब और बंगाल का स्वाभाविक विभाजन निहित हो, जैसाकि इसमें है, वह इन प्रांतों के निवासियों की एक बहुत बड़ी जनसंख्या की आकांक्षाओं एवं उनके हितों के विरुद्ध होगा। बंगाल और पंजाब में प्रत्येक की एक अपनी सामान्य भाषा और उनका लंबा इतिहास एवं उनकी अपनी परंपराएँ हैं। इसके अलावा, पंजाब के किसी भी प्रकार के विभाजन से सिक्ख इस प्रकार बँटेंगे कि सरहद के दोनों ओर भारी संख्या में वे अनिवार्य

* संलग्नक देखिए।

रूप से रह जाएँगे। इसलिए हम लोगों को बाध्य होकर इस निष्कर्ष पर पहुँचना पड़ रहा है कि न एक बड़ा और न ही एक छोटा प्रभुता-संपन्न पाकिस्तान राज्य सांप्रदायिक समस्या का स्वीकार्य समाधान प्रस्तुत कर पाएगा।

उपर्युक्त शक्तिशाली तर्कों के अलावा अन्य गुरुतर प्रशासनिक, आर्थिक और सेना संबंधी तथ्यों पर भी विचार करना जरूरी है। भारत के संपूर्ण यातायात एवं डाक व तार प्रणाली को संयुक्त भारत के आधार पर ही स्थापित किया गया है। उन्हें पृथक् करने पर भारत के दोनों भागों में गंभीर क्षति हो सकती है। सम्मिलित प्रतिरक्षा का मामला और भी मजबूत है। भारतीय रक्षा सेवाओं को संपूर्ण भारत की रक्षा हेतु गठित किया गया है और उन्हें दो भागों में बाँटने पर भारतीय सेना की लंबी परंपराओं एवं उच्च स्तर की कार्य-कुशलता पर घातक आघात पड़ सकता है तथा इससे गंभीर खतरे उत्पन्न हो सकते हैं। प्रस्तावित पाकिस्तान के दो भागों की अत्यंत आक्रमणीय सीमाएँ भारत में हैं और सफल गहन प्रतिरक्षा के लिए पाकिस्तान का क्षेत्र अपर्याप्त होगा।

एक महत्त्वपूर्ण विचार तत्त्व यह भी है कि भारतीय रियासतें विभाजित ब्रिटिश भारत से अपने आपको संबद्ध करने में अत्यधिक कठिनाई का अनुभव करेंगी।

अंत में, एक भौगोलिक तथ्य यह है कि प्रस्तावित पाकिस्तान राज्य के दो भागों के बीच की दूरी लगभग 700 मील है और युद्ध व शांति दोनों ही के दौरान इन दोनों भागों के बीच यातायात हिंदुस्तान की सद्भावना पर निर्भर रहेगी।

इसलिए हम लोग ब्रिटिश सरकार को यह सुझाव देने में असमर्थ हैं कि सत्ता, जो इस समय ब्रिटिश हाथों में है, उसे पूर्णत: दो अलग प्रभुता-संपन्न राज्यों को सौंपा जाए।

□

56

सी. आर. रेड्डी को सरदार पटेल का पत्र

सरदार पटेल का संपूर्ण वाङ्मय

पटेल के कागजात, नवजीवन ट्रस्ट

16 अगस्त, 1946

(उद्धरण)

···काफी उल्लेखनीय परिवर्तन हुए हैं। कांग्रेस अध्यक्ष को अंतरिम सरकार का गठन करने के लिए आमंत्रित किया गया है और पहली बार ब्रिटिश सरकार ने मुसलिम लीग को उसका सही स्थान दिखलाया है। इस प्रकार उन्होंने अपनी ईमानदारी का प्रमाण

दे दिया है और अब यह हम पर है कि भारत के भविष्य को बनाएँ या बिगाड़ें!

आप मेरे द्वारा पं. नेहरू का बचाव किए जाने से सहमत नहीं हैं। किंतु आप कृपा कर यह पसंद करेंगे कि उन्हें बचाने की प्रक्रिया में मैं उस संगठन को बचाने का प्रयास कर रहा हूँ, जिसका मैं एक निष्ठावान् और साधारण सिपाही हूँ। आपने वह प्रस्ताव अवश्य देखा होगा, जिसे वर्धा में कार्यकारिणी समिति ने पास किया है; और मैं समझता हूँ कि आप इस बात से सहमत होंगे कि हमारे अध्यक्ष ने इस प्रस्ताव का प्रारूप तैयार करते समय अपनी योग्यता प्रदर्शित करते हुए असाधारण राजनीतिज्ञता अभिव्यक्त की है। यदि इस विषय पर उन्होंने पिछली बार गलती की है तो अब काफी परिवर्तन किए हैं। गलती आदमी से हो जाती है, किंतु अपनी भूल को स्वीकार कर लेना बड़ा ही महान् कार्य है।

मुसलिम लीग का असहयोग प्रारंभ हो गया है और आज के दिन को वे 'सीधी काररवाई के दिन' के रूप में मना रहे हैं। कांग्रेस, जो भारत की जनसंख्या के एक बहुत बड़े भाग का प्रतिनिधित्व करने का दावा करती है, कमजोर नहीं रह सकती या उन सारी कठिनाइयों के बावजूद, जिनका सामना करना पड़ सकता है, देश की सरकार का पदभार ग्रहण करने की जिम्मेदारी लेने से पीछे नहीं हट सकती। यदि ब्रिटिश सरकार और कांग्रेस अपना काम ठीक तरह से करें तो मुझे इसमें संदेह नहीं है कि हम लोग, अनेक लोगों की कल्पना से बहुत पहले ही, भारत को स्वतंत्र देखेंगे और न तो लीग तथा न ही अन्य संवर्ग या अभिरुचि के लोग, चाहे वे कितने ही मजबूत या शक्तिशाली क्यों न हों, इसे रोक सकने में सक्षम होंगे।

□

57

संघ और सेना आदि के बारे में अंतिम अधिकार संविधान सभा में निहित होगा

सरदार पटेल का संपूर्ण वाङ्मय

सरदार के पत्र—अधिकांशत: अज्ञात-IV

1 जून, 1946

प्रिय मित्र,

मुझे आपका 28 मई का पत्र और संलग्नक* मिल गया है। 'यूनियन रिपब्लिकन आर्मी' के गठन के प्रश्न पर केवल स्वतंत्र भारत की सरकार ही विचार कर सकती

* आंध्र स्वराज्य पार्टी के द्वारा पास किया गया प्रस्ताव, जिसमें यूनाइटेड स्टेट्स ऑफ हिंदुस्तान और इंडियन रिपब्लिकन आर्मी के गठन हेतु समर्थन किया गया है। समाप्त किया जाना चाहिए आदि।

है, इसलिए इस पर इस समय विचार-विमर्श नहीं किया जा सकता। संविधान सभा स्वतंत्र भारत के लिए एक संविधान का प्रारूप तैयार करेगी और उस संविधान को ब्रिटिश सरकार को संसद् में आवश्यक कानून पास करके स्वीकार करना होगा।

कैबिनेट मिशन की योजना के संबंध में पास किए गए प्रस्ताव में आपके द्वारा इंगित की गई त्रुटियाँ* हम सभी लोगों को ज्ञात हैं और उन पर संविधान सभा द्वारा संविधान का प्रारूप तैयार करते समय उचित रूप से विचार किया जा सकता है।

देश की सुरक्षा के लिए कांग्रेस एक राष्ट्रीय सेना रखने या आंतरिक शांति और व्यवस्था बनाए रखने के लिए पुलिस बल रखने के विरुद्ध नहीं है। कांग्रेस में कुछ लोग गांधीजी की पूर्ण अंहिसा में विश्वास करते हैं और यदि कांग्रेस में केवल वे ही लोग रहें, जो पूर्ण अहिंसा में विश्वास करनेवाले हैं तो यह सिमटकर कुछ व्यक्तियों की संस्था बनकर रह जाएगी। इसलिए अब आपके लिए वह समय आ गया है, जब आप अपनी स्थिति पर पुनर्विचार करें और कांग्रेस में शामिल होने का अपना मन बनाएँ।

भवदीय,
वल्लभभाई पटेल

श्री जी. वी. सुब्बा राव,
अध्यक्ष, आंध्र स्वराज्य पार्टी,
बेजवाड़ा

□

58

निहछलदास वजीरानी को सरदार का पत्र

सरदार पटेल का संपूर्ण वाङ्मय

पटेल के कागजात, नवजीवन ट्रस्ट
2 जून, 1946

(उद्धरण)

प्रांतों को वर्गबद्ध करने से संबंधित परिच्छेद के बारे में मैं निश्चित रूप से महसूस करता हूँ कि सिंध के सभी मुसलमान पंजाब के द्वारा शासित होना नहीं चाहेंगे और संघ

---

* कैबिनेट मिशन प्लान की त्रुटियाँ, जैसाकि इस प्रस्ताव में इंगित किया गया है, ये हैं कि मिशन के मुख्य प्रस्ताव पर पूर्ण काररवाई करने की निश्चित तिथि नहीं निर्धारित की गई है और इसमें प्रांतों के लिए ग्रुप प्रणाली का सुझाव दिया गया है, जिसे समाप्त किया जाना चाहिए आदि।

के लिए दिल्ली में राजधानी तथा वर्ग के लिए एक राजधानी लाहौर में रखना पसंद नहीं करेंगे। मेरे विचार से, कोई भी प्रांत अपनी प्रांतीय स्वायत्तता का त्याग नहीं करना चाहेगा। यह मानवीय प्रवृत्ति के विरुद्ध है और यह वर्ग-व्यवस्था मुसलिम लीग को किसी भी प्रकार से सहायता नहीं करने वाली है। परंतु हमारी आपत्ति सिद्धांत को लेकर है। कैबिनेट शिष्टमंडल किसी भी प्रांत को अपनी इच्छा के विरुद्ध किसी वर्ग में शामिल न तो कर सकता है और न ही उसे ऐसा करने के लिए बाध्य करना चाहिए। यद्यपि प्रांतों को यह स्वतंत्रता है कि वे बाद में उस संबंधित वर्ग से अलग हो जाएँ।

मैंने सईद ग्रुप के प्रस्ताव को देखा है। केंद्र में समान प्रतिनिधित्व की उनकी माँग को मैं पूरी तरह से नापसंद करता हूँ। मुसलिम लीग ने समानता की माँग की, परंतु मैंने दृढ़तापूर्वक इसका विरोध किया। समानता किसी भी रूप या आकृति में प्रजातंत्र के नियमों के विरुद्ध है और कितना भी वाक्छल क्यों न किया जाए, वह उसे उचित नहीं ठहरा सकता। वास्तव में जिन्ना पर प्रहार करने के लिए सईद को एक बहुत अच्छा मौका मिल गया है, क्योंकि जिन्ना और लीग ने कांग्रेस के विरुद्ध अपने पाँच वर्षों के संघर्ष के बाद तथा इतनी कड़वाहट फैलाने के बाद भी मुसलमानों के लिए कुछ भी हासिल नहीं किया है। उनकी पाकिस्तान की मुख्य माँग को हमेशा के लिए दफना दिया गया है। समानता की उनकी माँग स्वीकार नहीं की गई है। हिंदू बहुल प्रांतों की संविधान सभा में मुसलमानों ने अपना प्रतिनिधित्व खो दिया है। वे निराशाजनक अल्पमत में होंगे। प्रतिनिधित्व के लिए जनसंख्या आधारित सिद्धांत को स्वीकार किया गया है। केवल एक चीज जो वह अपनी नाक बचाने के लिए पा सके हैं, वह है—वर्ग-व्यवस्था, जिसका उनके अपने ही लोगों द्वारा घोर विरोध किया जाएगा।

मुसलिम लीग के लोगों ने दिल्ली में हुए अपने सम्मेलन में कसम खाई थी, जिसके कारण वह अंतरिम सरकार में उस समय तक नहीं घुसने के लिए बाध्य हैं, जब तक कि पाकिस्तान सिद्धांत रूप में मान नहीं लिया जाता। अब वे सभी अंतरिम सरकार में जाने के लिए अपनी कसम के बावजूद इच्छुक हैं।...

□

59

एक सुदृढ़ केंद्र की आवश्यकता पर शीतलवाड़ ने पटेल को पत्र लिखा

सरदार पटेल का संपूर्ण वाङ्मय

सरदार के पत्र—अधिकांशत: अज्ञात-IV
बंबई
3 मई, 1946

प्रिय वल्लभभाई,

मुझे आशंका है कि अब तक प्रकाशित कैबिनेट मिशन के प्रस्तावों पर हो रही बातचीत की दिशा परेशान करनेवाली है। केवल रक्षा, सीमा शुल्क एवं संचार-व्यवस्था के साथ एक कमजोर और नपुंसीकृत केंद्र तथा प्रांतों में शेष अधिकारों की व्यवस्था अत्यंत अवांछनीय है। भारत जैसे देश की यह आवश्यकता है कि एक सुदृढ़ केंद्र सरकार और एक विधानमंडल हो। यदि आप शेष अधिकारों को प्रांतों में निहित करते हैं तो भी केंद्र सरकार के पास किसी आपातकालीन स्थिति में काररवाई करने के विशिष्ट अधिकार होने चाहिए और ऐसी परिस्थितियों को आँकने का अधिकार भी पूर्णत: केंद्र सरकार के पास ही होना चाहिए। मैं वर्तमान स्थिति जैसी ही एक संकट की स्थिति की कल्पना करता हूँ, जिसमें खाद्यान्न की कमी हो गई है और यदि केंद्र सरकार के पास पूरे देश में खाद्यान्न वितरण को व्यवस्थित करने के अधिकार न हों तो क्या स्थिति होगी! इसके अलावा, पूरे पंजाब और पूरे बंगाल को, आज वे जिस स्थिति में हैं, किस प्रकार पाकिस्तान का प्रांत बनाया जा सकता है, जब मुसलमानों की जनसंख्या एक में 52 प्रतिशत और दूसरे में 58 प्रतिशत है? असम को, जहाँ मुसलमान अल्पसंख्यक हैं, किस प्रकार पाकिस्तान का एक प्रांत बनाया जा सकता है? उत्तर-पश्चिम सीमा प्रांत को किस प्रकार पाकिस्तान का प्रांत बनाया जा सकता है, जबकि वहाँ के अधिकांश मुसलमानों ने कांग्रेस को वोट दिया है?

मैं आशा करता हूँ कि ब्रिटिश सत्ता को भारत से तुरंत निकालने मात्र के लिए हम एक ऐसे संविधान को स्वीकार नहीं कर सकते, जिसके लिए बाद में हमें पश्चात्ताप करना पड़े।

भवदीय,
चिमनलाल एन. शीतलवाड़

सरदार वल्लभभाई पटेल
कैंप : शिमला

60

एक सुदृढ़ केंद्र के गठन की अभिपुष्टि करते हुए सरदार पटेल ने शीतलवाड़ को पत्र लिखा

सरदार पटेल का संपूर्ण वाङ्मय

सरदार के पत्र—अधिकांशतः अज्ञात-IV
कैंप शिमला
9 मई, 1946

प्रिय सर चिमनलाल,

मुझे आपका 3 तारीख का पत्र मिला। आज्ञानुसार मैं यह सूचित करना चाहता हूँ कि मेरे विचार आपसे पूर्णतः मिलते हैं और आप आश्वस्त रहें कि ब्रिटिश सत्ता को भारत से निकालने मात्र के लिए ऐसा कुछ भी स्वीकार नहीं किया जाएगा, जो भविष्य में देश की सुरक्षा और समृद्धि को खतरे में डाल सकता है। जहाँ तक कांग्रेस का प्रश्न है, वह एक कमजोर और ढीले-ढाले केंद्र के लिए अथवा किसी ऐसी व्यवस्था, जिससे भारत का बँटवारा धार्मिक वर्गों के आधार पर होता हो, बंगाल, पंजाब व असम के वर्तमान प्रांतों को तथाकथित पाकिस्तान क्षेत्र में देने के लिए कभी सहमत नहीं होगी।

मैं इस बातचीत के बारे में आपकी चिंता को भलीभाँति समझता हूँ और आभारी हूँ कि आपने अपने विचारों से मुझे अवगत कराया।

भवदीय,
वल्लभभाई पटेल

सर चिमनलाल शीतलवाड़,
बंबई।

□

61

सरदार पटेल देश के विभाजन के विरुद्ध

सरदार पटेल का संपूर्ण वाङ्मय

सरदार के पत्र—अधिकांशतः अज्ञात-IV

13 मई, 1946

प्रिय मित्र,

मुझे आपका 6 तारीख का पत्र मिला।* आपको इस विषय में कोई आशंका नहीं होनी चाहिए, क्योंकि लीग और कांग्रेस के बीच लीग के प्रस्तावों के आधार पर कोई समझौता नहीं होने वाला है। कांग्रेस एक सुदृढ़ केंद्र सरकार की पक्षधर है और इसलिए भारत के विभाजन का कोई प्रश्न नहीं है। यदि कांग्रेस अपनी घोषित नीति में कोई परिवर्तन करने पर विचार करती है तो असम प्रदेश कांग्रेस कमेटी के अध्यक्ष को अवश्य आमंत्रित किया जाएगा। जब तक कांग्रेस अपनी घोषित नीति पर बनी रहती है तब तक किसी कांग्रेसी को भयभीत होने की आवश्यकता नहीं है।

भवदीय,

वल्लभभाई पटेल

श्री सिद्धिनाथ शर्मा
महामंत्री,
असम प्रदेश कांग्रेस कमेटी
गुवाहाटी।

☐

---

* श्री सिद्धिनाथ शर्मा ने सरदार को सूचित किया था कि क्षेत्रीय संघ असम के लिए संकटकारक होगा और इसे भारतीय संघ में एक स्वायत्तशासी प्रांत होना चाहिए।

62

मौलाना आजाद अंतरिम सरकार के लिए मुसलमान सदस्यों की सूची तैयार करने में देर कर रहे हैं

सरदार पटेल का संपूर्ण वाङ्मय

सरदार के पत्र—अधिकांशतः अज्ञात-IV
नई दिल्ली
20 अगस्त, 1946

श्रद्धेय बापू,

कल वाइसराय को अपने विचारों से अवगत कराने के बाद हम लोगों को तुरंत ही उनका एक पत्रोत्तर मिला, जिसमें सूचित किया गया है कि आज के समाचार-पत्र में जिन्ना के साक्षात्कार[1] को पढ़ने के बाद बातचीत के लिए उन्हें आमंत्रित करने का कोई अर्थ नहीं है। इस प्रकार यह अध्याय किसी प्रकार समाप्त हुआ। परंतु अपनी ओर, हम लोगों को अभी भी पाँच मुसलमान सदस्यों की सूची तैयार करनी है। हम लोगों ने इस विषय पर पुनः विचार किया है और आसफ अली, शफात अहमद[2], अली जहीर[3] और फजलुल हक[4] के बारे में निर्णय लिया गया है। अब केवल एक नाम ही निश्चित करना बाकी रह गया है। आसफ का नाम भी आज उनके यहाँ पहुँचने के बाद उनकी स्वीकृति पर निर्भर है। इस प्रकार मौलाना का काम यथा-रीति

---

1. प्रेस को दिया जिन्ना का वक्तव्य (18.8.46)—पं. जवाहरलाल नेहरू सत्य के करीब होते, यदि वह 'लीग की तरफ से असहयोग था' कहने के बजाय यह कहते कि 'मुसलिम लीग समर्पण करने के लिए तैयार नहीं था' और यह और भी सच होता, यदि यह कहने के बजाय कि 'कांग्रेस के दरवाजे सहयोग के लिए खुले हुए हैं', वह यह कहते कि 'कांग्रेस के दरवाजे मुसलिम लीग के निकृष्ट समर्पण के लिए खुले हुए हैं'।
2. सर शफात अहमद खान, इतिहासकार एवं लेखक, राउंड टेबल कॉन्फ्रेंस के सदस्य; दक्षिण अफ्रीका में भारत के उच्चायुक्त (1941-44); वाइसराय की कार्यकारिणी परिषद् के सदस्य, अल्प समय के लिए; अंतरिम सरकार में सदस्य।
3. सैयद अली जहीर, अल्प समय के लिए अंतरिम सरकार में सदस्य; ईरान में भारत के राजदूत; उत्तर प्रदेश कैबिनेट में मंत्री।
4. फजलुल हक, मूल रूप से कृषक प्रजा नेता; मुसलिम लीग के प्रमुख सदस्य भी थे; बंगाल के मुख्यमंत्री थे।

लटक रहा है। अब तक यह विषय यहाँ तक पहुँचा है, किंतु आश्चर्य नहीं होगा, यदि कल या परसों इसमें कुछ परिवर्तन हो जाए।

एक और नई बात हुई है। मौलाना भी दुविधा में हैं कि एक सदस्य के रूप में शामिल हों या नहीं। किंतु वह कहते हैं, "मैं पाँच मुसलिम सदस्यों में से एक के रूप में शामिल नहीं होऊँगा। क्या मुझे कांग्रेस कोटा से शामिल नहीं किया जाना चाहिए?" मैं इससे सहमत नहीं हुआ, क्योंकि इससे नई समस्याएँ उत्पन्न हो सकती हैं। मैंने उनसे इस विषय पर पुनः विचार करने के लिए तर्क किया है। किंतु उन्होंने संकेत दिया कि "तब वह सरकार में शामिल होने के बजाय कांग्रेस अध्यक्ष की जिम्मेदारी लेना चाहेंगे।" मैंने कहा, "आपका स्वास्थ्य ठीक नहीं रहता।" फिर भी वह उसी बात पर बने रहे। यह विषय हम लोगों के सामने एक समस्या के रूप में आ सकता है।

वल्लभभाई का प्रणाम

महात्मा गांधी,
सेवाग्राम।

□

63

अंतरिम सरकार में शामिल होने के लिए वाइसराय जिन्ना को पुनः आमंत्रित करना चाहते हैं, आजाद के कारण मुसलिम सदस्यों की सूची को अंतिम रूप देने में देर हो रही है—

पटेल का पत्र गांधीजी के नाम

कलेक्टेड वर्क्स आफ सरदार पटेल

सरदार पटेल के पत्र—अधिकांशतः अज्ञात-IV
नई दिल्ली,
19 अगस्त, 1946

श्रद्धेय बापू,

मैं यहाँ 17 तारीख को दो बजे हवाई जहाज से पहुँचा। राजेंद्र बाबू एक दिन पहले रात में पहुँच गए थे। उनके स्वास्थ्य में सुधार दिखता है।

जवाहर भी मेरे साथ बंबई से आए। वह आज दोपहर बाद 3 बजे वाइसराय से मिले। उन्होंने अच्छी तरह मित्रवत् बातचीत की*। परंतु वाइसराय कलकत्ता में 1 या 2 दिन से तीव्र हिंसक दंगों के पुनरावर्तन से बहुत अधिक घबराए हुए और चिंतित दिखे। इसलिए उन्होंने वस्तुत: संकोच करते हुए यह सुझाव दिया कि ''लीग सरकार में शामिल नहीं हो रहा है। अत: इस परिस्थिति में क्या आप यह स्वीकार करेंगे कि प्रतिरक्षा मंत्रालय का कार्यभार सेना-प्रमुख को सौंपा जाए?'' जवाहरलाल के नकारात्मक उत्तर से उन्होंने इस विषय को तुरंत बंद कर दिया।

मौलाना को एक दिन देर से आना था। उन्होंने हम लोगों को तार देकर सूचित किया था कि उनके दिल्ली वापस आने के बाद ही सदस्यों की सूची वाइसराय को सौंपी जाए। इसलिए उस दिन जवाहरलाल सदस्यों की सूची में शामिल नामों के बारे में अस्थायी रूप से ही वाइसराय को बता सके और वहाँ से चलने के पहले उन्होंने वाइसराय से कहा कि मौलाना के आने पर अंतिम सूची उन लोगों के द्वारा तैयार कर ली जाएगी।

हम लोग मौलाना के साथ कल सुबह 9 बजे बैठे। वह भी 17 तारीख की रात में दिल्ली आ गए थे। किंतु मौलाना, यथावत्, नामों पर फिर से सविस्तार बात करने लगे। इसलिए अब तक कुछ भी निश्चित नहीं हो पाया है। हम लोगों की बैठक पुन: शाम को हुई, किंतु फिर भी सूची को अंतिम रूप नहीं दिया जा सका। वाइसराय को प्रस्तुत किए जानेवाले पाँच मुसलमान सदस्यों के नाम अभी भी अनिश्चित हैं। अंत में, हम लोगों ने उन छह-सात लोगों को पत्र लिखने का निर्णय लिया, जिनके नामों पर विचार किया जा रहा है और उनकी सहमति प्राप्त होने पर ही इस संबंध में अंतिम सूची बनाई जाएगी। इसके बाद यह निर्णय लिया गया कि उन्हें दिल्ली आने के लिए तार द्वारा सूचित किया जाए। जब यह सब चल रहा था, तभी वाइसराय से एक संदेश प्राप्त हुआ और जवाहरलाल 7 बजे शाम को उनसे मिलने गए।

वाइसराय से मिलने के बाद जावाहरलाल मेरे पास आए। इस साक्षात्कार में वाइसराय ने एक नया विषय उठाया। कलकत्ते में हुई भयानक घटनाओं से वह बहुत घबराए हुए प्रतीत हो रहे थे। इसलिए उन्होंने कहा, ''क्या आपको कोई आपत्ति होगी, यदि मैं जिन्ना को एक बार फिर बुलाकर समझाऊँ?'' जवाहरलाल इससे सहमत नहीं हुए। इस पर उन्होंने कहा, ''जो कलकत्ता में हो रहा है, यदि उसकी प्रतिक्रिया दूसरी जगह भी होती है तो यह आपके लिए एक बहुत बड़ा बोझ हो जाएगा। इसलिए यदि मैं उन्हें एक बार बुलाकर चेतावनी दे देता हूँ और समझा देता हूँ तो आपका काम काफी आसान हो जाएगा।'' अपनी ओर से जवाहरलाल ने वाइसराय

* अंतरिम सरकार के गठन के लिए।

से 'नहीं' कह दिया; किंतु साथ ही उन्होंने यह भी कहा कि अपने सहकर्मियों से विचार-विमर्श करने के बाद वह अंतिम उत्तर भेज देंगे। इसलिए हम सभी लोगों की आज सुबह बैठक हुई और वाइसराय को एक जवाब भेजा गया कि हम लोग उनका सुझाव स्वीकार करने में असमर्थ हैं, क्योंकि इससे भविष्य में अनेक कठिनाइयाँ उत्पन्न हो सकती हैं। इतना ही नहीं, इससे विषय का पूरा संदर्भ बदल जाएगा और यह अच्छा होगा कि वाइसराय इस मामले से अपने आपको अलग रखें, क्योंकि यह हम लोगों के बीच की बात है कि हम उन्हें बुलाएँ या नहीं। हम शाम तक उनसे एक उत्तर की आशा करते हैं और तब हम उनसे फिर मिलेंगे। किंतु नामों पर अंतिम निर्णय अभी तक मुख्यत: इस कारण नहीं लिया जा सका है कि जिन लोगों को आमंत्रित किया गया था, वे सभी दिल्ली नहीं पहुँच सके हैं। इस प्रकार हम लोगों का काम, जो अब तक समाप्त हो जाना चाहिए था, धीरे-धीरे आगे बढ़ रहा है।

अब तक हम लोगों को किसी परेशानी की आशंका नहीं है। इस नए सुझाव का विवाद यहीं खड़ा किया गया प्रतीत होता है। उन्होंने अपने उच्च अधिकारियों से भी संपर्क नहीं किया। चूँकि हम लोगों ने इसे अस्वीकार कर दिया है, अब उनके पास हमारी इच्छाओं के विरुद्ध कुछ करने का साहस प्रतीत नहीं होता और हम लोग जिन नामों की सूची प्रस्तुत करेंगे, उनमें कोई परिवर्तन किए जाने की संभावना नहीं है।

पारसियों में से भाभा[1] का नाम चुना गया है। मथाई[2] का नाम भी निश्चित हो चुका है। सिक्खों से बलदेव सिंह का नाम पहले ही शामिल किया जा चुका है। उसके बाद हममें से जगजीवन राम[3] सहित छह लोग होंगे, जिसमें राजेंद्र बाबू का नाम भी शामिल है। केवल पाँच मुसलमान सदस्यों के नामों को अभी भी अंतिम रूप दिया जाना है। आसफ अली का नाम इसमें है; किंतु जब वह कल यहाँ पहुँचेंगे तब उनसे संपर्क करना होगा। सिंध से मौलाना बख्श[4] को आमंत्रित किया गया है और वह आज शाम को यहाँ पहुँच जाएँगे। शिया एवं मोमिन से एक-एक सदस्य लिया जाएगा। अब भी एक नाम तय करना बाकी है। स्थिति यहाँ तक अभी पहुँची है।

वल्लभभाई का प्रणाम

महात्मा गांधी,
सेवाग्राम
(मूल : गुजराती)

□

1. सी. एच. भाभा अंतरिम सरकार में कॉमर्स मेंबर थे।
2. जॉन मथाई।
3. बिहार के प्रमुख कांग्रेस नेता, जो 1946 से लगातार मंत्री रहे। वह केंद्र सरकार में रक्षा मंत्री भी थे।
4. सिंध विधानसभा में 'कोयलिशन पार्टी' के सदस्य थे।

64

नेहरू की असंयमित टिप्पणियों पर सरदार पटेल ने डी. पी. मिश्रा को पत्र लिखा

सरदार पटेल का संपूर्ण वाङ्मय

पटेल के कागजात, नवजीवन ट्रस्ट,
29 जुलाई, 1946

प्रिय श्री मिश्रा,

आपका 11 तारीख का पत्र मुझे 17 को मिला।...

यद्यपि अध्यक्ष (नेहरू) चौथी बार चुने गए हैं, वह अकसर बच्चों जैसी अबोधता के साथ कार्य करते जाते हैं, जो हम लोगों को अप्रत्याशित रूप से बड़ी कठिनाई में डाल देता है। आपके नाराज होने का उचित कारण है, परंतु हम लोगों को अपने क्रोध को अपनी अच्छाइयों पर हावी नहीं होने देना चाहिए। हम लोग एक नाजुक समय से गुजर रहे हैं, जब हमारे जीवन भर के कार्य का सफल परिणाम आ सकता है अथवा मूर्खतावश पथभ्रष्ट हो जाने से हमारी आशाओं के टुकड़े-टुकड़े हो सकते हैं और जो प्याला अमृत से भरा हुआ है और जो हमारे होंठों के बहुत नजदीक है, उसकी एक बूँद का भी स्वाद चखने से पहले ही वह हमारे हाथों से गिर सकता है। स्थिति उलझनों और कठिनाइयों से भरी हुई है; परंतु ऐसे अवसरों पर अनुभवी सैनिकों को अपने पाँव मजबूती से कसकर जमीन पर जमाए रखते हुए देश जिन उपद्रवों और झगड़ों से गुजर रहा है, उसका बहादुरी से सामना करना है।

आप शायद सोच रहे होंगे कि मुझसे अवश्य संपर्क किया गया होगा। अनेक कांग्रेस जन ऐसा सोचते हैं। परंतु आपको आश्चर्य होगा कि जब मुझे नए कार्मिक के बारे में सूचित किया गया तो मैंने कार्यमुक्त होने के लिए दबाव डाला। मैं सबकुछ आपको एक पत्र में नहीं लिख सकता, क्योंकि यह बुद्धिमानी नहीं होगी; परंतु मैं यह महसूस करता हूँ कि एक नाजुक मोड़ पर हम लोगों का उद्देश्य क्षतिग्रस्त हुआ है। इससे बाहर निकलना मेरे लिए संभव नहीं है, क्योंकि इससे हम लोगों के उद्देश्य को क्षति पहुँचेगी।

उन्होंने अभी हाल में अनेक ऐसे कार्य किए हैं, जिससे हम सभी के लिए काफी उलझन पैदा हो गई है। कश्मीर में उनकी कारवाई, संविधान सभा में सिक्खों के चुनाव

में उनका हस्तक्षेप, अखिल भारतीय कांग्रेस कमेटी की बैठक के तुरंत बाद उनकी प्रेस वार्त्ता आदि सभी सांवेगिक पागलपन की क्रियाएँ हैं और इससे मामलों को सुव्यवस्थित करने में हम लोगों को काफी श्रम करना पड़ता है। किंतु अपने भोलेपन में किए गए इन सभी अविचारित कृत्यों के बावजूद उनमें स्वाधीनता के लिए अद्वितीय उमंग व उत्कट जोश है, जो उन्हें बेचैन कर देता है और अधीरता की उस सीमा तक पहुँचा देता है, जहाँ वे अपने आपको भूल जाते हैं। उनकी सारी क्रियाएँ अपने प्रिय लक्ष्य तक बिजली की गति से पहुँचने के सर्वोत्कृष्ट विचार से निर्देशित होती हैं। अत्यधिक कार्य और तनाव से उनका मस्तिष्क थक जाता है। वह अकेलापन महसूस करते हैं और आवेगपूर्ण तरीके से कार्य करते हैं। इन परिस्थितियों में हम लोगों को उनके साथ सहन करना है। विरोध कभी-कभी उन्हें उग्र बना देता है, क्योंकि वे अधीर हैं। उनका वर्तमान कार्य भी अपने साथ युवाओं को सम्मिलित करने की उत्कट इच्छा का ही परिणाम है, यद्यपि ऐसा करने में उन्होंने एक भयंकर भूल कर दी है। वह अपनी इस भूल का सुधार करने में भी नहीं हिचकेंगे, जब उन्हें यह एहसास हो जाएगा कि उन्होंने दूसरों के साथ तथा संगठन के साथ अन्याय कर दिया है।

परंतु आप आश्वस्त रहें कि कांग्रेस की नीतियों को निर्देशित करनेवाले वर्ग में जब तक हममें से कोई भी है तब तक इसके जहाज को सीधे और लगातार आगे बढ़ते रहने में कोई व्यवधान नहीं आएगा।

मैंने आपको सविस्तार लिखा है, ताकि आपको मेरे विचारों की झलक मिलने से कुछ सांत्वना मिल सके; और मैं यह भी आशा करता हूँ कि हम लोगों के राजनीतिक जीवन की इस अस्थायी अवस्था में आप इतने विचलित नहीं होंगे कि अपने चुने हुए मार्ग से बहक जाएँ।

भवदीय,
वल्लभभाई पटेल

श्री डी.पी. मिश्रा

□

65

शरत चंद्र बोस को सरदार पटेल का पत्र

सरदार पटेल का संपूर्ण वाङ्मय

पटेल के कागजात, नवजीवन ट्रस्ट,
24 अगस्त, 1946

(उद्धरण)

...कलकत्ता एक अतुलनीय कठिन परीक्षा से गुजरा है और हम लोगों की संवेदनाएँ आपके साथ हैं। इसकी यातनाओं में हम लोग कुछ भी नहीं कर पाए हैं। परंतु जिन लोगों ने अपना जीवन खोया है और जिन्होंने दंगों के दौरान यातनाएँ सही हैं, उन सभी के प्रति हमारी संवेदनाएँ हैं। जो लोग इन काली करतूतों और अक्षम्य अपराधों के लिए जिम्मेदार हैं तथा जिन लोगों ने इस शहर व देश को अपयश का भागी बनाया है, उन्हें सजा दी जानी चाहिए। मैं आशा करता हूँ कि एक न्यायसंगत, निष्पक्ष और स्वतंत्र जाँच होगी। कलकत्ता के लोगों को इस सदमे से उबरने में काफी समय लगेगा। मैं नहीं जानता कि उस सरकार का क्या होगा, जिसके शासनकाल में ऐसी अपमानजनक घटनाएँ घटी हैं! किसी भी सभ्य देश में ऐसी सरकार को एक दिन भी अस्तित्व में नहीं बने रहना चाहिए। परंतु हम लोग विचित्र परिस्थितियों में रह रहे हैं और हम लोगों को इस कठिन परीक्षा से गुजरना पड़ा रहा है। ऐसी आशा करनी चाहिए कि बुराई से अच्छाई का जन्म होगा और ईश्वर ने अपने विवेक से किसी अप्रत्यक्ष उद्देश्य से ये यातनाएँ दी होंगी।

□

66

सरदार पटेल ने लोगों से आग्रह किया कि राजनीतिक उद्देश्यों को प्राप्त करने के लिए भाई-भाई का कत्ल बंद कीजिए

सरदार पटेल का संपूर्ण वाङ्मय

बॉम्बे क्रॉनिकल
2 दिसंबर, 1946

(उद्धरण)

बंबई के लोगों के द्वारा आज शाम चौपाटी में उनका भव्य स्वागत किए जाने पर प्रतिक्रिया व्यक्त करते हुए अंतरिम सरकार में गृहमंत्री सरदार पटेल ने यह घोषणा की कि "चाहे जो भी हो, संविधान सभा की पूर्व-निर्धारित बैठक 9 दिसंबर को दिल्ली में होगी।"

लंदन में हुई बातचीत की चर्चा करते हुए सरदार पटेल ने कहा कि वह स्वयं लंदन नहीं गए, क्योंकि उनका विश्वास है कि भारत की राजनीतिक कठिनाइयों का समाधान भारत में ही पाया जाना चाहिए।

बंबई में एक विशाल जनसभा को संबोधित करते हुए सरदार पटेल ने पिछले अप्रैल में ब्रिटिश कैबिनेट मिशन के भारत आने से लेकर अब तक की देश की राजनीतिक स्थितियों की विस्तार से समीक्षा की। सरदार ने कहा कि मुसलिम लीग और उसके नेता श्री जिन्ना ने धमकी दी है कि वे तब तक आराम से नहीं बैठेंगे जब तक कि पाकिस्तान प्राप्त नहीं कर लिया जाता। कांग्रेस ने बारंबार लीग के साथ मामला सुलझाने की कोशिश की, किंतु कोई लाभ नहीं हुआ। बल्कि श्री जिन्ना ने 'सीधी काररवाई' की नीति अपना ली, जिससे अंततोगत्वा पूरे देश में खून-खराबा और अराजकता फैली। कलकत्ता, बंबई, पूर्वी बंगाल और बिहार में जो हुआ, वह मुसलिम लीग के द्वारा अपनाई गई नीति का सीधा परिणाम था। इन परिस्थितियों में, जब लीग ने अंततः अंतरिम सरकार में शामिल होने का निर्णय लिया, तो कांग्रेस उसके इरादों के प्रति शंकाशील थी।

वाइसराय ने लीग को यह स्पष्ट कर दिया था कि यदि वह अंतरिम सरकार में शामिल होती है तो उसका इरादा कांग्रेस के साथ सहयोग करने का होना चाहिए और उसे आगामी संविधान सभा में भी शामिल होना होगा। इस पर श्री जिन्ना सहमत हुए। कुछ समय तक यह समझा गया कि लीग का सहयोग अवश्य मिलेगा। परंतु कांग्रेस की आशंका उचित थी, क्योंकि बहुत थोड़े समय में ही यह स्पष्ट हो गया कि अंतरिम

सरकार की अब तक चली आ रही निर्विघ्न कार्य-प्रणाली को अवरोधित करना उनका दृढ़ निश्चय था।

लीग पुनः अपने वादे से उस समय मुकर गया, जब श्री जिन्ना ने यह घोषणा की कि लीग संविधान सभा में भाग नहीं लेगा। लेकिन अब वे उस अंतिम प्रक्रिया पर पहुँच गए थे जब उन्हें ब्रिटिश प्रधानमंत्री के द्वारा आमंत्रित किया गया था। सरदार ने कहा कि लंदन में हुई वार्त्ता से जो कुछ प्रकट हुआ, उससे वह आश्वस्त थे कि अंतिम क्षणों में लीग संविधान सभा में शामिल हो जाएगा।

सरदार ने आगे घोषणा की कि हर हालत में संविधान-सभा की बैठक 9 दिसंबर को होगी। यदि यह बैठक नहीं होती है तो यह सदस्यों और सदस्यों को चुननेवालों का तिरस्कार होगा।

उन्होंने आगे कहा कि कांग्रेस ने स्थायी रूप से मंत्रालय में डटे रहने के लिए दृढ़ संकल्प किया है।

दंगों की चर्चा करते हुए सरदार पटेल ने कहा कि वे राजनीतिक प्रकृति के थे और उन्हें कुछ गुंडों के द्वारा यहाँ-वहाँ नहीं फैलाया गया था। जैसे ही दो प्रमुख राजनीतिक पार्टियों में समझौता हो जाएगा, गुंडों सहित ये दंगे देश के नक्शे से अदृश्य हो जाएँगे। शहर में इन दंगों के जारी रहने के लिए गृहमंत्री की निंदा करना और यह सुझाव देना कि श्री के. एम. मुंशी ने इस स्थिति को ज्यादा अच्छी तरह व्यवस्थित किया होता, गलत है। सरदार ने टिप्पणी की, ''समय बदल गया है, सन् 1946 वर्ष 1939 नहीं है।''

सरदार ने आगे कहा कि गुंडों का यह कार्य कायरतापूर्ण था और उन्होंने लोगों से अपील की कि वे पुलिस व मिलिट्री सहायता पर निर्भर रहने के बजाय आत्मरक्षा की भावना विकसित करें। उन्होंने कहा, ''थोड़े से 'गुंडों' के कायरतापूर्ण कार्यों के कारण आप अपने शहर की उत्कृष्ट छवि मलिन न होने दें। यदि आप गांधीजी के पदचिह्नों पर चलते हुए अहिंसात्मक प्रतिरोध नहीं कर सकते हैं तो आप कम-से-कम एक बहादुर व्यक्ति की तरह अपने तरीके से लड़ तो सकते हैं। पुलिस को उनके अप्रतिपालित कर्तव्यों के लिए आरोपित करने के बजाय आप स्वयं पुलिस का कार्य करना सीखिए।''

पाकिस्तान के विषय पर जिन्ना को जवाब देते हुए पटेल ने टिप्पणी की कि लंदन की दौड़ लगाने से श्री जिन्ना यह आशा नहीं कर सकते कि पाकिस्तान निकट आ जाएगा। हिंसा की धमकी से भी उन्हें कोई मदद नहीं मिलेगी। कांग्रेस के साथ एक समझौता करके ही मुसलमानों को अपनी न्यायोचित माँगों का संतोषप्रद समाधान मिल सकेगा। सरदार ने मुसलिम जनसंख्या के स्थानांतरण के विचार को असंगत और अव्यावहारिक बताते हुए उसकी निंदा की।

अमेरिका के 'एसोशिएटेड प्रेस' की रिपोर्ट में कहा गया है—"देश में सांप्रदायिक दंगों के विकास को चिह्नित करते हुए उन्होंने कहा कि यह वास्तव में कलकत्ते में ही प्रारंभ हुआ। उन्होंने यह आरोप लगाया कि मुसलिम लीग की 'सीधी काररवाई' का प्रचार करनेवाले लोगों से बंगाल के मंत्रालय की सक्रिय साँठ-गाँठ थी। इसी का यह परिणाम है।" उन्होंने कहा। उन्होंने नोआखाली का उल्लेख किया, जहाँ 'जीवन से भी अधिक बहुमूल्य वस्तुओं को ध्वस्त किया गया और अपवित्र किया गया' तथा यह भी कहा कि "हम लोगों ने देखा कि बिहार में क्या हुआ।"

सरदार ने इन दंगों को बंद करने की अपील की, जिससे "किसी को भी कोई लाभ नहीं होता।" उन्होंने इंगित किया कि "अंततः हम हिंदुओं और मुसलमानों को इस देश में रहना है और इसकी प्रतिष्ठा को ऊँचा उठाना है।"

स्पष्टतः उन आलोचकों के प्रश्नों का उत्तर देते हुए—जो यह चाहते थे कि जहाँ प्रांतीय सरकार कानून-व्यवस्था बनाए रखने में विफल रही है, वहाँ केंद्र को हस्तक्षेप करना चाहिए—सरदार ने कहा कि केंद्र सरकार हस्तक्षेप नहीं करेगी, क्योंकि कानून-व्यवस्था प्रांतों का विषय है।

लोगों ने मुझे लिखा है कि सन् 1942 में जब कांग्रेस ने 'सीधी काररवाई' आंदोलन शुरू किया था तो केंद्र सरकार ने अपने संपूर्ण संसाधनों और शक्ति के साथ पूरे देश में कांग्रेस संगठनों को व्यापक तरीके से दंडित किया था। वे चाहते थे कि अंतरिम सरकार भी उसी प्रकार की काररवाई करे।

"परंतु वे भूल जाते हैं कि सन् 1946 वर्ष 1942 नहीं है। युद्ध के समय की जो शक्तियाँ सरकार में निहित थीं, अब वे नहीं हैं। यदि वे शक्तियाँ उपलब्ध होतीं भी तो भी जनता की सरकार निरंकुशतापूर्ण तरीके से कार्य नहीं कर सकती।"

सरदार ने आगे कहा, "यदि दंगे व्यापक रूप से जारी रहते हैं तो सरकार के लिए यह कठिन होगा कि वह हर जगह पुलिस सुरक्षा उपलब्ध करा पाए। लोगों को गुंडों के चाकुओं से अपनी रक्षा स्वयं करना जानना चाहिए और उन्हें अपनी सुरक्षा के लिए संगठित होना चाहिए।"

"यदि आप यह विश्वास करते हैं कि ऐसे तनाव के समय में पुलिस आपकी सुरक्षा कर सकती है तो आपको आघात मिलते रहेंगे। जब तक आप स्वतंत्रता के सैनिक नहीं बन जाते और प्रभावी ढंग से अपनी सुरक्षा की कोशिश नहीं करते, तब तक ऐसी परिस्थिति से बचाव का कोई रास्ता नहीं निकलता।"

उन्होंने अपने श्रोताओं से कहा कि वे किसी भी आक्रमण की स्थिति में आत्मरक्षा के लिए तैयार रहें।

"यदि आप गांधीवादी तरीके से—अहिंसात्मक रूप से अपना बचाव नहीं कर सकते तो हिंसक रूप से कीजिए, किंतु अपने आपको बचाइए।" उन्होंने जोर देकर कहा।

“यदि आपको मारने के लिए कोई आता है तो आपको पूरा अधिकार है कि आप उस पर प्रहार करें।” उन्होंने जोड़ा कि वह उन लोगों से घृणा करते हैं, जो कठिनाई की स्थिति में अनावश्यक रूप से पुलिस सुरक्षा की माँग करते हैं।

सरदार पटेल ने कहा कि स्वराज्य की अवधारणा यह है कि प्रशासन को सुचारु रूप से चलाने के लिए कम-से-कम पुलिस बल की आवश्यकता हो। “यह भारत के लिए एक बहुत बड़ा अवसर है और हम सभी लोगों को इसमें सहयोग करना है। जिन कठिनाइयों का हम सामना कर रहे हैं और जो अवरोध हमें दिखाई दे रहे हैं, उनके बावजूद हमें इस अवसर को लपक लेना है। तभी हम अपने लक्ष्य 'पूर्ण स्वराज्य' पर पहुँच सकते हैं।”

□

67

सांप्रदायिक दंगों के दौरान बंगाल के गवर्नर की निष्क्रियता की आलोचना करते हुए स्टैफोर्ड क्रिप्स को लिखा सरदार पटेल का पत्र

सरदार पटेल का संपूर्ण वाङ्मय

सरदार के पत्र—अधिकांशत: अज्ञात - IV

नई दिल्ली,

19 अक्तूबर, 1946

प्रिय सर स्टैफोर्ड क्रिप्स,

आपके 23 सितंबर के पत्र के लिए धन्यवाद, जिसे आपने सुधीर* के द्वारा भिजवाया था। मुझे यह जानकर प्रसन्नता हुई कि भारत से संबंधित विषयों पर आम राय विकसित करने में वह उपयोगी रहे हैं। उन्हें और अधिक आधिकारिक हैसियत के साथ वापस भेजने के आपके सुझाव पर विचार किया जा रहा है। परंतु यहाँ, इन दिनों, हम लोग बड़ी कठिनाई के साथ काम कर रहे हैं, जिसका शायद आपको कोई आभास नहीं है।

---

* श्री सुधीर घोष गांधीजी के आश्रमवासी थे। वह कैबिनेट मिशन के सदस्यों और कांग्रेस के नेताओं, विशेष रूप से वल्लभभाई पटेल के बीच प्रमुख संपर्क व्यक्ति के रूप में उभरे। कुछ समय तक वह लंदन स्थित भारतीय उच्चायुक्त कार्यालय में सूचना अधिकारी थे। वह 'महात्माज एमिसरी' के लेखक हैं।

मुझे विश्वास है, आपको याद होगा कि जब आप यहाँ थे तो मुसलिम लीग के साथ समझौता न होने की स्थिति में भारत में सांप्रदायिक दंगों के उत्पन्न होने की संभावना पर हम लोगों ने लंबी बातचीत की थी। मैंने आपसे बताया था कि सिर्फ बंगाल और सिंध को छोड़कर किसी कठिनाई के कहीं और उत्पन्न होने की संभावना नहीं है। तब आपने मुझसे कहा था कि ''मुझे बंगाल के बारे में भयभीत नहीं होना चाहिए, क्योंकि वहाँ हमारे एक गवर्नर हैं, जो किसी भी गंभीर समस्या की स्थिति में धारा 93 लगा देंगे।'' मुझे विश्वास है कि आपने 'कलकत्ते की भीषण हत्याओं'[1] के बारे में सुना होगा। जिन लोगों ने उसे देखा है, केवल वे ही यह समझ सकते हैं कि वह क्या था! परंतु अब पूर्वी बंगाल[2] में जो हो रहा है वह बहुत बदतर है और कलकत्ता की घटना नोआखाली के सामने फीकी पड़कर महत्त्वहीन हो गई है। कलकत्ता में हिंदुओं की स्थिति बेहतर थी। परंतु यह संतोष की बात नहीं है। क्या नोआखाली की घटना बदले की भावना से की गई थी? इस समय मेरा इतना ही कहना है कि यदि इससे बचना था तो इस उपद्रव को रोकने के लिए गवर्नर ने कुछ नहीं किया। कम-से-कम यही सामान्य धारणा है। मैं विवरणों से आपको परेशान नहीं करूँगा।

क्या आप विश्वास करेंगे कि जिन दिनों ये भयानक घटनाएँ घट रही थीं, उस संपूर्ण अवधि में बंगाल के गवर्नर दार्जिलिंग कहे जानेवाले हिल स्टेशन के सुहाने मौसम का आनंद ले रहे थे? इस दुर्भाग्यपूर्ण क्षेत्र के भयभीत लोगों से मैंने स्वयं अनेक पत्र और टेलीग्राम प्राप्त किए हैं। इसी प्रकार की चेतावनी वाइसराय और गवर्नर को भी भेजी गई थी, परंतु सरकारी कारवाई को रोकने में प्रांतीय स्वायत्तता ने एक परदे का काम किया। आप महसूस करेंगे कि एक भारतीय गृह सदस्य के लिए अपने कार्यालय में शांति से बैठ पाना कितना मुश्किल होगा, जब दिन-प्रतिदिन ऐसी सहायता के लिए अनगिनत दयनीय अपीलें और शिकायतें प्राप्त हो रही हों, जो इन दुर्भाग्य-ग्रसित, असहाय, घटनाग्रस्त लोगों को कुछ सुरक्षा दे सकें।

आपने अवश्य देखा होगा कि लीग ने अंततः अंतरिम सरकार में शामिल[3] होने का निर्णय लिया है। परंतु आप श्री जिन्ना और पं. नेहरू के बीच हुए पत्राचार को देखेंगे,

---

1. अगस्त 1946 में मुसलिम लीग की 'सीधी कारवाई दिवस' के परिणाम। ये दंगे चार दिनों तक चले और सरकारी आँकड़ों के अनुसार इसमें 5,000 लोग मारे गए तथा 15,000 लोग घायल हुए।
2. पूर्वी बंगाल के नोआखाली और टिपेरा जिलों में सांप्रदायिक दंगों की एक शृंखला ने ग्रामीण क्षेत्रों को ग्रसित किया, जिसके परिणामस्वरूप हत्याओं, लूटमार, औरतों के अपहरण और बंदूक की नोक पर धर्म-परिवर्तन कराए जाने के बर्बर दृश्य सामने आए। जैसाकि 'ग्रेट डिवाइड' के लेखक हडसन ने टिप्पणी की है—''इस बात के प्रमाण हैं कि यह एक सुसंगठित कारवाई थी, न कि व्यक्तिगत सांप्रदायिक घृणा के कारण स्वतःप्रेरित दंगा।''
3. 15 अक्तूबर, 1946 से।

जिसे प्रकाशित भी किया गया है तो आपको उनके उद्देश्य का पता लग जाएगा, जिसके लिए वे आ रहे हैं। जिस प्रकार कार्य किए जा रहे हैं, उसमें कुछ खतरनाक है।[1] यद्यपि हम लोग आपकी कठिनाइयों को अच्छी तरह समझते हैं, फिर भी आप तीनों[2] इस भयानक तनाव पर विचार करें, जो हम लोगों पर लादा गया है।

आप इस विषय पर अपने अन्य दो सहकर्मियों से विचार-विमर्श कर सकते हैं। आपको और उन दोनों को मेरी शुभकामनाएँ।

मैं आशा करता हूँ कि परिवर्तन और एक महीने के आराम से आप लाभान्वित हुए हैं।

भवदीय,
वल्लभभाई पटेल

माननीय सर स्टैफोर्ड क्रिप्स
बोर्ड ऑफ ट्रेड,
मिल बैंक, एस.डब्ल्यू.आई.

□

68

स्टैफोर्ड क्रिप्स का पत्र सरदार पटेल के नाम

सरदार पटेल का संपूर्ण वाङ्मय

पटेल के कागजात, नवजीवन ट्रस्ट,
24 अक्तूबर, 1946

प्रिय सरदार पटेल,

आपके 19 तारीख के पत्र के लिए धन्यवाद। मैं बहुत प्रसन्न हूँ कि आपने इसे मेरे पास भेजा और मैं वास्तव में यह सुनिश्चित करूँगा कि मेरे सहकर्मियों और प्रधानमंत्री

1. लीग के अंतरिम सरकार में शामिल होने से पहले जवाहरलाल और मुहम्मद अली जिन्ना के बीच हुए इन पत्राचारों से कोई ठोस परिणाम सामने नहीं आया; और वास्तव में इसका अंत इस प्रकार हुआ कि लीग ने यह घोषणा की कि उसे नई सरकार के गठन के बाद कांग्रेस जनों के साथ किस प्रकार आगे बढ़ना है। इस संबंध में वे बिना किसी समझौते के ही अंतरिम सरकार में शामिल हो रहे हैं।
2. कैबिनेट मिशन के संदर्भित तीन सदस्य—पेथिक लॉरेंस, अलेक्जेंडर और क्रिप्स।

को इसकी एक-एक प्रति मिल जाए।

मैं अच्छी तरह महसूस करता हूँ कि आप सभी कितनी कठिन स्थिति में हैं और बंगाल की घटनाएँ कितनी भयानक हैं। सचमुच यहाँ से हम लोगों के लिए यह अनुमान लगाना बिलकुल असंभव है कि यथार्थतः वहाँ क्या हो रहा है और क्यों हो रहा है! हम लोगों को ऐसा प्रतीत होता है कि दंगों को शांत करने के लिए कठोर कारवाई की जा रही है और मैं आशा करता हूँ कि वे सफल होंगे।

मैं समझता हूँ कि यह विशेष रूप से आपके लिए कितना कष्टकारक होगा, परंतु केंद्र सरकार के साथ उस स्थिति में सदैव ऐसी कठिनाई होती है, जहाँ भारी मात्रा में प्रांतीय स्वायत्तता होती है। इस व्यवस्था के कई लाभ हैं, परंतु इसमें कठिनाइयाँ और कमियाँ भी हैं। जिस प्रकार आपकी टीम इस कठिन समस्या को सुलझाने का प्रयास कर रही है, हम सभी उससे बहुत प्रभावित हैं और मैं आपको अपनी शुभकामनाएँ भेजता हूँ तथा कामना करता हूँ कि आपका धैर्य कभी समाप्त नहीं होगा।

भवदीय,

स्टैफोर्ड क्रिप्स

सरदार वल्लभभाई पटेल

□

(69)

सरदार पटेल ने लॉर्ड वावेल को लिखा कि वह नोआखाली में सांप्रदायिक हिंसा को शांत करने के लिए अपने विशेष अधिकारों का प्रयोग करें

सरदार पटेल का संपूर्ण वाङ्मय

सरदार के पत्र—अधिकांशतः अज्ञात – IV

28 अक्तूबर, 1946

मैं बंगाल की समस्या को तत्काल विचार-विमर्श और निर्णय के लिए पूर्ण अंतरिम सरकार के समक्ष लाना चाहता हूँ। मुझे माननीय उपाध्यक्ष* ने बताया है कि महामहिम के विचार यह हैं कि बंगाल में शांति और अमन-चैन बहाल करने की समस्या आपकी विशेष जिम्मेदारी है और भारत सरकार अर्थात् गवर्नर जनरल-इन

* पं. जवाहरलाल नेहरू।

काउंसिल अपनी वर्तमान स्थिति में उस दुर्भाग्यपूर्ण प्रांत के लोगों को राहत देने के लिए कुछ भी नहीं कर सकते। यह वास्तव में एक दुःखद विरोधाभास होगा, यदि हम, जिन्होंने भारत सरकार की जिम्मेदारी ली है, बंगाल में व्याप्त इस आतंक के साम्राज्य को समाप्त करने के लिए कुछ भी कर पाने में अक्षम हो जाते हैं—वह भी उस स्थिति में जब ऐसे लोगों की संख्या स्पष्टतः काफी कम हो चुकी है, जिनकी सहमति से उनकी आँखों के सामने इन घटनाओं को अंजाम दिया जा रहा है। पूरा देश इन घटनाओं से तथा इस मामले में हमारे हिस्से की जिम्मेदारियों को लेकर अत्यधिक आक्रोशित है; और जब इस प्रश्न को किसी-न-किसी रूप में विधानसभा में उठाया जाएगा, तब हमें इससे निपटना होगा। हम लोगों के लिए इसका समाधान करना उस प्रकार संभव नहीं होगा, जैसाकि पिछली सरकार ने किया था।

मैंने भारत सरकार के अधिनियम, विशेष रूप से नौवीं सूची की जाँच यह देखने के लिए की है कि संविधान, जिसके अंतर्गत हम लोगों ने भारत सरकार की गहन जिम्मेदारी ली है, क्या वास्तव में वैसा ही है, जैसाकि महामहिम ने कहा है। अधिनियम की नौवीं सूची और उसके विशिष्ट परिच्छेद 41 का अध्ययन करने के बाद मैंने पाया है कि गृह मंत्रालय के प्रभारी सदस्य के रूप में मैं और मेरे प्रत्येक सहकर्मी बंगाल की वर्तमान अशांत स्थितियों से प्रभावित एक विस्तृत क्षेत्र में अमन-चैन कायम करने के लिए प्रस्ताव प्रस्तुत करने के लिए सक्षम हैं। यद्यपि उस परिच्छेद से संबंधित पत्र के अनुसार महामहिम को स्वविवेक का इस्तेमाल करते हुए यह अधिकार है कि वह हमारे प्रस्तावों को अस्वीकार कर दें, किंतु हम समझते हैं कि महामहिम मंत्रिमंडल के सामूहिक सुझावों के अनुरूप ही कार्य करेंगे।

मैं और मेरे सभी सहकर्मी, जिनसे मैंने इस पत्र को लिखने से पहले विचार-विमर्श किया है, दृढ़तापूर्वक यह विश्वास करते हैं कि—

(1) भारत सरकार को तुरंत विशेष अधिकारियों को यह अधिकार देना चाहिए कि, यदि आवश्यक हो तो अध्यादेश के द्वारा, वे पर्याप्त कर्मचारियों एवं सेना के सहयोग सहित प्रभावित स्थानों के लिए रवाना हों और वहाँ कार्य करें तथा अपराधियों को गिरफ्तार कर जेल में रखें एवं कानून-व्यवस्था व शांति स्थापित करने के लिए अन्य सभी आवश्यक कदम उठाएँ।

(2) हम लोग महामहिम को यह परामर्श देना चाहते हैं कि आप तत्काल गवर्नर जनरल के रूप में अपनी विशेष जिम्मेदारियों का वहन करने के लिए प्रदत्त अधिकारों का उपयोग करें और यदि संपूर्ण बंगाल में नहीं तो कम-से-कम प्रभावित क्षेत्रों में कानून-व्यवस्था नियमित करने का उत्तरदायित्व वर्तमान सरकार से, जो इस संबंध में पूर्णतः विफल रही

है, स्वयं लेते हुए सभी आवश्यक कदम उठाएँ।

अत: मेरा निवेदन है कि इस विषय पर कल कैबिनेट की बैठक में विचार-विमर्श किया जा सकता है, तब हम लोगों को विधानसभा के सामने आनेवाले स्थगन प्रस्ताव के संबंध में अपने रुख के बारे में निर्णय लेना पड़ेगा।

दमन अब भी जारी है

(तार)

सरदार वल्लभभाई पटेल कलकत्ता
कैंप : कलकत्ता *5 नवंबर, 1946*

नोआखाली की स्थिति अब भी भयानक है। हिंदुओं की उन्मुक्त आवाजाही खतरनाक है। जबरदस्ती शादियाँ, धमकाकर गो-मांस खिलाना जारी है। सेना तैनात न किए जाने पर सुरक्षा असंभव। सेना की छिटपुट गश्त शांति बहाल करने के लिए अत्यंत अपर्याप्त। क्षेत्र से सेना के हटते ही दमन पुन: दुहराया जाता है। सुरक्षा की कमी के कारण हिंदू बोलने की हिम्मत नहीं करते। काफी मात्रा में सुरक्षाकर्मियों के अभाव में सहायता व बचाव असंभव। पड़ोस की प्रांतीय सरकारों से शरणार्थियों के लिए आवास व्यवस्था करने का निवेदन। प्रशासन इस आधार पर विरोध कर रहा है कि बचाव व पुनर्वास सुरक्षा के अभाव में असंभव है। बहुत कम उपद्रवियों को गिरफ्तार किया गया, यद्यपि नामित थे। शरणार्थी और ग्रामीण भूखों मर रहे हैं। हिंदुओं को फँसाने और सैनिक काररवाई रोकने के लिए मुसलमानों ने मसजिद में आग लगाने की नई तरकीब अपनाई है। धान के पके हुए खेतों को खाली कराया गया है। गृह-स्थान और झोंपड़ियों को विध्वंस और लूट-पाट से बचाने के लिए तुरंत सुरक्षा की आवश्यकता है। उच्च स्तरीय पुलिस प्रशासन का नवीकरण अनिवार्य है।*

अध्यक्ष
नोआखाली बचाव सहायता समिति

□

---

* इस तार को महात्मा गांधी, जवाहरलाल नेहरू और अंतरिम सरकार के कुछ और प्रमुख सदस्यों को भेजा गया था।

70

कैबिनेट मिशन के प्रस्तावों पर संयुक्त विचार-विमर्श के लिए सरदार पटेल ने मुसलिम लीग को आमंत्रित किया

सरदार पटेल का संपूर्ण वाङ्मय

बॉम्बे क्रॉनिकल,
2 अगस्त, 1946

(उद्धरण)

''इस रास्ते को छोड़िए। प्रेम से बहुत कुछ किया जा सकता है; किंतु हम लोगों के सिर पर पिस्टल लगाकर कुछ नहीं हो सकता। आप अपना उद्देश्य धमकाकर नहीं प्राप्त कर सकते। कांग्रेस भयभीत नहीं है।''

मुसलिम लीग की परिषद् के द्वारा हाल ही में स्वीकार किए गए प्रस्ताव और जिन्ना के भाषणों के जवाब में सरदार वल्लभभाई पटेल ने उपर्युक्त स्पष्ट बातें बृहस्पतिवार की शाम जिन्ना हॉल में अपने भाषण के दौरान कहीं।

''यदि आप अब भी स्वतंत्रता प्राप्त करने के इच्छुक हैं,'' सरदार ने लीग से अपील की, ''तो आइए और दो भाइयों की तरह साथ बैठिए और एक समझौते पर पहुँचिए अथवा हम अपने मतभेदों को मध्यस्थ निर्णय के लिए प्रस्तुत करें और पंच-फैसले को स्वीकार करें। आइए, हम मिलकर इस दस्तावेज के व्यवधानों को दूर करें (कैबिनेट की संस्तुतियाँ)। हमारे साथ बैठिए और मिलकर स्वाधीनता लीजिए।''

यह अवसर था तिलक दिवस समारोहों को चरमोत्कर्ष पर पहुँचाने के लिए बंबई प्रदेश कांग्रेस कमेटी के तत्त्वावधान में जिन्ना सभागर में आयोजित एक जनसभा का। जो जनसभा चौपाटी पर होने वाली थी, उसे खराब मौसम की वजह से अंदर आयोजित करना पड़ा। हॉल लोगों से खचाखच भरा हुआ था।

मुसलिम लीग के प्रस्ताव के अलावा सरदार पटेल ने उन अन्य विषयों की भी विवेचना की, जो जनता के मन को उद्विग्न कर रहे थे।

हड़ताल की लहर के संदर्भ में उन्होंने इस आवश्यकता से सहमति जताई कि अधिक नेताओं को नहीं, बल्कि जनता के अधिक लोगों को इससे जुड़ने की आवश्यकता है। उन्होंने अफसोस जाहिर किया कि ये सभी हड़तालें नेता पद के लिए संघर्ष के रूप में विकसित होकर रह गई हैं। बेचैनी एक अच्छा संकेत है, किंतु लोगों को

जल्दबाजी में और अनुत्तरदायी तरीके से कोई कार्य नहीं करना चाहिए।

भारत की राजनीतिक स्थिति की ओर रुख करते हुए सरदार पटेल ने घोषणा की कि अंग्रेजों से हमारा संघर्ष वस्तुतः समाप्त हो गया है। उन्होंने देश छोड़ने के अपने इरादे की घोषणा कर दी है। अपने जीवन भर वह अंग्रेजों के इरादों पर अविश्वास करते रहे हैं, परंतु अब उन्हें यकीन हो गया था कि वे भारत छोड़ने के लिए तैयार हैं।

वे स्वयं अपनी इच्छानुसार ऐसा कर रहे हैं या उन्हें ऐसा करने के लिए बाध्य किया जा रहा है, यह प्रासंगिक नहीं है। सच्चाई यह है कि वे देश छोड़ रहे हैं और इसलिए यदि उनसे कोई यह कहता है कि वे अंग्रेजों से लड़ने के लिए तैयारी कर रहे हैं तो उन्हें विश्वास नहीं होता। यह तैयारी आपस में लड़ने के लिए ही हो सकती है।

यही वह व्याख्या थी, जो उन्होंने अखिल भारतीय मुसलिम लीग परिषद् के हालिया प्रस्ताव के बारे में अभिव्यक्त की। इसमें उन्हें संघर्ष की कोई गंध नहीं मिल सकी। यह अंग्रेजों पर दबाव डालने के लिए मात्र एक चाल थी। यदि कोई लड़ाई थी तो वह केवल कांग्रेस के विरुद्ध थी।

एक गंभीर मन:स्थिति में सरदार पटेल ने कहा कि श्री जिन्ना उन्हें और कांग्रेस को बुरा-भला कहते रहे, उनका दोष क्या है? श्री जिन्ना ने साधिकार कहा कि वाइसराय ने उन्हें कोई गुप्त आश्वासन दिया था और अब वह उससे पीछे हट गए हैं। वाइसराय ने कहा कि उन्होंने ऐसा कोई आश्वासन नहीं दिया था। इसमें सत्य जो भी हो, कांग्रेस इन दोनों के बीच कहाँ आती है? वाइसराय का वह पत्र बहुत पहले ही प्रकाशित हो चुका है, जिसमें उन्होंने घोषणा की है कि उन्होंने इस प्रकार का कोई आश्वासन नहीं दिया है, जिसे श्री जिन्ना द्वारा लक्षित किया गया है। फिर क्यों वह इतने दिनों तक इंतजार करते रहे?

इसका कारण श्री जिन्ना ने यह बतलाया कि एक संवाददाता सम्मेलन में कांग्रेस अध्यक्ष पं. नेहरू ने कुछ कहा था। श्री जिन्ना ने जोर देकर कहा कि इसके कारण एक नई स्थिति पैदा हो गई है। किंतु कांग्रेस की नीति कभी भी गुप्त नहीं रही है। यह कार्यकारिणी समिति के प्रस्ताव में स्पष्ट रूप से अभिव्यक्त किया गया है, जिसे अखिल भारतीय कांग्रेस कमेटी के द्वारा, बिना किसी अक्षर या अर्धविराम को परिवर्तित किए ही, अनुमोदित किया गया है। कांग्रेस अपनी घोषणाओं के लिए पूरी जिम्मेदारी लेती है। कार्यकारिणी समिति के प्रस्ताव में यह स्पष्ट रूप से कहा गया है कि उसने 16 मई की घोषणा को स्वीकार किया है। वह आज भी इसका समर्थन करती है। उसे दस्तावेज की व्याख्या करने का निश्चित रूप से अधिकार है। परंतु उसने अपनी व्याख्या को गुप्त नहीं रखा। अब कोई नई स्थिति नहीं पैदा हुई है।

उस तर्क के आधार पर यह कहा जा सकता है कि श्री जिन्ना के भाषणों ने नई स्थिति पैदा की। उदाहरण के लिए, राज्य के कागजातों में यद्यपि पाकिस्तान को असंदिग्ध

रूप से नामंजूर किया था, परंतु श्री जिन्ना ने दिल्ली के लीग परिषद् के अपने भाषण में आनंद-विभोर होकर यह घोषणा की कि इसमें पाकिस्तान को केवल छुपाया गया है। उन्होंने विजय-अभिमान के साथ जोर देते हुए यह कहा कि कांग्रेस ने 'पाकिस्तान रूपी शुगर कोटेड' गोली निगल ली है।

वास्तविकता यह थी, सरदार पटेल ने कहा, कि श्री जिन्ना ने वाइसराय को प्रभावित करने की कोशिश की कि वह कांग्रेस को साथ लिये बिना ही सत्ता पर लीग को आसीन कर दें। वह असफल हो गए और अपना क्रोध कांग्रेस पर उतार रहे थे। जहाँ तक कांग्रेस का संबंध है, उसे इसकी परवाह नहीं थी कि उसे कितनी सीटें मिलीं! सभी सीटें श्री जिन्ना को लेने दीजिए। श्री जिन्ना को केवल अपना दृष्टिकोण बदल लेना चाहिए। उन्हें सांप्रदायिकतावादी न रहकर राष्ट्रवादी बनना चाहिए। उनका सारा प्रयास केवल यही रहा कि कांग्रेस को एक हिंदूवादी संगठन के रूप में प्रचारित किया जाए। पचास वर्षों से कांग्रेस हिंदूवादी संगठन नहीं रही है। आज भी यह नहीं है। भारत के मुसलमान भी कांग्रेस की जिम्मेदारियों का उतना ही वहन कर रहे हैं जितना कि जनता के अन्य समुदायों के लोग।

सरदार ने श्री जिन्ना के वक्तव्य का उल्लेख करते हुए कहा कि कांग्रेस अथवा सरकार ने ही पहल की है, और यह भी कहा कि कांग्रेस उनके दरवाजे पर सैकड़ों बार जा चुकी है। उन्होंने एक बार भी कांग्रेस तक आने की कृपा नहीं की। वह ऐसी आशा कैसे कर सकते हैं कि उनके ऐसे भाषण के बाद भी कांग्रेस उनके पास जाएगी? उन्होंने कांग्रेस को अपशब्द कहे और उसका अपमान किया है। कांग्रेस इतनी असहाय नहीं है कि उसे उनके पास जाना चाहिए।

इस आधार पर कोई भी सहयोग संभव नहीं था। इन दो पार्टियों में कोई भी संधि नहीं हो सकती थी—एक उत्तर जाना चाहती थी, दूसरी दक्षिण। अंग्रेज किसी प्रकार चला रहे थे। वे इस देश में और अधिक दिन नहीं रह सकते थे। भारतीयों को भारत को स्वाधीन कराना था और स्वतंत्र भारत का प्रशासन सँभालना था। यदि सामान्य आधार पर सहमति होती तो अन्य चीजें आसान हो गई होतीं।

परंतु सच यही प्रतीत होता है कि श्री जिन्ना यह चाहते थे कि अंग्रेज उन्हें पाकिस्तान दे दें। हवा निकाल ली गई साइकिल की ट्यूब से। पाकिस्तान की तुलना करते हुए सरदार पटेल ने कहा कि दो महीने तक इसे बिलकुल भुला दिया गया था। अब इसे पुनः जीवित किया जा रहा है और नया नारा है 'पाकिस्तान वापस चलो'। इस बीच कांग्रेस के विरुद्ध हर प्रकार की धमकियाँ दी जा रही हैं। परंतु इन सब साधनों से कांग्रेस को काबू में नहीं किया जा सकता।

□

71

फजलुल हक को अंतरिम सरकार में शामिल किए जाने के विरोध में नेहरू, पटेल और वाइसराय भी थे, जिसे मौलाना को स्वीकार करना पड़ा—पटेल का पत्र गांधीजी को

सरदार पटेल का संपूर्ण वाङ्मय

सरदार के पत्र—अधिकांशत: अज्ञात - IV

नई दिल्ली,

22 अगस्त, 1946

श्रद्धेय बापू,

मैं कल आपको पत्र नहीं लिख सका। 20 तारीख को हम लोगों ने अपनी अंतिम सूची तैयार की और वाइसराय को भेज दी। इसमें चार मुसलमान सदस्य शामिल थे, जिनमें से एक थे फजलुल हक। मैं और जवाहरलाल दोनों ही उन्हें शामिल किए जाने के पक्ष में नहीं थे। परंतु मौलाना के सुझाव पर हम लोग उनका नाम स्वीकार करने के लिए सहमत हुए। कल शाम को जवाहरलाल के नाम वाइसराय की ओर से एक संदेश प्राप्त हुआ, जिसमें उन्हें इस विषय को अंतिम रूप देने के लिए सुबह 9 बजे आमंत्रित किया गया था। हम लोगों को कल पता चला कि वाइसराय फजलुल हक का नाम स्वीकार करने के इच्छुक नहीं हैं। इसलिए हम लोगों ने मौलाना से पुन: इस विषय पर विचार-विमर्श किया और उन्हें बताया कि न तो हम लोग और न ही वाइसराय उनका नाम स्वीकार करने को तैयार हैं। फिर वह क्यों उनके लिए जोर दे रहे हैं? वह सहमत हुए और उनके लिए जोर देना बंद किया। इसलिए यदि वाइसराय ने पुन: उनके नाम पर अनिच्छा जाहिर की तो उनका नाम अंतिम रूप से हटा दिया जाएगा। यदि फजलुल को हटाया जाता है तो केवल तीन मुसलमानों के नाम ही अंतिम रूप से निश्चित रहेंगे। शेष दो नाम बाद में प्रस्तुत किए जाएँगे। परंतु उन नामों की सूची, जिन्हें अंतिम रूप दे दिया गया है, उन्हें आज या कल तक प्रेस को अवश्य भेज दिया जाएगा।

आसफ अली अभी भी कश्मीर में हैं। उन्होंने अपनी सहमति आज फोन से सूचित कर दी है।

कार्यकारिणी समिति की बैठक 27 तारीख को निश्चित की गई है। जवाहर इस विषय को बैठक में प्रस्तुत करना चाहते हैं। बैठक में आपकी उपस्थिति वह चाहेंगे या

नहीं, यह मैं अभी नहीं कह सकता। संभवत: केवल इस कार्य के लिए वह आपको कष्ट देना नहीं चाहेंगे।

वल्लभभाई का प्रणाम।

महात्मा गांधी,
सेवाग्राम।
(मूल : गुजराती)

□

72

सरदार पटेल ने लॉर्ड वावेल को लिखा कि गजनफर अली को अंतरिम सरकार में तब तक शामिल न करें, जब तक कि वह अपने भड़काऊ भाषण वापस नहीं ले लेते

सरदार पटेल का संपूर्ण वाङ्मय

सरदार के पत्र—अधिकांशत: अज्ञात - IV
दिल्ली
20 अक्तूबर, 1946

प्रिय लॉर्ड वावेल,

राजा गजनफर अली का भाषण अशांति फैलानेवाला और भविष्य के लिए अमंगलकारी है। इसे नोट किया जाना चाहिए कि उन्होंने अपना भाषण 19 तारीख को सरलता से प्रभावित हो जानेवाले छात्रों* के सामने दिया था, अर्थात् यह भाषण उस समय दिया गया जब उनका नाम श्री जिन्ना द्वारा मुसलिम लीग की ओर से अंतरिम सरकार में सदस्य के रूप में भेजा जा चुका था।

क्या उन्हें सदस्य के रूप में शपथ लेने से पहले अपना भाषण वापस नहीं ले लेना चाहिए?

क्या अंतरिम सरकार दलगत राजनीति और षड्यंत्र का अखाड़ा है? और क्या यह उस विभाजन की कील गाड़ने के लिए है, जिसे एक लंबी अवधि की व्यवस्था के अंतर्गत हमेशा के लिए हटा लिया गया है और ऐसे वर्गों से प्रतिस्थापित किया गया है, जो अपने आप

* लाहौर में छात्रों की सभा को संबोधित श्री गजनफर अली खान के भाषण से—"हम अंतरिम सरकार में अपना पैर जमाने हेतु जा रहे हैं, ताकि पाकिस्तान के अपने प्रिय उद्देश्य के लिए लड़ सकें। अंतरिम सरकार सीधी कारवाई आंदोलन के युद्धस्थलों में एक है और हम लोग हर मोरचे पर अत्यंत सावधानी से श्री जिन्ना के आदेशों का पालन करेंगे।" संलग्नक देखिए।

में ऐच्छिक प्रतीत होते हैं ? यह क्या है और इसके कार्यक्षेत्र क्या हैं ? यदि इसे पार्टियाँ आपसी सहमति से निर्धारित नहीं कर सकतीं तो इसका निर्णय संघीय न्यायालय को करना है।

किसी भी स्थिति में इस विषय पर हर प्रकार के विचार-विमर्श के लिए मंच अंतरिम सरकार नहीं है, बल्कि संविधान सभा है।

अंतरिम सरकार को इस अंतरिम अवधि में पूर्णत: राष्ट्रवादी और प्रजातांत्रिक तरीकों से सरकारी तंत्र को निर्विघ्न रूप से चलाना है। भ्रष्टाचार का समापन, संचार व्यवस्था, खाद्यान्न और वस्त्रों की कमी, करोड़ों लोगों के स्वास्थ्य की व्यवस्था, उनकी शिक्षा, जीर्णकालिक गरीबी दूर करना और छुआछूत दूर करने सहित अन्य महत्त्वपूर्ण सामाजिक सुधार देश की तात्कालिक आवश्यकताएँ हैं। यदि प्रशासन के तात्कालिक कार्यों की जगह विभाजन पर वाक्-युद्ध और कठिनाइयों को भड़काया जाना है तो कांग्रेस के लिए यह एक प्रश्न होगा कि आपके निमंत्रण के प्रत्युत्तर में स्वीकार किए गए भार को वहन करने के बारे में वह अपने रुख में परिवर्तन लाए।

राजा लीग के एकमात्र सदस्य नहीं हैं, जो वैसा सोचते हैं जैसाकि उन्होंने कहा है। कौन यह कह सकता है कि उन्होंने लीग के विचारों को अभिव्यक्त नहीं किया है ?

यह बिलकुल स्पष्ट प्रतीत होता है कि सहमिलन (कोयलिशन) होने और मंत्रालयों के पुनर्वितरण से पहले प्रश्नगत भाषण के वापस लिये जाने के अलावा लीग की परिषद् के द्वारा एक लंबी अवधि की व्यवस्था की स्वीकृति की स्पष्ट घोषणा की जानी चाहिए तथा लीग की कार्यकारिणी समिति के संपूर्ण प्रस्ताव की प्रतिलिपि कैबिनेट के सदस्यों को दी जानी चाहिए। बंबई में हुई बैठक के अंतर्गत लंबी अवधि की व्यवस्था को अस्वीकार करनेवाले प्रस्ताव को निरस्त करने के लिए मुसलिम लीग की परिषद् के द्वारा तय की गई तिथि की घोषणा भी मुसलिम लीग द्वारा की जानी चाहिए।

यदि अंतरिम सरकार को अच्छी तरह कार्य करना है और वर्तमान कठिनाई समाप्त होनी है तो मुझे विश्वास है कि आप स्वयं उपर्युक्त अपेक्षाओं की अनिवार्यता को स्वीकार करेंगे।

भवदीय,
वल्लभभाई पटेल

महामहिम फील्ड मार्शल
विस्काउंट वावेल, वाइसराय हाउस, नई दिल्ली।

संलग्नक

गजनफर अली खान का भाषण

गजनफर अली खान, अंतरिम सरकार में मनोनीत सदस्य ने लाहौर में इसलामिया कॉलेज के छात्रों को संबोधित करते हुए आज कहा, "हम अंतरिम सरकार में अपना पैर जमाने

हेतु जा रहे हैं, ताकि पाकिस्तान के अपने प्रिय उद्देश्य के लिए लड़ सकें और मैं आपको आश्वासन देता हूँ कि हम पाकिस्तान प्राप्त करेंगे। केंद्र में पूर्णतः कांग्रेस की सरकार स्थापित किए जाने के बाद देश के विभिन्न भागों में फैली अव्यवस्था निस्संदेह इस तथ्य को प्रमाणित करती है कि 10 करोड़ भारतीय मुसलमान किसी भी ऐसी सरकार के सामने नहीं झुकेंगे, जो उनके वास्तविक प्रतिनिधियों को शामिल नहीं करती। जितनी जल्दी कांग्रेस इसे महसूस कर ले, उतना ही बेहतर है—कोई भी शक्ति मुसलिम देशों में स्वतंत्रता की लहर को दबा नहीं सकती। हम अपने अंतिम लक्ष्य के रूप में पाकिस्तान की अपनी माँग पर अटल हैं और मैं आपको आश्वासन देता हूँ कि कायदे-आजम जिन्ना के नेतृत्व में हम अपने लक्ष्य को प्राप्त करेंगे। अंतरिम सरकार में हमारी सारी क्रियाएँ इन दो बातों की ओर निर्देशित होंगी कि कांग्रेस को यकीन दिलाना है कि भारत में कोई भी सरकार मुसलिम लीग के सहयोग के बिना निर्विघ्न कार्य नहीं कर सकती और भारतीय मुसलमानों का प्रतिनिधित्व करनेवाला एकमात्र संगठन लीग ही है। अंतरिम सरकार सीधी काररवाई आंदोलन के युद्धस्थलों में एक है और हम लोग हर मोरचे पर अत्यंत सावधानी से श्री जिन्ना के आदेशों का पालन करेंगे।''

□

73

सरदार पटेल ने लीग के लिए अंतरिम सरकार में शामिल होने की शर्तों को दुहराया

सरदार पटेल का संपूर्ण वाङ्मय

बॉम्बे क्रॉनिकल
25 नवंबर, 1946

बृहस्पतिवार को पं. नेहरू की स्पष्टवादिता के हुनर की प्रतिस्पर्धा करते हुए सरदार वल्लभभाई पटेल ने कांग्रेस के खुले अधिवेशन में आज यहाँ अपने भाषण में मुसलिम लीग के विरुद्ध बड़े स्पष्ट तरीके से अपने विचार रखे। अत्यंत स्पष्ट शब्दों में उन्होंने कहा कि यदि लीग संविधान सभा में भाग नहीं लेता है तो उसके लिए अंतरिम सरकार से बाहर निकल जाने के अलावा कोई दूसरा विकल्प नहीं है।

आज प्रकाशित पं. नेहरू और वाइसराय के बीच हुए पत्राचार का उल्लेख करते हुए सरदार पटेल ने बताया कि किस प्रकार पं. नेहरू ने दो बातें स्पष्ट की हैं—

एक तो यह कि यदि लीग अंतरिम सरकार में शामिल होता है तो उसे एक टीम

के रूप में कार्य करना होगा, न कि एक अलग ग्रुप के रूप में।

दूसरा, उन्होंने कहा कि लीग अंतरिम सरकार में तब तक शामिल नहीं हो सकता जब तक कि वह कैबिनेट मिशन के 16 मई के प्रस्ताव को स्वीकार नहीं कर लेता।

वाइसराय इस स्थिति से सहमत थे और उन्होंने कहा कि लीग ने भी इसे स्वीकार किया था। श्री जिन्ना ने ब्रिटिश सरकार पर अकसर अविश्वसनीय होने और दोहरी बातें करने का आरोप लगाया है। अब यह वाइसराय पर निर्भर है कि वह श्री जिन्ना के साथ अपने मसले को हल करें। हम लोगों को इस झगड़े से कुछ लेना-देना नहीं है—सरदार पटेल ने कहा।

इसके साथ ही उन्होंने यह भी स्पष्ट किया कि जहाँ तक कांग्रेस का संबंध है, वे लोग अपनी सीटों पर जमे रहेंगे। "हम वहाँ रहेंगे। हम लोग प्रभावशाली तरीके से और एक मंत्रिमंडल की तरह कार्य करेंगे।" सरदार पटेल ने कहा।

किंतु जिस क्षण उन्होंने महसूस किया और उन्हें विश्वास हो गया कि ब्रिटिश सरकार अपने वादे से मुकर रही है तो वे त्यागपत्र दे देंगे। त्यागपत्र सदैव उनके पॉकेट में रहते हैं, परंतु वे इन्हें तब तक प्रस्तुत नहीं करेंगे जब तक कि ब्रिटेन झूठा साबित नहीं हो जाता और संसार के मित्र राष्ट्रों में उसका नाम बदनाम नहीं हो जाता।

इस बीच वे लोग आतंक-युद्ध के कारण आत्मसमर्पण नहीं करेंगे और त्यागपत्र नहीं देंगे। उन्हें बरखास्त ही करना होगा।

यदि पं. नेहरू अपने भाषणों से लोगों को भावाभिभूत कर देते थे तो सरदार पटेल अपनी तीखी व्यंग्योक्तियों से श्रोताओं में क्रोध भर देते थे।

व्यापक अशांति का उल्लेख करते हुए, जो उनकी दृष्टि में मुसलिम लीग की राजनीतिक नीतियों का परिणाम था, सरदार पटेल ने कहा कि वह समय आ गया है कि लोग अपनी सुरक्षा स्वयं करें। "वे पाकिस्तान माँग सकते हैं; वे पूरे भारत को माँग सकते हैं।" उन्होंने कहा। परंतु यह तरीका लाभकारी नहीं होगा। विष से विष ही निर्मित होगा और तलवार का अंततः तलवार से ही सामना करना पड़ेगा। इसलिए पूरे कांग्रेस की ओर से उन्होंने लीग से एक अंतिम अपील की कि वे वर्तमान काररवाई से बाज आएँ और कांग्रेस के साथ एक शांतिपूर्ण समझौते पर पहुँचें।

□

74

सरदार पटेल ने मुसलिम लीग की विलंबकारी चाल की आलोचना की। लंदन में हुई बातचीत के परिणाम चाहे कुछ भी हों, संविधान सभा की बैठक अवश्य होगी

सरदार पटेल का संपूर्ण वाङ्मय

बॉम्बे क्रॉनिकल,
6 दिसंबर, 1946

''सांप्रदायिक समस्या के अंतिम समाधान के रूप में चाहे जो भी हो, मैं यह विश्वास करता हूँ कि हिंदुओं और मुसलमानों दोनों ने ही यह महसूस कर लिया है कि हिंसा और रक्तपात कभी भी अपने लक्ष्य को प्राप्त करने के निकट उन्हें नहीं पहुँचा सकता—चाहे वह स्वराज्य हो अथवा पाकिस्तान; दोनों ही समुदायों का सर्वोत्तम लाभ तभी होगा जब वे यह निर्णय कर लें कि वे दोनों ही एक-दूसरे के साथ शांति से रहेंगे।'' अंतरिम सरकार में गृह सदस्य सरदार वल्लभभाई पटेल ने आज शाम दादर के पालन सोजपाल चाल में बंबई प्रदेश कांग्रेस कमेटी, दादर कांग्रेस कमेटी और नागरिक संरक्षक दल, दादर के तत्त्वावधान में आयोजित एक जनसभा में कहा।

सन् 1945 में हुए प्रथम शिमला सम्मेलन के विफल होने के बाद से अब तक देश में हुई घटनाओं का विवरण प्रस्तुत करते हुए सरदार पटेल ने कहा कि यद्यपि कांग्रेस ने सदैव इस नीति का पालन किया है कि लीग को मानवीय रूप से जितना संभव हो उतना निभाया जाए; परंतु लीग सदैव उसका मांस नोचने पर लगा हुआ है और वे बार-बार पाकिस्तान की असंभव माँग की आवाज उठाते हैं और बार-बार उनके द्वारा किए गए गंभीर वादे और आश्वासनों के टुकड़े-टुकड़े किए गए हैं। इसका नवीनतम उदाहरण लीग के अध्यक्ष के द्वारा संविधान सभा में शामिल होने के वाइसराय को दिए गए निश्चित आश्वासन के बावजूद श्री जिन्ना द्वारा संविधान सभा में शामिल होने से इनकार करना है।

परंतु लीग स्वराज्य के संबंध में देश की प्रगति को इस प्रकार बाधित करते हुए भी संतुष्ट नहीं था। उन प्रांतों में जहाँ मुसलिम लीग की सरकार थी, उन्होंने अल्पसंख्यकों के विरुद्ध 'सीधी काररवाई' करने का निर्णय लिया। किसी भी देश के

इतिहास में, सरदार पटेल ने कहा, "अपनी ही जनता के विरुद्ध सरकार ने 'सीधी काररवाई' प्रायोजित नहीं की है, जैसाकि इन्होंने बंगाल में किया।"

बाद के दिनों में जो घटनाएँ कलकत्ता और बिहार एवं अन्य स्थानों पर घटीं, सरदार पटेल ने कहा, "उन्होंने लीग वालों को यह दिखला दिया कि इस तरह का खेल खेलना बहुत मँहगा पड़ा और उनके कृत्य टकराकर उन्हीं पर लौट पड़े।" उन्होंने आशा की कि वे इससे शिक्षा ग्रहण करेंगे और ताकत से एवं तलवार के बल पर पाकिस्तान जीतने की बात करना छोड़ देंगे।

सरदार पटेल ने टिप्पणी की कि "लंदन की बातचीत में जो कुछ हो और उसका परिणाम जो भी निकले, सांप्रदायिक समस्या का समाधान भारत में और भारतीयों के द्वारा ही करना होगा। इस क्षेत्र में अंग्रेजों का कोई स्थान नहीं है और जितनी जल्दी वे देश छोड़ दें उतना ही अच्छा सभी संबंधित लोगों के लिए होगा।" यही कारण है कि मैं यह विश्वास करता था कि मेरे लंदन जाने से कोई लाभ नहीं होगा और इसलिए मैंने वहाँ जाने से इनकार कर दिया।

भारतीय प्रश्न के संबंध में अंग्रेजों के इरादों पर वापस आते हुए सरदार पटेल ने कहा कि पिछले अप्रैल में जब कैबिनेट शिष्टमंडल ने बातचीत शुरू की तो उन्होंने कांग्रेस के नेताओं को बार-बार विश्वास दिलाया कि भारत छोड़ने के उनके इरादे वास्तव में निष्कपट हैं और पहले की तरह अब वे भारत की समस्या के हल को इस देश के दो समुदायों के बीच एकता उत्पन्न होने की शर्त पर आधारित नहीं रखेंगे। इससे वे यह विश्वास करने के लिए प्रेरित हुए कि अंग्रेज उपर्युक्त आश्वासन ईमानदारी और निष्कपटता से दे रहे थे; और वह अब भी यकीन करते हैं कि वह सही थे—गृह सदस्य ने कहा।

श्री जिन्ना के नेतृत्व में मुसलिम लीग प्रत्येक बिंदु पर कांग्रेस के लिए व्यवधान उत्पन्न कर रही थी और यदि आवश्यक हुआ तो ताकत का भी प्रयोग कर रही थी तथा देश को इस चुनौती का सामना करना था।

इन परिस्थितियों में, सरदार पटेल ने आगे कहा, लोगों के लिए यह अत्यंत अनिवार्य था कि वे अपनी बुजदिली या कमजोरी के कारण समर्पण न कर दें। "जिन लोगों ने महात्मा गांधी के सिद्धांतों में निपुणता प्राप्त कर ली है और वे उसका उपयोग प्रभावी ढंग से कर पा रहे हैं, उन्हें उसका अनुसरण करना चाहिए। किंतु साधारण व्यक्तियों के लिए, जो गांधीजी की अहिंसा के सिद्धांतों का पालन नहीं कर सकते हैं, अपने आपको और अपने पड़ोसियों को बचाने का सबसे अच्छा तरीका यही है कि अपनी संपूर्ण शक्ति का इस्तेमाल किया जाए। कायरता किसी की सहायता नहीं करती।" सरदार पटेल ने जोर देकर कहा कि "इसका परिणाम केवल अधिकाधिक

निर्दोष लोगों की हत्या के रूप में ही सामने आता है।''

इस संबंध में कलकत्ता में हुई हत्याओं के बाद जब बंगाल के नेतागण उनसे मिले तो उन्होंने पहले दी गई चेतावनियों को फिर से सविस्तार दुहराया। उन्होंने यह सलाह भी दी कि पूर्वी बंगाल में असामाजिक तत्त्वों की आक्रामकता से निपटने के लिए उन्हें अपने आपको और अपने लोगों को तैयार करना चाहिए। ''किंतु बंगाल के नेताओं ने स्पष्टत: स्थिति की गंभीरता को नहीं समझा।''

उन्होंने जनता को यह सलाह दी कि कम-से-कम एक पखवाड़े के लिए उस समुदाय के विरुद्ध सारी क्रियाएँ बंद कर दें, जो उनकी अपनी नहीं हैं। ''किंतु इसका मतलब यह नहीं है कि वे उन्हें अपनी हत्या करने दें। हर प्रकार से अपनी और अपने पड़ोसियों की, जिस भी संसाधन से आप कर सकें, रक्षा कीजिए। परंतु आप स्वयं हत्या करने न जाएँ। मैं चाहता हूँ कि बंबई में पूर्ण शांति एक बार फिर स्थापित हो और इसीलिए मैं यहाँ आया हूँ। मैं आशा करता हूँ कि आप मेरी सलाह मानेंगे।''

लंदन में हुई बातचीत पर वापस आते हुए उन्होंने कहा कि आज सुबह उनकी बात पं. नेहरू से हुई और उन्होंने सरदार को आश्वासन दिया कि वह संविधान सभा के प्रथम अधिवेशन में भाग लेने के लिए रविवार तक अवश्य भारत वापस आ जाएँगे—जैसा कि उन्होंने पहले घोषित किया था। सरदार ने कहा, संविधान सभा की बैठक अवश्य होगी, चाहे कुछ भी हो।

समापन करते हुए सरदार पटेल ने कहा, ''हम लोग पूर्ण स्वतंत्रता प्राप्त करने के कगार पर हैं। यह हम पर है कि हम इसे ग्रहण करें या फेंक दें। हमें क्या करना चाहिए? मुझे विश्वास है कि सभी विवेकशील भारतीय इस उत्कृष्ट अवसर को, जो हम तक आ रहा है, अपने हाथों से जाने नहीं देंगे। हम अपने दूसरे समुदाय के भाइयों के साथ अपनी समस्या का समाधान कर लेंगे, जो हमें संसार में, खासतौर से हमारी भौगोलिक स्थिति के कारण एशिया में, उस असाधारण स्थान के योग्य बना देगा, जिसे हम प्राप्त करने वाले हैं।''

आरंभ में बंबई प्रदेश कांग्रेस कमेटी के अध्यक्ष श्री एस. के. पाटिल ने नागरिकों की ओर से सरदार का स्वागत किया और उन्हें आश्वस्त किया कि बंबई के लोग सुदृढ़ रूप से कांग्रेस के साथ हैं।

□

75

"अपने आपको हिंसा या अहिंसा से बचाइए, परंतु भागिए नहीं"— गुजरातियों को सरदार पटेल की सलाह

सरदार पटेल का संपूर्ण वाङ्मय

बॉम्बे क्रॉनिकल,
2 दिसंबर, 1946

"भागें नहीं, रोएँ नहीं, व्यर्थ में अपनी जान मत दें, बल्कि हर प्रकार से अपनी सुरक्षा करें—चाहे वह हिंसा से हो या अहिंसा से। पुलिस या सेना की ओर सहायता के लिए न देखें। देश का एक सिपाही बनिए और एक राष्ट्र (नागरिक) सेना तैयार कीजिए।"—गुजरातियों की एक वृहद् जनसभा को वेरायटी थिएटर में आज सुबह बंबई के लिए प्रस्थान करने से पहले संबोधित करते हुए सरदार पटेल ने कहा।

स्वागत समिति के अध्यक्ष शामजी भाई खेता ने अपने समाज की ओर से सुंदर चाँदी के पात्र में उन्हें एक सम्मान-पत्र भेंट किया। सेठ माधवलाल पारेख ने सरदार पटेल को माला पहनाकर स्वागत किया और स्वामी विद्यानंदजी ने उन्हें आशीष दिया।

सरदार पटेल ने सन् 1942-43 में अहमदाबाद में हुए सांप्रदायिक दंगों का उल्लेख किया, जब लोगों ने युद्ध के लिए जन और धन का अंशदान करने से इनकार कर दिया था। गुजरात की उपलब्धियों पर उन्होंने गर्व महसूस किया; परंतु वह लज्जित हुए, जब उन्होंने सुना कि गुजराती अपनी जान बचाने के लिए इधर-उधर भाग रहे हैं। उन्होंने कहा कि मनुष्य मरणशील प्राणी है और इसलिए उसे मरना सीखना चाहिए। यदि वह एक उत्कृष्ट कार्य के लिए अपने प्राणों का बलिदान करता है तो वह उसे अमर कर देगा।

उन्होंने गुजराती समाज के लोगों को यह सलाह दी कि वे दूसरे प्रांतों के लोगों के साथ उसी प्रकार घुल-मिल जाएँ, जिस प्रकार दूध पानी में मिल जाता है। गुजराती लोग सफल व्यवसायी हैं और उन्होंने संपत्ति एकत्रित की है; परंतु उन्हें यह जानना चाहिए कि इसे किस प्रकार अच्छे कार्यों के लिए इस्तेमाल किया जाए।

□

76

स्टैफोर्ड क्रिप्स के नाम सरदार पटेल का पत्र

सरदार पटेल का संपूर्ण वाङ्मय

कागजात, नवजीवन ट्रस्ट,
15 दिसंबर, 1946

प्रिय सर स्टैफोर्ड क्रिप्स,

अपने पिछले पत्र में मैंने आपको यह बतलाने की थोड़ी कोशिश की थी कि हम लोगों पर यहाँ कितना दबाव डाला जा रहा है। उसके बाद से एक के बाद एक घटनाएँ होती रहीं और अंततः हम लोगों को विचार-विमर्श के लिए लंदन आमंत्रित किया गया था। इसका चरमोत्कर्ष तो तब हुआ जब जवाहरलाल विदीर्ण हृदय के साथ वापस लौटे।

जब निमंत्रण (लंदन के लिए) आया तो हम लोगों की पहली सहज प्रतिक्रिया यह थी कि इसे स्वीकार न किया जाए। किंतु हम लोगों के टेलीग्राम के प्रत्युत्तर में प्रधानमंत्री की अपील और उनके आश्वासन से पं. नेहरू के मन में यह भावना जगी कि निमंत्रण को अस्वीकार करना अशिष्टता होगी। वह सद्भावना और सहानुभूति लिये पूर्ण आशा के साथ भारत से गए, परंतु दुःखी और निराश लौटे। अब वह अपनी गलती और निमंत्रण स्वीकार करने से हुई क्षति को महसूस करते हैं।

हम लोग आपकी वहाँ की कठिनाइयों को अच्छी तरह समझते हैं। परंतु मैं स्पष्ट रूप से कहना चाहता हूँ कि हम लोगों की यहाँ की कठिनाइयों के बारे में आप लोगों को बहुत कम ज्ञान है। आपने लीग के शिष्टमंडल को उस समय बुलाया, जब यह महसूस किया जा रहा था कि हिंसा का खेल दोनों पार्टियाँ खेल सकती हैं और नरम स्वभाववाले हिंदू भी, निराश किए जाने पर, कट्टर मुसलमानों की तरह उतने ही हिंसक तरीके से प्रतिकार कर सकते हैं। ठीक उसी समय जब समझौते का अवसर आया, जिन्ना को निमंत्रण मिला और वह एक बार फिर मुसलमानों को यह समझा सके कि वह कष्ट व हिंसा पैदा करके और अधिक रियायत पा सके हैं।

मुझे विश्वास है कि सुधीर (घोष) ने लंदन वापस पहुँचकर यहाँ जो हुआ, उसका विवरण आपको अवश्य दिया होगा और मुझे फिर विस्तार से उन विवरणों को लिखकर आपको परेशान करने की आवश्यकता नहीं है। परंतु मैं इतना ही कहूँगा कि जब 'सीधी कारवाई का दिन' मुसलिम लीग के द्वारा निश्चित किया गया था और जब प्रदर्शन के लिए 16 अगस्त का दिन तय किया गया तो यदि कड़ी कारवाई की गई

होती अथवा उसकी इजाजत दी गई होती तो इतनी बड़ी संख्या में लोगों की हत्याएँ और संपत्ति का इतना विनाश नहीं होता तथा ऐसी उत्तेजक घटनाएँ नहीं घटतीं। यहाँ वाइसराय ने इस संबंध में विपरीत दृष्टिकोण रखा और 'कलकत्ते की भीषण हिंसाओं' के बाद से उनकी प्रत्येक क्रिया मुसलिम लीग को प्रोत्साहित करनेवाली तथा हम लोगों को शांत करने के लिए दबाव बनानेवाली रही।

लंदन में व्यवस्था हम लोगों के विरुद्ध थी और मैं नहीं जानता कि वक्तव्यों और अनुवर्ती वाद-विवाद से जो कुचेष्टाएँ की गई हैं, उनका कोई अनुमान उन लोगों को है या नहीं। अत्यधिक कठिनाई से, अपने सम्मिलित प्रयासों के द्वारा हम लोगों ने इंग्लैंड और भारत के बीच एक सेतु का निर्माण किया था—और आप मेरे योगदान को जानते हैं। मुझे लिखते हुए खेद है कि ब्रिटेन की सत्यनिष्ठा के बारे में विश्वास और भरोसे की भावना का, जिसे हम लोगों के समझौते के द्वारा निर्मित किया गया था, बड़ी तेजी से क्षय हो रहा है और इस सेतु में दरार पड़ने या इसके गिरने की स्थिति आ गई है।

आपकी व्याख्या का अर्थ है कि बंगाल के मुसलमान असम के लिए संविधान का प्रारूप तैयार कर सकते हैं। यह आश्चर्यजनक है! क्या आप समझते हैं कि ऐसा बीभत्स प्रस्ताव असम के हिंदुओं द्वारा स्वीकार कर लिया जाएगा—खासतौर से बड़ी संख्या में जबरदस्ती कराए गए धर्म-परिवर्तन, अग्निकांड, लूटपाट, बलात्कार और बलपूर्वक की गई शादियों के बाद? आपकी इस व्याख्या पर जोर दिए जाने के कारण लोगों में उत्पन्न नाराजगी और क्रोध का अंदाजा आप नहीं लगा सकते। यदि आप समझते हैं कि असम को बंगाल की प्रधानता स्वीकार करने के लिए बाध्य किया जा सकता है तो जितनी जल्दी आप इस भ्रम से जितनी जल्दी छुटकारा पा जाएँ उतना ही बेहतर होगा। हम सिक्खों को संतुष्ट करने के लिए क्या कर सकते हैं, जिनके साथ निश्चित रूप से अन्यायपूर्ण व्यवहार हुआ है? यदि वे असम के लिए एक ऐसा संविधान तैयार करते हैं, जिससे निकल पाना असम के लिए असंभव हो तो उसके लिए आपके वक्तव्य में क्या उपाय हैं?

आप जानते हैं कि 77 साल की उम्र में गांधीजी अपनी सारी शक्ति पूर्वी बंगाल में बरबाद हो चुके घरों में लगा रहे हैं और खोई हुई लड़कियों को ढूँढ़ने की कोशिश करने के साथ-साथ उन लोगों को वापस अपने मूल धर्म में लाने का प्रयास कर रहे हैं, जिनका बलपूर्वक धर्म-परिवर्तन कर दिया गया है। परंतु वह अत्यधिक कठिनाइयों के बीच कार्य कर रहे हैं और मुझे आशंका है कि वह इस प्रभावशून्य कार्य में अपना जीवन समाप्त कर लेंगे। वह एक बड़े ही आक्रामक वातावरण से घिरे हुए हैं। इन परिस्थितियों में वहाँ उनकी मृत्यु हो जाने की स्थिति में क्या होगा, यह कोई नहीं कह सकता। मैं उसके परिणामों के बारे में सोचकर काँप जाता हूँ। ऐसी स्थिति में संपूर्ण भारत की नाराजगी और क्रोध केवल मुसलमानों के विरुद्ध ही नहीं होगा, बल्कि काफी हद तक अंग्रेजों के विरुद्ध भी होगा।

बहस के तुरंत बाद लंदन में जिन्ना ने जो कहा, उसे आपने अवश्य देखा होगा। वह पाकिस्तान में विश्वास करते हैं और उन्हें जो कुछ प्रदान किया जा रहा है, उन सबका उपयोग उस उद्देश्य के लिए भारोत्थापक (लीवर) के रूप में किया जाना है। आप चाहते हैं कि हम उनके इस पागलपन भरे स्वप्न को साकार करने में मदद करें? इस तनाव की घड़ी में आपको लिखते हुए मुझे खेद है, किंतु इस पूरे मामले पर मैं दुःखी महसूस करता हूँ। आप जानते हैं कि जब गांधीजी हम लोगों के समझौते का दृढ़ता से विरोध कर रहे थे, तब मैंने इसके पक्ष में अपनी शक्ति लगा दी थी। आपने मेरे लिए एक बड़ी ही अप्रिय स्थिति पैदा कर दी है। यहाँ हम सभी महसूस कर रहे हैं कि हमारे साथ धोखा हुआ है।

समाधान अब काफी मुश्किल हो गया है, बल्कि असंभव हो गया है। समझौता तभी हो सकता है जब बाहरी हस्तक्षेप न हो और पार्टियों को अकेला छोड़ दिया जाए। वाइसराय हम लोगों को शांति से नहीं रहने देंगे। वह और उनके सभी सलाहकार लीग के समर्थक हैं। हम लोगों को उनके बीच काम करना है। यह एक असंभव स्थिति है; किंतु मैं नहीं जानता कि इस विषय में आप कुछ कर सकते हैं।

आशा है, आप स्वस्थ होंगे।

भवदीय,
वल्लभभाई पटेल

सर स्टैफोर्ड क्रिप्स

□

77

सरदार पटेल वाइसराय के विचारों से असहमत थे कि अंतरिम सरकार में मुसलिम लीग के शामिल हो जाने से शांति स्थापित हो जाएगी

सरदार पटेल का संपूर्ण वाङ्मय

बॉम्बे क्रॉनिकल,
5 दिसंबर, 1946

भारत सरकार के गृह, सूचना एवं प्रसारण सदस्य सरदार वल्लभभाई पटेल ने आज शाम ताज में घोषणा की कि सरकार अपनी राष्ट्रीयकरण योजना में केवल प्रमुख

उद्योगों को ही स्पर्श करेगी और अन्य उद्योगों में यदि नियोक्ता कर्मचारियों के हितों का समुचित ध्यान रखने में विफल रहे तो सरकार को बाध्य होकर एक विस्तृत योजना प्रारंभ करनी पड़ेगी।

एम.एल.सी. एवं भारतीय व्यापार संघ के उपाध्यक्ष श्री रतिलाल एम. गांधी द्वारा आयोजित एक स्वागत-समारोह में सरदार पटेल बोल रहे थे। इस समारोह में बंबई के विशिष्ट व्यक्तियों सहित भारी संख्या में प्रमुख व्यापारी उपस्थित थे। उपस्थित लोगों में श्री बी. जी. खेर, बंबई के प्रधानमंत्री और उनके मंत्रियों की टीम, जिनमें सर्वश्री जी. डी. बिरला, प्राणलाल देवकरन नानजी, के. आर. पी. श्रॉफ, वालचंद हीराचंद, जे. सी. शीतलवाड़, हुसैनभाई लालजी, ए. ए. जसदनवाला, बंबई के शेरिफ, एस. के. पाटिल, एस. एल. सलीम, सर कावसजी जहाँगीर, सर मणिलाल माँगवती, सर बैरमजी जीजीभाई, सर चुन्नीलाल बी. मेहता, सर आर. पी. मसानी, सर पी. ठाकुरदास, सर बी. करंजिया, सर पी. आई. रहीमतुल्ला और सर फ्रांसिस लो आदि शामिल थे।

सरदार पटेल ने टिप्पणी की कि हड़तालों की एक लहर देश में फैल गई है, जो व्यापार के लिए बहुत हानिकारक सिद्ध हो रही है। कर्मचारियों की वफादारी बँटी हुई है। यदि उद्योगपतियों ने अपने दायित्वों को नहीं निभाया तो श्रमिकों के दुर्ग पर कम्युनिस्टों का पूर्ण कब्जा हो जाएगा।

उन्होंने व्यापारी समुदाय को चोर-बाजारी के विरुद्ध चेतावनी दी और कहा कि यदि इस चेतावनी के बावजूद भी उन्होंने चोर-बाजारी नहीं छोड़ी तो सरकार को कठोर काररवाई करनी पड़ेगी।

सरदार पटेल ने यह विचार व्यक्त किया कि लंदन में आयोजित वर्तमान सम्मेलन निरर्थक है। इससे कोई उद्देश्य पूरा नहीं होगा। मैं जानता हूँ कि ब्रिटिश सरकार क्या कहेगी! 'ओह, आप ग्यारह में से नौ प्रांतों में शासन कर रहे हैं। आप थोड़े उदार क्यों नहीं हो जाते और लीग की माँगों को स्वीकार कर लेते?' ब्रिटिश सरकार का यह रवैया उसी प्रकार का है जैसा उन्होंने हिटलर के प्रति अपनाया था।

उन्होंने आगे कहा कि लंदन सम्मेलन एक तमाशा था। ब्रिटिश सरकार संसार के देशों का विश्वास अपने पक्ष में करना चाहती थी। यही उनका मुख्य उद्देश्य था। भारतीय नेताओं को लंदन बुलाने के लिए संसार उन्हें न्यायप्रिय और निमंत्रण को अस्वीकार करने के कारण कांग्रेस की काररवाई को अनुचित बताएगा।

देश की वर्तमान स्थिति पर 'लंदन टाइम्स' द्वारा की गई टिप्पणी कि 'यदि हिंदू और मुसलमान आपस में लड़ते रहते हैं तो अंग्रेजों को भारत में रहना पड़ेगा।' सरदार पटेल ने आलोचना की। उन्होंने कहा कि यह एक भ्रम है, जिससे अंग्रेज पीड़ित हैं। यदि हिंदू और मुसलमान आपस में लड़ते रहते हैं और एक-दूसरे को मारते हैं तो भी उन्हें देश छोड़कर जाना पड़ेगा।

अंतरिम सरकार में लीग को शामिल किए जाने के संदर्भ में सरदार पटेल ने कहा कि वाइसराय यह विश्वास करते थे कि लीग के सरकार में आने के बाद देश में शांति बहाल हो जाएगी। "परंतु मैंने उनसे कहा कि यह प्रयास म्यूनिख में चैंबरलेन की तरह है।"

मुसलिम लीग अहिंसा में विश्वास नहीं रखता। उन्हें 'सीधी काररवाई' प्रारंभ करने से पहले गहन चिंतन करना चाहिए था। यह ब्रिटिश सरकार के प्रति निर्दिष्ट था, किंतु बहुसंख्यकों के द्वारा अल्पसंख्यक समुदाय के विरुद्ध निर्देशित कर दिया गया।

सरदार पटेल ने मुसलमानों को उत्तर में स्थानांतरित किए जाने के श्री जिन्ना के सुझाव को अव्यावहारिक बताया।

उन्होंने अपने विश्वास को दुहराया कि मुसलिम लीग संविधान सभा में भी शामिल हो जाएगी, जैसे वह अंतरिम सरकार में शामिल हुई है और पुनः घोषित किया कि संविधान सभा की बैठक 9 दिसंबर को होगी।

उन्होंने लीग के प्रति वाइसराय और अंग्रेज अफसरों की मिलीभगत को अभिव्यक्त किया और कहा कि सरकारी सेवा में लगे व्यक्तियों को देश के प्रति निष्ठावान् रहना चाहिए, अन्यथा उन्हें नौकरी छोड़ देनी चाहिए।

अकसर की जानेवाली इस आलोचना का उत्तर देते हुए कि कुछ प्रांतों के मंत्रालय स्थिति को नियंत्रित करने में विफल रहे हैं, सरदार पटेल ने कहा कि यह भी याद रखना चाहिए कि स्थिति को नियंत्रित करने में मंत्रालयों को पुलिस और अन्य अधिकारियों की सहायता लेनी पड़ती है, जो पहले उनके दुश्मन थे। उदाहरण के लिए, यदि किसी प्रांत में मंत्रालय द्वारा मुसलमानों को नियंत्रित करने के लिए पुलिस को बाध्य किया जाता है तो उन्हें हिंदू समर्थक कहा जाता है अथवा यदि हिंदुओं को नियंत्रित करने के लिए उन्हें बाध्य किया जाए तो उन्हें मुसलमान समर्थक कहा जाएगा। "मैं बंबई के मंत्रालय को हटा सकता हूँ; परंतु आपको विश्वास दिलाता हूँ कि प्रतिस्थापित सरकार उससे कम ही कार्य-कुशल होगी।"

उन्होंने कहा कि एक जनप्रिय सरकार को कम-से-कम शासन करना चाहिए। पुलिस और सेना ब्रिटिश सरकार के शस्त्र थे, उनके नहीं।

उन्होंने आगे कहा कि सरकार चलाने की कला बड़ी कठिन है। "हम लोगों को यह अभी भी सीखना है। अब तक हम लोग संघर्ष ही करते रहे हैं।"

अंत में सरदार पटेल ने कहा कि परस्पर विनाशकारी लड़ाई से न हिंदुओं को कोई लाभ होगा और न ही मुसलमानों को। बंबई की यह परंपरा रही है कि वह एक सर्वदेशीय नगर रहा है और उसे यह परंपरा बनाए रखनी चाहिए। उन्होंने व्यापारी समुदाय को प्रोत्साहित किया कि दंगों को नियंत्रित करने में वे प्रांतीय सरकार की

सहायता करें और मदद के लिए केंद्रीय सरकार की ओर देखने के लिए कभी न सोचें। "आज आपके लिए मेरा यही संदेश है। आइए, हम सब मिलकर यह दृढ़ निश्चय करें कि हम तुरंत शांति स्थापित कर लेंगे।"

इससे पहले श्री रतिलाल एम. गांधी ने सरदार पटेल का स्वागत करते हुए देश की सेवाओं के लिए उनकी भूरि-भूरि प्रशंसा की।

□

78

गांधीजी द्वारा निर्मित स्वराज्य रूपी भवन की चार दीवारों पर सरदार पटेल के विचार

सरदार पटेल का संपूर्ण वाङ्मय

सरदार पटेल के भाषणों से,
5 जनवरी, 1947

(उद्धरण)

उन्होंने (गांधीजी ने) चार दीवारों की आधारशिला रखी और हम लोग एक भी दीवार निर्मित नहीं कर सके। इसे और अन्य विश्वविद्यालयों को राष्ट्र शिक्षा प्रदान करने के लिए संस्थापित किया गया था। भारत में अनेक शिक्षण संस्थाओं को संस्थापित किया गया।... यह खिलाफत आंदोलन का समय था। हिंदू, मुसलमान और अन्य सभी समुदायों के लोग एकता की डोर में बँध गए थे।...

दूसरी दीवार हिंदुओं और मुसलमानों की एकता की है। यदि हम वास्तव में स्वराज्य चाहते हैं तो हिंदुओं और मुसलमानों को एकजुट होना होगा। 6 अप्रैल, 1919 को पूरे देश में एक जुलूस निकाल गया था, जिसमें हिंदू, मुसलमान, पारसी, ईसाई, सिख और यहूदी सभी शामिल थे। एक भी समुदाय छूटा नहीं था। पुरुष, स्त्री, जवान और बूढ़े, अमीर, गरीब—सभी इस जुलूस में शामिल थे; परंतु आज दो समुदायों के बीच दूरियाँ बढ़ गई हैं।

स्वराज्य रूपी भवन की तीसरी दीवार है—स्वदेशी अर्थात् खादी।...

इस भवन की चौथी दीवार है—छुआछूत के भेदभाव को मिटाना।...

गांधीजी ने अंग्रेजों से कहा कि वे भारत छोड़ दें। आज वह स्वयं छोड़ने के लिए

तैयार हैं। यदि स्वराज्य का अर्थ केवल अंग्रेजों को ही बाहर निकालना है तो स्वराज्य नजदीक है। अंग्रेजों को जाना होगा। हम लोगों को अपनी व्यवस्था स्वयं करनी है। अंग्रेज कहेंगे कि हम जा रहे हैं, इसलिए हमें अपनी दुर्बलताओं से स्वयं लड़ना है। यदि हम स्वराज्य चाहते हैं तो हम आपस में नहीं लड़ सकते। हम लोगों को यह देखना चाहिए कि गांधीजी क्या कर रहे हैं, क्यों कर रहे हैं और कैसे कर रहे हैं।...

...यदि हम केवल अपनी समस्याओं का समाधान ठीक से कर लें तो हम स्वाधीनता प्राप्त कर लेंगे। इसमें संदेह नहीं है कि अंग्रेज जा रहे हैं। शायद चर्चिल जैसे लोग ही अब भी भारत पर शासन करने का स्वप्न देख रहे हैं। वह सोने का अंडा देनेवाली मुरगी को छोड़ना नहीं चाहते और इसीलिए वह हरिजनों और मुसलमानों को उकसा रहे हैं। परंतु यह खेल ज्यादा दिन चलनेवाला नहीं है। वे चाहें या न चाहें, उन्हें जाना ही है।...

भारत स्वतंत्रता प्राप्त करने के कगार पर है और हम लोगों को बड़ी संख्या में कार्य-कुशल लोगों की आवश्यकता होगी। इस समय हम लोगों के पास पर्याप्त संख्या में सक्षम लोग नहीं हैं।

यदि हम स्वराज्य चाहते हैं तो हमें अपने जीवन के तरीके बदलने होंगे।...

□

79

सरदार पटेल विभाजित भारत के पुनः एकीकरण की भविष्यवाणी करते हैं

सरदार पटेल का संपूर्ण वाङ्मय

बॉम्बे क्रॉनिकल,
12 अगस्त, 1947

(उद्धरण)

स्वतंत्रता सप्ताह समारोहों के संबंध में आयोजित एक विशाल जनसभा को संबोधित करते हुए आज यहाँ सरदार पटेल ने कहा कि ''हम लोगों का सबसे पहला काम यह है कि हम स्थिर, सुसंगठित और मजबूत बनें और बाकी चीजों के लिए हमारी प्राथमिकता गौण हो सकती है।''

सरदार पटेल ने दृढ़तापूर्वक अस्वीकार किया कि वह और उनके सहकर्मियों ने

किसी प्रकार के भय अथवा पराजय की भावना के कारण देश के विभाजन को स्वीकार किया था। देश की वर्तमान परिस्थितियों में इस प्रकार का बँटवारा ही वह सर्वोत्तम वस्तु थी, जो संभव था और उन्हें इसके लिए कोई पछतावा नहीं है। कुछ सप्ताहों में ही उन लोगों ने देश, सेना, सेवाओं आदि का विभाजन कर दिया और यह वास्तव में एक बृहत् कार्य पूरा किया गया। किंतु उनका दृढ़ विश्वास था कि जो लोग आज अलग हुए हैं, उनका भ्रम जल्दी ही टूट जाएगा और शेष भारत से उनका एकीकरण निश्चित है।

सरदार ने लोगों से गंभीरतापूर्वक अपील की कि वे अपने मन से पिछले दो वर्षों की स्मृतियों को बाहर निकाल फेंकें, उसे एक भयानक कुस्वप्न समझकर भूल जाएँ और भारत को एक मजबूत, समृद्ध और सुखी देश बनाने के एकमात्र उद्देश्य से आगे कार्य करें। ऐसा केवल कठिन परिश्रम से ही हो सकता है। ब्रिटेन की एक समाजवादी सरकार मजदूरों से प्रतिदिन एक घंटे और अधिक काम करने के लिए आग्रह कर रही है; परंतु इसके विपरीत, यह आश्चर्यजनक है कि यहाँ हमारे समाजवादी और अन्य लोग हड़ताल करने की शिक्षा दे रहे हैं और मजदूरी की वृद्धि को बढ़ावा दे रहे हैं। उन्होंने कहा कि इसका परिणाम केवल यही होगा कि नासिक में और अधिक नोट छापे जाएँगे तथा गंभीर समस्याएँ खड़ी होंगी।

उन्होंने आज प्रकाशित श्री लियाकत अली खान के वक्तव्य की सराहना की और वे प्रसन्न थे कि पाकिस्तान में अल्पसंख्यकों को सुरक्षा प्रदान की जाएगी और उनके अधिकारों की रक्षा की जाएगी। लीग की इस उदारवादी चेष्टा से यहाँ भारत में भी समान व्यवहार का उद्भव होगा।

सरदार को यकीन था कि सभी भारतीय राज्य भारतीय संघ में शामिल होंगे और कोई इससे बाहर अकेले नहीं रह सकता। उन्होंने दुहराया कि पहला कार्य पहले किया जाना चाहिए। पहला काम यह है कि सभी राज्य संघ में शामिल होकर संगठित हों। रियासतों में लोगों द्वारा लोकतांत्रिक शासन की माँग ने एक बिलकुल नई समस्या खड़ी की है। वह यह नहीं समझ पा रहे हैं कि किस प्रकार एक भारतीय शासक शासन कर सकता है, जब जनता उसका विरोध कर रही है और एक लोकतांत्रिक शासन की माँग कर रही है!

सरदार पटेल ने कहा कि वह देश के विभाजन में कांग्रेस की जिम्मेदारियों की व्याख्या करने का प्रयास नहीं करेंगे। उन्होंने कहा कि ''हम लोगों ने यह आखिरी कदम बहुत सोच-विचार के बाद उठाया है। विभाजन के संबंध में पहले अपने प्रबल विरोध के बावजूद मैं इससे अब सहमत हो गया, क्योंकि मैंने महसूस किया कि भारत की एकता बनाए रखने के लिए इसे अब विभाजित हो जाना चाहिए।''

पिछले साल कार्यालय में उनके अनुभवों से यह स्पष्ट हुआ कि मुसलिम लीग के

साथ रहते हुए कुछ भी रचनात्मक कर पाना असंभव था। लीग के सदस्यों ने अपने कार्यकाल में केवल अवरोध उत्पन्न करने के अलावा कुछ भी नहीं किया और उनकी भूमिका पूर्णत: एक बाधक राजनीतिज्ञ की रही। इसके अलावा, जैसाकि उन्होंने एक बार कहा था, उन्होंने पाया कि कुछ को छोड़कर सरकार में विभिन्न पदों पर तैनात सभी मुसलमान मुसलिम लीग के थे। इस प्रकार अपक्षय प्रारंभ हो चुका था और पूरे देश के विनाश का जोखिम उठाए बिना इसे अधिक समय तक चलाते रहने की आज्ञा नहीं दी जा सकती थी। वास्तव में एक समय तो, जो कुछ सीमा तक अब भी मौजूद है, स्थिति इतनी बिगड़ गई कि कलकत्ते में हत्याओं के बाद बलवे पूरे देश में फैल गए और हिंदुओं और मुसलमानों के लिए एक-दूसरे के इलाकों में जाना एक खतरनाक व साहसिक कार्य बन गया। देश का आर्थिक जीवन गतिहीन हो गया और जीवन एवं संपत्ति की कोई सुरक्षा नहीं रह गई।

इस निराशापूर्ण स्थिति से उबरने के एकमात्र तरीके के रूप में कांग्रेस ने यह महसूस किया कि तीसरी पार्टी, यानी ब्रिटिश सत्ता को आपसी समस्याओं से अलग रखा जाए। अंग्रेजों ने अपनी ओर से यह घोषणा कर दी थी कि वे जून 1948 तक भारत छोड़ देंगे। किंतु यह समय लंबा था। इसके अलावा उनके इस आश्वासनयुक्त वक्तव्य से कि वे प्रांतों में प्राधिकारियों को सत्ता सौंपेंगे—असम, पंजाब और फ्रंटियर में कार्यरत मंत्रिमंडलों को स्थानच्युत करने के लिए जोरदार प्रयास शुरू कर दिए गए। लीग पंजाब में सफल भी हुआ। यद्यपि वे फ्रंटियर और असम में विफल रहे, फिर भी उनके आंदोलन से असाधारण कष्ट और रक्तपात हुआ। समस्या का तुरंत समाधान और निर्दोष लोगों की हत्याओं को रोकने के लिए कांग्रेस ने देश के विभाजन से सहमत होने का निर्णय लिया और पंजाब व बंगाल के बँटवारे की माँग की। यह लीग की धमकियों के प्रति समर्पण या तुष्टीकरण की नीति नहीं थी।

आज भारत का विभाजन एक स्थापित सत्य है, फिर भी यह एक अवास्तविक तथ्य है। उन्होंने आशा की कि बँटवारे ने भारत की राजनीतिक समिति से विष को निकाल फेंका है। इससे उन्हें यकीन था कि अलग हुए भाग फिर से शेष भारत में मिलना चाहेंगे। भारत एक है और अविभाज्य है। समुद्र को कोई बाँट नहीं सकता या बहती हुई नदी को कोई विभाजित नहीं कर सकता। मुसलमानों की जड़ भारत में है। उनके धार्मिक स्थान और सांस्कृतिक केंद्र भारत में स्थित हैं। वह यह नहीं जानते कि वे पाकिस्तान में क्या करेंगे, किंतु अधिक दिन नहीं बीतने पाएँगे और वे फिर वापस आना चाहेंगे।''

□

80

राजनीतिक गतिरोध का एकमात्र समाधान वर्तमान केंद्र सरकार को सत्ता का हस्तांतरण है—सरदार पटेल

सरदार पटेल का संपूर्ण वाङ्मय

बॉम्बे क्रॉनिकल,
10 मई, 1947

सरदार पटेल ने आज यह घोषणा की कि ''तटस्थ रहते हुए सत्ता अपने पास बनाए रखने की ब्रिटिश नीति गृह-युद्ध को बढ़ावा देने का एक तरीका है।'' उन्होंने जोर देते हुए कहा कि भारत का राजनीतिक गतिरोध तुरंत समाप्त हो जाएगा, यदि ''जिस स्थिति में भी केंद्र सरकार है, उसे सत्ता उसी स्थिति में हस्तांतरित कर दी जाए।''

गृह, सूचना और प्रसारण सदस्य ने एक साक्षात्कार में कहा कि ''वाइसराय को सत्ता से अलग कर दिए जाने पर'' संघ सरकार के रूप में भारत के अंतरिम सरकार के कार्य में तत्काल दो प्रभाव उत्पन्न हो सकते हैं—

1. ''देश में एक सप्ताह के अंदर शांति स्थापित हो जाएगी। जो लोग हिंसा का कार्य करते हैं, वे ऐसा इसलिए करते हैं, क्योंकि वे समझते हैं कि उन्हें रोकने के लिए कोई शक्तिशाली केंद्रीय शक्ति नहीं है। संघ सरकार के रूप में केंद्र सरकार एक मजबूत केंद्र का निर्माण करेगी और अव्यवस्थाओं को दूर करने के लिए आवश्यक शक्ति से भी संपन्न होगी।''

3. ''तीसरी पार्टी के द्वारा हस्तक्षेप के अभाव में, जिससे दोनों पार्टियों में कोई भी अपील कर सकती थी, कांग्रेस और मुसलिम लीग अपने मतभेदों का तुरंत समाधान कर लेंगे। यदि मंत्रिपरिषद् में किसी प्रश्न पर विवाद होता है तो बहुमत के निर्णय को कार्यान्वित किया जाएगा।''

ब्रिटेन की सरकार को एक विश्वसनीय रिपोर्ट, जिसे वाइसराय ने भेजा था, उसमें कहा गया था कि उस स्थिति से निपटने के लिए जिस पर 'कोई नियंत्रण नहीं कर सका' तथा देश के विभाजन का महात्मा गांधी द्वारा हाल ही में दुहराए गए विरोध को देखते हुए भारत में शीघ्र ही कोई कारवाई अवश्य की जानी चाहिए। इस रपट के आधार पर सरदार पटेल के वक्तव्य को विशेष महत्त्व प्रदान किया गया।

सरदार पटेल ने यह भविष्यवाणी नहीं की कि यदि ऐसा कोई कदम ब्रिटिश सरकार द्वारा उठाया गया तो लीग और कांग्रेस के बीच पाकिस्तान के प्रश्न पर किस प्रकार का समझौता हो सकेगा! किंतु उन्होंने कहा कि कांग्रेस किसी अनिच्छुक वर्ग या क्षेत्र पर जोर-जबरदस्ती नहीं करेगी।

उन्होंने यह अवश्य कहा कि "धारा 93 पंजाब में समाप्त हो जाएगी और कांग्रेस और लीग संभवतः एक मिली-जुली सरकार के लिए तैयार हो जाएँगे।"

उत्तर-पश्चिम सीमा प्रांत में, जहाँ कांग्रेस मंत्रालय के विरुद्ध लीग ने दो महीने तक अपना आंदोलन जारी रखा था, सरदार पटेल ने कहा कि "कांग्रेस का मंत्रालय चलता रहेगा। पाकिस्तान के प्रश्न पर अभी पिछले साल ही चुनाव लड़ा गया था और कांग्रेस की जीत हुई थी।"

सरदार पटेल ने भारत की वर्तमान स्थिति को गंभीर बताया और कहा कि यहाँ की भारी समस्याओं में एक समस्या आजकल विकसित की जा रही व्यक्तिगत सेना और उन्हें आवश्यक संसाधनों से लैस किया जाना है।

उस स्थिति के विकल्प के रूप में जब अंग्रेज यह निर्णय करते हैं कि भारत का निश्चित रूप से विभाजन होना ही चाहिए, सरदार पटेल ने यह सुझाव दिया कि सत्ता का हस्तांतरण संविधान सभाओं को किया जाना चाहिए। उन्होंने यह भी कहा कि एक अलग संविधान सभा की योजना मुसलिम लीग के पास पहले से मौजूद है।

"दूसरा रास्ता काफी आसान है।" उन्होंने जोड़ा, "सत्ता केंद्र सरकार को हस्तांतरित करें। वाइसराय अलग हो जाएँ और हस्तक्षेप न करें। तब आपके पास एक मजबूत केंद्र होगा, जो देश की समस्याओं से निपटने में सक्षम होगा, खासतौर से उन स्थानों में जैसे पंजाब और उत्तर-पश्चिम सीमा प्रांत। देश में तुरंत शांति स्थापित हो जाएगी।"

सरदार पटेल ने 16 मई के वक्तव्य के लिए कांग्रेस के तर्क को 'पूरी तरह' दुहराया और कहा कि अपनी दुर्बलताओं के बावजूद कांग्रेस केंद्र में एक मजबूत सरकार रखना पसंद करेगी। यह अत्यंत जरूरी है कि प्रतिरक्षा के लिए एक शक्तिशाली सेना और एक मजबूत केंद्र सरकार हो।

कांग्रेस की स्थिति सदैव यही रही है कि वह कभी भी किसी संवर्ग या क्षेत्र के साथ जोर-जबरदस्ती नहीं करती, जो उसके साथ नहीं रहना चाहता। इसके साथ ही वह किसी वर्ग या समुदाय द्वारा जोर-जबरदस्ती किए जाने को भी बरदाश्त नहीं करेगी। कांग्रेस ने इस सिद्धांत को वर्ष 1942 में क्रिप्स के साथ हुई बातचीत के समय से स्वीकार कर लिया है।

इसलिए यदि मुसलिम लीग यह जोर देती है कि वह अलगाव चाहती है तो कांग्रेस उसे संघ में बने रहने के लिए बाध्य नहीं करेगी। लेकिन इसका परिणाम

बंगाल और पंजाब के बँटवारे के रूप में होगा। आज जिस स्थिति में बंगाल और पंजाब प्रांत हैं, उन्हें यदि उसी रूप में पाकिस्तान को दे दिया जाता है तो जोर-जबरदस्ती होगी। गैर-मुसलिम समुदायों पर पाकिस्तान में बल-प्रयोग होगा और फिर गृह-युद्ध हो जाएगा।

"इसलिए यदि लीग भारत के विभाजन पर जोर देता है तो जिन तर्कों के आधार पर भारत का विभाजन होना है, वही तर्क पाकिस्तान के क्षेत्रों में भी लागू होते हैं।"

सरदार पटेल ने टिप्पणी की कि यह एक खतरनाक खेल है, जिसे श्री जिन्ना खेल रहे हैं। उन्होंने यह भी इंगित किया कि भारत से बर्मा के विभाजन में दो साल लगे थे, जबकि यहाँ भारत में कुछ भी नहीं था।

उन्होंने भविष्यवाणी की कि इसमें काफी समय लगेगा। भारतीय सेना को बाँटने में शायद सालों लग जाएँ। इसके अलावा संचार व्यवस्था, रेल, सड़कें और इसी प्रकार की अंतर्ग्रथित सेवाओं को भी बाँटना होगा, जो पूर देश में फैली हुई हैं।

मुसलिम लीग के अध्यक्ष के बारे में सरदार पटेल ने कहा कि कैबिनेट मिशन प्लान की अस्थायी स्वीकृति के अलावा श्री जिन्ना की स्थिति पहले जैसी ही रही है।

सरदार पटेल ने कहा कि हम लोगों ने उनसे कहा कि इस प्रश्न को संयुक्त राष्ट्र संघ को सौंपा जाए, परंतु उन्होंने कहा, 'नहीं।' हम लोगों ने कहा कि मध्यस्थता स्वीकार कर ली जाए। उन्होंने कहा, 'नहीं।'

□

81

सरदार पटेल ने सिक्खों से अपील की कि वे मुसलमानों पर आक्रमण न करें

सरदार पटेल का संपूर्ण वाङ्मय

इन ट्यून विद द मिलियंस,
22 अक्तूबर, 1947

झाड़फानूसों के विशिष्ट संग्रह की छाया के नीचे, सिक्ख गुरुओं की लंबी कतार और पटियाला गृह के पूर्वजों की उपस्थिति में दरबार हॉल में एक पंथ सम्मेलन अत्यधिक दुर्भाग्य की उदासी के बीच 22 अक्तूबर, 1947 को संपन्न हुआ, जो बँटवारे के कारण ऐसे रक्तपात से उत्पन्न हुआ था जैसा सिक्खों के सामने पहले कभी नहीं

हुआ था। इससे पहले कि इस असीम दुःख और विपत्ति के बोझ से दबकर सिक्ख समुदाय के लोग क्रोध और प्रतिशोध में उठ खड़े हों, सरदार पटेल बलदेव सिंह के साथ पटियाला पहुँचे और उनके रक्तस्रावी हृदयों एवं आहत भावनाओं को अपनी अत्यंत हृदयस्पर्शी देव-स्तुतियों के मरहम से शांत किया, जिसकी धार्मिकता और भाव में एक विशिष्ट धर्मोपदेश की चमक और श्रेष्ठता थी।

पंथ सम्मेलन के बारे में सुनकर मैंने और रक्षा मंत्री ने सिक्ख नेताओं से उनके इतिहास के अत्यंत संकटपूर्ण क्षणों में मिलने का मन बनाया। मैं आपके सामने मित्रवत् सलाह के कुछ शब्द रखना चाहता हूँ, जो ऐसे व्यक्ति के शब्द हैं जिसने सदैव आप लोगों के साहस और देशभक्ति के सद्‌गुणों की सराहना की है और जिसके पास इस समुदाय के लिए स्नेहपूर्ण व मित्रतापूर्ण भावनाओं के अलावा कुछ और नहीं है।

मुझे याद आ रहा है कि किस प्रकार महामान्य पटियाला महाराजा के सुदृढ़ सहयोग से मैंने आपके नेताओं और अमृतसर में विशाल जनसभा में मुसलमानों को सुरक्षित जाने देने के लिए आपसे सहायता और सहयोग के लिए अपील की थी। इस अपील का जो प्रत्युत्तर आपने मुझे दिया, उससे मैं संतुष्ट था और उसे मैंने अपने प्रति सम्मान समझा, जिसे आपने कृपा करके अभिव्यक्त किया था।

परंतु मैं आपको अवश्य ही सतर्क करना चाहता हूँ कि इस कठिन स्थिति में महत्त्वपूर्ण विषयों पर आप कोई भी निर्णय जल्दबाजी में न लें। मैं अच्छी तरह समझता हूँ कि नियति ने जो चोट पहुँचाई है, उससे आपकी भावनाएँ कितनी आहत हुई हैं और आपके हृदय में इस कारण कितना क्रोध है!

किंतु आप बहादुर लोग हैं और आपको बहादुर लोगों की तरह ही इस स्थिति का सामना करना चाहिए। वीरों का व्यवहार यह नहीं है कि वे अपनी तलवार की मर्यादा और अपने समुदाय एवं देश की प्रतिष्ठा को निर्दोष लोगों का खून बहाकर गंदा करें। यह समय शांतिपूर्वक और स्थिर मन से भविष्य की कार्यवाही पर विचार करने और अपने व्यवहार को बुद्धिमानी से ऐसा स्वरूप देने का है, जिससे आपके समुदाय एवं देश को यश मिले सके, न कि भाग्य पर विलाप करने, अपनी क्षतियों को गिनने और प्रतिरोध करके हानि को पूरा करने की व्यर्थ आशा करने का है।

सिक्ख समुदाय को विदेशों में कुछ स्वार्थबद्ध प्रचारकों द्वारा अयथार्थ रूप से प्रकट किया गया है और उनकी निंदा की गई है। आपको अपनी उसी प्रतिष्ठा को फिर से निर्मित करना है, जिसे आपने पिछले दो विश्व युद्धों में निर्मित किया था। उसके लिए यही काफी नहीं है कि एक तलवार अपने पास रखी जाए, बल्कि यह भी जानना होगा कि उसे किस प्रकार इस्तेमाल किया जाए। कुछ प्रचारक ऐसे भी हैं, जो सिक्खों को अलग करने में जुटे हुए हैं और वे हिंदुओं व सिक्खों के बीच विभेद करना चाहते हैं।

यह वर्ष पहले की अपेक्षा अधिक आक्रामक है। हम लोगों को इस निकृष्ट प्रचार से अपनी रक्षा करनी है और इसे झूठा बताना है।

जब हमने विभाजन स्वीकार किया तो वह एक रोगग्रस्त नीबू से वंचित रहना स्वीकार करने जैसा था, ताकि बाकी भाग अच्छी स्थिति में रह सकें। परंतु इससे पहले कि हम निरोगण की प्रक्रिया प्रारंभ कर पाते, घटनाओं ने हमें आ घेरा।

बुराई का निराकरण बुराई से नहीं, बल्कि अच्छाई से किया जा सकता है। यद्यपि हम अपनी दोषपूर्ण मानसिक और नैतिक स्थितियों के साथ अहिंसा के धर्म का पूरी तरह पालन नहीं कर सकते; परंतु हम ऐसा कार्य भी नहीं कर सकते कि जिस तलवार पर हम अधिकार रखते हैं, उसका अपमान हो। जब सही समय और उचित कारण हो तो आप अपनी तलवार का अपनी इच्छानुसार उपयोग कर सकते हैं। अब आपको अपनी तलवार म्यान में रख लेनी चाहिए, ताकि आप लोगों की नैतिकता में वृद्धि कर सकें, जो इस समय इतने निचले स्तर पर पहुँच गई है कि अव्यवस्था, कानून का उल्लंघन, निर्दोष रेल यात्रियों पर आक्रमण और असहाय लोगों की हत्या आदि नृशंस कार्य किए जा रहे हैं। यह हम सभी पर है कि हम इस प्रवृत्ति को समाप्त करें और इस संबंध में लोगों को आप सही नेतृत्व प्रदान कर सकते हैं।

हम लोगों को समुचित वातावरण तैयार करना चाहिए, ताकि हम अपने मस्तिष्क को दूषित करनेवाले पूर्वग्रहों और क्रोध के कारण विकृत हुई नैतिकता में सुधार करके अपनी प्रतिष्ठा को ऊँचा उठाने का लक्ष्य प्राप्त कर सकें। जब तक हम अपने पूर्वग्रहों और क्रोध से ऊपर नहीं उठेंगे तब तक वह सबकुछ प्राप्त नहीं कर सकते, जिसके लिए हमने स्वाधीनता की लड़ाई लड़ी थी।

जो लोग यहाँ उपस्थित हैं, उन सबसे मैं यह अपील करता हूँ कि वे अपनी जिम्मेदारियों के अनुरूप ही निर्णय लें। आपको अवश्य अपनी सरकार का समर्थन करना चाहिए, जो अत्यंत कठिन परिस्थितियों में साहसपूर्वक संघर्ष कर रही है। यह आपकी अपनी सरकार है, जिसे आपसे पूर्ण समर्थन पाने का पूरा हक है।

□

82

पंजाब के शरणार्थियों पर सरदार पटेल के विचार

सरदार पटेल का संपूर्ण वाङ्मय

इन ट्यून विद द मिलियंस,
3 सितंबर, 1947

3 सितंबर को लाहौर में संपन्न अंतर-औपनिवेशिक राज्यों के सम्मेलन* से लौटने के तुरंत बाद सरदार ने सरकारी कर्मचारियों को एक महत्त्वपूर्ण अपील जारी की, जिसमें कहा गया था कि उन्हें इस असाधारण स्थिति की गंभीरता को समझना चाहिए, जिसने पंजाब के दूसरी ओर लाखों नागरिकों के जीवन को संकटापन्न कर दिया है। ऐसी स्थिति में तत्काल उनका यह कर्तव्य होता है कि वे प्रत्येक असहाय एवं विपत्ति के मारे शरणार्थी को अत्यंत शीघ्रता से उस वास्तविक नरक से निकालकर सुरक्षित वास-स्थान तक पहुँचने में सहायता करें। सरदार का हृदय कितना व्यथित हुआ और मातृभूमि से उजड़े हुए इन लोगों को वह कितनी सांत्वना देते थे, उसका पता सरदार की मृत्यु के बाद पंजाब उच्च न्यायालय के एक शरणार्थी न्यायाधीश की टिप्पणी से चलता है, "उनकी मृत्यु से केवल आपने (मनीबेन) ही पिता नहीं खोया है, बल्कि संपूर्ण राष्ट्र ने खोया है और हममें से उन लोगों ने, जिन्हें पाकिस्तान से बाहर फेंक दिया गया है, इस क्षति को और अधिक महसूस किया है; क्योंकि उन्होंने हम लोगों को अपने हृदय से लगाया और आश्रय एवं सहायता दी।"

मैं अभी-अभी लाहौर से लौटा हूँ, जहाँ मैं एक अंतर-शासकीय सम्मेलन में भाग लेने गया हुआ था, जिसे पंजाब में अविलंब शांति स्थापित करने तथा पूर्वी और पश्चिमी पंजाब में विभिन्न जगहों पर सैकड़ों व हजारों की संख्या में एकत्रित शरणार्थियों को शीघ्र निकालकर ले आने की व्यवस्था के तौर-तरीकों पर सोच-विचार करने के लिए आयोजित किया गया था। मैं तुरंत यह करना चाहता हूँ कि जो योजनाएँ बनाई गई हैं

---

* सरदार ने नेहरू के 31 अगस्त, 1947 के अत्यधिक आग्रह पर 3 सितंबर, 1947 को लाहौर में अंतर-औपनिवेशिक राज्यों के सम्मेलन में भाग लिया। दंगों से प्रभावित पंजाब के क्षेत्रों का दौरा करने के बाद नेहरू ने लिखा—"मैं अत्यंत गंभीरतापूर्वक यह सुझाव देता हूँ कि आप एक दिन के लिए लाहौर आएँ। आप हवाई जहाज से सुबह आ सकते हैं और उसी दिन शाम को वापस जा सकते हैं। शायद मैं भी आपके साथ ही वापस चला जाऊँगा। यह निमंत्रण आपको लियाकत अली खान की ओर से भी दिया गया है।"

और जो निर्णय लिये गए हैं, वे ठोस हैं; परंतु उनके परिणाम तभी मिलेंगे जब सही भावना के साथ, एकचित्त होकर, दृढ़ निश्चय के साथ दोनों ओर की प्रशासनिक व्यवस्था की पूरी शक्ति के साथ उन्हें कार्यान्वित किया जाएगा।

इन निर्णयों का तात्कालिक उद्देश्य लाखों पुरुषों, स्त्रियों और बच्चों को उनके संकटकारक निवासों से हटाकर उन्हें सुरक्षित और शांतिपूर्ण जीवन के वास-स्थान पर शीघ्र पहुँचाना है।

कार्य की असाधारण विशालता को देखते हुए इसे पूरा करने के लिए संपूर्ण प्रशासनिक व्यवस्था को बड़ी ईमानदारी और पूर्ण कार्य-कुशलता के साथ इसमें लगना होगा। प्रधानमंत्री अपने स्वास्थ्य की परवाह न करते हुए अपनी संपूर्ण ऊर्जा इसमें लगा रहे हैं। मैं सभी सरकारी कर्मचारियों से अपील करता हूँ कि वे पंजाब के अपने बदनसीब भाई-बहनों के साथ इस अत्यधिक संकट और निराश्रयता की घड़ी में अपने पवित्र कर्तव्यों का पालन करने में कोई ढिलाई न करें। इस बृहत् कार्य में सफलता के लिए जनता का सहयोग अनिवार्य है। रेलवे, सड़क यातायात और खाद्यान्नों की आपूर्ति में लगे कर्मचारियों पर विशेष जिम्मेदारी है, जिसे मुझे विश्वास है कि वे पूरे जोश, साहस और लगन के साथ पूरा करेंगे।

परंतु सामान्य जनता और विशेष रूप से उन शरणार्थियों पर, जो सौभाग्य से हमारे साथ हैं, भारी जिम्मेदारी है। मैं भलीभाँति महसूस करता हूँ कि उनमें से बहुत से लोगों ने अनेक आतंकपूर्ण दु:ख और अकथनीय पाशविकतापूर्ण यातनाएँ सही हैं। वे और उनके संबंधियों तथा मित्रों को वास्तविक नरक से गुजरना पड़ा है, जिसमें लोग जंगली जानवरों से भी नीचे के स्तर पर उतर गए थे। किंतु उन्हें याद रखना चाहिए कि प्रतिरोध या प्रतिशोध के किसी भी प्रयास से हमारी ऊर्जा सीमा पार के हमारे मित्रों के लिए पूरे मनोयोग से किए जानेवाले इस राहत और सहायता के कार्य से हट जाएगी और हम शांति बनाए रखने के अपने दायित्व को पूरा नहीं कर पाएँगे, जिसके बिना राहत संबंधी कोई भी कार्य-कुशल संगठन असंभव है।

इसलिए मैं इन मित्रों से आग्रह करूँगा कि वे सभी संभव नियंत्रण बनाए रखें और जिन कड़वे अनुभवों से वे गुजरे हैं उसका इस्तेमाल जो लोग पीछे रह गए हैं, उनके कष्टों और खतरों को बढ़ाने में न करें; बल्कि ऐसा वातावरण उत्पन्न करने के लिए करें, जिसमें शरणार्थियों को निकाल ले आने और उन्हें राहत पहुँचाने का भारी कार्य पूरे जोश और दृढ़ निश्चय के साथ किया जा सके। आइए, हम लोग सबसे पहले इस अत्यावश्यक कार्य में पूरी तन्मयता से लग जाएँ।

यदि सभी संबंधित लोग एकमत होकर दृढ़ निश्चय के साथ इस तात्कालिक कर्तव्य को पूरा नहीं करते हैं तो संक्रामक रोगों के फैलने का खतरा है, जिससे विवेकहीन रूप से की गई हत्याओं की अपेक्षा कहीं अधिक जनहानि होने की आशंका है। एक

बार इस कार्य को पूरा कर लेने के बाद ही हम उन घावों को भरने की ओर मुड़ सकते हैं, जो हमको दिए गए हैं तथा उन गलतियों का निवारण करने में लग सकते हैं, जो की जा चुकी हैं।

□

83

पंजाब में जनसंख्या की अदला-बदली पर सरदार पटेल के विचार

सरदार पटेल का संपूर्ण वाङ्मय

इन ट्यून विद द मिलियंस,
11 अक्तूबर, 1947

(उद्धरण)

अंतर-औपनिवेशिक राज्यों के सम्मेलन में जिन निर्णयों पर सहमति बन चुकी थी, उन पर भी पाकिस्तान किस प्रकार आँख-मिचौली का खेल खेल रहा है, इसे सरदार ने 11 अक्तूबर, 1947 को बड़े प्रभावपूर्ण तरीके से अपने साहसपूर्ण जवाब में अभिव्यक्त किया है। अमृतसर में सरदार के भाषण में जनसंख्या की अदला-बदली से संबंधित भाग की पाकिस्तान के प्रधानमंत्री ने आलोचना की, जिसका जवाब देने की विवशता उन्होंने महसूस की थी—

"वह (श्री लियाकत अली खान) स्पष्टत: यह भूल गए हैं कि पूर्वी पाकिस्तान से मुसलमानों को और पश्चिमी पाकिस्तान से गैर-मुसलमानों को भेजने का प्रश्न अब किसी एक सरकार की नीति का भाग नहीं रह गया है, बल्कि यह भारत और पाकिस्तान के राज्यों की सरकारों के बीच सहमति पर आधारित एक व्यवस्था है। अंतर-औपनिवेशिक राज्यों के सम्मेलन के एक सहभागी के रूप में, जिसमें इस व्यवस्था पर सहमति बनी थी और जिसमें इसे लागू किए जाने के तौर-तरीकों को सुनिश्चित किया जा रहा है, उन्हें इसका अच्छा ज्ञान होना चाहिए था।"

राजनेताओं की स्मृति कमजोर होने के लिए कुख्यात है; परंतु ऐसा प्रतीत होता है कि पाकिस्तान के प्रधानमंत्री की स्मृति अत्यधिक कमजोर है। इसलिए यदि वह जान-बूझकर इन तथ्यों की अनदेखी कर रहे हैं अथवा सन्निहित समस्याओं को टाल रहे हैं तो अनिवार्यत: यह निष्कर्ष निकलता है कि वह इन निर्णयों के परिणामों की जिम्मेदारी

नहीं लेना चाहते अथवा परिणामों का सामना नहीं करना चाहते; जबकि वह स्वयं इन निर्णयों के इच्छुक पक्ष रहे हैं।

''उन्होंने (श्री लियाकत अली खान ने) पाकिस्तान के अल्पसंख्यक समुदायों को प्रायः दिए गए आश्वासनों को भी दुहराया है। खीर के स्वादिष्ट होने का प्रमाण उसे खाने पर ही मिलता है। इन आश्वासनों का महत्त्व उन हजारों हत्याओं, अपहरणों, जबरदस्ती किए गए विवाहों, जले हुए घरों और अपाहिज बच्चों एवं अत्यधिक कष्ट में पाकिस्तान छोड़ रहे गैर-मुसलिम समुदायों के पुरुषों, स्त्रियों व बच्चों पर विस्तारपूर्वक लिख दिया गया है, जब उन्हें अत्यधिक परेशानी एवं तिरस्कारपूर्ण अनुभवों से गुजरना पड़ा है।''' वे लोग जो पश्चिमी पाकिस्तान के सभी क्षेत्रों से शरणार्थियों के जन-प्रवाह को केवल अपने तन पर के कपड़ों के साथ प्रतिदिन निकलते हुए देख रहे हैं, वे इन आश्वासनों पर विश्वास नहीं कर सकते। जो पीछे रह गए हैं, उनके जीवन पर प्रतिदिन आतंक मँडरा रहा है और वे नहीं जानते कि कल उनके साथ क्या होने वाला है!

''इसके विपरीत, भारत में देश के तीन-चौथाई क्षेत्र में मुसलिम अपना सामान्य कारोबार कर रहे हैं और उनमें देश छोड़ने के कोई संकेत नहीं हैं। वे शांतिपूर्वक अपने पैतृक घरों में या अपनी जमीन पर उनकी सरकार द्वारा प्रदत्त जान-माल की पूर्ण सुरक्षा के साथ रह रहे हैं।''

□

84

सरदार पटेल ने भारत के विभाजन का एक अनिष्टकर अनिवार्यता के रूप में समर्थन किया *

सरदार पटेल का संपूर्ण वाङ्मय

सरदार पटेल के भाषणों से

11 अगस्त, 1947

आज 'शहीद दिवस' है। यह उन लोगों की याद में मनाया जाता है, जिन्होंने हमारे देश को स्वतंत्र कराने के लिए अपने प्राणों का बलिदान किया है। उन्हें याद करना हम लोगों का पुनीत कर्तव्य है। यदि हम उन्हें याद नहीं करते हैं तो हम अपने देश के प्रति निष्ठाहीन हैं।

---

* दिल्ली के रामलीला मैदान में 11 अगस्त, 1947 को दिए गए भाषण से।

चार दिनों के बाद विदेशी सरकार भारत से चली जाएगी। अब कांग्रेस ने अपना लक्ष्य प्राप्त कर लिया है और हम लोगों के जीवन का उद्देश्य भी पूरा हो चुका है। जब लोकमान्य की मृत्यु हुई तो हम लोगों ने चौपाटी के मैदान पर शपथ ली थी कि स्वराज्य हमारा जन्मसिद्ध अधिकार है। इसके बाद रावी नदी के किनारे कांग्रेस के लाहौर सम्मेलन में कांग्रेस के इसी झंडे के नीचे हम लोगों ने कसम खाई थी कि स्वतंत्रता प्राप्त करने के लिए हम अपने प्राणों का बलिदान कर देंगे और यह निर्णय लिया था कि हिंदू, मुसलमान, सिक्ख, ईसाई, पारसी सभी लोग मिल-जुलकर रहेंगे; लेकिन इसे पूरी तरह कार्यान्वित नहीं किया जा सका। इसलिए आज हमारे दिलों में उतनी खुशी नहीं है जितनी होनी चाहिए थी। आपको यह समझना चाहिए कि अब विदेशी हम लोगों के रास्ते में अड़चनें उत्पन्न नहीं कर सकेंगे। यह एक बहुत बड़ी उपलब्धि है।

लोग कहते हैं कि भारत का विभाजन कांग्रेस ने किया। यह सत्य है। हम लोगों ने यह जिम्मेदारी अच्छी तरह सोचने-समझने के बाद ली है, न कि किसी भय या दबाव के कारण। मैं भारत के विभाजन का प्रबल विरोधी था। किंतु जब मैं केंद्रीय सरकार में बैठा तो मैंने देखा कि एक चपरासी से लेकर बड़े अधिकारियों तक सांप्रदायिक घृणा से ग्रसित हैं। इन स्थितियों में लड़ने और तीसरी पार्टी के हस्तक्षेप को बरदाश्त करने से बेहतर है कि बँटवारा हो जाए।

कुछ सप्ताहों बाद हम लोग केंद्रीय सरकार में एक वर्ष पूरा करेंगे। कलकत्ता की जन-हत्याओं के बाद हम लोगों ने सरकार में प्रवेश किया। दो समुदायों के बीच काफी दुश्मनी है। कलकत्ता, लाहौर और बंबई में जहाँ भी जाएँ, आप देखेंगे कि एक छोटा पाकिस्तान बन चुका है। कोई भी हिंदू मुसलमानों की बस्ती में नहीं जा सकता। कोई भी हिंदू रावलपिंडी में नहीं रह सकता। हम लोगों ने देखा कि इस समस्या का समाधान तब तक नहीं हो सकता जब तक कि विदेशी सरकार यहाँ रहेगी। जब ब्रिटिश सरकार ने डेढ़ साल बाद सत्ता त्यागने का निर्णय लिया तो असम, पंजाब, बंगाल और उत्तर-पश्चिम सीमा प्रांतों में—हर जगह दंगे भड़क उठे और बड़ी संख्या में लोगों की हत्याएँ की गईं। हम लोगों ने अंग्रेजों से कहा कि वे जल्दी जाएँ। तब उन्होंने कहा, ''हम लोग चले जाएँगे, यदि आप आपस में सहमत हो जाएँ।'' इसलिए हम लोगों ने पाकिस्तान के निर्माण के लिए सहमत होने का निर्णय लिया; किंतु हमने बंगाल और पंजाब के विभाजन की माँग की। हम लोगों ने यह निर्णय बड़ी पीड़ा के साथ लिया। परिणामस्वरूप ब्रिटिश सरकार ने, जो जून 1948 में सत्ता हस्तांतरित करने वाली थी, 15 अगस्त, 1947 को ही सत्ता का हस्तांतरण करने का निर्णय लिया। दो देशों के बीच सेना के अधिकारियों आदि का भी बँटवारा कर दिया गया।

विभाजन के बाद भी मुसलमानों की कुल जनसंख्या का 75 प्रतिशत इस ओर है। हमें उनका उत्थान करना है। आज भारत कठिनाई में है। आर्थिक संकट है। भारत

एक अग्रणी देश है। यद्यपि अब यह लेनदार बन गया है; किंतु अभी यह निश्चित नहीं है कि ब्रिटेन हमारा पैसा कब वापस करेगा। ऐसी स्थिति में लेनदार बनने का क्या फायदा है!

यहाँ शब्दों से समस्याओं का समाधान नहीं होगा। यहाँ बहुत से पंडित हैं। हमारे विद्वान् मित्र समाजवादी सरकार की बात करते हैं। मैं उनसे कहता हूँ कि एक प्रांत ले लीजिए और समाजवादी तरीके से उसकी सरकार चलाइए। इंग्लैंड में समाजवादी सरकार है, परंतु वे काम के घंटों को बढ़ाने की बात करते हैं; जबकि हमारे यहाँ हड़ताल और मजदूरी एवं तनख्वाह बढ़ाने की बात होती है। लेकिन पैसा कहाँ से आएगा? नासिक प्रेस में नोट छापने से देश की संपत्ति नहीं बढ़ने वाली है। देश में पैसा कहाँ है? आप गणना कीजिए कि प्रति व्यक्ति आय कितने पैसे है?

मैं छोटे और बड़े राजाओं से कहता हूँ कि जब समय आएगा तो उन्हें 15 तारीख तक भारतीय संघ में शामिल होना होगा। उसके बाद उनके साथ दूसरी तरह से व्यवहार किया जाएगा। जो रियायतें उन्हें आज दी जा रही हैं, उस तिथि के बाद नहीं दी जाएँगी। इसलिए यदि वे शासन करना चाहते हैं तो उन्हें संविलयन के दस्तावेज पर हस्ताक्षर करना होगा। आज संसार में अकेले रहना मुश्किल है। जब आँधी आती है तो अकेला पेड़ जमीन पर गिर जाता है, किंतु कतार में लगे वृक्ष बच जाते हैं। वे रामचंद्र और अशोक के वंशज भी हैं, फिर भी आज उन्हें बहुत मामूली अंग्रेज नौकर को सलाम करना पड़ता है। वे अभी भी यह मानने को तैयार नहीं हैं कि अंग्रेज 15 अगस्त को चले जाने के लिए तैयार हैं; परंतु जब वे चले जाएँगे और आप स्वाधीनता की बयार का अनुभव करेंगे, तब आपके हृदयों के द्वार खुल जाएँगे।

देश में शांति होनी चाहिए। जंगली जानवरों की तरह लड़ने, सड़क पर चलते हुए किसी महिला या बच्चे को चाकू मार देने से किसी भी समुदाय की प्रतिष्ठा नहीं बढ़ती। केवल शांति ही हमें बचा सकती है। हम लोग किसी को संतुष्ट करने के लिए नहीं जी रहे हैं। हम लोग समझदारी की बात कर रहे हैं। फिर भी, यदि आप लड़ना जारी रखना चाहते हैं तो सेना की तरह लड़िए। एक-दूसरे का गला काटना हमें संसार में हास्यास्पद बना देता है। अंग्रेजों के हृदय में जो जहर भरा हुआ था, वह उड़ चुका है। हम एक-दूसरे से चाहे जितना लड़ें, एक राष्ट्र दो राष्ट्र नहीं बनने वाला है। यद्यपि देश का बँटवारा हो चुका है, लोगों का बँटवारा नहीं हुआ है। पहाड़ों और नदियों को कौन विभाजित कर सकता है? मुसलमानों की जड़ें यहाँ हैं। यहाँ जामा मसजिद, ताज महल और अलीगढ़ विश्वविद्यालय आदि हैं। इसलिए जाने के लिए उनके पास कोई दूसरा स्थान नहीं है, सिवाय इसके कि वे हमारे साथ रहें।

जेल से छूटने के बाद मैं कहता रहा हूँ कि यूरोप के लोगों के लिए एशिया पर शासन करना कठिन है। इंडोनेशिया में डच लोग समस्याएँ पैदा कर रहे हैं। पिछले युद्ध

के घाव अभी सूखे नहीं हैं और छोटे नए युद्ध शुरू हो गए हैं। अगर एक बड़ा युद्ध प्रारंभ हो जाता है तो लड़ाकों को कब्र में स्थान मिल जाएगा।

आज सरकार बनाते समय हमें सतर्क रहने की आवश्यकता है। वे मुसलमान जो सेना में थे, उस पार चले गए हैं और हिंदू इस पर आ गए हैं। सेना में कैसे देशभक्ति की भावना हो सकती है? हिंदू चपरासी और लिपिक इस पार आ गए हैं और मुसलमान उस पार चले गए हैं; परंतु जब कठिनाई होगी तो वे भी इस पार चले आएँगे। हमारा कानून धर्मतांत्रिक नहीं है। विभाजन के बाद भी हमारा देश बहुत बड़ा है। हमारी जनसंख्या भी बहुत अधिक है। पिछली बातों को एक बुरा स्वप्न समझकर भूल जाइए। पाकिस्तान को भूल जाइए। परंतु जब वे लड़ने का प्रयास करते हैं तो उन्हें परास्त करने के लिए हमें भी काफी शक्तिशाली होना चाहिए। हम लोगों के बीच सहयोग होना चाहिए।

कुछ लोग आज गायों को बचाने की बात करते हैं। परंतु जब हम बच्चों, स्त्रियों और वृद्ध जनों को नहीं बचा पा रहे हैं तो गायों को बचाने की बात करने का क्या फायदा? जिन देशों में गायों के वध पर रोक नहीं है उन देशों में गायें बहुत मजबूत और स्वस्थ होती हैं, जो हमारे यहाँ देखने को नहीं मिलता। यदि आप सचमुच गायों को बचाना चाहते हैं तो उनकी देखरेख अच्छी तरह की जानी चाहिए।

आज हमारे पास भारत को संयुक्त करने का एक अवसर है। लाहौर और पूर्वी बंगाल के कुछ भागों को छोड़कर एक हजार वर्षों बाद भारत को संयुक्त करने का अब हमारे पास एक सुनहरा अवसर आया है।

हमने स्वतंत्रता प्राप्त कर ली है। यदि हम अच्छी तरह काम करना चाहते हैं तो देश में शांति होनी चाहिए। यदि शांति नहीं होगी और लोगों के पास खाने को अनाज नहीं होगा तो लोग कहेंगे कि ब्रिटिश सरकार की गुलामी बेहतर थी।

पिछले डेढ़ वर्षों के इतिहास को भूल जाइए। कांग्रेस की योजना बनाइए, जिसे 15 अगस्त के बाद कार्यान्वित किया जाएगा। अब तक हम लोगों ने झगड़ने में बहुत समय बरबाद किया है।

यहाँ हम ऐसी स्थिति में नहीं बैठे हैं कि धक्का देने से गिर जाएँगे। परसों जवाहरलालजी ने ठीक ही कहा था कि वे लोग, जो हम लोगों से बेहतर परिणाम दे सकते हैं, उन्हें आगे आना चाहिए। हम उन्हें कार्यभार सौंपने के लिए तैयार हैं।

□

85

अंतरिम सरकार में मुसलिम लीग के रवए और मुसलमान सरकारी अधिकारियों के मुसलिम लीग के प्रति पक्षपातपूर्ण व्यवहार से भारत का विभाजन अनिवार्य हो गया : सरदार पटेल

सरदार पटेल का संपूर्ण वाङ्मय

इन ट्यून विद द मिलियंस
11 अगस्त, 1947

जब सुनहरा प्रवेश–द्वार आनंदविभोर करनेवाली स्वाधीनता की उषाकालीन वेला की अगवानी करते हुए भारतीय जनसमुदाय में प्रसन्नता और अव्याख्येय आशा का संचार कर रहा था, तब भारत के पुनरुत्थान के लिए अपने कार्य और उद्देश्य को जाननेवाले सरदार ने इस असीम उत्साह को दिशा प्रदान करने के लिए स्वाधीनता समारोहों के दौरान 11 अगस्त, 1947 को दिल्ली के नागरिकों से कहा कि स्वाधीनता को पाने के योग्य हम तभी हो सकते हैं जब समय की माँग के अनुरूप हम अपने आपको संगठित करें और एकता बनाए रखते हुए कठिन परिश्रम करें।

मैं लोगों से गंभीरतापूर्वक यह अपील करता हूँ कि पिछली यादों को एक भयानक दुःस्वप्न समझकर उन्हें अपने मन से निकाल दें और एकचित्त होकर इस उद्देश्य के लिए आगे कार्य करें कि उन्हें भारत को शक्तिशाली, संपन्न और खुशहाल बनाना है। ऐसा कठिन परिश्रम से ही किया जा सकता है। ब्रिटेन में एक समाजवादी सरकार लोगों से एक घंटे और अधिक काम करने के लिए कह रही है; जबकि आश्चर्य है कि इसके विपरीत हमारे यहाँ के समाजवादी लोगों को हड़ताल करने और मजदूरी बढ़ाने के लिए संघर्ष करने के लिए प्रोत्साहित कर रहे हैं। यह किसी गंभीर समस्या में ही परिणत होगा।

मैं पाकिस्तान के लिए पूर्ण सफलता और संपन्नता की कामना करता हूँ। मैं चाहता हूँ कि वे मजबूत बनें, क्योंकि तभी दोनों देशों के बीच मित्रवत् संबंध और सौहार्द हो सकता है। भारत में पाकिस्तान के प्रति कोई दुर्भावना नहीं है। वास्तव में, नए पाकिस्तान की सहायता करने के लिए भारत वह सबकुछ करेगा, जिसकी उसके पास शक्ति है।

मुझे विश्वास है कि भारत की सभी रियासतें भारतीय संघ में शामिल होना चाहेंगी, क्योंकि कोई भी अकेले नहीं रह सकता। पहला कार्य पहले किया जाना

चाहिए और पहला काम यह है कि सभी रियासतें संघ में शामिल हों और संगठित हों। रियासतों में एक लोकतांत्रिक शासन की लोगों की माँग एक बिलकुल भिन्न समस्या खड़ी करती है। मैं यह नहीं समझता कि कैसे एक भारतीय शासक अस्तित्व में बना रह सकता है, जब उसकी प्रजा प्रतिरोध कर रही हो और एक लोकतांत्रिक सरकार के लिए हंगामा कर रही हो।

कांग्रेस ने देश को विदेशी शासन से छुटकारा दिलाने के लिए शपथ ली थी और अत्यधिक त्याग एवं लंबे समय तक यातनाएँ सहने के बाद अब वह सफल हुई है। किंतु कांग्रेस ने एक अविभाजित भारत सहित सभी समुदायों के संगठन के लिए भी संघर्ष किया था। दुर्भाग्य से इसमें वह सफल होने का दावा नहीं कर सकती। यह उन कारणों से हुआ, जिन पर उसका नियंत्रण नहीं था। 15 अगस्त को हमारी खुशी और अधिक व परिपूर्ण होती, यदि भारत का बँटवारा नहीं हुआ होता।

मैं देश के बँटवारे के संबंध में कांग्रेस की जिम्मेदारियों की विवेचना करने का प्रयास नहीं करूँगा। हम लोगों ने यह आखिरी कदम अत्यधिक सोच-विचार के बाद उठाया है। विभाजन के संबंध में पहले अपने प्रबल विरोध के बावजूद मैं इससे अब सहमत हो गया, क्योंकि मैंने महसूस किया कि भारत की एकता बनाए रखने के लिए अब इसे विभाजित हो जाना चाहिए।

कार्यालय में पिछले वर्ष[1] के मेरे अनुभवों से यह स्पष्ट हुआ कि मुसलिम लीग के मंत्रालय में रहते हुए कुछ भी रचनात्मक कर पाना असंभव था। कार्यालय में रहते हुए लीग के प्रतिनिधियों ने संकट उत्पन्न करने के अलावा और कुछ नहीं किया तथा उनकी भूमिका पूर्णतः एक बाधक राजनीतिज्ञ की ही रही। इसके अलावा, मैंने देखा कि कुछ अपवादों को छोड़कर सरकार में विभिन्न पदों पर कार्यरत सभी मुसलमान मुसलिम लीग के साथ थे। इस प्रकार जिस स्थिति में दंगा सरकार में घुस गया था, उसे ज्यादा समय तक, पूरे देश की तबाही का जोखिम उठाए बगैर, चलने नहीं दिया जा सकता था। वास्तव में एक समय तो स्थिति इतनी बिगड़ गई कि कलकत्ता[2] में हत्याओं के बाद बलवे पूरे देश में फैल गए तथा हिंदुओं और मुसलमानों के लिए एक-दूसरे के इलाकों में जाना एक खतरनाक व साहसिक कार्य बन गया। देश का आर्थिक जीवन गतिहीन

1. अंतरिम सरकार में 2 सितंबर, 1946 से स्वतंत्रता दिवस तक, जब सरदार गृह सदस्य थे।
2. 16 अगस्त, 1946 को मुसलिम लीग द्वारा 'सीधी कारखाई दिवस' मनाए जाने का यह परिणाम था। इसके फलस्वरूप कलकत्ता में अज्ञातपूर्व सर्वनाश हुआ, जहाँ 16 अगस्त और उसके बाद चार-पाँच दिनों तक दंगा, हत्या, लूटपाट, अपहरण आदि चलता रहा, जिसमें जन और धन की भारी हानि हुई। एक मोटे सरकारी अनुमान के मुताबिक, लगभग 5,000 लोग मारे गए तथा 15,000 से अधिक घायल हुए और लगभग 1 लाख से अधिक लोग गृह-विहीन हो गए।

हो गया और जीवन एवं संपत्ति की कोई सुरक्षा नहीं रह गई।

इस निराशकारी स्थिति से उबरने के एकमात्र तरीके के रूप में कांग्रेस ने यह महसूस किया कि तीसरी पार्टी यानी ब्रिटिश सत्ता को आपसी समस्याओं से अलग रखा जाए। अंग्रेजों ने अपनी ओर से यह घोषणा कर दी थी कि वे जून 1948 में भारत छोड़ देंगे। किंतु यह लंबा समय था। इसके अलावा उनके इस आश्वासनयुक्त वक्तव्य से कि वे प्रांतों में प्राधिकारियों को सत्ता सौंपेंगे—असम, पंजाब और सीमा प्रांत में कार्यरत मंत्रिमंडलों को स्थानच्युत करने के लिए जोरदार प्रयास शुरू कर दिए गए। लीग पंजाब में सफल* भी हुआ। यद्यपि वे सीमा प्रांत और असम में विफल रहे, फिर भी उनके आंदोलन से असाधारण कष्ट और रक्तपात हुआ।

समस्या का तुरंत समाधान और निर्दोष लोगों की हत्याओं को रोकने के लिए कांग्रेस ने देश के विभाजन से सहमत होने का निर्णय लिया और पंजाब व बंगाल के बँटवारे की माँग की। यह लीग की धमकियों के प्रति समर्पण या तुष्टीकरण की नीति नहीं थी।

आज भारत का विभाजन एक स्थापित सत्य है, फिर भी यह एक अवास्तविक तथ्य है; किंतु मैं आशा करता हूँ कि बँटवारे ने भारत की राजनीतिक समिति से विष को निकाल फेंका है।

भारत एक एवं अविभाज्य है। समुद्र को कोई बाँट नहीं सकता या बहती नदी को कोई विभाजित नहीं कर सकता। मुसलमानों की जड़ भारत में है। उनके धार्मिक स्थान और सांस्कृतिक केंद्र भारत में स्थित हैं। मैं नहीं जानता कि वे पाकिस्तान में क्या करेंगे और अधिक दिन नहीं बीतने पाएँगे कि वे फिर वापस आना चाहेंगे।

इसे याद रखना चाहिए कि विभाजन के बाद भी हम लोगों के पास देश का 80 प्रतिशत भाग है, जो सुसंबद्ध है और अपार संभावनाओं से भरा हुआ है।

आज भारत के सामने सबसे प्रमुख कार्य यह है कि हम अपने आपको भलीभाँति संगठित करें और एक एकीकृत शक्ति बनें। विदेशी प्रभुत्व का अवरोध समाप्त हो गया

---

* पंजाब में सन् 1945-46 के महत्त्वपूर्ण चुनावों के बाद कांग्रेस, यूनियनिस्ट मुसलिम्स और अकाली सिक्खों की खिज्र हयात खान के प्रधानमंत्रित्व में एक मिली-जुली सरकार बनाई गई। किंतु सन् 1947 के प्रारंभ में मुसलिम लीग के द्वारा उत्पन्न किए गए व्यवधानों के कारण खिज्र हयात खान झुक गए और उन्होंने त्यागपत्र दे दिया, जिससे वस्तुतः मुसलिम लीग को सत्ता में आने का मौका मिल गया और पंजाब में स्थिति कितनी भयानक थी, इसका अंदाजा मई 1947 में मसूरी में दिए गए सरदार के वक्तव्य से लग सकता है—''वर्तमान विषम परिस्थितियों में पंजाब के अल्पसंख्यकों को अवश्य ही संगठित होकर विनाश, लूटपाट और हत्याओं आदि से अपनी रक्षा करने के लिए सभी संसाधनों का उपयोग करना चाहिए।''

है, किंतु हम लोगों के सामने अन्य गंभीर समस्याएँ हैं। आर्थिक रूप से भारत बुरी स्थिति में है। युद्ध ने भारत को एक देनदार[1] राष्ट्र बना दिया है; परंतु वह बहुत महत्त्वपूर्ण नहीं है। यूनाइटेड किंगडम हमारा कर्जदार है और हमें उनसे काफी पैसा पाना है; परंतु उनके पास हमें देने के लिए कुछ उपलब्ध प्रतीत नहीं होता। वास्तव में बड़ी शक्तियों ने अपनी अर्थव्यवस्था का ऐसा प्रबंध कर लिया है कि छोटे और गरीब देशों को अलाभकर स्थिति में रहना पड़ता है।

समय की माँग है कि देश की संपत्ति को बढ़ाया जाए और यह तभी हो सकता है जब अधिक-से-अधिक परिश्रम करके उत्पादन बढ़ाया जाए। इसके लिए देश में शांति का होना अनिवार्य है। पिछले एक साल से देश में अव्यवस्था रही है। अब जबकि पाकिस्तान स्थापित हो चुका, हिंदुओं और मुसलमानों में लड़ाई नहीं होनी चाहिए। यदि दुर्भाग्य से संघर्ष की पुनरावृत्ति होती है तो यह निर्दोष लोगों का कायरतापूर्ण वध नहीं होगा, बल्कि दो देशों की सेनाओं के बीच लड़ाई होगी।

मैं आप लोगों से यह अपील करता हूँ कि आपस में संघर्ष न करें, बल्कि एक शांत वातावरण तैयार करें और नए भारत के निर्माण के लिए रचनात्मक कार्यों में संलग्न हों।

विदेशी सत्ता समाप्त होने के बाद रियासतों के राजकुमारों को लोकतांत्रिक व्यवस्था के अंतर्गत व्यवस्थित होना होगा। उन शासकों के दिन अब गिने-चुने हैं, जिन्हें अपनी प्रजा का विश्वास प्राप्त नहीं है। अधिकांश रियासतों ने संघ में शामिल होना स्वीकार[2] कर लिया है और मैं शेष रियासतों से अपील करता हूँ कि वे 15 अगस्त से पहले संघ में शामिल हो जाएँ। जो रियासतें अभी संघ में शामिल नहीं होंगी, परंतु बाद में शामिल होने का निर्णय करेंगी, उन्हें भिन्न शर्तों पर शामिल होना होगा। इन दिनों कोई भी रियासत अकेले नहीं रह सकती।

मैं लोगों को चेतावनी भी देना चाहता हूँ कि वर्तमान स्थिति में वे राजाओं की भूमिका का आकलन करने में सतर्कता बरतें। शासक लोग अब तक स्वतंत्र नहीं थे और उनमें से अनेक अब भी यह विश्वास नहीं करते हैं कि 15 अगस्त को उनकी सर्वोपरिता समाप्त हो जाएगी। उनमें से अनेक पिछले युगों के महान् और परोपकारी शासकों के

---

1. ब्रिटिश गणना के अनुसार विश्व युद्ध के पहले भारत एक देनदार देश था। युद्ध के दौरान भारत को ब्रिटेन के युद्ध संबंधी कार्यों के लिए प्रमुख प्रदायक बना दिया गया। ब्रिटेन के एकतरफा हिसाब-किताब के मुताबिक, भारत 12,500 लाख पौंड का लेनदार बन गया, जिससे अप्रत्यक्ष रूप से यह पता चलता है कि इंग्लैंड को विध्वंस और तबाही से बचाने के लिए भारत को किस कदर बेहिसाब निचोड़ा गया।
2. हैदराबाद, जूनागढ़ और कश्मीर की रियासतों को छोड़कर।

वंशज हैं और मुझे इसमें शंका नहीं है कि सही नीति का पालन करने से वे नहीं हिचकेंगे और जनप्रिय शासक बनेंगे।

हम लोगों की प्रमुख समस्याएँ निश्चित रूप से घरेलू ही हैं। जेल* से मेरे छूटने के बाद से ही मैं कहता रहा हूँ कि साम्राज्यवाद अपने अंतिम चरणों में केवल भारत में ही नहीं, बल्कि संपूर्ण एशिया में है। अंग्रेज भारत छोड़ रहे हैं और मैं आशा करता हूँ कि डच साम्राज्यवाद का भी इंडोनेशिया में अंत हो जाएगा।

भविष्य में कभी भी अलग चुनाव क्षेत्र या अधिप्रतिनिधित्व अथवा कोई विशेष व्यवहार नहीं होगा। प्रत्येक समुदाय को वह अवश्य मिलना चाहिए, जिसका वह हकदार है।

भारत में सबके प्रति सद्भावना के अलावा और कुछ नहीं है। परंतु यदि उसकी सुरक्षा खतरे में पड़ती है तो उसमें अपना बचाव करने की क्षमता होनी चाहिए और उसके लिए लोगों को अवश्य कठिन परिश्रम करना चाहिए।

□

86

सरदार पटेल और नेहरू ने अखिल भारतीय कांग्रेस कमेटी के सदस्यों को देश के विभाजन या पूर्ण रुकावट का सामना करने से पहले समस्याओं को समझाया

सरदार पटेल का संपूर्ण वाङ्मय

बॉम्बे क्रॉनिकल,
16 जून, 1947

(उद्धरण)

महामहिम की सरकार के 3 जून के वक्तव्य को स्वीकार करते हुए अखिल भारतीय कांग्रेस कमेटी ने एक प्रस्ताव 157 वोटों से पास किया, जबकि विरोध में केवल 29 वोट पड़े।

218 सदस्य उपस्थित थे और 23 सदस्यों ने वोट नहीं दिया।

प्रस्ताव पर साढ़े आठ घंटे चली बहस का समापन पं. जवाहरलाल नेहरू और

---

* 15 जून, 1945 को अहमदनगर किले से, जहाँ कांग्रेस कार्यकारिणी समिति के अन्य सदस्यों के साथ अगस्त 1942 के प्रारंभ से ही सरदार को कैद करके रखा गया था।

सरदार वल्लभभाई पटेल ने किया। पं. नेहरू और सरदार पटेल दोनों ने ही समिति के सदस्यों से दृढ़तापूर्वक कहा कि समिति के सामने विकल्प केवल यह है कि या तो वे विभाजन स्वीकार करें अथवा पूर्ण रुकावट और अराजकता का सामना करने को तैयार रहें।

दोनों ही नेताओं ने स्पष्ट कहा कि आज भारत में कानून-व्यवस्था बनाए रखने के लिए कोई भी जिम्मेदार सक्षम तंत्र नहीं है। सबसे पहली चिंता यह होनी चाहिए कि भारत में एक टिकाऊ सरकार स्थापित की जाए, जो शांति और विकास सुनिश्चित कर सके।''

बिहार के किसान नेता स्वामी सहजानंद ने, जो प्रस्ताव का विरोध कर रहे थे, कहा कि कांग्रेस ने सदैव यह कहा है कि वह देश के विभाजन का समर्थन नहीं करेगी और वह किसी भी अनिच्छुक क्षेत्र को भारतीय संघ में रखने के लिए सेना का इस्तेमाल नहीं करेगी। किंतु वर्तमान प्रस्ताव विभाजन को प्रेरित करता है। अंग्रेज जो चाहते थे, वही किया, परंतु कांग्रेस ''एक जीवित शरीर को नहीं काट सकती'', क्योंकि भारत अभी भी मरा नहीं है। ''भारत के केवल दो ही भाग नहीं बल्कि अनेक भाग हो सकते हैं। चूँकि श्री चर्चिल इस योजना से सहमत थे और वे भारत के मित्र नहीं हैं, इसलिए इस योजना में कुछ-न-कुछ अकल्याणप्रद होना ही था।''

प्रस्ताव का समर्थन करते हुए श्री सुधीरचंद्र राय ने कहा कि संयुक्त भारत निस्संदेह एक उत्तम समाधान होता। परंतु क्या वह संभव है, जब हमारे देश की जनता का एक भाग बँटवारे पर तुला हुआ है? एक बंगाली के रूप में बोलते हुए उन्होंने वर्तमान योजना को 16 मई के वक्तव्य की तुलना में श्रेयस्कर समझा, जिसके अंतर्गत संपूर्ण बंगाल ग्रुप 'बी' में आ जाता। बंगाल में ऐसी स्थिति थी कि समस्या के समाधान में किसी प्रकार का विलंब सहन नहीं किया जा सकता था। इसलिए उन्होंने 3 जून के वक्तव्य को स्वीकार कर लिया।

श्री अंसार हरवानी ने प्रस्ताव का विरोध किया। यह श्री जिन्ना की जिद के आगे उनका समर्पण था। उन्होंने कहा कि यह स्थिति ब्रिटेन में सन् 1939 की स्थिति के समान थी, जब श्री कंबरलेन ने तुष्टीकरण की नीति अपना ली थी।

दिल्ली प्रदेश कांग्रेस कमेटी की अध्यक्ष श्रीमती अरुणा आसफ अली ने कहा कि कुछ लोग जो आज इस प्रस्ताव का दृढ़तापूर्वक विरोध कर रहे हैं, पिछले सभी अवसरों पर उन्होंने कार्यकारिणी समिति के निर्णयों को स्वीकार किया है। किंतु वे भूल गए हैं कि जो प्रस्ताव उनके सामने है वह पिछले सभी प्रस्तावों का तार्किक परिणाम है, जिससे वे संबंधित रहे हैं। उन्होंने कहा कि समाजवादियों ने कार्यकारिणी समिति के निर्णयों का विरोध सिर्फ विरोध करने के लिए नहीं किया है, बल्कि वे जानते हैं कि अंग्रेज भारत में क्रांतिकारी भावना को भड़काने की योजना बना रहे हैं।

वर्तमान स्थिति श्री जिन्ना, श्री चर्चिल और श्री एमरे की मिली-जुली साजिश के परिणामस्वरूप उत्पन्न हुई है।

कांग्रेस ने औपनिवेशिक राज्य की स्थिति स्वीकार करने की अपनी तत्परता

जाहिर की थी, परंतु संपूर्ण भारत के लिए पूर्ण स्वराज्य की कांग्रेस की माँग इससे बहुत दूर की बात थी। भारत ब्रिटिश षड्यंत्र में फँस गया है। उन्होंने कहा कि वह पाकिस्तान के लिए सहमत हो गई होतीं, यदि इससे समस्या का समाधान हो जाता है; परंतु, दुर्भाग्य से, इससे देश में सांप्रदायिक संघर्षों का अंत नहीं हुआ और इसके साथ ही देश को दो टुकड़ों में बाँट दिया गया। समापन करते हुए श्रीमती आसफ अली ने कहा कि वह उनसे कहेंगी कि वे अपना वोट इस ओर या उस ओर दें। उन्हें अपने विवेक का इस्तेमाल करना चाहिए।

पं. जवाहरलाल नेहरू और सरदार वल्लभभाई पटेल ने इसके बाद समिति को संबोधित किया।

इसके बाद पं. गोविंद बल्लभ पंत ने विचार-विमर्श का समापन किया और अखिल भारतीय कांग्रेस कमेटी ने कार्यकारिणी समिति के इस प्रस्ताव के पक्ष में 157 वोट और विपक्ष में 29 वोट घोषित करते हुए इसे पारित किया। पहली बार गिनती किए जाने पर 153 वोट पक्ष में और 29 विपक्ष में गिना गया; परंतु पुनः गिने जाने पर आचार्य कृपलानी ने घोषित किया कि प्रस्ताव के पक्ष में 157 वोट और विपक्ष में 29 वोट पड़े। प्रस्ताव पारित हुआ।

□

87

लीग, साम्यवादियों और समाजवादियों के द्वारा उत्पन्न की गई कठिनाइयों के बारे में सरदार का पत्र गांधीजी के नाम

सरदार पटेल का संपूर्ण वाङ्मय
सरदार श्रीनो पत्रो

नई दिल्ली,
1 फरवरी, 1947

(उद्धरण)

श्रद्धेय बापू,

24 तारीख का आपका पत्र मिला।

लीग अब युद्ध की राह पर है।* देखें, आगे क्या होता है। ऐसा प्रतीत होता है कि

---

* मुसलिम लीग के सदस्य गण अंतरिम सरकार में शामिल हो गए थे, परंतु वे संविधान सभा के विचार-विमर्श में भाग नहीं ले रहे थे।

राजा लोग समुचित व्यवहार नहीं करने जा रहे हैं। यहाँ बारंबार आपकी सलाह की आवश्यकता है, किंतु क्या किया जा सकता है ? हम लोग जो उचित समझते हैं वह कर रहे हैं; परंतु कठिनाइयाँ बढ़ती जा रही हैं।...

ईश्वर हम लोगों की रक्षा करें।

आशा है, आपका स्वास्थ्य ठीक है।

वल्लभभाई का प्रणाम।

महात्मा गांधी

□

88

पं. नेहरू ने विभाजन स्वीकार किए जाने का समर्थन किया

सरदार पटेल का संपूर्ण वाङ्मय

बॉम्बे क्रॉनिकल,
16 जून, 1947

पं. नेहरू ने घोषणा की कि कांग्रेस आडंबरपूर्ण प्रस्तावों को पास करके गैर-जिम्मेदार तरीके से व्यवहार नहीं कर सकती। एक उत्तरदायी संगठन को केवल आज के संदर्भ में ही नहीं सोचना चाहिए, बल्कि उसे आनेवाले कल और परसों के लिए भी विचार करना चाहिए। यह सुझाव देना हास्यास्पद होगा कि अंग्रेज जाने से पहले सबकुछ करके जाएँ।

कि 3 जून का वक्तव्य सामने नहीं आया होता, यदि सहमति नहीं हुई होती।

सरकार के पिछले निर्णयों की तरह नहीं है, जिसे वे स्वीकार या अस्वीकार कर सकते थे। इस स्वीकृति, जिसके लिए वह पूर्णत: जिम्मेदार हैं, का अर्थ यह नहीं है कि वे इस वक्तव्य के प्रत्येक शब्द से सहमत हैं, बल्कि यह है कि वे इसके आधारभूत सिद्धांतों से सहमत हैं।

रावलपिंडी, मुलतान, अमृतसर, कलकत्ता, नोआखाली, बिहार और अन्य स्थानों

दंगे हुए, पं. नेहरू ने कहा, वे स्थिति को एक भिन्न संदर्भ में उद्घाटित करते हैं। यह कहना कि कांग्रेस कार्यकारिणी समिति भयभीत हो गई और इसलिए 'समर्पण' कर दिया, गलत होगा। परंतु यह कहना सही होगा कि वे लोग व्याप्त पागलपन से बहुत परेशान

थे। गृह-स्थानों को जलाना, औरतों व बच्चों की हत्याएँ—उन्होंने पूछा कि आखिर क्यों ऐसे दु:खद और हिंसक कार्य किए जा रहे हैं ? वे तलवार और लाठियों के सहारे इसे रोक सकते थे, परंतु क्या उससे समस्या का समाधान हो जाएगा ? पंजाब के कुछ लोगों ने कहा था कि कांग्रेस ने उन्हें निराश किया है। उसे क्या करना चाहिए ? क्या उसे सेना भेजनी चाहिए ? उसे अत्यधिक कष्ट हुआ और भारत का हृदय टूट गया। रावलपिंडी के आहत व्यक्तियों ने कहा कि उनकी हत्या की जा रही है, ताकि लीग शासन कर सके। उन्होंने कहा कि घावों को निश्चित ही भरना होगा। जो कुछ भी वे बचा सकते हैं, उसके लिए विभाजन के आधार पर उन्हें एक योजना बनानी चाहिए।

सदन के लिए इतना ही काफी है कि वे नोआखाली, कलकत्ते और पुन: बिहार में जो कुछ हुआ, उसकी तुलना करें। सर्वाधिक प्रयासों से कांग्रेस बिहार की स्थिति पर नियंत्रण कर सकी; पर वे पंजाब में कुछ नहीं कर सके। ऐसी घटनाएँ पंजाब में क्यों हुईं और खिज्र मंत्रिमंडल क्यों टूटा; और ऐसा कैसे हुआ कि पंजाब की अव्यवस्थाओं को नियंत्रित करने में कोई सक्षम नहीं था ? उत्तर स्पष्ट है।

कांग्रेस कार्यकारिणी समिति ने पंजाब को दो प्रशासनिक प्रांतों में बाँटने के पक्ष में प्रस्ताव पास किया है। निर्दोष नागरिकों की हत्या से बँटवारा बेहतर था। प्रस्ताव पास किए जाने के बाद बंगाल से समिति के पास तमाम शिकायतें आईं कि बंगाल का भी विभाजन कर दिया जाना चाहिए। पंजाब और बंगाल दोनों ही के संबंध में आधारभूत सिद्धांत एक ही थे।

पं. नेहरू ने इस आरोप का खंडन किया कि वह और दो अन्य लोगों ने लाखों लोगों के भाग्य का निर्णय किया। बंगाल प्रदेश कांग्रेस कमेटी और प्रदेश के अन्य जिम्मेदार संगठनों ने विभाजन के प्रस्ताव का दृढ़तापूर्वक समर्थन किया था।

अगला प्रश्न जो उठा, वह यह था कि पंजाब और बंगाल के विभाजन के बाद क्या कांग्रेस ने सिक्खों और हिंदुओं को त्याग दिया है ? उत्तर ढूँढ़ा जाना चाहिए। आडंबरपूर्ण प्रस्तावों से कांग्रेस उनकी मदद नहीं कर पाएगी। जब पंजाब एक था, तब भी वे उनकी सहायता नहीं कर पाए। इसमें संदेह नहीं है कि इस समस्या का एक समाधान ढूँढ़ लिया जाएगा। परंतु कोई कारण नहीं है कि अल्पसंख्यकों पर वहाँ अत्याचार किए जाएँ और उन्हें उत्पीड़ित किया जाए। दंगों की इक्का-दुक्का घटनाएँ हो सकती हैं, परंतु अल्पसंख्यकों पर संगठित आक्रमण की अब अधिक संभवानाएँ नहीं हैं। सिंध के बारे में कहने के लिए उनके पास कुछ खास नहीं था और जहाँ तक सिलहट का संबंध है, वहाँ एक जनमत-संग्रह किया जाना है और उसके परिणाम की भविष्यवाणी वह नहीं कर सके। उत्तर-पश्चिम सीमा प्रांत के लिए वह काफी चिंतित थे। यदि बंगाल और पंजाब बाहर हो गए तो सीमा प्रांत अलग-थलग पड़ जाएगा। यह प्रश्न अब समिति और सीमा प्रांत के नेताओं के बीच विचार-विमर्श का विषय है।

देश में अव्यवस्थाओं पर खेद प्रकट करते हुए पं. नेहरू ने दुहराया कि सरकारी प्राधिकार लगभग धराशायी हो चुका है। अंग्रेज अब रुचि नहीं लेते हैं, क्योंकि वे जा रहे हैं। इससे शायद यह स्पष्ट हो जाता है कि घटनाग्रस्त व्यक्तियों द्वारा सहायता की माँग किए जाने पर कुछ अधिकारियों ने उनसे कहा कि वे मदद के लिए नेहरू या सरदार पटेल के पास जाएँ। वे और आगे जिम्मेदारी लेने के इच्छुक नहीं थे तथा उनमें अधिकांश क्रूर बन गए थे।

उन्होंने कहा कि औपनिवेशिक राज्य बनाम स्वाधीनता पर विवाद अर्थहीन था। पं. नेहरू ने कहा कि कांग्रेस ने जो माँग की थी वह यह था कि सरकार एक औपनिवेशिक सरकार की तरह कार्य करे और सहजता स्थापित करे। औपनिवेशिक हैसियत की स्वीकारोक्ति से संविधान सभा द्वारा अंगीकार किए गए गणतंत्र प्रस्ताव को कोई क्षति नहीं पहुँचती है। किंतु वर्तमान सरकार का संगठन ऐसा है कि कोई समझौता काम नहीं करेगा और न ही कोई परंपरा स्थापित की जा सकेगी और इसलिए वाइसराय ने 3 जून के वक्तव्य में सुझाव दिया, जिसे कांग्रेस ने स्वीकार कर लिया।

पं. नेहरू ने कहा कि पाकिस्तान और हिंदुस्तान की सभी बातें किसी गलतफहमी के कारण हैं। व्यावहारिक और कानूनी दोनों ही दृष्टि से भारत एक सत्ता के रूप में विद्यमान है, सिवाय कुछ प्रांतों और कुछ प्रांतों के, कुछ भागों के, जो अब अलग होना चाहते हैं। अलग होनेवाले क्षेत्र विदेशी शक्तियों से अपनी इच्छानुसार संबंध रखने के लिए स्वतंत्र हैं। भारत सरकार अखंड है और हिंदुस्तान व पाकिस्तान के बारे में आगे किसी प्रकार की कोई संभ्रांति नहीं होनी चाहिए तथा लोगों को ऐसे विचारों को विकसित नहीं होने देना चाहिए।

पं. नेहरू ने कहा कि वर्तमान समय, शायद, आजमाइशों और मुसीबतों से भरा हुआ अत्यंत कठिन समय है। आज हमें जिम्मेदारी लेनी है। सबसे पहला काम जो हमें करना है वह है—भारत की स्वाधीनता को मजबूती से स्थापित करना और एक दृढ़ केंद्रीय सरकार की रचना करना। एक मजबूत और स्थायी सरकार की स्थापना कर लिये जाने के बाद अन्य सभी योजनाओं में अधिक कठिनाई नहीं आएगी। कांग्रेस पर भारी जिम्मेदारी है। आपको अपनी सारी शक्ति कांग्रेस संगठनों को मजबूत बनाने में लगानी चाहिए। हम लोगों को बाहरी और आंतरिक दोनों ही खतरों का सामना करना है और यदि हम शक्तिशाली नहीं हैं तो हम गिर जाएँगे।

उपसंहार करते हुए पं. नेहरू ने भारतीय रियासतों के संदर्भ में सरसरी तौर पर उल्लेख किया। उन्होंने कहा कि इस विषय पर उन्हें कुछ कहना है, जिसे वह अगले प्रस्ताव के आने पर विचार-विमर्श करते समय कहेंगे। किंतु उन्हें विश्वास था कि कांग्रेस रियासतों की समस्या का समाधान कर लेगी। यदि वे सही दिशा में कार्य करें तो अलग होनेवाले प्रांत भी संघ में पुनः मिल जाएँगे।

उन्होंने अखिल भारतीय कांग्रेस कमेटी से कहा कि वे कार्यकारिणी समिति से सहानुभूति के कारण प्रस्ताव के पक्ष में वोट न दें, बल्कि उन्हें पूर्ण विश्वास के बाद ही ऐसा करना चाहिए।

□

(89)

सरदार पटेल ने अखिल भारतीय कांग्रेस कमेटी के प्रतिनिधियों के समक्ष 3 जून की योजना को स्वीकर करने के लिए तर्क प्रस्तुत किया

सरदार पटेल का संपूर्ण वाङ्मय

बॉम्बे क्रॉनिकल,
16 जून, 1947

अखिल भारतीय कांग्रेस कमेटी में आज शाम पं. नेहरू का अनुसरण करते हुए एक ओजस्वी भाषण में सरदार पटेल ने महामहिम की सरकार के 3 जून के वक्तव्य को अपना पूर्ण समर्थन प्रदान किया। कैबिनेट मिशन के प्रस्तावों को देखते हुए पिछले नौ महीनों में अंतरिम सरकार में अपने अनुभवों के आधार पर वह इस बात के लिए बिलकुल दुःखी नहीं थे कि 'स्टेट पेपर' को समाप्त कर दिया गया। यदि उन्होंने स्टेट पेपर को स्वीकार कर लिया होता तो पूरा भारत ही पाकिस्तान के रास्ते पर चल पड़ा होता। आज उनके पास भारत का 75 से 80 प्रतिशत भाग है, जिसे वे अपनी प्रतिभा से विकसित कर सकते हैं और मजबूत बना सकते हैं। लीग देश के बाकी भाग को विकसित कर सकता है।

लीग समिति, जिसने गुप्त रूप से अपनी बैठक की थी, 15 अगस्त के बाद संपूर्ण भारत का ही परिग्रहण करने की अपनी महत्त्वाकांक्षा पाल रही थी। यह प्रत्येक कांग्रेसी का कर्तव्य है कि वह भारत को शक्तिशाली बनाने, एक कार्य-कुशल सेना निर्मित करने एवं आर्थिक स्थिति सुदृढ़ करने के लिए मिल-जुलकर कार्य करें।

सदन ने अपने नेता पं. नेहरू को सुना। कांग्रेस के इतिहास में पहले कभी भी अखिल भारतीय कांग्रेस कमेटी ने इतने महत्त्वपूर्ण विषय पर निर्णय नहीं लिया है। उन्होंने सिंध और पंजाब के अपने भाइयों की आशंकाओं पर पूरी सहृदयता जताई। भारत का विभाजन कोई भी पसंद नहीं करता और उनका हृदय बोझिल था। परंतु कुछ कठोर वास्तविकताएँ थीं, जिन्हें लोगों को ध्यान में रखना चाहिए। विकल्प यह था कि क्या केवल एक विभाजन हो या अनेक विभाजन। आज लड़ाई अंग्रेजों के खिलाफ नहीं है। अंग्रेज भारत में रहने

के इच्छुक नहीं हैं और यदि वे रहना भी चाहते हैं तो भारत की सहमति के साथ ही तथा निश्चित रूप से वे इस देश पर शासन करने के इच्छुक नहीं हैं।

16 मई की योजना ने निस्संदेह उन्हें एक संयुक्त भारत दिया है। इसकी कमियों के बावजूद कांग्रेस इससे सहमत हुई। लेकिन इसमें एक रुकावट थी। यदि किसी एक या दूसरी पार्टी ने सहयोग रोक दिया तो इस योजना को कार्यान्वित नहीं किया जा सकता था। इस प्रकार 'स्टेट पेपर' की प्रकृति एक थोपे हुए फैसले जैसी थी; किंतु स्थिति आज भिन्न है। कांग्रेस को सच्चाई का सामना करना चाहिए। वह संवेगशीलता और अति भावुकता के साथ कार्य नहीं कर सकती। उन्हें शांतिपूर्वक लाभ और हानि का आकलन कर लेने के बाद ही एक सुनिश्चित निर्णय पर पहुँचना चाहिए।

सरदार पटेल ने इनकार किया कि कार्यकारिणी समिति ने इस योजना को भय के कारण स्वीकार कर लिया। हम लोग कभी भी भयभीत नहीं हुए। उन्होंने अनेक हत्याओं के लिए गहरा दुःख व्यक्त किया। 33 व्यक्तियों के एक परिवार में केवल 2 व्यक्ति ही बचे थे। अनेक लोग अंगहीन और जीवन भर के लिए अपाहिज हो गए थे। उन लोगों ने यह सब झेला। परंतु वह एक चीज के प्रति सशंकित थे और वह यह कि उन लोगों का इतने वर्षों का कठिन परिश्रम बरबाद या अलाभकारी सिद्ध न हो जाए। उन्होंने स्वाधीनता के लिए कार्य किया था और उन्हें इस देश के बड़े-से-बड़े भाग को स्वतंत्र और सुदृढ़ देखना चाहिए, अन्यथा न तो अखंड हिंदुस्तान होगा, न ही पाकिस्तान। इसके अलावा कार्यकारिणी समिति द्वारा सुझाए गए रास्ते को छोड़कर किसी भी अन्य रास्ते पर चलना न सिर्फ हानिकारक होगा, बल्कि वह कांग्रेस को संसार में उपहास का पात्र बनाकर रख देगा। यहाँ भारत के लिए अपनी स्वाधीनता प्राप्त करने का एक अवसर था। क्या वह उसे फेंकने जा रही थी? यह कहना गलत होगा कि—'पहले अंग्रेजों को जाने दीजिए, फिर सभी समस्याएँ सुलझा ली जाएँगी।' उनका समाधान कैसे किया जाना है और बाद में क्या होगा?

सरदार पटेल ने कहा कि उनके नौ महीने के कार्यकाल ने उन्हें 'स्टेट पेपर' के संभावित श्रेष्ठताओं के बारे में पूर्णतः भ्रांति-मुक्त कर दिया था। उन्होंने देखा कि मुसलिम कर्मचारी, उच्च पदाधिकारियों से लेकर चपरासी तक—कुछ सम्माननीय अपवादों को छोड़कर—सबके सब मुसलिम लीग के लिए थे। इसके बारे में कोई भ्रांति नहीं होनी चाहिए। एक-दूसरे पर दोषारोपण करना और आरोप लगाना प्रतिदिन का नियम बन गया था। उन्होंने इसे नौ महीने तक देखा था। पुलिस गोली चलाती थी और लोग उनसे कहते थे कि 'मेयोज' (Meos) ने किया। इन परिस्थितियों में वह क्या कर सकते थे या क्या कह सकते थे?

16 मई की योजना समाप्त हो गई, इसलिए वह प्रसन्न थे। इस योजना में संघर्ष और कलह के लिए काफी स्थान था। कांग्रेस पाकिस्तान का विरोध कर रही थी, लेकिन फिर भी सदन में प्रस्तुत प्रस्ताव में विभाजन के लिए सहमति दी गई। चाहे अखिल भारतीय

कांग्रेस कमेटी को यह पसंद हो या न हो, पाकिस्तान पंजाब और बंगाल दोनों ही में पहले ही कार्यरूप में आ चुका था। ऐसी स्थिति में वह वास्तविक पाकिस्तान पसंद करेंगे, क्योंकि तब वे जिम्मेदारी का कुछ तो एहसास करेंगे।

'स्टेट पेपर' के अंतर्गत संपूर्ण भारत एक असह्य स्थिति से प्रभावित हो गया होता। सांप्रदायिक 'वीटो', जो लीग को दिया गया था, प्रत्येक राज्य में हमारी प्रगति को रोक देता। बहुसंख्यक लोगों को खड़े रहकर देखते रहना पड़ता और वे प्रशासन में कुछ कर पाने की स्थिति में नहीं होते। परंतु अब उनके लिए अवसर है। वे सांप्रदायिकता की महामारी, अधिप्रतिनिधित्व (वेटेज) आदि, जो संसार के किसी भी संविधान में नहीं था, उसे यहाँ से निकालकर फेंक सकें। अब कोई 'वेटेज' नहीं। लीग ने कहा कि उन्हें गलियारा (कॉरीडोर) चाहिए और अन्यत्र शोरगुल मचा। हो-हल्ला करने से किसी समस्या का समाधान नहीं किया जा सकता। आवश्यकता इस बात की है कि शांति से रहकर कठिन परिश्रम किया जाए।

सरदार पटेल ने सिंध के अल्पसंख्यकों के साथ सहानुभूति जताई। परंतु शक्ति के अभाव में मात्र सहानुभूति किसी काम की नहीं होती। उन्हें शक्ति अर्जित करनी चाहिए। उन्होंने कांग्रेस जन से अपील की कि वे जिम्मेदारियों का वहन करने के लिए तैयार रहें। आंतरिक कलह देश को कमजोर करेगी।

पहले अंग्रेजों ने कहा कि वे जून 1948 तक चले जाएँगे। यह महसूस किया गया कि बीच की यह अवधि बहुत लंबी है। अब वे 15 अगस्त को जा रहे हैं, परंतु यह मध्यवर्ती समय भी काफी लंबा था। वर्तमान स्थिति के जारी रहने से देश प्रतिदिन क्षतिग्रस्त हो रहा था।

पूर्ण एकता होनी चाहिए। कांग्रेस में गुटों के लिए कोई जगह नहीं है। वह देश में अच्छे शासन और प्रगति के लिए विरोधी गुटों को भी अपने साथ शामिल होकर जिम्मेदारियों का वहन करने के लिए आमंत्रित करेंगे। सदैव विरोध में बैठने और असहमत होने से खतरनाक आदतें विकसित होती हैं।

सरदार पटेल ने कहा कि अब उनके पास तीन-चौथाई भारत को विकसित करने का एक महान् अवसर है। उनके पास बरबाद करने के लिए अधिक समय नहीं है। देश में खाद्यान्न की कमी है। मजदूरों में अशांति है। मुलतान में अनाज और कपड़े जलाए गए हैं। उन्हें बताया गया है कि अगले चार वर्षों तक हम लोग कपड़ों का आयात करने की आशा नहीं कर सकते और इसलिए 12 गज प्रति व्यक्ति कपड़े की अल्प मात्रा भी हम लोगों को नहीं दे सकते। स्थितियाँ ऐसी हैं कि प्रत्येक व्यक्ति को अपने काम में पूर्ण ऊर्जा के साथ लग जाना चाहिए। उन्होंने कांग्रेस के विरुद्ध अनेक शिकायतें सुनी हैं। शिकायतों का निराकरण किया जाना चाहिए।

स्वाधीनता आने वाली है। स्वतंत्रता को जीवंत बनाने के लिए कांग्रेस जनों को कठिन

परिश्रम करना चाहिए और भारत को मजबूत बनाना चाहिए। वे एक पंचवर्षीय योजना बना सकते हैं और कार्यों की एक सूची तैयार कर सकते हैं। उन्हें कारखाने लगाने चाहिए। उन्हें अवश्य ही एक सेना निर्मित करनी चाहिए और उसे सुदृढ़ व कार्य-कुशल बनाना चाहिए। कांग्रेस की अस्पष्ट आलोचना में लिप्त होने से कोई उद्देश्य पूरा नहीं होगा और न ही वह करने से कोई लाभ होगा, जैसाकि साम्यवादियों ने किया, जो पहले अंग्रेजों के पक्षधर रहे और बाद में कांग्रेस को बदनाम करने के लिए लीग से मिल गए। कार्यकारिणी समिति ने अखिल भारतीय कांग्रेस कमेटी के समक्ष प्रस्ताव को बे-मन से प्रस्तुत नहीं किया था, बल्कि पूर्ण विवेक के साथ प्रस्तुत किया था। (हर्षध्वनि)

भारतीय रियासतों के प्रश्न पर सरदार पटेल ने त्रावणकोर का उल्लेख किया और कहा कि वह जानना चाहते हैं कि यह रियासत किस प्रकार एक प्रभुता-संपन्न राज्य बन सकता है। शायद जिस राजनयिक ने स्वाधीनता और प्रभुता-संपन्न की घोषणा की, वह इन शब्दों की जटिलताओं को नहीं समझता था। जब तक त्रावणकोर में कांग्रेस का आधार बना हुआ है तब तक 'स्वाधीनता और प्रभुता-संपन्न' का कोई प्रश्न नहीं उठता।

□

90

सरदार पटेल ने अल्पसंख्यकों और मूल अधिकारों पर अपनी रपट दी, जिसे संविधान सभा के सभी वर्गों द्वारा बहुत सराहा गया

सरदार पटेल का संपूर्ण वाङ्मय

बॉम्बे क्रॉनिकल,
28 अगस्त, 1947

(उद्धरण)

अल्पसंख्यकों एवं मूल अधिकारों आदि की सलाहकार समिति के अध्यक्ष सरदार वल्लभभाई पटेल ने समिति की रिपोर्ट आज संविधान सभा को सौंपते हुए उन सभी अल्पसंख्यकों को साधुवाद दिया, जिन्होंने समस्याओं पर सही दृष्टिकोण अपनाया और अनेक विषयों पर सर्वसम्मत निष्कर्षों पर पहुँचने में सहायता की।...

समिति ने छोटे व बड़े सभी अल्पसंख्यकों के दृष्टिकोणों, भावनाओं और अनुभूतियों पर गंभीर चिंतन किया और जहाँ तक संभव हो सका, उनकी आकांक्षाओं को पूरा करने की चेष्टा की।...

अधिप्रतिनिधित्व (वेटेज) के प्रश्न पर वे इस बात से सहमत थे कि कोई 'वेटेज'

नहीं होना चाहिए और विभिन्न समुदायों का प्रतिनिधित्व उनकी जनसंख्या के अनुपात में किया जाना चाहिए। उन्होंने अल्पसंख्यकों की जनसंख्या के अनुपात में सीटों के आरक्षण से सहमत होना उचित समझा। कुछ अल्पसंख्यकों ने तो प्रसन्नतापूर्वक अपने अधिकारों का परित्याग कर दिया। वे न तो अलग से चुनाव-क्षेत्र चाहते थे और न ही आरक्षण। वे देश में मिलकर अपने पैरों पर खड़े होना चाहते थे। उन्होंने उन लोगों को साधुवाद दिया, जिन्होंने यह आधार अपनाया और उन लोगों से सहानुभूति प्रकट की, जो वैधानिक सहायता चाहते थे। सरकारी नौकरियों में प्रतिनिधित्व के प्रश्न को भी सौहार्दपूर्वक सुलझा लिया गया।

सरदार ने आगे कहा कि एक प्रकार की प्रशासनिक व्यवस्था प्रदान करने का प्रस्ताव किया गया है, जिससे यह सुनिश्चित किया जा सके कि जो रक्षा-कवच प्रदान किए गए हैं, उन्हें प्रभावी कर दिया गया है तथा उन पर लगातार नजर रखी जा सके कि उन रक्षोपायों को प्रभावी रखा जा रहा है।

सरदार ने ऐंग्लो-इंडियन समुदाय के लोगों की स्थिति का उल्लेख किया। इस समुदाय को संप्रति कुछ सुविधाएँ और रियायतें दी जा रही हैं।''' इन अनुदानों को इन्हें धीरे-धीरे कम करते हुए तब तक दिया जाता रहेगा जब तक कि वे अपने पैरों पर खड़े न हो जाएँ। इस समुदाय के लोगों की संख्या कम होने के कारण विधानसभाओं में इनके लिए सीटें आरक्षित नहीं की जा सकीं।'''

पारसियों के संबंध में उन्होंने कहा कि अपनी इच्छानुसार इस समुदाय के लोगों ने किसी प्रकार के रियायत की माँग नहीं की। यद्यपि इनकी संख्या कम है, किंतु पारसी समुदाय बहुत शक्तिशाली और शायद बहुत बुद्धिमान है।''' सरदार पटेल ने पारसी समुदाय को उनके द्वारा चुने गए आधार के लिए साधुवाद दिया।

ईसाई समुदाय ने अपनी जनसंख्या के आधार पर आरक्षण प्राप्त करने की सहमति दी और एक अलग चुनाव-क्षेत्र या अन्य रियायतों संबंधी दावा छोड़ दिया।'''

सरदार पटेल ने कहा कि अब केवल एक विवादास्पद विषय ही बचा है और वह है मुसलिम लीग व अनुसूचित जाति के लोगों का। एक मुद्दा यह उठाया गया कि इन समुदायों के सदस्यों को अपने समुदाय का एक निर्धारित प्रतिशत वोट पा लेने पर चुनावों में सफल घोषित कर दिया जाए। इस विषय पर विचार-विमर्श किया गया और सलाहकार समिति ने भारी बहुमत से इस सुझाव को नामंजूर कर दिया।

सरदार पटेल ने तब अपनी रपट प्रस्तुत की।

श्री पंजाबराव देशमुख ने अल्पसंख्यकों के लिए अलग चुनाव-क्षेत्र और 'वेटेज' व्यवस्था से निस्तार पाने के लिए रिपोर्ट निर्मित करनेवालों को साधुवाद दिया। उन लोगों ने भूतकाल में सारी प्रगति बाधित कर दी थी। 'अल्पसंख्यक' शब्द ही अंग्रेजों द्वारा निर्मित किया गया था, जो देश को बाँटने में सफल हुआ।'''

अलग चुनाव-क्षेत्र अंग्रेजों द्वारा हिंदुओं और मुसलमानों के बीच अलगाव उत्पन्न करने के लिए निर्मित किया गया था, जो 1857 में स्वाधीनता प्राप्त करने के लिए कंधे से कंधा मिलाकर लड़े थे।

श्री आयंगर ने मुसलमानों से एक अत्यंत गहन अपील की कि वे अन्य समुदायों के साथ मिलकर एक धर्मनिरपेक्ष राज्य का निर्माण करें। अलग चुनाव-क्षेत्र स्वीकार करने का परिणाम हर गाँव में एक छोटा पाकिस्तान होगा। दूसरी ओर, यदि वे आरक्षित सीटों के साथ सम्मिलित चुनाव-क्षेत्र स्वीकार करते हैं तो विभिन्न समुदायों को एक साथ आना होगा।...

पाकिस्तान का निर्माण हो जाने के बाद भी दोनों देशों में हिंदू और मुसलमान रह रहे हैं। भूतकाल में 'भारत में मुसलमानों को विदेशी' और 'पाकिस्तान में हिंदुओं को विदेशी' समझे जाने के लिए बहुत अधिक बातें की गई हैं। अलग चुनाव-क्षेत्र क्या इन अलगाववादी प्रवृत्तियों को और प्रोत्साहित करेगा या उन्हें निरुत्साहित करेगा?...

बहस का जवाब देते हुए सरदार पटेल ने कहा कि उन्हें आश्चर्य हुआ कि सभा में ऐसे प्रस्ताव पर बहस हुई।...

उनका मन उन बीते हुए दिनों की ओर गया जब अलग चुनाव-क्षेत्र के प्रश्न पर पहली बार विचार-विमर्श किया गया था। अनेक प्रख्यात मुसलमानों ने अपने विचार अंकित किए थे कि सांप्रदायिक चुनाव-क्षेत्र राजनीतिक समितियों में एक गंभीर दोष है। अनेक अंग्रेजों ने भी यह स्वीकार किया कि अलग चुनाव-क्षेत्रों के कारण आज देश का बँटवारा करना पड़ा।

सरदार पटेल ने कहा कि जब पाकिस्तान की स्वीकृति दी गई थी तब कम-से-कम यह माना गया था कि बाकी बचा हुआ भारत एक देश होगा और यहाँ 'द्विराष्ट्र के सिद्धांत' को लादने की कोशिश नहीं की जाएगी। यह कहने का कोई अर्थ नहीं है कि हम लोग एक अलग चुनाव-क्षेत्र की माँग करेंगे। किंतु आपके निर्णयों का पालन करेंगे। हम लोगों ने यह अनेक वर्षों तक सुना है और इस आंदोलन का परिणाम यह हुआ, उन लोगों ने कहा कि अलग चुनाव-क्षेत्र या कुछ और भी उनकी सुरक्षा के लिए पर्याप्त नहीं है। इसलिए उन लोगों ने एक अलग राज्य की माँग की। हम लोगों ने कहा, "ठीक है, लीजिए; किंतु इस बात से सहमत होइए कि बाकी बचा 80 प्रतिशत भारत एक देश रहेगा।"

"क्या आप अब भी चाहते हैं कि दो देश हों? क्या आप मुझे एक स्वाधीन देश दिखाएँगे, जिसका आधार धार्मिक है? अगर इस दुर्भाग्यपूर्ण देश को इससे फिर उत्पीड़ित होना है, बँटवारे के बाद भी, तो लानत हो इस घटना पर। इसके लिए जीना व्यर्थ है।"

□

91

सरदार पटेल ने बोजमैन को लिखा कि वह आशा करते हैं कि पाकिस्तान फिर वापस भारत में मिलेगा

सरदार पटेल का संपूर्ण वाङ्मय

सरदार के पत्र—अधिकांशतः अज्ञात
नई दिल्ली,
11 जुलाई, 1947

(उद्धरण)

प्रिय बोजमैन,

आपके 1 जुलाई, 1947 के पत्र के लिए धन्यवाद।

भारत के विभाजन को न पसंद किए जाने के आपके कारणों को मैं भलीभाँति महसूस करता हूँ। स्पष्ट रूप से कहें तो हम सभी इससे घृणा करते हैं, किंतु साथ ही कोई दूसरा रास्ता भी नहीं दिखाई देता है। हम यह आशा करते हैं कि एक दिन पाकिस्तान वापस हमसे आ मिलेगा।...

भवदीय,
वल्लभभाई पटेल

श्री जी.एस. बोजमैन, सी.एस.आई., सी.आई.ई., आई.सी.एस.,
रिजवे रोड, केटरिंग,
इंग्लैंड

□

92

25 नवंबर, 1948 को बनारस हिंदू विश्वविद्यालय के विशेष दीक्षांत समारोह के अवसर पर सरदार पटेल ने युवाओं से कहा कि वे देश की सेवा करें

सरदार पटेल का संपूर्ण वाङ्मय

(उद्धरण)

(सरदार के लिए इससे अधिक महत्त्वपूर्ण और कुछ नहीं था कि पुनरुत्थान कर रहे भारत की प्रमुख आवश्यकताओं को युवाओं और लोगों के द्वारा महसूस किया जाए। उनके समय के युवाओं से यह उनका अत्यंत गंभीर आह्वान था कि वे चरित्र और दूरदृष्टि से अपने आपको निर्मित करें, ताकि वे देश की सेवा के लिए एक शक्तिशाली उपकरण बन सकें। प्रयाण कर रहे पिता का यह आह्वान बनारस हिंदू विश्वविद्यालय के विशेष दीक्षांत समारोह के अवसर पर दिनांक 25 नवंबर, 1948 को छात्रों के समक्ष दिए विशिष्ट भाषण में बार-बार प्रतिध्वनित होता है।)

मैं आपके उपकुलपति से सहमत हूँ कि हमारे स्वाधीनता आंदोलन के केवल एक* और अकेले नेता थे—गांधीजी। यह उनके संयम और उनकी तपस्या ही थी, जिसने हम लोगों को स्वाधीनता का उपहार दिया। मैं साधिकार केवल इतना ही कह सकता हूँ कि लाखों लोगों की तरह जिन्होंने उनके आह्वान पर उनके आदेशों का पालन किया, मैं भी उनका एक आज्ञाकारी सिपाही हूँ। एक समय था, जब हर व्यक्ति यह कहता था कि मैं उनका अंधानुयायी हूँ; किंतु वह और मैं दोनों ही यह जानते थे कि मैं उनका अनुसरण इसलिए करता हूँ, क्योंकि हम दोनों की धारणाएँ मिलती थीं। मैं उनमें से नहीं हूँ जो बहस या शाब्दिक विवादों में पड़ते हैं। मैं लंबे वाद-विवादों से घृणा करता हूँ। अनेक वर्षों तक मैं और गांधीजी पूर्ण रूप से एक-दूसरे से सहमत होते रहे; परंतु भारत की स्वाधीनता के प्रश्न पर जब एक महत्त्वपूर्ण निर्णय का समय आया तो हम एक-दूसरे से सहमत नहीं हो सके। मैंने महसूस किया कि हम लोगों को स्वाधीनता तत्काल ले लेनी चाहिए। इसलिए हम लोगों को विभाजन के लिए सहमत होना पड़ा।

---

* सरदार ने यहाँ 4 फरवरी, 1916 को बनारस हिंदू विश्वविद्यालय के उद्घाटन समारोह के अवसर पर गांधीजी की यात्रा का उल्लेख किया। यहाँ गांधीजी ने अपने तीखे भाषण में कुछ लोगों के शान-शौकत और संपन्नता के बीच भारत के अधिकांश लोगों की महादुःखदायी गरीबी का उल्लेख किया, जो डॉ. एनी बेसेंट और रियासतों के अनेक राजकुमारों के लिए क्लेशप्रद था।

मैं इस निर्णय पर बहुत सोच-विचार के बाद और अत्यधिक कष्ट के साथ पहुँचा हूँ। लेकिन में महसूस करता हूँ कि यदि हम लोगों ने बँटवारा स्वीकार नहीं किया होता तो भारत अनेक छोटे-छोटे टुकड़ों में बँट जाएगा और पूर्णतः बरबाद हो जाएगा। कार्यालय में अपने एक वर्ष[1] के अनुभव से मुझे यकीन हो गया है कि जिस रास्ते पर हम बढ़ रहे हैं वह हमें बरबादी की ओर ले जा रहा है। गांधीजी ने महसूस किया कि वह इस निष्कर्ष से सहमत नहीं हो पा रहे हैं; किंतु उन्होंने मुझसे कहा कि यदि मेरा हृदय मेरी धारणा को ठीक समझता है तो मैं आगे बढ़ सकता हूँ। हमारे नेता, जिन्हें उन्होंने अपना वारिस और उत्तराधिकारी[2] नामित किया था, मेरे साथ थे। गांधीजी ने हमारा विरोध नहीं किया, न ही उन्होंने उस पर अपनी सहमति दी, जिसे हम ठीक और उचित समझते थे। आज भी मैं अपने उस निर्णय के लिए अफसोस नहीं करता हूँ, यद्यपि इसकी अत्यधिक पीड़ा है कि हम लोगों को ऐसा करना पड़ा।''

निस्संदेह हम लोगों ने कुछ गलतियाँ की हैं। इसकी जिम्मेदारी कुछ लोगों पर है; परंतु मैं उन विवरणों में नहीं जाना चाहता। मुझे पूरा विश्वास है कि जो निर्णय हम लोगों ने लिया है, वह देश के हित में है। लोग यह नहीं जानते कि यदि हम लोगों ने विभाजन स्वीकार नहीं किया होता तो क्या होता। इसके साथ ही, हम लोगों को विश्वास था कि यदि विदेशी सत्ता जितनी जल्दी संभव हो, देश छोड़ देती है तो विभाजन का प्रस्ताव स्वीकार करने योग्य है। इसलिए हम लोगों ने यह शर्त रखी थी कि हम विभाजन स्वीकार कर लेंगे, यदि अंग्रेज छह या आठ सप्ताहों के भीतर देश से चले जाएँ। जिस गति से कानून[3] पास किया गया और इसके पीछे ब्रिटिश संसद् में जो सर्वसम्मति थी, वह संभवतः ब्रिटिश इतिहास में एक अनूठी घटना है।...

भारत आज संगठित है। अब किसी विदेशी अधिकार-क्षेत्र का कोई प्रश्न नहीं है।...

परंतु एकता और अखंडता ही काफी नहीं है।...

भारत की स्वाधीनता केवल एक वर्ष पुरानी है। हम लोगों को इसका पोषण करना है और इसे पुष्ट बनाना है। हम लोगों को इसके विकास के लिए समुचित देखरेख करनी है और ध्यान देना है। जब भारतीय राष्ट्रों के नियमों और प्रयोगों के प्रति पारस्परिक मैत्रीपूर्ण मान्यता प्राप्त कर लेगा और देश में शांति, सुख व संतोष होगा, तब आप अपने स्वच्छंद संकल्पों के लिए थोड़ा अवकाश ले सकते हैं।...

यदि पाकिस्तान अपने रास्ते पर ही चलता है और एक धर्मतांत्रिक राज्य बन

---

1. अंतरिम सरकार में।
2. पं. जवाहरलाल नेहरू।
3. भारतीय स्वाधीनता अधिनियम, 1947।

जाता है तो हमारा वह रास्ता नहीं है। अपने धर्म की रक्षा करते हुए हमें उस रास्ते पर चलना है, जिसके द्वारा हम सभी संप्रदायों और धर्मों की रक्षा कर सकें। हम लोगों को सांप्रदायिक झगड़ों में लिप्त नहीं होना चाहिए। लेकिन, इसके साथ ही, हमें अपने राष्ट्र के अस्तित्व पर किसी भी प्रकार के खतरे से अपनी रक्षा करनी चाहिए।"

□

93

भारत की आर्थिक स्थिति पर सरदार पटेल के विचार

सरदार पटेल का संपूर्ण वाङ्मय

इन ट्यून विद द मिलियंस,
5 जनवरी, 1948

(उद्धरण)

(देश के आर्थिक मामलों में सरदार पटेल का दृष्टिकोण बहुत ही व्यावहारिक था। परंतु यह मानवता और समय की अत्यावश्यकता से भी अनुप्राणित था। अधिक उत्पादन और उनका न्यायसंगत वितरण तथा उत्पादन के सभी संसाधनों का न्यायोचित विभाजन उनकी आर्थिक नीति के प्रमुख आधार थे। सरदार दृढ़ उत्साह और अद्‍भुत जोश के साथ पूरे मनोयोग से देश के आर्थिक पुनर्निर्माण में उसी दृढ़ता व आत्मबल के साथ लग गए थे, जैसा उन्होंने रियासतों की समस्या का समाधान करने के लिए किया था। इस भाषण को, जो उन्होंने कलकत्ते में 5 जनवरी, 1948 को एक दावत के दौरान दिया था, इस विषय पर दिए गए उनके भाषणों में एक प्रमुख भाषण कहा जा सकता है। यह सच है कि भारत सरकार की आर्थिक नीति उस समय आरंभिक अवस्था में थी; किंतु जहाँ तक सरदार का संबंध है, वह अपना शक्तिशाली प्रभाव श्रम और पूँजी तथा सरकार पर कम-से-कम समय में पर्याप्त उत्पादन सुनिश्चित करने के लिए डाल रहे थे, ताकि आम आदमी को राहत व सहायता मिल सके और वह स्वराज्य की चमक महसूस कर सके।)

आपने पूछा है—हम लोगों ने विभाजन क्यों स्वीकार किया? यह एक लंबी कहानी है; परंतु आप इन तथ्यों का मूल्यांकन ज्यादा अच्छी तरह कर सकेंगे, क्योंकि कलकत्ता ने लीग मंत्रालय के कड़वे अनुभव का स्वाद चखा है। व्यापारीगण शहर

छोड़ने के लिए सोचने लगे; परंतु मैंने उन्हें सलाह दी कि वे वहाँ जमे रहें, क्योंकि मुझे पूरा विश्वास था कि पृथ्वी पर कोई भी ताकत कलकत्ता को भारत से नहीं छीन सकती। यद्यपि हम लोगों को विभाजन का आघात और सदमा सहना पड़ा, परंतु यदि हम लोग बुराई में से अच्छाई निकाल पाने में सफल रहे हैं तो मुझे इसमें संदेह नहीं है कि अंततः हम इस समझौते से लाभान्वित ही होंगे।

अब हम लोग देश के पुनर्निर्माण के कार्य में लग गए हैं। पिछले कुछ महीनों में हम लोगों को वह बोझ उठाना पड़ा, जिससे किसी भी सरकार की कमर टूट गई होती; परंतु हम लोगों ने विश्वसनीय तरीके से इस स्थिति पर इस कठिन समय में सफलता प्राप्त की है।''

□

94

कश्मीर का एक इंच भी नहीं छोड़ा जाएगा : सरदार पटेल ने बंगाल के लोगों को विश्वास दिलाया

सरदार पटेल का संपूर्ण वाङ्मय

द हिंदुस्तान टाइम्स,
5 जनवरी, 1948

(उद्धरण)

कलकत्ता के मैदान में एक विशाल जनसभा को संबोधित करते हुए भारत के उपप्रधानमंत्री सरदार पटेल ने लोगों से धैर्य और सहनशीलता बनाए रखने के लिए एक आवेशपूर्ण अपील की।''

उन्होंने कहा, ''हम जनमत के सिद्धांत का पालन करते हैं; परंतु यदि कोई भी निर्णय बलपूर्वक किए जाने का प्रयास किया जाएगा तो जवाब के लिए हमारे पास बल-प्रयोग के अलावा कोई दूसरा विकल्प नहीं है। किसी भी परिस्थिति में कश्मीर का एक इंच भी नहीं छोड़ा जाएगा। भारत पाकिस्तान के साथ मतभेदों को सुलझाने में उदार रहना चाहता है और वह चाहता है कि सहिष्णुता का पालन करें। परंतु यदि पाकिस्तान भारत से प्राप्त पैसों से भारत पर गोलियाँ बरसाना चाहता है तो इसकी इजाजत नहीं दी जा सकती है।''

पूर्वी और पश्चिमी बंगाल के विभाजन से बंगाल के लोगों को जो कष्ट भोगना पड़ा है उसके प्रति गहरी सहानुभूति व्यक्त करते हुए उन्होंने कहा, "हम सभी लोग इससे बड़ी गहराई से प्रभावित हुए हैं; परंतु अब इस प्रश्न की छानबीन करने से कोई लाभ नहीं है कि हम लोगों ने इसे क्यों स्वीकार किया। हमारा प्रमुख कार्य यह है और होना चाहिए कि हम बुराई से अच्छाई प्राप्त कर लें।

इसका कोई कारण नहीं है कि विभाजन के बावजूद पूर्वी और पश्चिमी बंगाल के लोगों के बीच शत्रुता की एक दीवार बनी रहे।'''

सरदार पटेल ने आगे कहा कि यद्यपि वे लोग स्वतंत्रता दिवस के बाद की अव्यवस्थाओं से आक्रांत थे, फिर भी काफी कार्यों को निष्पादित किया गया है। उन्होंने सफलतापूर्वक और बड़े प्रभावी ढंग से सेना का विभाजन किया, फौजी और गैर-फौजी दोनों ही भंडारों का विभाजन किया तथा विभाजन से संबंधित अनेक महत्त्वपूर्ण उपक्रमों का भी विभाजन कर दिया है।

यह सब उन्होंने न्यायालय के हस्तक्षेप के बिना ही सुलझा लिया है और इसके अलावा उन्होंने दोनों ओर 40 से 50 लाख लोगों की अदला-बदली की है। संसार में कोई भी सरकार इतनी वृहद् जिम्मेदारियों के कारण आक्रांत हो गई होती; परंतु वे तूफान से बचकर निकल आए हैं और संकटमय स्थिति से बच निकले हैं।

सरदार ने कहा कि यदि वे आज भारत की दशा पर विचार करें तो महसूस करेंगे कि स्थिति कितनी खतरनाक थी। भारत में खाद्यान्न की कमी थी और उस कमी को पूरा करने के लिए आयात की भारी कीमत चुकानी पड़ रही थी। यदि उन्हें स्वाधीनता को बचाए रखना था तो एक सुदृढ़ सेना आवश्यक थी, जिसके तीनों अंगों—थलसेना, नौसेना और वायुसेना के लिए आवश्यक उपकरण चाहिए थे।

भारत जिस संकटपूर्ण स्थिति का आज सामना कर रहा था, उसका वर्णन करते हुए सरदार पटेल ने कहा कि रियासतों का संविलयन करके देश को टुकड़ों-टुकड़ों में बँटने से बचा लिया गया है।'''

धर्मनिरपेक्ष बनाम हिंदू राज्य का अनावश्यक विवाद उत्पन्न करनेवालों की आलोचना करते हुए सरदार पटेल ने जोर देते हुए कहा कि एक हिंदू राज्य के बारे में कोई गंभीर बात नहीं की जा सकती। परंतु एक तथ्य निर्विवाद है—भारत में 4.5 करोड़ मुसलमान थे। उनमें से अनेक लोगों ने पाकिस्तान के निर्माण में सहयोग किया था। यह कैसे विश्वास किया जा सकता है कि वे रात भर में बदल जाएँगे!

मुसलमानों ने कहा कि वे देशभक्त नागरिक हैं और इसलिए उनकी निष्कपटता पर क्यों शक किया जाना चाहिए? उनसे हम लोग कहते हैं, "आप क्यों हमसे पूछते हैं, आप अपनी अंतरात्मा से पूछिए।"

इस बात पर जोर देते हुए कि भारत केवल इतना चाहता है कि उसे अकेला छोड़ दिया जाए। सरदार पटेल ने कहा, ''मैं पाकिस्तान से कहता हूँ, अब आप पाकिस्तान पा चुके हैं। मैं आपके लिए इसकी खुशी की कामना करता हूँ। जब आपके दाँत खट्टे हो जाएँ, तभी आपको हमारे पास आना चाहिए। आप पाकिस्तान को इस पृथ्वी पर स्वर्ग बनाएँ। हम लोग इसका स्वागत करते हैं, क्योंकि हम लोग भी इससे अंततः लाभान्वित ही होंगे।

...''मैं आपसे यह कह सकता हूँ कि यदि हम लोगों ने विभाजन स्वीकार नहीं किया होता तो भारत टुकड़ों-टुकड़ों में बँट गया होता। आज जबकि हम भारत के एक बड़े भाग का भ्रंशोद्धार कर सके हैं और इसे एक वृहद् एकांश में निर्मित करने में सफल हुए हैं, आइए, अब इसे हम अधिक शक्तिशाली बनाएँ।'' यदि हम संपन्न और शक्तिशाली बन जाते हैं तो भारत के चारों ओर छोटे-छोटे राज्य स्वयं हमारी छत्रच्छाया माँगेंगे।

''यदि हमारे युवक अनुशासनपूर्ण तरीके से व्यवहार करते हैं और यदि हम सब में एकता हो तो हम लोग निश्चित रूप से अपना वह अपेक्षित स्थान प्राप्त कर सकेंगे। संसार हम लोगों की ओर देख रहा है कि हम किस प्रकार अपनी कठिन तपस्या से प्राप्त स्वाधीनता का उपयोग करते हैं। हम लोगों को कोई ऐसा कार्य नहीं करना चाहिए, जिससे हमारा सिर शर्म से झुक जाए; बल्कि हम लोगों को इस प्रकार कार्य करना चाहिए कि अभी हाल की दुर्भाग्यपूर्ण घटनाओं में हमने अपनी जो प्रतिष्ठा और ख्याति खोई है, वह न सिर्फ पुनर्निर्मित हो, बल्कि उसमें वृद्धि हो और हम संसार के राष्ट्रों के बीच अपने लिए एक गौरवशाली स्थान निर्मित कर सकें।''

□

95

सरदार पटेल ने मुसलमानों से अपील की कि वे भारत को अपनी देशभक्ति दें

सरदार पटेल का संपूर्ण वाङ्मय

इन ट्यून विद द मिलियंस,
6 जनवरी, 1948

(मुसलिम समुदाय के समक्ष सरदार ने इतने स्पष्ट रूप से कहीं भी अपनी बात नहीं कही थी जितना कि उन्होंने 6 जनवरी, 1948 को एक विशाल जनसभा को

संबोधित करते हुए लखनऊ में कही। उन्होंने मुसलमानों से गंभीरतापूर्वक अपील की कि भारत माता के प्रति उन्हें अपनी देशभक्ति का व्यावहारिक प्रमाण प्रस्तुत करना चाहिए तथा उन्हें अपनी मातृभूमि की प्रमुख समस्याओं के प्रति उदासीन नहीं रहना चाहिए। किसी भी स्थिति में उन्हें दो घोड़ों पर सवारी नहीं करनी चाहिए—यह उनकी मित्रवत् चेतावनी और उन्हें एक सच्ची सलाह थी। अफसोस, ऐसी स्पष्ट बातों ने उस समय के कुछ तथाकथित राष्ट्रवादी मुसलमान नेताओं के लिए एक कड़वी गोली का काम किया और मुख्य रूप से उन लोगों ने ही पत्र-संसार में सरदार की छवि धूमिल की और यहाँ तक किया कि उन्होंने सांप्रदायिक सद्भाव व शांति के लिए सरदार के इस मौलिक दृष्टिकोण के प्रति महात्मा को भी गुमराह किया।)

मैं मुसलमानों का एक सच्चा मित्र हूँ, यद्यपि मुझे उनके सबसे बड़े दुश्मन के रूप में नामित किया गया है। मैं स्पष्ट रूप से अपनी बात कहने में विश्वास करता हूँ। मैं नहीं जानता कि मृदु शब्दों में किसी का खंडन किस प्रकार किया जाता है। मैं स्पष्ट रूप से उनसे कहना चाहता हूँ कि इस स्थिति में भारतीय संघ के प्रति देशभक्ति की घोषणा मात्र कर देने से उन्हें कोई सहायता नहीं मिलेगी। उन्हें अपनी घोषणा का व्यावहारिक प्रमाण प्रस्तुत करना होगा।

सदैव अस्थिर, दुविधापूर्ण और वचनबद्ध न होने की पाकिस्तान की प्रवृत्ति उसके अपने लाभ के लिए अवश्य ही बदलनी चाहिए। जूनागढ़ और कश्मीर की घटनाओं ने उनके अनिष्टकारी इरादों को सामने ला दिया है। यदि वह शेष भारत को भी तोड़ना चाहते हैं तो उन्हें साफ-साफ कहना चाहिए और हम इस विवाद को खुले मैदान में सुलझा सकते हैं।

पाकिस्तान के निर्माण को मुसलमानों के लिए एक स्वर्ग के रूप में देखा जा रहा है। यदि वे वास्तव में इसे एक स्वर्ग बना लें तो हम लोगों को प्रसन्न होना चाहिए। परंतु उन्हें यह समझना चाहिए कि पाकिस्तान के दुश्मन पाकिस्तान के अंदर ही हैं, बाहर नहीं। यदि पाकिस्तान का पतन होता है तो वह उसके अपने पापों और मूर्खतापूर्ण कार्यों के कारण ही होगा।

आज मेरा मन उन पुराने दिनों की ओर लौटता है जब लखनऊ शहर में 'द्विराष्ट्र के सिद्धांत' की आधारशिला रखी गई थी। यह कहा गया था कि मुसलिम सभ्यता और परंपराएँ हिंदुओं के समान नहीं हैं। उनका एक अलग देश था। इस शहर में मुसलमानों ने इस सिद्धांत को हवा देने में एक महत्त्वपूर्ण भूमिका निभाई। कुछ राष्ट्रवादी मुसलमानों ने इसका विरोध किया। उन्होंने हिंदुओं के साथ मिलकर एक साझा उद्देश्य तय किया, क्योंकि ऐसे सिद्धांतों को प्रचारित करने से वे दोनों ही विचलित थे और इसके विरुद्ध उन्होंने आवाज उठाई; किंतु मुसलिम लीग के मेरे मित्रों ने विभाजन के लिए शक्तिशाली

तर्क प्रस्तुत किए। वे केवल बँटवारा और एक अलग राज्य की स्थापना चाहते थे। संपूर्ण भारत में मुसलिम लीग ने बँटवारे के सिद्धांत को फैलाया और मुसलिम नौजवानों का एक बहुत बड़ा भाग इसके प्रभाव में आ गया। उन्होंने इसे संपूर्ण सच्चाई के रूप में स्वीकार कर लिया।

15 अगस्त को कलकत्ते में उन लोगों को एक प्रत्यक्ष झटका देने के लिए, जो अब भी 'द्विराष्ट्र के सिद्धांत' में विश्वास नहीं करते थे, उन लोगों ने एक 'अमली काररवाई' शुरू की। तब हम लोगों ने सोचा कि यदि देश का विभाजन होना ही है तो इसे हो जाने दिया जाए। उन्हें अपनी समस्याएँ सुलझाने दिया जाए और हम अपने मामले सुलझाएँगे। उस समय हम लोग विदेशी शासन की समस्या से छुटकारा पाने के लिए जूझ रहे थे, इसलिए हम लोगों ने देश का बँटवारा स्वीकार कर लिया।

मुझे प्रसन्नता होगी, यदि पाकिस्तान सुदृढ़, सुखी और संपन्न हो जाए। परंतु मुझे अचरज होगा, यदि बँटवारे के बाद भी हम लोगों को साँस लेने का थोड़ा वक्त मिले। ऐसा कहा जा रहा है कि पाकिस्तान को अंतर्ध्वस्त करने की योजनाएँ भारत में बन रही हैं; परंतु मैं आपको विश्वास दिलाना चाहता हूँ कि पाकिस्तान को विफल करने की योजनाएँ पाकिस्तान में ही बन रही हैं। पाकिस्तान की जो विकृत स्थिति है, अंततः वही उसे बरबाद कर देगी। कभी-कभी वे हिंदुओं पर लांछन लगाते हैं, कभी सिक्खों पर और कभी-कभी कठिनाइयाँ उत्पन्न करने के लिए वे केंद्र सरकार पर दोषारोपण करते हैं। परंतु मैं आपसे कहना चाहता हूँ कि यदि पाकिस्तान का पतन होता है तो वह हम लोगों के कारण नहीं होगा, बल्कि वह उनके देश के अंदर के उनके दुश्मनों के कारण ही होगा।

मुसलिम लीग मुझे अपना सबसे बड़ा दुश्मन समझता है। पहले वे महात्मा गांधी को अपना दुश्मन नंबर एक कहते थे। अब वे गांधीजी को अपना मित्र समझते हैं और मुझे उनकी जगह प्रतिस्थापित कर दिया है, क्योंकि मैं सच बोलता हूँ। उनका विश्वास था कि यदि उन्हें पाकिस्तान मिल जाए तो वे मुसलमानों के लिए पूर्ण सुरक्षा सुनिश्चित कर लेंगे। परंतु क्या उन्होंने कभी भी उन मुसलमानों के बारे में सोचा है, जो भारत में रह रहे हैं? क्या उन्होंने कभी उनसे सहानुभूति जताई है?

हम लोगों ने ज्यों ही स्वाधीनता प्राप्त की, पंजाब में हत्याएँ की गईं, जिससे विदेशों में हमारी प्रतिष्ठा गिरी। उसके बाद जूनागढ़ की समस्या खड़ी हुई। उसके तुरंत बाद कश्मीर का विवाद सामने आया। हम लोगों ने इन समस्याओं को पाकिस्तान के समक्ष रखा। परंतु उन्होंने कहा, "हमसे कोई मतलब नहीं है। कश्मीर की आजाद सरकार और कश्मीरी मुसलमान इस आक्रमण के लिए जिम्मेदार हैं।" परंतु यह छिपा

नहीं है कि सीमा प्रांत के कबाइली लोगों को राशन, युद्ध-सामग्री, मोटर-ट्रक और पेट्रोल आदि पाकिस्तान द्वारा ही दिया जाता है।

एक अंतिम उपाय के रूप में भारत सरकार ने इस समस्या को संयुक्त राष्ट्र के सुपुर्द किया। परंतु श्री जफरुल्ला खाँ[1] ने कहा, "हम अपने घर की बात बाहर क्यों ले गए?" परंतु पिछले चार महीनों में पंजाब में किए गए अनुचित कार्यों से क्या वे संतुष्ट नहीं हैं? यह जान-बूझकर बोला गया झूठ था।

भारत के मुसलमानों से मैं केवल एक प्रश्न पूछना चाहता हूँ। अभी हाल में संपन्न अखिल भारतीय मुसलिम कॉन्फ्रेंस[2] में कश्मीर मसले पर उन्होंने अपना मुख क्यों नहीं खोला? आपने पाकिस्तान के कार्यों की भर्त्सना क्यों नहीं की? इन सबसे लोगों के मन में शंका उत्पन्न होती है। इसलिए मुसलमानों के एक मित्र के रूप में मैं एक शब्द कहना चाहता हूँ और एक अच्छे मित्र का यह कर्तव्य है कि वह स्पष्ट बात करे। अब आपका यह कर्तव्य है कि आप इसी नाव में यात्रा करें तथा साथ-साथ तैरें या डूबें। मैं आपसे बहुत स्पष्ट रूप से कहना चाहता हूँ कि आप दो घोड़ों पर सवारी नहीं कर सकते। केवल एक घोड़ा चुन लें, जिसे आप सबसे अच्छा समझते हैं। वे लोग, जो पाकिस्तान जाना चाहते हैं उन्हें वहाँ चले जाना चाहिए और शांतिपूर्वक रहना चाहिए। आइए, हम लोग यहाँ शांति से रहें और अपने विकास के लिए कार्य करें।

पाकिस्तान की मुसलिम लीग सरकार ने यह घोषणा की थी कि वे अल्पसंख्यकों के लिए समुचित व्यवस्था करेंगे। परंतु आज सिंध के शरणार्थियों से पूछिए। वे कहते हैं कि वहाँ रहना असंभव है। पाकिस्तान अराजकता की ओर बढ़ रहा है। यदि वे हमसे लड़ना चाहते हैं तो हमारे पास भी आदमी, सामग्री और संसाधन हैं। पाकिस्तान कल का एक शिशु है।

मैं देखता हूँ कि युवाओं में सैन्य प्रशिक्षण के लिए एक ललक है। सैन्य प्रशिक्षण एक अच्छी चीज है और इसकी आवश्यकता भी है। मैं युवाओं से यह अपील करता हूँ कि वे भारत को हर तरफ से समरूपता प्रदान करें। उन्हें यह नहीं भूलना चाहिए कि भारत अपनी ही मूर्खतावश बरबाद हुआ था। उस मूर्खता को भविष्य में हमें दुहराना नहीं चाहिए।

यदि रियासतों की समस्या को समुचित ढंग से हल नहीं किया गया होता तो भारत में अनेक राजस्थान (राष्ट्रीय) होते। ज्यों ही प्रभुता समाप्त हुई, मैं राजाओं से मिला। मैंने उन्हें वर्तमान राजनीतिक स्थिति को समझाया। मैंने उन्हें यह भी समझाया कि केवल हमारे आंतरिक झगड़ों की वजह से ही भारत ने अपनी स्वाधीनता खो दी

---

1. पाकिस्तान के विदेश मंत्री, जिन्होंने उस समय कश्मीर के बारे में पाकिस्तान के केस का संयुक्त राष्ट्र में प्रतिनिधित्व किया।
2. लखनऊ में, जो सरदार के प्रसिद्ध भाषण के कुछ ही दिनों पूर्व संपन्न हुआ था।

थी। मुझे प्रसन्नता है कि उन्होंने मेरी बात समझ ली है।

आलोचकों से मैं यह कहना चाहता हूँ कि 15 अगस्त से, यानी जब से हम लोगों ने सरकार की जिम्मेदारी ली है, हम लोग भारी मात्रा में विभिन्न कार्यों को पूरा करने में सफल रहे हैं। विभाजन से संबंधित कार्य, देश में एक मजबूत अधिकारी तंत्र की स्थापना, परिसंपत्ति और देनदारी का विभाजन तथा शरणार्थियों की अति विशाल समस्या आदि कार्यों के बारे में आप क्या सोचते हैं? मुझे विश्वास है कि यदि इतना कार्य-भार किसी भी सरकार पर अचानक पड़ जाए तो इस बोझ तले कोई भी सरकार चिटक जाएगी। परंतु हमने अपने आपको कार्य के अनुरूप सिद्ध किया। वास्तव में हमने जिस प्रकार अपने कर्तव्यों का पालन किया है, उससे हमारी प्रतिष्ठा बढ़ी है।

भारत के पुनर्निर्माण के लिए केवल दो चीजें समय की माँग हैं—एक सुदृढ़ केंद्र सरकार और एक दुर्जेय सेना। सेना से मेरा तात्पर्य इसके सभी भागों—नौसेना, वायुसेना और थलसेना से है। एक सुदृढ़ सेना के लिए आवश्यक सामग्रियों के उत्पादन हेतु कारखानों की आवश्यकता है। इसलिए यदि मजदूरों में अशांति है तो एक मजबूत और दुर्जेय सेना निर्मित नहीं हो सकती। जब तक हम अधिक उत्पादन नहीं करेंगे तब तक हम लाभ कैसे बाँट सकेंगे! भारत एक औद्योगिक देश नहीं है। हमें सबसे पहले इसका उद्योगीकरण करना है।

□

96

विभाजन के बाद भारत को समेकित करना हमारी पहली प्राथमिकता : सरदार पटेल

सरदार पटेल का संपूर्ण वाङ्मय

द हिंदुस्तान टाइम्स,
22 जनवरी, 1948

(उद्धरण)

भारत के उपप्रधानमंत्री सरदार वल्लभभाई पटेल ने अहमदाबाद में एक विशाल जनसभा को संबोधित करते हुए, अत्यंत कठिनाई से प्राप्त की गई स्वाधीनता को बचाए

रखने के लिए, दो अनिवार्य तत्त्वों पर जोर दिया।"

भारत के विभाजन ने, जिसे स्वाधीनता पूर्व की एक शर्त के रूप में स्वीकार किया गया था, अनेक गंभीर समस्याएँ खड़ी कीं, विशेष रूप से पंजाब और बंगाल में।

सांप्रदायिकता की भावना बड़े उग्र रूप में फैली और हजारों निर्दोष पुरुष-स्त्रियाँ या बच्चे या तो मार डाले गए अथवा अपने घरों से बाहर फेंक दिए गए। इसने भारत की स्वच्छ छवि को कलंकित किया और स्वतंत्र भारत के रूप में जो प्रतिष्ठा इसे मिलनी चाहिए थी, वह समाप्त हो गई।

शांति स्थापित हुई, सरदार पटेल ने कहा, किंतु पुलिस और सेना की सहायता से ही। परंतु लोगों के मन में संदेह और अविश्वास छुपा हुआ था। यही कारण था कि महात्मा गांधी अनशन पर बैठ गए। गांधीजी ने महसूस किया कि लोगों के हृदय में वास्तविक शांति नहीं थी और यह शांति केवल पुलिस के माध्यम से लाई गई थी। गांधीजी के उपवासों ने सदैव अच्छे परिणाम दिए हैं।

सरदार पटेल ने कहा कि उन लोगों ने पाकिस्तान स्वीकार किया—यानी जान-बूझकर भारत का विभाजन इस विश्वास के साथ स्वीकार किया कि यह कम हानिकारक था। अब जबकि यह एक स्थापित तथ्य है, उन्हें ऐसे कार्य नहीं करने चाहिए, जिससे कि दो देशों के संबंध खराब हों। पाकिस्तान के प्रधानमंत्री द्वारा उन पर पाकिस्तान में तोड़-फोड़ कराने का लांछन लगाया गया। वह पाकिस्तान के अधिकारियों को विश्वास दिलाना चाहते हैं कि भारत सरकार पाकिस्तान में शांति व उसकी समृद्धि चाहती है और वह सबकुछ करेगी, जिससे कि उस देश को सुदृढ़ और सुखी बनाया जा सके, क्योंकि यह दोनों देशों के हित में है। भारत सरकार ने विभाजन से उत्पन्न सभी समस्याओं के संबंध में उदारता प्रदर्शित की है। सभी निष्पक्ष पर्यवेक्षकों द्वारा इसकी सराहना की गई है।

सरदार पटेल ने जोर देते हुए कहा कि भारत के मुसलमानों के लिए अविश्वास या शंका का कोई कारण नहीं है। पुनर्निर्माण और समग्र विकास के लिए शांति अनिवार्य है। यदि स्वाधीनता का लाभ पूरी तरह से प्राप्त करना है तो पुलिस और सेना के सहारे की आवश्यकता नहीं पड़नी चाहिए।

□

97

सरदार पटेल के चौहत्तरवें जन्म-दिवस पर भारत का उपहार

सरदार पटेल का संपूर्ण वाङ्मय

इन ट्यून विद द मिलियंस,
30 अक्तूबर, 1948

(उद्धरण)

(सरदार को जब उन्हें एक विशिष्ट व्यक्ति के रूप में उनके चौहत्तरवें जन्म-दिवस के अवसर पर असाधारण स्नेह और अनुराग के साथ सम्मानित किया जा रहा था, 30 अक्तूबर, 1948 को बंबई में दिया गया उनका यह स्पष्ट और उत्तेजक भाषण वास्तव में 1947-48 में भारत के राजनीतिक और आर्थिक परिदृश्य का एक सर्वेक्षण था, जिसमें उन्होंने जूरी के एक सदस्य के रूप में देश के विशाल लक्ष्यों पर अपनी नजर रखी और अपने जीवन के बचे हुए अल्प समय में उन्हें पूरा करने का अभूतपूर्व निश्चय व्यक्त किया, जो हमें युगों की कमियों को वायु वेग से पूरा करने की सरदार की अगाध और बहुमुखी क्षमता पर आश्चर्यचकित करती है।)

आप जानते हैं कि पिछले एक वर्ष में हम लोगों को क्या-क्या सहन करना पड़ा। हम लोगों को अनेक कठिनाई भरे और संकटपूर्ण समय से गुजरना पड़ा। कभी-कभी तो हम लोग दिन-रात चिंतित और आशंकित रहते थे कि एक भी गलती हो गई तो भारत के लिए घोर विपत्ति उत्पन्न हो जाएगी। वहाँ अनेक लोग ऐसे थे, जो यह आशा या विश्वास नहीं करते थे कि हम लोग जीवित बचेंगे। जब मैंने विभाजन स्वीकार किया, एक तरह से मैं अनिच्छुक और काफी दुःखी था। यह मेरी अंतरात्मा की भावनाओं के विरुद्ध था, हम लोगों के जीवन के सिद्धांतों और आकांक्षाओं के विरुद्ध था। परंतु एक दूसरी दृष्टि से हम लोगों ने जान-बूझकर और इसके परिणामों को अच्छी तरह सोच-समझकर विभाजन को स्वीकार किया। हम लोगों ने महसूस किया कि यदि हम एकजुट होकर नहीं रह सकते तो हमें अलग हो जाना चाहिए। हम भारत की स्वाधीनता को किसी दूसरे तरीके से प्राप्त नहीं कर सकते थे। यदि हम लोगों ने भारत का विभाजन नहीं किया होता तो परिणामस्वरूप जो कुछ होता, वह उससे कहीं अधिक खराब होता, जो बँटवारे के बाद हुआ। उस समय हम लोग झगड़ रहे थे और आपस में बुरी तरह लड़ रहे थे। हम जिस धर्म-संकट में पड़े हुए थे और जिन स्थितियों में हमने अपने

आपको डाल लिया था, तीसरी पार्टी* उसका भरपूर फायदा उठा रही थी। हम लोगों को अपनी स्वाधीनता की कीमत चुकानी है। तब हम लोगों ने यह निर्णय लिया कि यदि विदेशी सरकार जल्द-से-जल्द हमें छोड़ने के लिए तैयार है तो कीमत के रूप में विभाजन स्वीकार करना उचित है। बँटवारे के फलस्वरूप हम लोगों ने दारुण कष्ट झेला है। एक अंग की धज्जियाँ उड़ा दी गईं और हमारा बहुत खून बहा। लेकिन यह उन कष्टों की तुलना में कुछ भी नहीं है, जो हमें झेलना पड़ सकता था और जिन्हें हमें सहन करना पड़ता। इसलिए विभाजन स्वीकार करने का मुझे कोई पछतावा नहीं है। सरकार में अपने अनुभवों से मुझे विश्वास हो गया है कि यदि हम उसी प्रकार चलते रहे, जैसे चल रहे हैं तो जो भी मूल्यवान् हमने प्राप्त किया है, वह सब हम खो देंगे।

पाकिस्तान के नेताओं ने, जिन्होंने उसे जर्जर पाकिस्तान कहा, विभाजन को संकोच के साथ स्वीकार किया। हम जानते हैं कि उनके इरादे खराब थे और वे हम लोगों से सदाशयता के साथ व्यवहार करने के लिए तैयार थे। हम लोगों ने महसूस किया कि यदि ऐसा है और वे उचित अवसर पर भारत पर आक्रमण करने का मन बना चुके हैं तो हम लोगों को उस आकस्मिक घटना से निपटने के लिए पूरी तरह तैयार रहना चाहिए। हम जानते हैं कि पाकिस्तान प्राप्त करने में भी बाहरी तत्त्व उनके साथ थे। वे उनके साथ उन जघन्य योजनाओं में भी शामिल थे, जिसे उन्होंने हम पर आजमाया। इसलिए आपसी एकता और एकीकरण हम लोगों के लिए सबसे अनिवार्य तथ्य बन गया।

जब भारत का विभाजन हुआ तो समझौते का एक भाग यह था कि रियासतों की प्रभुता समाप्त हो जाएगी और शासक नए संबंध बनाने अथवा अलग रहने के लिए स्वतंत्र थे। परंतु कोई भी यह कल्पना करने के लिए इतना भोला या अज्ञानी नहीं था कि छोटे शासकों को रात भर में 'महाराजाधिराज' बना दिया जाएगा। यह स्थिति इतनी घातक संभावनाओं और क्षमताओं से भरी हुई थी कि हम लोग इसमें अपनी इच्छा से शामिल नहीं हो सकते थे। ऐसे समय में देशभक्ति और उत्तम विचारों से प्रेरित होकर अनेक शासकों ने अपना भाग्य हम लोगों के साथ जोड़ने का निर्णय लिया। यहाँ तक कि जिन लोगों ने बाहर रहने का प्रयास किया, उन्होंने भी अंततः अपने विचार बदल दिए। कुछ लोगों ने तो अंतिम क्षणों में संघ में शामिल होना स्वीकार किया। केवल तीन रियासतें बाहर रह गईं—जूनागढ़, हैदराबाद एवं कश्मीर और इन रियासतों में हस्तक्षेप करने का मौका पाकिस्तान को मिल गया। हम लोगों ने अपने घरेलू मामलों में चोरों एवं डकैतों की तरह हस्तक्षेप न करने की उन्हें चेतावनी दी, परंतु उन्होंने उस पर ध्यान नहीं दिया।...

इंग्लैंड में भी कुछ ऐसी ताकतें थीं, जो हमारे विरुद्ध थीं और गुप्त रूप से इस

---

* विदेशी शासन।

विवाद को संयुक्त राष्ट्र* में ले जाने की योजना बना रही थी। गोवा को बेचे जाने पर बातचीत चल रही थी। शस्त्रों को गैर-कानूनी तरीके से लगातार हैदराबाद ले जाया जा रहा था।... लेकिन हम लोग अपने घरेलू मामलों में कोई हस्तक्षेप सहन नहीं करेंगे, चाहे इसमें भारत का अंत हो जाए, पाकिस्तान का अंत हो जाए या संसार का अंत हो जाए।

एक चीज स्पष्ट है। हम लोग वही करेंगे जिसमें हैदराबाद के लोगों की भलाई हो और जो वे स्वयं चाहते हैं।... यह एक घरेलू मामला है और हम लोग इसमें चर्चिल या उससे भी बड़े किसी व्यक्ति का हस्तक्षेप बरदाश्त नहीं करेंगे।

वे कहते हैं कि हम लोगों को 'कॉमनवेल्थ' में रहना चाहिए। हम लोग इस प्रश्न पर निर्णय भारत के सर्वोत्तम हित के अनुरूप करेंगे। यदि चर्चिल यह महसूस करते हैं कि केवल वह ही हमारी सुरक्षा कर सकते हैं तो उन्हें काल्पनिक आनंद* लेने दीजिए। उन्हें सबसे पहले इंग्लैंड की सुरक्षा करने का प्रयास करना चाहिए। आज केवल सच्चाई, प्रेम और न्याय ही संसार को बचा सकता है। संसार आज तीसरा युद्ध बरदाश्त नहीं कर सकता। चर्चिल का रास्ता बरबादी का रास्ता है।...

हम लोगों ने भारत को एकीकृत कर लिया है, लेकिन हमें मजबूती और एकता के साथ रहना है। हम लोगों को शांति, सुख और एक उत्तम सरकार के सुदृढ़ आधार की रचना करनी है।...

□

---

* वास्तव में जून 1948 से, जब वह अंतिम बार लॉर्ड माउंटबेटन के माध्यम से हैदराबाद की समस्या सुलझाने में असफल रहे तो निजाम अपने मित्रों के साथ इंग्लैंड में संयुक्त राष्ट्र के लिए अपना केस तैयार कर रहे थे और जून व जुलाई में भारत के विरुद्ध 'हाउस ऑफ कॉमंस' में चर्चिल द्वारा दोषारोपण ही वास्तव में संयुक्त राष्ट्र फोरम में भारत के विरुद्ध निजाम के केस के लिए आरंभिक तैयारी का आधार बना। लेकिन जुलाई-अगस्त 1947 में निजाम के द्वारा सुरक्षा परिषद् में प्रार्थना-पत्र दाखिल किए जाने के बावजूद इस विषय पर वास्तव में 15 सितंबर, 1948 को ही विचार-विमर्श किया गया—जब भारतीय सेना पूर्व और पश्चिम से सिकंदराबाद में एकत्रित हो चुकी थी। परंतु यह झूठी शिकायत निजाम के अपने कृत्यों से अपना आधार खो चुकी थी, जब उन्होंने 17 सितंबर, 1948 को भारत सरकार के सामने समर्पण किया। उन्होंने संयुक्त राष्ट्र को लिखा कि अब उन्होंने अपना केस वापस लेने का निर्णय कर लिया है।

* जून और जुलाई 1948 में ब्रिटिश संसद् में विपक्ष के नेता के रूप में सर विंस्टन चर्चिल ने हैदराबाद की समस्या को जहर उगलते हुए पूरे जोश के साथ उठाया था और इसके प्रति भारत के रुख पर अनेक कटाक्ष भी किए थे। चर्चिल हैदराबाद के प्रश्न को एक साम्राज्यवादी समस्या सिद्ध करने की कोशिश कर रहे थे, जिसके प्रति ब्रिटेन की कर्तव्यता अब भी मौजूद थी और यह कि हैदराबाद के पास भारत या पाकिस्तान के साथ जाने अथवा स्वतंत्र रहने का विकल्प था।

98

सौराष्ट्र के लोगों से सरदार पटेल ने अपील की कि वे इसे बगीचों का शहर बनाएँ

सरदार पटेल का संपूर्ण वाङ्मय

द हिंदुस्तान टाइम्स,
25 जनवरी, 1949

(उद्धरण)

राजकोट में एक जनसभा को संबोधित करते हुए सरदार पटेल ने लोगों को जोश दिलाते हुए यह अपील की कि वे अनाज और कपड़ों की आपूर्ति में सौराष्ट्र को आत्मनिर्भर बनाने में सरकार की सहायता करें।...

"हम लोग भारत के विभाजन के लिए सहमत हुए।" उपप्रधानमंत्री ने आगे कहा, "क्योंकि उसके बिना भारत में पूर्ण रुकावट और अराजकता फैल जाती। आज हम लोगों ने देश को एकीकृत कर लिया है। परंतु यदि हम लोग राजाओं का विश्वास नहीं प्राप्त कर पाते और उन्हें अपने तरीके से कार्य करने के लिए प्रेरित किया गया होता तो स्थिति उनके लिए और लोगों के लिए भी कठिन होती।"

☐

99

सरदार पटेल ने पाकिस्तान को चेतावनी दी कि वे हिंदुओं को पूर्वी बंगाल से न भगाएँ, अन्यथा उन्हें भीषण परिणाम भुगतने पड़ेंगे

सरदार पटेल का संपूर्ण वाङ्मय

इन ट्यून विद द मिलियंस,
4 नवंबर, 1948

(उद्धरण)

(सरदार पटेल को उनकी मातृभूमि की पूर्ण सुरक्षा से अधिक प्रिय और कुछ भी नहीं था। जब पाकिस्तान पूर्वी बंगाल में अल्पसंख्यकों के प्रति अपनी झगड़ालू

प्रवृत्ति की ऊँचाइयों पर था और कश्मीर की सुंदर घाटी युद्ध में जकड़ी हुई थी, सरदार ने 4 नवंबर, 1948 को नागपुर में देश की सुरक्षा के खतरों के बीच लोगों से आग्रह किया कि वे देश के प्रति अपने वास्तविक कर्तव्यों को महसूस करें। अपने ऐतिहासिक भाषण में वह गरजे, "हम लोग भारत के संरक्षक हैं और जब तक हम जीवित रहेंगे, अपने राष्ट्रीय अस्तित्व पर इन खतरों को कभी बरदाश्त नहीं करेंगे।" अपने समय के शीर्ष नेताओं में एक सरदार यहाँ पाकिस्तान को सनसनी से भर देनेवाली चेतावनी देने में पुनः प्रथम रहे और उन्होंने कहा कि यदि पाकिस्तान पूर्वी बंगाल में हिंदुओं को अपने घरों से निकालने की हिमाकत के रास्ते पर अड़ा रहा तो लाखों उजड़े हुए लोगों को पुनः बसाने के लिए उसे अपने राज्य-क्षेत्र के एक भाग से हाथ धोकर उसकी क्षतिपूर्ति करनी पड़ेगी।)

ऐसे दिन भी आते हैं जब नारे और जनता की पुकार हमारे किसी काम के नहीं होते। इसके स्थान पर हमें अपने विचारों को इस बात पर केंद्रित करना चाहिए कि हम अपने आपको सुदृढ़ कैसे बनाएँ। यदि हम ऐसा नहीं करते हैं तो हम कभी भी स्वाधीनता के मिठास को अनुभव नहीं कर पाएँगे। हम यह नहीं जान पाएँगे कि हम स्वतंत्र हैं या अब भी गुलाम ही हैं। जैसे एक अंधा व्यक्ति अपने हाथों में दिए गए रत्नजड़ित आभूषणों के महत्त्व को नहीं समझ सकता अथवा एक बंदर, जिसे एक आभूषण देने पर वह सिर्फ उसे तोड़ देता है, उसी प्रकार जो स्वाधीनता हमें दी गई है, या तो हम उस उपहार के महत्त्व को नहीं समझेंगे अथवा उस स्वाधीनता को नष्ट कर देंगे, जिसे हमने इतने बलिदान के बाद पाया है। यदि हम स्वतंत्रता के वास्तविक महत्त्व को महसूस नहीं करते हैं तो हम बरबाद हो जाएँगे।

इस समय संसार अशांत है। विश्व युद्ध ने प्रत्येक देश की नैतिकता और वातावरण को प्रभावित कर दिया है। हम लोगों ने भी दारुण दुःख सहा है। हम लोग भी अपनी नैतिकता के उच्च आधार से गिर गए हैं। स्वाधीनता के लिए अपने संघर्ष के दौरान जो रास्ता हम लोगों ने चुना था वह बलिदान, सर्वत्याग, सच्चाई, एकता, प्रेम और न्याय का था। जब हम स्वतंत्र हो गए तो अपने रास्ते से भटक गए। यदि आप उस सलाह पर ध्यान दें, जो मैं आपको दे रहा हूँ तो देश को लाभ होगा। अन्यथा गांधीजी के साथ जो हुआ, वही मेरे साथ भी होगा। गांधीजी की सलाह पर हम लोगों ने ध्यान नहीं दिया, यद्यपि जिनकी कठोर तपस्या से हम लोगों को स्वाधीनता मिली, परंतु हमने किसे खोया? हम इस पर भयंकर पश्चात्ताप कर रहे हैं। हम केवल गोरे साहबों को काले साहबों से प्रतिस्थापित करके ही संतुष्ट नहीं रह सकते। हम लोगों को वास्तविक स्वराज्य मिलना चाहिए।

कांग्रेस के प्रत्येक सिपाही को इस सीधे और सरल तथ्य को समझना चाहिए।

पहले वे बलिदान और आत्मत्याग में तथा दु:ख और कष्ट सहने में एक-दूसरे के प्रतिद्वंद्वी हुआ करते थे, परंतु अब वे शक्ति और अधिकार के स्थानों को प्राप्त करने के लिए छीना-झपटी कर रहे हैं। वे प्रांतीयता में खो गए हैं।

हम यह महसूस नहीं करते कि हम सभी भारतीय हैं, जैसाकि हम उस समय महसूस करते थे, जब हमें देश को विदेशियों से आजाद कराना था। देश को एकजुट करने के बजाय अब हम इसे तोड़* रहे हैं। यदि हम इसी रास्ते पर बने रहते हैं तो ईश्वर ने हमें जो कुछ दिया है वह सब हम खो देने वाले हैं।

एक सच्चे नागरिक को अपने कर्तव्यों और दायित्वों को अवश्य महसूस करना चाहिए, अन्यथा स्वराज्य एक खोखला नाम है। हमें स्थायित्व प्राप्त करना है। आज भारत की स्थिति ऐसी है कि यदि हम केवल इतना समझ लें कि सामने पड़े अवसरों को हमें किस प्रकार पकड़ लेना चाहिए तो हम राष्ट्रों के समूह में अपना समुचित स्थान प्राप्त कर लेंगे।

यह समय प्रांतीयता फैलाने का नहीं है, बल्कि आज हमें भाईचारा, निकटता और एकता की भावना विकसित करनी चाहिए।'''

क्या आप समझते हैं कि यह सब प्राप्त कर लेने के बाद हम अत्यंत कठिनाई से प्राप्त अपनी स्वाधीनता को नष्ट कर देने वाले हैं? देश के हित के प्रति किसी भी खतरे या नुकसान को हम बरदाश्त नहीं करेंगे। हमने अपना पूरा जीवन इसलिए नहीं लगाया है और बलिदान इसलिए नहीं दिए हैं कि हम अपनी उपलब्धियों को इस प्रकार बरबाद होते हुए देखें।'''

क्या हम लोगों को प्रांतीय राजनीति और प्रांतीयता का यह निरर्थक प्रदर्शन करना चाहिए, जबकि वे लोग जीवन और मृत्यु के संघर्ष में लगे हुए हैं? हम लोग वृद्ध हो चुके हैं; परंतु हम जब तक जिएँगे, भारत के संरक्षक बने रहेंगे। हम अपने राष्ट्रीय अस्तित्व पर इन खतरों को कभी बरदाश्त नहीं करेंगे।

आपको अपनी सरकार को अपनी अधिकतम क्षमता भर समर्थन और सहयोग अवश्य प्रदान करना चाहिए। देश को मजबूत बनाइए।'''

□

---

* यहाँ सरदार पटेल ने देश में भाषा संबंधी पुनर्व्यवस्था के लिए कांग्रेस जनों में बढ़ती हुई अशांति का उल्लेख किया है, जिसने एक बड़ी सीमा तक राष्ट्रीय तथ्यों के बजाय स्थानीय तथ्यों को सतह पर ला दिया है।

100

गांधीजी के उपवास पर सरदार पटेल के विचार

सरदार पटेल का संपूर्ण वाङ्मय

इन ट्यून विद द मिलियंस,
16 जनवरी, 1948

(उद्धरण)

(16 जनवरी, 1948 को बंबई नगर निगम द्वारा आयोजित सम्मान समारोह का उत्तर देते हुए सरदार ने जनता को संबोधित अपने इस असाधारण भाषण में गांधीजी के द्वारा एकता और शांति के लिए उनके जीवन के इस पड़ाव पर किए जा रहे उपवास की कठिनाइयों पर अपने हृदय की पीड़ा अभिव्यक्त की है। सरदार ने इसका सांसारिक जीवन के धरातल से एक्स-रे जैसी जाँच-पड़ताल की और मतभेद की उत्पत्ति के कारणों को रेखांकित किया तथा यह स्पष्ट किया कि एकता के लिए मुसलमानों को क्या करना चाहिए। इस दृष्टि से यह एक ऐसा भाषण है, जो यह जाहिर करता है कि यद्यपि गुरु और शिष्य में लक्ष्य की प्राप्ति के लिए चुने गए उनके तरीकों में मतभेद था, फिर भी उनके समय की अभिव्यक्तियों और समीक्षाओं के अनुसार वे एक ही उद्‌देश्य की प्राप्ति के लिए कार्य कर रहे थे।)

स्वतंत्रता संग्राम के परिणामस्वरूप हम विदेशी सत्ता को हटा पाने में सफल हुए हैं। परंतु हम वह सबकुछ नहीं प्राप्त कर सके हैं जिनकी हमें आकांक्षा थी। हम लोगों ने आशा की थी कि विदेशी सत्ता से मुक्ति पाने के बाद हमें शांति मिल जाएगी। इन्हीं उद्‌देश्यों से हमने विभाजन स्वीकार किया था; परंतु बाद की घटनाओं से एक दूसरी स्थिति सामने आई। जब हमने स्वाधीनता प्राप्त की तो हमारी प्रतिष्ठा बढ़ी, परंतु बाद की घटनाओं ने हमारी प्रतिष्ठा को क्षति पहुँचाई है। यदि स्वाधीनता प्राप्त करने के बाद भी हिंदू-मुसलिम एकता स्थापित करने के लिए गांधीजी को उपवास करना पड़ रहा है तो हम लोगों के लिए यह एक शर्मनाक स्थिति है। संक्षेप में, स्वतंत्रता की प्राप्ति से उत्पन्न प्रसन्नता को एक गहरा धक्का लगा है।

हमने लोगों को चिल्लाते हुए अभी सुना है कि मुसलमानों को भारत से निकाल दिया जाना चाहिए। जो ऐसा कहते हैं, वे क्रोध से पागल हो गए हैं। इसके साथ ही, हम लोगों को ऐसे लोगों से सहानुभूति रखनी चाहिए जिन्होंने अपने प्रियजनों एवं अपनी संपत्तियों को खो दिया है। हजारों की संख्या में ऐसे लोग काठियावाड़ में आ रहे हैं, जो अपना सर्वस्व खो चुके हैं। उनके हृदयों में क्रोध व्याप्त है, जो उनके मस्तिष्क को

उलट-पलट देता है। परंतु हम लोगों को यह सब बरदाश्त करना है। इसके साथ ही, जब तक हम सरकार में हैं तब तक हमें शासन भी करना है। यदि हम जाति, संप्रदाय या धर्म का विभेद किए बिना ही संपूर्ण जनसंख्या के लिए एक राजन्यासधारी (ट्रस्टी) के रूप में कार्य नहीं कर सकते तो हम उस स्थान के लिए सत्पात्र नहीं हैं, जहाँ हम हैं। मैं स्पष्ट रूप से अपने आपसे पूछता हूँ, "क्या हमें संसार के सामने यह स्वीकार करना है कि हम शासन करने योग्य नहीं हैं?"

मैं एक स्पष्टवादी व्यक्ति हूँ। मैं हिंदुओं और मुसलमानों दोनों को ही समान रूप से कड़वी बातें कहता हूँ। इसके साथ ही, जैसाकि मैंने कई बार कहा है—मैं मुसलमानों का मित्र हूँ। यदि मुसलमान लोग मुझे इस प्रकार स्वीकार नहीं करते हैं तो वे भी पागलों की तरह कार्य कर रहे हैं। ऐसा प्रतीत होता है कि वे सही या गलत को नहीं समझ पा रहे हैं। उनके रवैए के कारण मैं सच्चाई नहीं छोड़ सकता, न ही मैं अपने कर्तव्य-स्थान से नीचे उतर सकता हूँ। उनमें से कुछ लोग गांधीजी के पास गए और उन्होंने लखनऊ में दिए गए मेरे भाषण के बारे में शिकायत की, जिसमें कश्मीर के प्रति पाकिस्तान के रवैए की निंदा न करने के लिए मैंने उन लोगों की आलोचना की थी। उन्होंने गांधीजी के पास जाकर अनेक बातें कहीं और गांधीजी ने मेरा बचाव करने के लिए बाध्य महसूस किया। इससे भी मुझे कष्ट हुआ; क्योंकि अंततः मैं एक कमजोर आदमी नहीं हूँ, जो दूसरों के द्वारा बचाव किया जाना पसंद करे।

वास्तविक कार्य अभी भी हम लोगों के सामने है—अर्थात् भविष्य के लिए देश की योजनाएँ तैयार की जानी हैं। ऐसा करने का अवसर आ गया है; परंतु ऐसा प्रतीत हो रहा है कि हम इसे महसूस नहीं कर पा रहे हैं।

इस समय सबसे महत्त्वपूर्ण कार्य यह है कि पूर्ण नैतिकता का निर्वाह किया जाए। इसी अभिप्राय से हम लोगों ने पाकिस्तान को अपनी उपलब्ध राशि से 55 करोड़ रुपए देने का निर्णय लिया है। मैं आपको विश्वास दिलाता हूँ कि जब हम लोगों ने यह राशि निश्चित की तो हमने पूरी उदारता और सद्भावना के साथ कार्य किया। पाकिस्तान सरकार के वित्त सलाहकार[1] ने स्वीकार किया कि भुगतान की यह व्यवस्था उदारता के साथ की गई थी। 'लंदन इकोनॉमिस्ट' के विचार भी ऐसे ही थे। मैंने उस समय यह स्पष्ट कर दिया था कि एक भी प्रकरण के लिए मैं न्यायाधिकरण[2] में जाना पसंद नहीं करूँगा; परंतु इसके साथ ही मैंने इस तथ्य पर भी जोर दिया कि संपूर्ण समझौते को अन्य समस्याओं के समझौतों के साथ-साथ लागू कर दिया जाएगा। "मैं कभी इस प्रस्ताव से सहमत नहीं हो सकता हूँ कि उनको सभी लाभ मिलें और सारे नुकसान हमारे हों।" परंतु उन्होंने एकाकी तौर पर यह दावा किया। हम सभी

---

1. सर आर्किबाल्ड रोलैंड।
2. आर्बिट्रल ट्रिब्यूनल।

लोगों ने यह निर्णय किया कि यह पूर्णत: गलत था और इसका प्रतिरोध किया जाना चाहिए। पाकिस्तान के अखबारों और प्रतिनिधियों ने जब यह सुना तो उन्होंने जहर उगला। जब गांधीजी ने उपवास शुरू किया तो हम लोगों ने सोचा कि हम वातावरण साफ कर सकते हैं; क्योंकि इतना सब होने पर भी जब हम पैसा पानी की तरह बहा रहे हैं तो 55 करोड़ के भुगतान पर हम क्यों आपत्ति करें, खासतौर से जब इससे गांधीजी की मानसिक पीड़ा को कुछ राहत मिलती है? हम लोग आशा करते हैं कि इस उदारता की पाकिस्तान की ओर से कुछ प्रतिचेष्टा होगी। परंतु यदि ऐसा नहीं होता है तो यह हमारे भाग्य का दोष है। यह सच है कि हमें लोगों को अपने साथ लेकर चलना है। परंतु हमें गांधीजी के बारे में भी सोचना है। हम लोग छोटे दायरे में सोचते हैं, जबकि वह एक विस्तृत क्षेत्र को ध्यान में रखकर चिंतन करते हैं।

किंतु हम लोग इस तथ्य के प्रति अपनी आँखें बंद नहीं कर सकते कि हम लोगों ने भारत को, जो पिछली कई शताब्दियों में कभी भी इतना संगठित नहीं था, आज पहले की अपेक्षा अधिक एकीकृत करके ही कुछ पाया है। हम लोगों में और एकता होनी चाहिए, किंतु उसके लिए दृढ़ संकल्प के साथ और अधिक प्रयास की आवश्यकता है। ऐसे संगठित भारत में मुसलमानों को भी बाकी जनसंख्या की तरह सुरक्षित महसूस करना चाहिए। लेकिन इसके लिए मुसलमानों को अपनी मनोवृत्ति बदलनी होगी। उन्हें जो 'द्विराष्ट्र के सिद्धांत' को सिखाया गया है, उसे भुलाना होगा।...

□

101

सरदार पटेल ने देश के युवाओं को प्रोत्साहित किया कि वे भारत को सुदृढ़ और संयुक्त बनाएँ

सरदार पटेल का संपूर्ण वाङ्मय

द हिंदुस्तान टाइम्स,
5 नवंबर, 1948

(उद्धरण)

भारत के उपप्रधानमंत्री सरदार पटेल ने विश्वविद्यालय के छात्रों को अपनी जिम्मेदारियों को महसूस करने के लिए प्रोत्साहित किया और कहा कि उन्हें अपने आपको अत्यंत कठिनाई से प्राप्त की गई देश की स्वाधीनता के उपयुक्त सिद्ध करना

चाहिए तथा देश को सुदृढ़ और संयुक्त बनाना चाहिए। वह नागपुर विश्वविद्यालय के दीक्षांत समारोह में बोल रहे थे, जिसे 'डॉक्टर ऑफ लॉ' की उपाधि से उन्हें सम्मानित करने के लिए विशेष रूप से आयोजित किया गया था।

"हमारे विश्वविद्यालयों को युवाओं को इस प्रकार प्रशिक्षित करना चाहिए कि वे जिम्मेदारियों को समझें और उनका वहन करें। जीवन रूपी महान् विश्वविद्यालय अनुभवों से भरा पड़ा है; परंतु उन सभी अनुभवों का पूरा इस्तेमाल करने के लिए हम सभी को—छात्रों, शिक्षकों और प्रोफेसरों को—सतर्क व सावधान रहना होगा। इन जिम्मेदारियों को निभाने योग्य बनने के लिए जो अनिवार्य गुण है, वह है—चरित्र। यदि आपके चरित्र में कमी है और आपने इसका पूर्ण विकास किए बिना ही विश्वविद्यालय का परिसर छोड़ दिया तो आपने जीवन का महत्त्वपूर्ण अवसर गँवा दिया।"

विश्वविद्यालयों में आज जो विभिन्न स्थितियाँ व्याप्त हैं, उनकी विवेचना करते हुए सरदार पटेल ने कहा, "अनेक विश्वविद्यालयों में और यहाँ तक कि सरकारी सेवाओं में भी हमारे युवाओं के मन में विभिन्न विचारों को बैठा दिया गया है। कुछ लोग उन्हें सिखाते हैं कि कांग्रेस सरकार और प्रशासक मुसलमानों की ओर झुके हुए हैं और इसलिए हिंदू संस्कृति के विरुद्ध हैं। मैं ऐसे लोगों को चेतावनी देना चाहता हूँ कि भारत के विभाजन के बाद भारत सरकार द्वारा किसी एक या दूसरे समुदाय के बारे में विशेष रूप से सोचने का प्रश्न ही नहीं उठता। हम ऐसा कुछ भी करने नहीं जा रहे हैं, जो सभी समुदायों—हिंदुओं, मुसलमानों, ईसाइयों, पारसियों आदि के प्रति हमारे न्यायिक सिद्धांतों के विरुद्ध है। यदि हम इसके विपरीत कोई वातावरण तैयार करते हैं तो हम निश्चित ही खतरे में पड़ेंगे।

"सभी समुदायों को उनका उचित स्थान मिलना चाहिए। उनका धर्म उनके अपने अनुराग का विषय है।..."

प्रांतीयता के बढ़ते हुए वर्तमान संकेतों पर दुःख व्यक्त करते हुए सरदार पटेल ने उन लोगों को फटकार लगाई, जो मराठियों, गुजरातियों आदि के लिए विशेष रूप से सोचते हैं। उन्होंने कहा, "यह सब विषाक्त विकास है और आपको इससे बचाना चाहिए।" इस प्रकार की नीतियों पर केवल मूर्ख और अज्ञानी लोग ही सोच सकते हैं। ऐसा प्रतीत होता है कि वे उन खतरों को महसूस नहीं करते हैं, जो हमारे देश के सामने हैं।

उपसंहार करते हुए सरदार पटेल ने छात्रों से कहा कि वे आत्मविश्लेषण करें। "मैंने कुछ शब्दों में अपने जीवन के अनुभवों का निचोड़ आपके सम्मुख प्रस्तुत किया है, जिसे मैंने अनेक वर्षों में प्राप्त किया है। आपने मुझ पर बहुत बड़ी जिम्मेदारी डाल दी है और मुझे अपने आपको इसके योग्य सिद्ध करना है। मैंने यह भी सोचा कि मुझे

आपसे यह कहना चाहिए कि आपकी जिम्मेदारियाँ क्या हैं, जिन्हें आपको वहन करना है और जिसके योग्य स्वयं को आपको सिद्ध करना है। अधिक काम कीजिए और बोलिए कम। मैंने जो आपसे कहा है, उस पर विचार कीजिए और देश को मजबूत बनाइए। मैं आपके लिए ईश्वर से प्रार्थना करूँगा। ईश्वर आपकी सहायता करें।''

□

102

सरदार पटेल लोकतांत्रिक भारत में सभी धर्मों के संरक्षण के पक्षधर थे

सरदार पटेल का संपूर्ण वाङ्मय

सरदार श्रीनो पत्रो – II
नई दिल्ली,
23 मार्च, 1950

(उद्धरण)

श्री स्वामी निजानंदजी,

मुझे आपका 11 मार्च, 1950 का पत्र प्राप्त हुआ।

सरकार किसी भी प्रकार से धर्म के मामले में हस्तक्षेप नहीं करती है। लेकिन कुछ लोग ऐसे हैं, जो धर्म के नाम पर पाखंड को बढ़ावा देते हैं और जनता इस संबंध में सरकार से शिकायत करती है। इसलिए जनता के हित में हम लोगों को हस्तक्षेप करना पड़ता है। हिंदू धर्म में अनेक बुराइयाँ, जैसे छुआछूत आदि घुस गई हैं। इसके कारण करोड़ों हिंदुओं ने अपना धर्म छोड़कर दूसरे धर्मों को अपना लिया है। आजकल ऐसे अनेक लोग हैं, जो धर्म के नाम पर अपना स्वार्थ सिद्ध कर रहे हैं।...

स्वामी श्रद्धानंदजी,
भारतीय विद्यालय,
हरिद्वार

□

103

सरदार पटेल ने लोगों को सलाह दी कि वे एकता की भावना विकसित करें

सरदार पटेल का संपूर्ण वाङ्मय

द हिंदुस्तान टाइम्स,
15 मई, 1950

(उद्धरण)

कांग्रेस को मजबूत बनाने के लिए तर्क प्रस्तुत करते हुए सरदार पटेल ने टिप्पणी की, ''हम लोगों के पास एक संगठन है, जिसने हमें स्वतंत्रता प्रदान की है। यही कांग्रेस है। आप सभी ने काफी सहानुभूति दिखाई है और इसके विकास में सहयोग दिया है। अब जबकि आपको स्वाधीनता मिल गई है, आपको इसे और मजबूत बनाना चाहिए और यह नहीं सोचना चाहिए कि अब यह उपयोगी नहीं है। आप महसूस कर सकते हैं कि दूसरी पार्टियाँ हैं। यदि दूसरी पार्टियाँ हैं, जो सत्ता सँभाल सकती हैं और वर्तमान में जैसा चल रहा है उससे अच्छा कर सकती हैं तो उन्हें अवश्य करना चाहिए। परंतु इसे अच्छी तरह और सभ्य तरीके से करें। साम्यवाद या सांप्रदायिकता का छल न करें, सहनशीलता का रास्ता न छोड़ें।

''जब मैंने राज्य के कुछ लोगों को यह कहते सुना कि 'हिंदू धर्म खतरे में है', तो मैं भयभीत हुआ कि क्या हिंदू यहाँ से अदृश्य हो गए हैं!

''एक हिंदू थे, जिन्होंने संपूर्ण विश्व में भारत की प्रतिष्ठा बढ़ाई। वह गांधीजी थे। फिर भी एक हिंदू ही था, जिसने उनकी हत्या कर दी। क्या यही हिंदुत्व है? क्या आप ऐसी तरीके से हिंदू धर्म की रक्षा करते हैं? हिंदुओं में कितनी जातियाँ, कितने संप्रदाय और कितनी उपजातियाँ हैं? यहाँ तक कि ईसाइयों में भी, क्या वे एक हैं? आइए, हम लोग अपने धर्म का अनुसरण करें और यदि हम उसका पालन ठीक तरीके से करें, तब कोई खतरा नहीं है। आइए, हम लोग शिष्ट व्यक्तियों की तरह अपना जीवन जीएँ—चाहे ईसाई हों, हिंदू, मुसलिम, सिख या पारसी हों। कोई भी धर्म, जो असहिष्णुता पर आधारित है, उन्नति नहीं कर सकता। वे दिन चले गए। कोई भी देश तब तक उन्नति नहीं कर सकता जब तक कि वहाँ के लोगों का चरित्र उन्नत नहीं होगा।''

''हिंदुत्व भारत में कभी भी खतरे में नहीं पड़ सकता। हम लोगों की संख्या बहुत

बड़ी है। किंतु बहुसंख्यक न रहने पर भी क्या हमने अतीत में धार्मिक व्यक्तियों को पैदा नहीं किया है? अतीत में हमने अपनी संस्कृति पूरे भारत में फैलाई है। शंकराचार्य उनमें से एक थे। जब वह मरे तो वह कितनी कम उम्र के थे; परंतु उन्होंने हिंदुत्व के खतरे में होने का शोर नहीं मचाया। धर्म एक ऐसी चीज है, जो मनुष्य और उसके सृष्टिकर्ता के बीच रहती है।''

□

104

सरदार पटेल ने खूनी क्रांति के विरुद्ध लोगों को चेतावनी दी और हिंसा का सहारा लेनेवालों की निंदा की

सरदार पटेल का संपूर्ण वाङ्मय

द हिंदुस्तान टाइम्स,
16 मई, 1950

(उद्धरण)

''मैं आप सभी को इस प्रकार के मचाए जा रहे गलत शोर-शराबे के प्रति चेतावनी देता हूँ। हम लोगों ने इस देश में ऐसी चीजों के लिए काफी कीमत चुकाई है। इस प्रकार का कोई काम अब न करें। आइए, हम सभी—हिंदू, ईसाई, पारसी, यहूदी और मुसलमान, जो यहाँ हैं, मिल-जुलकर, एक होकर शांति से रहें और प्रसन्न रहने की कोशिश करें। आइए, समाज में जो कुछ अच्छा है, उसे हम बचाएँ और भविष्य में समाज के कल्याण हेतु कार्य करें।''

मैं आप सभी लोगों से यह अपील करता हूँ कि आप एक सद्भावना और सामंजस्यपूर्ण वातावरण बनाएँ और शांति से रहें, शांतिपूर्वक रहना सीखें और अपने पड़ोसी से प्रेम करना सीखें, चाहे वह ईसाई, मुसलमान या कोई भी हो। आइए, हम लोग अपने विश्वास और अपनी अंतर्भावना के अनुरूप अपने धर्म का पालन करें।''

□

105

सरदार पटेल ने सांप्रदायिक अव्यवस्था को निष्पक्षतापूर्वक दबाने के लिए दिल्ली पुलिस को निर्देश दिया

सरदार पटेल का संपूर्ण वाङ्मय

बॉम्बे क्रॉनिकल,
8 सितंबर, 1947

भारत सरकार के गृहमंत्री सरदार वल्लभभाई पटेल द्वारा आज निम्नलिखित अपील जारी की गई है—

"दिल्ली फिर कानून-व्यवस्था की एक बहुत गंभीर विभीषिका में जकड़ गई है। अतीत में नगर प्रशासन तथा पुलिस बल के कर्मचारियों और अधिकारियों ने सांप्रदायिक अव्यवस्थाओं से निपटने में कार्य-कुशलता और निष्पक्षता का बड़ा ऊँचा प्रतिमान स्थापित किया था। मुझे विश्वास है कि उसे कायम रखने के लिए और यदि संभव हुआ तो उसमें और सुधार करने के लिए मैं उन पर भरोसा कर सकता हूँ। मैं पुलिस बल और नगर प्रशासन के प्रत्येक सदस्य से अपील करता हूँ कि वे राजधानी में शीघ्र शांति और अमन-चैन स्थापित करने में अपना भरपूर सहयोग दें।

मैं इस बात को प्रमुखता से कहना चाहता हूँ कि बुराई को आरंभ में ही समाप्त कर दिया जाना चाहिए। उनमें से प्रत्येक व्यक्ति को आदर्श व्यवहार करते हुए, जाति या समुदाय पर ध्यान दिए बगैर, सामान्य जनता की सेवा करनी चाहिए। किसी एक या दूसरे समुदाय के प्रति किए गए पक्षपात के अत्यंत गंभीर परिणाम हो सकते हैं तथा अपराधी को लाभ मिल सकता है, इसलिए कर्तव्य के संपादन में किसी प्रकार की लापरवाही बरदाश्त नहीं की जाएगी। मैं इसका उल्लेख इसलिए नहीं कर रहा हूँ, क्योंकि एक ऐसे उत्कृष्ट पुलिस बल से मुझे ऐसी किसी लापरवाही की आशा है, बल्कि मैं यह महसूस करता हूँ कि हम सभी को पक्षपात और आवेश से बोझिल इस वातावरण से ऊपर उठकर दृढ़ निश्चय और लगन के साथ अपने कर्तव्यों का पालन करना चाहिए। यह याद रखना चाहिए कि यदि दिल्ली अव्यवस्थित हो जाती है तो केंद्र सरकार अच्छी तरह कार्य नहीं कर सकती और जिन लोगों की हमें सेवा करनी है, उन्हें कष्ट होगा।

दिल्ली के लोगों से मैं गंभीरतापूर्वक आग्रह करना चाहता हूँ कि पंजाब के विपदाग्रस्त लोगों के प्रति अपनी मिथ्या सहानुभूति के कारण वे अपना विवेक न खोएँ

और जो लोग दिल्ली की शांति भंग करने की कोशिश कर रहे हैं, वे पंजाब के लोगों का बहुत बड़ा अहित कर रहे हैं तथा भारत सरकार को भी हतोत्साहित कर रहे हैं। यदि दिल्ली के लोग आत्म-नियंत्रण नहीं रखते हैं और अच्छे नागरिकों की तरह व्यवहार नहीं करते हैं तो पड़ोसी प्रांतों से आनेवाले शरणार्थी यहाँ के लोगों के आतिथ्य-कर्म की निंदा करेंगे।'' □

106

दिल्ली के नागरिकों से शरणार्थियों की आवाजाही अवरोधित न करने हेतु सरदार पटेल का तर्क, आबादी की भारी अदला-बदली के लिए सहयोग की माँग करें

सरदार पटेल का संपूर्ण वाङ्मय

बॉम्बे क्रॉनिकल,
13 सितंबर, 1947

(उद्धरण)

राजधानी में कानून-व्यवस्था और अनिवार्य सेवाओं को बनाए रखने में सर्वाधिक सहयोग देने के लिए दिल्ली के नागरिकों से अपील करते हुए भारत के गृहमंत्री सरदार वल्लभभाई पटेल ने आज रात अपने रेडियो प्रसारण में कहा कि दिल्ली न सिर्फ प्रशासन की कर्म-शक्ति का केंद्र है, बल्कि यह गैर-सरकारी संगठनों का संगम-स्थान भी है। इसलिए दिल्ली के जीवन को अव्यवस्थित करने का अर्थ है—संपूर्ण भारत में सामुदायिक जीवन पर गहन आघात करना। यह उस जीवनरेखा को भी काटना है, जिसके माध्यम से ही शरणार्थियों की निर्बाध आवाजाही बनाए रखी जा सकती है।

उन्होंने आगे कहा कि हम लोगों को एक-दूसरे की गलतियों को ढूँढ़ने में ही अपना ध्यान केंद्रित नहीं करना चाहिए, बल्कि एक-दूसरे की सहायता करने में अपनी शक्ति लगानी चाहिए, ताकि हम लोग, हममें से प्रत्येक व्यक्ति लोगों को दूसरे स्थान पर ले जाने, वस्तुतः भारी संख्या में आबादी की अदला-बदली की वृहद् समस्याओं के शीघ्र समाधान में हाथ बँटा सके।

किसी के भी मन में यह विचार नहीं होना चाहिए कि सीमा पार के अपने दुर्भाग्यग्रस्त भाइयों और बहनों को दी गई यातनाओं और कष्टों के परिणाम के प्रति हम पूर्णतः सचेत नहीं हैं। वे हम लोगों की ओर समय पर मदद प्राप्त करने के लिए

देख रहे हैं। इस भारी-भरकम कार्य में हम लोगों की संपूर्ण ऊर्जा और सभी संसाधन लग जाएँगे। इस कार्य को पूरा किए जाने में किसी प्रकार का अवरोध डालने अथवा इससे अपना ध्यान हटाने का अर्थ है—लाखों ऐसे पुरुषों, स्त्रियों और बच्चों के जीवन से खेलना, जो लगातार खतरों का सामना कर रहे हैं और जिनका धैर्य एवं जिनकी प्रतिरोधक शक्ति हर क्षण कम होती जा रही है। जिन लोगों ने हम लोगों के पास शरण ली है, मैं उनकी भावनाओं को अच्छी तरह समझता हूँ; जो क्रोध उनके मन में व्याप्त है, जो कड़वाहट उनके विचारों को प्रभावित कर रही है और जो गहन दुःख उनके हृदय को सता रहा है।

इन परिस्थितियों में राजधानी में कानून-व्यवस्था और अनिवार्य सेवाओं को बनाए रखने में सर्वाधिक सहयोग देने के लिए मैं दिल्ली के नागरिकों से अपील करता हूँ। दिल्ली न सिर्फ प्रशासन की कर्म-शक्ति का केंद्र है, बल्कि यह गैर-सरकारी संगठनों का संगम-स्थान भी है। इसलिए दिल्ली के जीवन को अव्यवस्थित करने का अर्थ है—संपूर्ण भारत में सामुदायिक जीवन पर गहन आघात करना। यह उस जीवन-रेखा को भी काटना है, जिसके माध्यम से ही शरणार्थियों की निर्बाध आवाजाही बनाए रखी जा सकती है।

इसलिए आप में से प्रत्येक व्यक्ति को शांतिपूर्वक यह चिंतन करना चाहिए कि आप जिस भी क्षेत्र में कार्य कर रहे हैं या उसके बाहर के क्षेत्र में भी, क्या आपके कार्यों के परिणामस्वरूप वह लक्ष्य पूरा हो रहा है, जो हम सबके हृदयों में है? अथवा क्या हम अपने कार्यों से लोगों का जीवन बचाने में और लाखों लोगों के कष्टों को दूर करने के कार्य में बाधा पहुँचा रहे हैं?

इसलिए हम लोगों को एक-दूसरे की गलतियों को ढूँढ़ने में ही अपना ध्यान केंद्रित नहीं करना चाहिए, बल्कि एक-दूसरे को सहायता करने में अपनी शक्ति लगानी चाहिए, ताकि हम लोग, हममें से प्रत्येक व्यक्ति, लोगों को दूसरे स्थान पर ले जाने, वस्तुतः भारी संख्या में आबादी की अदला-बदली की वृहद् समस्याओं के शीघ्र समाधान में हाथ बँटा सके।

□

107

सरदार पटेल ने सरकार की उपलब्धियों का ब्योरा दिया, देश की स्थिति अत्यंत विश्वासवर्द्धक है, साम्यवादी शांतिपूर्वक अपनी विचारधारा का प्रचार करने के लिए स्वतंत्र हैं

सरदार पटेल का संपूर्ण वाङ्मय

द हिंदुस्तान टाइम्स,
18 मार्च, 1946

(उद्धरण)

भारत में मुसलमानों का उल्लेख करते हुए उपप्रधानमंत्री ने कहा, ''उनके पुराने संगठन जैसे मुसलिम लीग और मुसलिम नेशनल गार्ड्स के द्वारा यत्र-तत्र कुछ घटनाओं को छोड़कर, जिसे मैं समझता हूँ कि वर्तमान स्थितियों को देखते हुए वे उन्हें भूल जाना और छोड़ देना चाहेंगे, कुल मिलाकर उन लोगों ने देश की शांति बनाए रखी है और कुछ-कुछ भ्रांतिमुक्त होकर, लेकिन स्वेच्छा से अपनी नई निष्ठाओं के साथ वे स्थापित हो चुके हैं। मैं उन्हें विश्वास दिलाता हूँ कि जब तक वे इस देश के निष्ठावान् नागरिकों की तरह व्यवहार करेंगे, तब तक उन्हें उनके जीवन, संपत्ति और धर्म के लिए हर प्रकार की सुरक्षा प्रदान की जाएगी, जो यह सरकार उन्हें दे सकती है।

''इस संबंध में दिल्ली शहर में ही उनकी सुरक्षा सुनिश्चित करने के लिए हम लोगों ने जो कदम उठाए हैं, उससे अच्छा कोई प्रमाण नहीं दिया जा सकता। हम लोगों ने स्वेच्छा से पाकिस्तान चले गए लोगों के घरों को उनके लिए खाली रखने की अनुमति दी, जो वापस आने वाले थे, यद्यपि बड़ी संख्या में आवास-विहीन शरणार्थी हमारे पास हैं। मसजिदों के पुनर्निर्माण का कार्य, जो वास्तव में पूरा हो चुका है और पाकिस्तान से शरणार्थियों की एकतरफा वापसी, देश में शांतिपूर्ण एवं मधुर संबंधों के व्याप्त होने के पर्याप्त प्रमाण हैं। सेना और सिविल सेवाओं तथा जन-जीवन के उच्च पदों में सहभागिता बनी हुई है। इस प्रकार गांधीजी ने जिस उद्‌देश्य के लिए उपवास किया और अपना जीवन लगाया, वह पूरा हुआ।''

सरदार पटेल ने आगे कहा कि ''इन सबके प्रतिदान के रूप में मुसलमानों से सरकार कुछ भी अधिक न चाहकर अन्य समुदायों के अनुरूप ही देश के प्रति पूर्ण और असंदिग्ध राष्ट्रभक्ति चाहती है। मैं निश्चित रूप से यह महसूस करता हूँ कि जितनी आसानी से और

जितनी जल्दी मुसलिम समुदाय इस नई निष्ठा के अनुकूल अपने आपको बना लेगा, उतना ही अधिक प्रभाव वे बहुसंख्यक समुदाय पर डाल सकेंगे और सभी संबंधित लोगों से उतनी ही अधिक स्वेच्छा से तथा उदारतापूर्ण व्यवहार वे पा सकेंगे।''

□

108

सरदार पटेल अनुसूचित जाति के लोगों के लिए केवल दस वर्षों तक के लिए सीटें आरक्षित करने के पक्षधर थे? मुसलमानों सहित अन्य समुदायों के लिए कोई आरक्षण नहीं

सरदार पटेल का संपूर्ण वाङ्मय

द हिंदुस्तान टाइम्स,
27 मई, 1949

अवसर के पूर्णतः अनुरूप सरदार पटेल के एक प्रभावकारी भाषण के बाद संविधान सभा ने अनुसूचित जाति को छोड़कर अन्य सभी अल्पसंख्यकों के लिए आरक्षण की व्यवस्था को समाप्त करने के निर्णय को स्वीकार किया। अनुसूचित जाति के लोगों के लिए यह सुविधा केवल दस वर्षों तक जारी रहेगी।

दो दिनों तक चले इस वाद-विवाद का समापन करते हुए सरदार पटेल ने सदन में कहा कि वे लोग इतिहास परिवर्तित कर रहे हैं। यह एक ऐसा निर्णय है, जो भारत के चरित्र में परिवर्तन ले आएगा और सदस्यों को चाहिए कि वे जो भारी जिम्मेदारी अपने ऊपर ले रहे हैं उसकी पूरी चेतना के साथ अपना वोट दें। वे भारत में वस्तुतः धर्मनिरपेक्ष प्रजातंत्र की नींव रख रहे हैं।

उन मुसलमानों को जवाब देते हुए, जो अब भी अलग चुनाव-क्षेत्र और सीटों के आरक्षण की माँग कर रहे थे, सरदार पटेल ने कहा कि देश के बँटवारे और एक स्वतंत्र राज्य के लिए कार्य करने के बाद अपनी आजादी का आनंद प्राप्त करने के लिए इस देश को शांति में छोड़कर उन्हें वहाँ चले जाना चाहिए। ऐसे लोगों के लिए भारत में कोई जगह नहीं है।

सदन में दिए गए भाषणों में सरदार के प्रति हार्दिक प्रशंसा और पूर्ण संतोष की अभिव्यक्ति प्रमुख रूप से की गई। बड़े ही मित्रवत् वातावरण में सिक्खों, मुसलमानों और एंग्लो-इंडियंस के प्रतिनिधियों ने इस प्रस्ताव का समर्थन किया। परंतु संपूर्ण सदन

की भावनाओं को प्रधानमंत्री द्वारा अभिव्यक्त किया गया, जिन्होंने हस्तक्षेप करते हुए कहा कि 'हमारी नियति के इस ऐतिहासिक मोड़ पर' हमें इस 'ऐतिहासिक प्रस्ताव' का समर्थन करना चाहिए।

□

109

भारत के आर्थिक पुनर्निर्माण में पूर्ण सहयोग के लिए सरदार पटेल ने लोगों से आग्रह किया

सरदार पटेल का संपूर्ण वाङ्मय

द हिंदुस्तान टाइम्स,
7 नवंबर, 1948

(उद्धरण)

...इस नाजुक समय में कोई भी सेवा इससे बड़ी नहीं हो सकती कि देश की स्वाधीनता, सुरक्षा, आर्थिक स्थायित्व और पुनर्निर्माण के लिए हम अपने आपको समर्पित करें। सरदार पटेल ने जोर देकर कहा।

सरदार पटेल ने आगे कहा कि "देश जिस संकटपूर्ण समय से गुजर रहा है, उसमें मैं प्रत्येक नागरिक से अपील करता हूँ कि वे देश की समस्याओं के समाधान में अपना अधिकतम योगदान दें। सरकार का अंतिम प्रमाण जनता का समर्थन है। हमारी प्रमुख आवश्यकताएँ निर्धारित और स्पष्ट हो चुकी हैं। हमारे पास एक आधुनिक सेना, आर्थिक संतुष्टि और स्थायित्व अवश्य होनी चाहिए। अनुशासित और जिम्मेदार नागरिक तथा एक दृढ़ प्रशासनिक व्यवस्था देश की अनिवार्य आवश्यकताएँ हैं और ये एकता एवं शक्ति के सूचक भी हैं।

"एशिया की नीतियों में भारत का एक प्रमुख स्थान है। इस स्थिति को सार्थक सिद्ध करते हुए उसे बनाए रखना है। इन लक्ष्यों को उसी अडिगता, दृढ़ निश्चय, अटूट लगन और आपसी एकता के साथ प्राप्त करना है, जैसाकि हमने स्वाधीनता संघर्ष के दौरान किया था। किसी प्रकार की लापरवाही और कमजोरी उतनी ही घातक होगी जितनी कि यह स्वतंत्रता-संघर्ष के दौरान हो सकती थी।

"भारत विभिन्न धर्मों, संस्कृतियों, परंपराओं, आदर्शों और भाषाओं का देश है।

फिर भी अपने संपूर्ण इतिहास में इसने समस्वरता और अभिन्नता का एक ऐसा सामंजस्य प्रस्तुत किया है जिसकी सारे संसार में प्रशंसा होती है और जो इसके परिरक्षण का रहस्य भी है। हम लोगों को अपनी इस बहुमूल्य विरासत के अनुरूप रहना है और संसार को यह दिखला देना है कि यद्यपि धर्म, आदर्श, विचार और भाषा हमें बाँट सकते हैं; किंतु देश हमें जोड़ता है।

''गौण, संकीर्ण, स्थानिक या वर्गीय निष्ठाओं पर विचार करने से पहले हमें अपनी स्वाधीनता को पुष्ट करना है, जिसे हमने इतनी लंबी और कठिन लड़ाई के बाद हासिल किया है।''

□

110

भारत शांति के लिए तैयार है, परंतु युद्ध के लिए भी तैयार है : पाकिस्तान को सरदार पटेल की दृढ़ चेतावनी

सरदार पटेल का संपूर्ण वाङ्मय

द हिंदुस्तान टाइम्स,
7 जनवरी, 1948

(उद्धरण)

''हम लोग शांति से रहना चाहते हैं और पाकिस्तान को भी शांति से रहना चाहिए। परंतु यदि पाकिस्तान को संघर्ष और युद्ध के लिए खुजली हो रही है तो उसे कश्मीर में छिपे रूप से युद्ध न करके खुले में सामने आना चाहिए।'' भारत के उपप्रधानमंत्री सरदार पटेल ने एक लाख लोगों को संबोधित करते हुए यहाँ लखनऊ में यह घोषणा की।

सरदार पटेल ने आगे कहा कि ''पाकिस्तान अपने झूठों और कपटताओं के बोझ तले ही बरबाद हो जाएगा, न कि हमारी सेनाओं के द्वारा, यद्यपि हम इस कार्य के लिए शक्तिशाली और साधन-संपन्न हैं।''

पाकिस्तान के विदेश मंत्री श्री ज़फरुल्ला खाँ के हाल के वक्तव्य का उल्लेख करते हुए सरदार पटेल ने कहा, ''हम लोग उनके कुकृत्यों को पंजाब में पिछले चार महीनों से बरदाश्त कर रहे हैं और यदि हमें और भी बरदाश्त करना है तो हमें लाहौर व सियालकोट जाना पड़ेगा।''

पाकिस्तान के साथ हमारे संवेदनशील संबंधों के कारण हमें अपनी थलसेना, वायुसेना और नौसेना की कार्य-कुशलता को उच्चतम स्तर पर बनाए रखना होगा।

लखनऊ में संपन्न राष्ट्रवादी मुसलमानों के एक सम्मेलन का उल्लेख करते हुए सरदार पटेल ने कहा कि यह आश्चर्यजनक है कि लखनऊ में 70,000 मुसलमान एकत्र हुए, किंतु कश्मीर में पाकिस्तान क्या कर रहा है, इसके बारे में उन्होंने एक शब्द भी नहीं कहा। ऐसी स्थिति में यदि मुसलमानों की देशभक्ति के बारे में संशय उत्पन्न होता है तो उन्हें आश्चर्य नहीं करना चाहिए। वे दो घोड़ों पर सवारी नहीं कर सकते। जो लोग देशभक्त नहीं हैं, वे भारत में नहीं रह सकते, क्योंकि उनके लिए वातावरण बहुत गरम बन सकता है। वह इसे मुसलमानों के एक मित्र के रूप में कह रहे थे। यह हम लोगों के लिए अत्यंत दुःखद और शर्मनाक होगा कि मुसलमानों में एक श्रेष्ठ व्यक्ति, जो हम लोगों के साथ थे, उन्हें भारत छोड़कर जाना पड़े।

□

111

सरदार पटेल को विश्वास था कि कश्मीर समस्या का समाधान जल्द ही निकल आएगा

सरदार पटेल का संपूर्ण वाङ्मय

द हिंदुस्तान टाइम्स,
6 दिसंबर, 1948

(उद्धरण)

ग्वालियर, लश्कर और मोरार के नागरिकों की ओर से पिछली शाम आयोजित एक सम्मान समारोह में बोलते हुए सरदार पटेल ने घोषणा की, "अपनी सीमाओं की सुरक्षा के लिए हम लोगों ने व्यापक व्यवस्थाएँ की हैं और कोई भी विदेशी शक्ति हम लोगों पर आक्रमण करने की हिम्मत नहीं कर सकती।"

हिंदू महासभा और आर.एस.एस. को चेतावनी देते हुए सरदार पटेल ने कहा कि किसी भी सांप्रदायिक संगठन को राजनीतिक क्षेत्र में न घुसने देने के लिए सरकार कृतसंकल्प है। उन्होंने आर.एस.एस. के गुमराह युवाओं से अपील की कि वे अपने नुकसानदेह कार्यों को छोड़ दें और कांग्रेस में शामिल हो जाएँ।

सरदार पटेल ने आर.एस.एस. के सदस्यों से गंभीरतापूर्वक अपील की कि वे अपने दृष्टिकोण में परिवर्तन लाएँ। उन्हें (आर.एस.एस. को) यह समझना चाहिए कि देश में शांति और सुख में व्यवधान उत्पन्न करनेवाली किसी भी चुनौती को भारत सरकार सहन नहीं कर सकती।

सरदार पटेल ने कहा कि प्रत्येक देशभक्त मुसलमान को अपने भाई की तरह समझा जाना चाहिए और यदि किसी ने यह सोचा कि वह मुसलमानों को कष्ट देने के लिए स्वतंत्र है तो यह स्वतंत्रता उचित नहीं है।

"वे लोग, जो क्रोधित होकर शासन करना चाहते हैं उन्हें उस रास्ते पर चलना चाहिए जिस पर रावण गया था। यह किसी एक व्यक्ति का कार्य नहीं है कि वह किसी देशद्रोही मुसलमान से निपटे। यह राज्य का कार्य होना चाहिए। परंतु एक देशभक्त मुसलमान के साथ अपने भाई की तरह व्यवहार किया जाना चाहिए। यदि आप सोचते हैं कि आप देशभक्त मुसलमानों को लगातार कष्ट देते रह सकते हैं, क्योंकि वे मुसलमान हैं तो हमारी स्वाधीनता उचित नहीं है।

"मैं उन मुसलमानों से कहता हूँ, जो भारत छोड़कर चले गए हैं कि उनकी शक्ति और संपन्नता हम लोगों की प्रसन्नता का एक साधन होगा। परंतु जो लोग यहाँ हैं, उनके साथ प्रेम और स्नेहयुक्त व्यवहार किया जाना चाहिए। हम लोगों को एक ऐसा वातावरण तैयार करना चाहिए, जिसमें प्रत्येक व्यक्ति विश्वास और सुरक्षा के साथ रह सके। इस कार्य में मैं आपका सहयोग चाहता हूँ। आपका व्यवहार इस प्रकार का होना चाहिए कि पुलिस बल अनावश्यक हो जाए।"

□

112

लॉर्ड माउंटबेटन का प्रशंसा पत्र सरदार पटेल के नाम

सरदार पटेल का पत्राचार

द वाइसराय हाउस
नई दिल्ली,
14 अगस्त, 1947

प्रिय सरदार पटेल,

मैं कैबिनेट के कार्यों में अपनी सक्रिय सहभागिता को तब तक बंद नहीं कर सकता जब तक कि मैं अपने वाइसराय के छोटे कार्यकाल के दौरान अंतरिम सरकार

में, एक सदस्य के रूप में आपके द्वारा दिए गए निष्ठापूर्ण सहयोग के लिए अपनी हार्दिक प्रशंसा अभिव्यक्त न कर लूँ। कोई भी व्यक्ति यह कहने का साहस नहीं कर सकता कि मिली-जुली सरकार एक आसान साझेदारी है, विशेष रूप से उस स्थिति में जब पृष्ठभूमि में विभाजन का अस्पष्ट एवं विशाल आकार दिखाई पड़ता हो; परंतु आप और आपके सहयोगियों ने मेरा काम बहुत आसान कर दिया और इस प्रकार आप लोगों ने अपनी सच्ची राजनीतिज्ञता साबित कर दी, जिसके लिए आपका देश गर्व कर सकता है।

यह वास्तव में एक सौभाग्य ही था कि आप जैसा दूरदृष्टि-संपन्न, यथार्थवादी राजनीतिज्ञ 3 जून की योजना के समस्त विचार-विमर्शों में तथा बाद में प्रांतों के साथ सभी महत्त्वपूर्ण और संवेदनशील वार्त्ताओं में सम्मिलित था। हम लोगों की पहली 'कसा-कसी' के बाद मैंने सदैव यह महसूस किया है कि हम लोगों को मित्र बन जाना चाहिए और मेरा विश्वास है कि इतिहास इसे सिद्ध करेगा कि एक शांतिपूर्ण समाधान प्राप्त करने तथा प्रभुता-संपन्न भारत को, जिसका क्षेत्र राज्यों के साथ ब्रिटिश भारत से बड़ा होगा, सत्ता के त्वरित हस्तांतरण में मित्रता ने एक महत्त्वपूर्ण भूमिका निभाई है।

भारतीय रियासतों की समस्या के संबंध में आपके विश्वास और सहयोग के लिए भी धन्यवाद—भविष्य की पीढ़ियाँ आपके द्वारा अनुसरण की गई निपुण-नीति के पूर्ण प्रभावों की सराहना करेंगी।

इस पत्र के साथ मैं अपना एक छोटा सा अनौपचारिक फोटो भेज रहा हूँ, जिसे मैं आशा करता हूँ कि आप ऐतिहासिक समय के स्मृतिचिह्न के रूप में स्वीकार करेंगे, जब हम दोनों कैबिनेट में सहकर्मी थे।

आपको और प्रभुता-संपन्न भारत को सभी शुभकामनाएँ।

भवदीय

माउंटबेटन ऑफ बर्मा

माननीय सरदार वल्लभभाई पटेल

□

113

लॉर्ड माउंटबेटन को सरदार पटेल का पत्रोत्तर

सरदार पटेल का पत्राचार

नई दिल्ली,
16 अगस्त, 1947

प्रिय लॉर्ड माउंटबेटन,

आपके 14 अगस्त के कृपा-पत्र के लिए बहुत-बहुत धन्यवाद। महामहिम की सरकार द्वारा आपको दिए गए अत्यंत कठिन एवं जटिल कार्य में आपका जो सहयोग मैं कर सका तथा आपके व्यक्तिगत संदर्भों के लिए आपने उदारतापूर्वक मेरी जो प्रशंसा की है, उससे मैं अभिभूत हूँ।

यह आपकी श्रेष्ठता ही है कि आप मुझे एक अनुशासनप्रिय यथार्थवादी कहते हैं और यही कारण है कि मैं यह कहने का साहस कर रहा हूँ कि जब आपके छह महीनों के वाइसराय के कार्यकाल का इतिहास लिखा जाएगा तब, जिस प्रकार इस अवधि में नाना प्रकार के कठिन कार्यों को पूरा किया गया है और इन निर्णायक महीनों में भारत-ब्रिटेन संबंधों में जिस कुशलता के साथ बदालाव लाया गया है, उसका प्रमुख श्रेय आपको ही दिया जाएगा। भारत और भारत के लोग सदैव ही धारणा और सहानुभूति के प्रति शीघ्र संवेदनशीलता प्रकट करते रहे हैं। ब्रिटेन और भारत दोनों को ही एक-दूसरे को बधाई देनी चाहिए, क्योंकि अंततः उन्होंने आप में एक ऐसा व्यक्ति पाया है, जो इन मूल्यों में बहुत समृद्ध है—अनिवार्यतः कथनी और करनी में सामंजस्य रखनेवाला व्यक्ति, स्पष्टवादी और परिश्रमी तथा स्वाभाविक रूप से निश्छल एवं कार्य पूरा करने के लिए उत्सुक। हम लोगों को अफसोस केवल यह है, और भविष्य के इतिहासकारों को भी होगा, कि आपके बुद्धिमत्तापूर्ण सुझावों का लाभ और आपके कुशल मार्ग-निर्देशन की विशेष सुविधा हम लोगों को काफी पहले मिलनी चाहिए थी।

मेरे पास व्यक्तिगत रूप से आपको धन्यवाद देने के लिए बहुत कुछ है। यह संभव है कि पिछले कुछ महीनों में अत्यधिक मानसिक तनाव और अतिश्रम के कारण मैंने आपकी धीरता और सहनशीलता पर अत्यधिक बोझ डाला हो; परंतु मैंने आपको प्रत्युत्तर के लिए सदैव उत्सुक पाया, जिसने अकसर चिंता और उद्वेग के बादलों को दूर किया है। वास्तव में आपने मित्रता और सद्भावना के साथ जिन कार्यों को पूरा किया है वह सिर्फ इस बात की अभिव्यक्ति है कि आपके पूर्वाधिकारियों की लंबी कतार ने उसे अपने चिंतन की पृथक्ता और जनता के विचारों को व्यक्त करनेवाले नेताओं के भरोसे को न जीत पाने के कारण खो दिया था।

मैं आपकी उन अनुरागपूर्ण भावनाओं के लिए भी आभारी हूँ, जिसके कारण इस ऐतिहासिक समय में हम लोगों के संयुक्त रूप से कार्य करने पर स्मृतिचिह्न स्वरूप आप अपना एक फोटो मुझे भेजने के लिए प्रेरित हुए। यह सदैव मेरे लिए अति मूल्यवान् रहेगा।

क्या मैं महामान्या के प्रति भारत में उनकी मानवीय सेवाओं के लिए आभार के दो शब्द जोड़ सकता हूँ, जिसे उन्होंने उस समय किया, जब देश को उसकी सख्त आवश्यकता थी? मानवीय मनोविज्ञान में उनकी गहरी अंतर्दृष्टि एवं मानवीय यातनाओं और कष्टों को दूर करने में उनकी सतर्कतापूर्ण सुरुचि ने उन हजारों लोगों के हृदयों को भावनाभिभूत किया है, जिनके संपर्क में वह आई थीं।

भवदीय,
वल्लभभाई पटेल

महामहिम विस्काउंट माउंटबेटन ऑफ बर्मा,
नई दिल्ली। □

114

सरदार पटेल का पत्र स्टैफोर्ड क्रिप्स के नाम

सरदार पटेल के पत्राचार

28 फरवरी, 1947

प्रिय सर स्टैफोर्ड क्रिप्स,

पिछली बार आपका समाचार तब मिला जब मुझे आपका 21 दिसंबर, 1946 का पत्र प्राप्त हुआ था। तब से घटनाएँ बड़ी तेजी से घटी हैं और यहाँ तक पहुँची हैं कि महामहिम की सरकार ने भारत से पूर्ण प्रस्थान के लिए एक तिथि निर्धारित कर दी है।

इस अंतराल में हम लोग एक असमंजस की अवधि, चिंता और अत्यधिक कठिनाइयों से गुजरे हैं। उस ओर भी आपको गंभीर कठिनाइयों का सामना करना पड़ा है।

आपने पं. नेहरू का वक्तव्य देखा है, जो घोषणा के प्रति हम लोगों की प्रतिक्रियाओं को अभिव्यक्त करता है। कुछ ऐसे अति महत्त्वपूर्ण गूढ़ तत्त्व हैं, जिनकी व्याख्या की आवश्यकता है; परंतु उसे उचित समय पर किया जा सकता है। किंतु वास्तविक समस्या, जिसके शीघ्र समाधान की आवश्यकता है, वह है—अंतरिम सरकार में वर्तमान समझौता। यदि घोषित नीति को अच्छी तरह लागू किया जाना है तो इसका शीघ्र समाधान करना होगा।

मैं आशा करता हूँ कि नए वाइसराय पूर्ण निर्देशों के साथ आएँगे, ताकि सत्ता के हस्तांतरण की प्रक्रिया निर्विघ्न और तेजी से चल सके।

आपने जो स्पष्ट और साहसिक कदम उठाया है, उसके लिए मैं आपको और आपके सहयोगियों को बधाई देता हूँ और इसमें संदेह नहीं है कि यदि इस नीति को सही अर्थों में लागू किया गया तो परिणामस्वरूप दोनों देशों के बीच स्थायी मित्रता स्थापित हो जाएगी।

आपने एक बार मुझे लिखा था कि सुधीर* (घोष) को यदि संभव हो तो किसी शासकीय पद पर वहाँ भेजा जाए। अब वह जनसंपर्क अधिकारी के रूप में वहाँ जा रहे हैं। चूँकि जो काम उन्हें करना है उसमें वे नए हैं, इसलिए आरंभिक स्थितियों में उन्हें सहायता और निर्देश की आवश्यकता पड़ेगी।

कृपा करके लेडी क्रिप्स को हम लोगों का स्नेह दें।

भवदीय
वल्लभभाई पटेल

माननीय सर स्टैफोर्ड क्रिप्स

□

115

स्टैफोर्ड क्रिप्स का पत्रोत्तर सरदार पटेल के नाम

सरदार पटेल का पत्राचार

बोर्ड ऑफ ट्रेड,
मिल बैंक लंदन, एस. डब्ल्यू.आई.
4 मार्च, 1947

प्रिय वल्लभभाई,

सुधीर के साथ एक पत्र भेजकर आपने बड़ी कृपा की। उनके साथ पिछली शाम मैंने लंबी बातचीत की है। इसोबेल और मैं दोनों ही आपका पत्र पाकर और जहाँ तक आपके व्यक्तिगत स्वास्थ्य का संबंध है, यह जानकर कि आप स्वस्थ हैं, हमें प्रसन्नता हुई। आपको अपना ध्यान अवश्य रखना चाहिए, क्योंकि इन अंतिम महीनों में आप भारत के लिए परमोपयोगी हैं।

मैंने आपकी समस्त कठिनाइयों और चिंताओं को गहराई से महसूस किया है और अन्य अत्यावश्यक प्रकरणों को देखते हुए जितनी जल्दी हो सका, एक निर्णय पर

---

* स्वाधीनता के पूर्व ब्रिटेन में कांग्रेस के अनौपचारिक दूत; बाद में उन्हें कुछ समय के लिए इंडिया हाउस में जनसंपर्क अधिकारी नियुक्त किया गया।

पहुँचने के लिए आगे बढ़े। (हर्बट) मौरिसन[1] बाहर हैं और बीमार हैं, एन्युरिन बेविन[2] निमोनिया से पीड़ित हैं, एलन विल्किंसन[3] का स्वर्गवास हो गया और (अर्नेस्ट) बेविन[4] लंबी छुट्टी पर मास्को गए हुए हैं। इस प्रकार हमारी टीम रिक्त हो चुकी है और हम लोगों के पास पहले की अपेक्षा अधिक कार्य है।

मारक ठंड अब भी जारी है और अभी-अभी बर्फ फिर से पड़नी शुरू हुई है। मुझे डर है कि सुधीर और उनकी पत्नी इसे अधिक महसूस करेंगे।

मेरा विश्वास है कि धैर्य के साथ बिना किसी गंभीर समस्या के हम लोग यह परिवर्तन कर लेंगे; परंतु हमें धैर्य रखना चाहिए। मुझे यकीन है कि आप मेरी ही तरह माउंटबेटन को अत्यधिक पसंद करेंगे और उनका आदर करेंगे। आप देखेंगे कि वह बड़े ही प्रगतिशील विचारों के हैं और आप भी उन्हें पसंद करेंगे।

ईश्वर आपको सुख-समृद्धि से संपन्न करे और महत्त्वपूर्ण कार्यों के लिए आपको स्वस्थ व सुदृढ़ रखे। हार्दिक सम्मान।

भवदीय

स्टैफोर्ड क्रिप्स

सरदार वल्लभभाई पटेल

□

116

सरदार पटेल का पत्र लॉर्ड इस्मे के नाम

सरदार पटेल का संपूर्ण वाङ्मय

पटेल पेपर्स, नवजीवन ट्रस्ट,

19 दिसंबर, 1947

प्रिय लॉर्ड इस्मे,

बंबई से भेजे गए आपके पत्र के लिए मैं अत्यंत आभारी हूँ और मैं आपकी उन भावनाओं की सराहना करता हूँ, जिनसे आप इसे भेजने के लिए प्रेरित हुए हैं।

---

1. सन् 1935 से हौक्नी साउथ के संसद् सदस्य (लेबर); गृह सचिव और बाद में एटली कैबिनेट में विदेश सचिव।
2. ब्रिटिश लेबर राजनीतिज्ञ; द्वितीय विश्व युद्ध में अकसर वह चर्चिल के 'विरोध में एकमात्र व्यक्ति' हुआ करते थे; लेबर सरकार में स्वास्थ्य मंत्री, 1945; श्रम मंत्री 1951।
3. लेबर राजनीतिज्ञ एवं ब्रिटेन में स्त्रियों के मताधिकार के सक्रिय प्रचारक, 1924 और 1935 में संसद् सदस्य निर्वाचित; 1940 में गृह-सुरक्षा मंत्रालय में संसदीय सचिव; 1945 में शिक्षा मंत्री।
4. वैंड्सवर्थ सेंट्रल से संसद् सदस्य (लेबर); प्रथम एटली सरकार में विदेश सचिव।

जैसाकि आप जानते हैं, अतीत में वर्षों तक हमारा देश गलतबयानी का शिकार रहा है। हम लोगों ने सोचा था कि भारत के स्वाधीनता प्राप्त कर लेने के बाद पिछले विवाद समाप्त हो जाएँगे और इंग्लैंड के जन-जीवन में प्रमुख लोग भारत की स्वाधीनता के पिछले विरोध को भुला देंगे तथा मित्रता व सद्भावना की मनोवृत्ति से सामंजस्य स्थापित कर लेंगे; परंतु मुझे यह देखकर खेद होता है कि आपके पुराने प्रमुख सहित पहले के हमारे विरोधी जब भी हम पर कीचड़ फेंकने का अवसर पाते हैं तो वही पुरानी धुन बजाते हैं। मैं निर्भीकतापूर्वक कहता हूँ कि यह तब और भी खेदजनक है, क्योंकि कहीं भी दूसरे लोग और संसार में कोई भी दूसरा देश इतनी आसानी से वर्षों की कड़वाहट को भुलाकर क्षमा नहीं करता, जितनी आसानी से हम लोगों ने किया है। यह ऐसा ही था मानो हम लोगों ने रात भर में ही अतीत को दफना दिया और आपके देशवासियों के साथ पूर्णत: एक नए संबंध में प्रवेश कर गए। आपने स्वयं देखा है कि जब वह मनोवैज्ञानिक अवसर 15 अगस्त को आया तो मित्रता और सद्भावना किस प्रकार प्रस्फुटित हुई। अब यह आपके राजनीतिज्ञों और आपके देश पर है कि वे इस मित्रता और सद्भावना को एक पूँजी के रूप में परिणत करें और पुराने मतभेदों को नए रूप में इन्हें ढँकने न दें।

आप व्यक्तिगत रूप से सौभाग्यशाली रहे हैं (और मैं इन परिस्थितियों में किसी प्रकार यह महसूस करता हूँ कि भारत भी भाग्यशाली रहा है) कि लॉर्ड माउंटबेटन के साथ आप भारत आए और इसलिए नजदीक से यह देख सके कि हम लोगों के प्रति अभिव्यक्त आप लोगों की अंतिम भाव-भंगिमाओं पर भारत ने कैसी प्रतिक्रिया दी। आपने यह भी देखा कि हम लोगों ने शायद उस अत्यंत कठिन कार्य का सामना किस प्रकार किया, जो किसी भी देश की सरकार के सामने शायद ही कभी आया होगा। आप इसके भो साक्षी रहे हैं कि पूरे देश और प्रशासन ने किस प्रकार एक विदेशी शासन से स्वशासन के वृहद् और महत्त्वपूर्ण परिवर्तनों से अपने आपको अभ्यस्त कर लिया है। अब यह आप पर है कि आप अपने पुराने प्रमुख को यह विश्वास दिलाएँ कि आपको यहाँ भूसा भरे लोगों से अथवा बुद्धि-संपन्न लोगों से संव्यवहार करना पड़ा है। मुझे विश्वास है कि यदि आप भारत के लोगों और यहाँ के लोक-कल्याण प्रशासन के बारे में कंजरवेटिव पार्टी में फैली भ्रांतियों को दूर करने के लिए कुछ कर सकें और खासतौर से उसके मेधावी नेताओं की भ्रांतियों को मिटा सकें तो आप न सिर्फ इस देश की एक बड़ी सेवा करेंगे बल्कि अपने देश की भी; क्योंकि मैं वास्तव में यह महसूस करता हूँ कि दोनों देशों की सतत मित्रता और सद्भावना में ही दोनों का हित है।

मैं यह भी कहना चाहता हूँ कि मैंने उन अवसरों पर कितना आनंद पाया है, जब किसी सामाजिक या राजकीय कार्यक्रमों में हम साथ हुए हैं। अपने हार्दिक विचारों को स्पष्ट और निर्भीक रूप से अभिव्यक्त करने का आपका तरीका हम लोगों के लिए सदैव

ही प्रिय रहा है और हम लोगों ने महसूस किया है कि आपके सुझावों में व्यक्तियों के अनुभवों की गुरुता और ऐसे तथ्य होते हैं, जो दुर्लभ संपदा हैं, विशेष रूप से उस संकटपूर्ण समय में, जिनसे हम गुजरे थे। इसलिए मैं अंतर्मन से आपको शुभकामनाएँ देता हूँ और आशा करता हूँ कि जब आप छुट्टियों में आराम करने की आवश्यकता महसूस करें तो यह नहीं भूलेंगे कि स्नेहसिक्त स्वागत यहाँ आपकी प्रतीक्षा कर रहा है।

भवदीय

वल्लभभाई पटेल

लॉर्ड इस्मे

□

संलग्नक-I

सरदार पटेल ने राष्ट्रीय एकता पर बल दिया

सरदार पटेल का संपूर्ण वाङ्मय

सरदार पटेल के पत्र—अधिकांशत: अज्ञात - IV
8 फरवरी, 1946

प्रिय मित्र,

मुझे आपका 18 जनवरी* का पत्र प्राप्त हुआ, किंतु बंबई से बाहर अत्यावश्यक व्यस्तताओं के कारण मैं पत्रोत्तर शीघ्र न दे सका।

मुझे इसमें संदेह नहीं है कि मैंने जनसभा में पाकिस्तान के बारे में जो कुछ कहा है वह पूर्णत: सत्य है और मैं उस पर दृढ़ हूँ। इसका अर्थ यह नहीं है कि सांप्रदायिक एकता के लिए मैं इस देश में किसी से कम चिंतित हूँ। सांप्रदायिक घृणा फैलाना और विदेशी सत्ता से इस आशा के साथ माँग करना कि स्वार्थबद्ध शक्तियाँ दावे की तरफदारी करेंगी, क्योंकि कांग्रेस उस सत्ता के समापन के लिए संघर्ष कर रही है, आसान है; किंतु बिना रक्तपात और अराजकता के इस उद्देश्य को प्राप्त करना आसान नहीं है। पाकिस्तान के बारे में मेरे विचार किन्हीं सांप्रदायिक तर्कों पर आधारित नहीं हैं और मैं इस बात को अच्छी तरह समझता हूँ कि लाखों मुसलमान, ईसाई, सिक्ख और अन्य लोग मेरे विचारों

---

* श्री एस. ए. भीमजी के पत्र से उद्धृत—यथोचित आदर और सम्मान के साथ मैं आपका ध्यान 14 तारीख के आपके भाषण की ओर आकर्षित करना चाहता हूँ, जिसमें आपने कहा था—''यदि पाकिस्तान प्राप्त करना है तो हिंदुओं और मुसलमानों को लड़ना होगा। एक गृह-युद्ध होगा। पत्र-लेखक सहित अनेक ऐसे मुसलमान हैं, जो ऐसे ही विचार से अनुप्राणित हैं। पाकिस्तान लीग का एक विवाद-विषय हो सकता है, परंतु हम लोगों के साथ कांग्रेस में ऐसा नहीं है। सांप्रदायिक नेताओं के साथ समझौता-वार्त्ता न करें, क्योंकि यह हम सभी को बाध्य करनेवाली परिस्थिति में डाल देगी। मैं आशा करता हूँ कि एक दिन आप हिंदू-मुसलिम एकता के एक सुदृढ़ स्तंभ होंगे।''

से सहमत हैं। यदि मेरे विचारों की अभिव्यक्ति में कोई गलती है, जिससे किसी भी सांप्रदायिक पूर्वग्रह का पता चलता है तो मैं उसे सुधारने के लिए तैयार हूँ। मैं राष्ट्रीय एकता के पवित्र आदर्श में विश्वास करता हूँ और जीवन के अंतिम क्षणों तक इसका समर्थन करते रहने की आशा करता हूँ।

भवदीय
वल्लभभाई पटेल

श्री एस. ए. भीमजी, बंबई।

□

संलग्नक-II

सरदार पटेल ने बलवंत राय को लिखा—ब्रिटिश सरकार विभाजन जैसी अविवेकपूर्ण योजना को हम लोगों पर नहीं थोप सकती

सरदार पटेल का संपूर्ण वाङ्मय

सरदार पटेल के पत्र—अधिकांशत: अज्ञात - IV
9 फरवरी, 1946

प्रिय बलवंत राय,

आपका 15 तारीख* का पत्र प्राप्त कर मुझे प्रसन्नता हुई तथा आपके सुझावों के लिए मैं आभारी हूँ। हम लोगों ने सांप्रदायिक घृणा पर आधारित पाकिस्तान की प्रस्तावित अविवेकपूर्ण योजना में सन्निहित भीषण परिणामों से संसदीय शिष्टमंडल को अवगत कराने का हरसंभव प्रयास किया है और मैं समझता हूँ कि वर्तमान स्थिति में जिस तरह की याचिका का प्रस्ताव आपने किया है, हम लोगों को उसे संगठित करने की आवश्यकता नहीं पड़नी चाहिए। अंग्रेजों अथवा ब्रिटिश सरकार में यह क्षमता नहीं है कि वे ऐसी किसी भी अविवेकपूर्ण योजना को हमारी इच्छा के विरुद्ध हमारे देश पर थोप दें।

---

* श्री बी. के. ठाकोर ने अपने पत्र में सरदार को यह सुझाव दिया था कि प्रत्येक प्रांत से लाखों-लाख हस्ताक्षरों से युक्त एक भारी-भरकम याचिका एक सारणी में एकत्र किया जाए और यह स्पष्ट रूप से अभिव्यक्त किया जाए कि पाकिस्तान के लिए दबाव डालने का अर्थ एक अत्यंत विध्वंसक एवं पूर्णत: अनुचित गृह-युद्ध में प्रवृत्त होना है और इसे वाइसराय को भेजा जाए, ताकि वह इसे महामहिम की सरकार को भेजने के पूर्व जितने भी हस्ताक्षरों को वह उचित समझें, उन्हें सत्य प्रमाणित कर लें।

मुझे यह देखकर प्रसन्नता हुई है कि आपने इस स्थिति में अपने मन को शांत और निर्मल बनाए रखा है तथा आप स्वस्थ हैं।

भवदीय
वल्लभभाई पटेल

श्री बी. के. ठाकोर,
बंबई।

□

संलग्नक-III

सरदार पटेल ने विभाजन पर बनर्जी के विचारों का समर्थन किया

सरदार पटेल का संपूर्ण वाङ्मय

सरदार पटेल के पत्र—अधिकांशत: अज्ञात - IV
नई दिल्ली,
14 अप्रैल, 1946

प्रिय मित्र,

मुझे आपका 7 तारीख का पत्र प्राप्त हुआ। मैं भारत के विभाजन के प्रश्न पर आपकी भावनाओं की पूर्ण सराहना करता हूँ और मुझे आपके विचारों से पूर्ण सहानुभूति है। इस संबंध में राष्ट्रवादी बंगाल की गहन अनुभूतियों से भी मैं अवगत हूँ। विचारों की व्यक्तिगत अभिव्यक्तियों से आपको विचलित नहीं होना चाहिए; परंतु कांग्रेस समग्र रूप से भारत की एकता का प्रतिनिधित्व करती है और यह किसी भी विभाजन से सहमत नहीं हो सकती, जिसकी आपको ऐसी गंभीर आशंका है। मैं यह सुनिश्चित करने के लिए हर संभव प्रयत्न करूँगा कि भारत की एकता को बाधित करने के लिए कुछ भी न किया जाए।

भवदीय
वल्लभभाई पटेल

श्री डी. एन. बनर्जी,
ढाका।

टिप्पणी : यह पत्र सरदार पटेल को 7 अप्रैल, 1946 को लिखे बनर्जी के पत्र के उत्तर में था—
''विभाजन का प्रश्न सिद्धांत का प्रश्न है, न कि बेसमझ और अनभिज्ञ बहुसंख्यकों के वोट का, जिन्हें सांप्रदायिक उन्मादियों और धर्मांध अवसरवादी नेताओं द्वारा भड़काया गया है।

मैंने सुना है कि आप किसी भी आकार या प्रकार से भारत के विभाजन के अत्यधिक विरुद्ध हैं। इसलिए हम लोग गंभीरतापूर्वक आपसे आशा कर रहे हैं कि आप उन लोगों को रोकेंगे, जो कांग्रेस के नाम पर, इस प्रश्न पर किसी भी प्रकार का समझौता करने में सहायक हो रहे हैं।''

□

संलग्नक-IV

सरदार पटेल ने नेहरू और विभाजन पर अपने पत्राचार को प्रकाशित करने की अनुमति बनर्जी को दी

सरदार पटेल का संपूर्ण वाङ्मय

सरदार पटेल के पत्र—अधिकांशत: अज्ञात - IV

21 अप्रैल, 1946

प्रिय मित्र,

हमारे पत्राचार को प्रकाशित करने की अनुमति माँगने से संबंधित आपका तार मुझे आज सुबह मिला।

प्रकाशन के लिए मैं अपने विचार आपको देने के लिए तैयार हूँ, जिससे आपके दृष्टिगत उद्देश्य[1] की पूर्ति हो जाएगी—

''भारत के विभाजन के प्रश्न पर मैं आपकी भावनाओं की पूर्ण सराहना करता हूँ और इस विषय पर आपके 7 तारीख[2] के पत्र में अभिव्यक्त आपके विचारों से मेरी पूर्ण सहानुभूति है। इस संबंध में राष्ट्रवादी बंगाल की गहन अनुभूतियों से भी मैं अवगत हूँ।

''हम लोगों की समिति के अलग-अलग सदस्यों ने अपनी व्यक्तिगत भावनाओं को अभिव्यक्त करते हुए इस विषय पर कांग्रेस के प्रस्ताव के किसी एक या दूसरे भाग को अधिक महत्त्व दिया होगा। परंतु मैं आपको विश्वास दिला सकता हूँ कि एक प्रश्न पर हम सभी संयुक्त हैं और वह यह है कि समग्र रूप से कांग्रेस भारत की एकता का प्रतिनिधित्व करती है और यह किसी भी ऐसे विभाजन से सहमत नहीं हो सकती जिसकी आपको ऐसी गंभीर आशंका है। किसी प्रांत की संयुक्त आकांक्षा का कांग्रेस किस प्रकार अनादर कर सकती है?

---

1. देश के विभाजन के लिए उठे हंगामे के कारण भयग्रस्त पूर्वी बंगाल की चिंता का निराकरण करने के लिए।
2. वही, पृ. 213-14।

"एक कर्जन इसे कर सकता है, परंतु कांग्रेस जैसा एक लोकतांत्रिक संगठन ऐसा नहीं कर सकता। लेकिन कर्जन ने भी जो किया, उसे बंगाल ने अकृत कर दिया और बंगाल के लिए यह आसान होगा कि किसी भी जन-संगठन द्वारा ऐसे किसी मूर्खतापूर्ण प्रयास को दुहराए जाने के विरुद्ध वह अपनी इच्छाओं को दृढ़तापूर्वक घोषित कर सके। मैं वास्तव में यह सुनिश्चित करने के लिए बाध्य हूँ कि भारत की एकता को बाधित करने के लिए कुछ भी न किया जाए।"

आप इसे मेरे पत्र के उद्धरण के रूप में प्रकाशित कर सकते हैं। मुझे विश्वास है कि आप इससे संतुष्ट होंगे।

भवदीय
वल्लभभाई पटेल

श्री डी. एन. बनर्जी,
ढाका।

□

संलग्नक-V

सरदार पटेल ने संदूर के शासक द्वारा देश की एकता के प्रति उनकी दृढ़ता की सराहना करते हुए उन्हें पत्र लिखा

सरदार पटेल का संपूर्ण वाङ्मय

सरदार पटेल के पत्र—अधिकांशत: अज्ञात - IV
शिमला,
13 मई, 1946

प्रिय मित्र,

मुझे आपका 5 तारीख का पत्र मिला।

मुझे आपसे यह आश्वासन प्राप्त करके प्रसन्नता हुई है कि एक संयुक्त और स्वतंत्र भारत के लिए आपकी रियासत समर्पण करने के लिए तैयार रहेगी। शासकों द्वारा विभाजित भारत के आधार पर समर्पणों के बारे में आपकी प्रत्याशा संबंधी आशंकाएँ पूर्णत: निराधार हैं। कांग्रेस एक अविभाजित भारत का समर्थन करती है और संसार में कोई भी चीज कांग्रेस को उस स्थिति से डिगा नहीं सकती।

चांसलर ऑफ प्रिंसेज के बारे में जो रपटें आप तक पहुँची हैं, वे मुझे ज्ञात नहीं हैं और जहाँ तक मैं जानता हूँ, वे पूर्णत: असत्य हो सकती हैं। महामहिम भोपाल के नवाब के व्यक्तिगत विचार चाहे जो भी हों, वह अपने उन शासक भाइयों की इच्छाओं के विरुद्ध नहीं जा सकते, जिनका प्रतिनिधित्व वह चांसलर के रूप में करते हैं।

मुझे विश्वास है कि चैंबर आफ प्रिंसेज में आपकी उपस्थिति के कारण भारत के विभाजन का प्रस्ताव करनेवाली कोई भी योजना अमान्य कर दी जाएगी।

हम लोग कल दिल्ली जा रहे हैं। सम्मेलन[1] का अंत विफलता में ही हुआ, जैसाकि प्रारंभ से ही समझा जा रहा था। लीग और कांग्रेस के बीच कोई मिलन-स्थल नहीं है, क्योंकि इन दो संगठनों के मौलिक सिद्धांतों में समझौते की कोई संभावना नहीं है।

मिशन ने लगभग छह सप्ताहों तक बड़ी कोशिश की, परंतु वह विफल रहा। मिशन का अगला कार्यक्रम अब दिल्ली में प्रारंभ होने वाला है और हम लोगों के वहाँ पहुँचने के तुरंत बाद संभवत: शुरू हो जाएगा। आशा करनी चाहिए कि जिस कार्य के लिए मिशन भारत आया है, उसके इस महत्त्वपूर्ण सोपान पर विफलता नहीं होगी।

भवदीय

वल्लभभाई पटेल

महामहिम संदूर के शासक,
राजमहल, संदूर।

□

संलग्नक-VI

सरदार पटेल ने कांग्रेस को यह समझाया कि इफ्तकारुद्दीन की पाकिस्तान की उनकी माँग ने उनके निष्कासन को प्रेरित किया

सरदार पटेल का संपूर्ण वाङ्मय

सरदार पटेल के पत्र—अधिकांशत: अज्ञात - IV

4 जून, 1946

प्रिय मित्र,

मुझे आपका 10 मई का पत्र मिला।[2]

आपका यह कथन सत्य नहीं है कि कांग्रेस और मुसलिम लीग के बीच एकता का सार्वजनिक रूप से अनुमोदन करने के लिए मियाँ इफ्तकारुद्दीन का उपहास किया

1. कैबिनेट मिशन द्वारा आयोजित।
2. श्री एम. एम. अहमद ने सरदार से यह शिकायत की थी कि "कांग्रेस और मुसलिम लीग के बीच एकता का अनुमोदन करने के लिए इफ्तकारुद्दीन का उपहास किया गया। इस उपहास के परिणामस्वरूप मियाँ साहब ने कांग्रेस का क्षेत्र छोड़ दिया। उस समय मैंने सोचा कि कांग्रेस ने मुसलिम लीग के तुष्टीकरण की नीति समाप्त कर दी है और मैंने उसका स्वागत किया। परंतु कांग्रेस के द्वारा मुसलिम लीग के दरवाजे पर दस्तक देना बंद नहीं किया गया है, जैसाकि कांग्रेस कार्यकारिणी समिति के सदस्यों के हाल के बयानों और प्रयासों से स्पष्ट है।"

गया। कांग्रेस हिंदू-मुसलिम एकता की पक्षधर है और इस नीति का कांग्रेस ने सदैव ही समर्थन किया है। मियाँ साहब जो चाहते थे, वह यह था कि कांग्रेस मुसलिम लीग की पाकिस्तान की माँग को स्वीकार कर ले; परंतु कांग्रेस के लिए ऐसा करना असंभव था। उनसे कहा गया कि यदि उन्हें इसी बात पर अड़े रहना है तो उनका स्थान लीग में है और इसे उन्होंने अच्छी तरह समझ लिया तथा लीग में शामिल हो गए। कांग्रेस एवं लीग के बीच एकता का समर्थन करके मियाँ साहब ने कोई पाप नहीं किया था; परंतु मैं यह नहीं समझ पा रहा हूँ कि इससे आपका क्या अभिप्राय है कि कांग्रेस कार्यकारिणी समिति मुसलिम लीग को एक पूर्णतः अनुचित और असंभव अभिवृत्ति अपनाने के लिए प्रोत्साहित कर रही है? कांग्रेस कार्यकारिणी समिति ने ऐसा कोई भी काम नहीं किया है।

भवदीय
वल्लभभाई पटेल

श्री एम. एम. अहमद,
नई दिल्ली कांग्रेस कमेटी,
नई दिल्ली।

□

संदर्भ

1. चोपड़ा, पी.एन.

   (क) द गॅजेटियर ऑफ इंडिया (हिस्ट्री ऐंड कल्चर), खंड-II, प्रकाशन विभाग, दिल्ली, 1973।

   (ख) इंडियाज स्ट्रगल फॉर फ्रीडम, प्रकाशन विभाग, दिल्ली, 1989।

   (ग) हिस्टॉरिक जजमेंट ऑन क्विट इंडिया मूवमेंट, (जस्टिस विकेनडंस रिपोर्ट), कोणार्क पब्लिशर्स, 1989।

   (घ) क्विट इंडिया मूवमेंट (ब्रिटिश सीक्रेट रिपोर्ट), थॉमसन प्रेस, 1976।

   (ङ) द सरदार ऑफ इंडिया, एलाइड पब्लिशर्स, 1995।

2. चोपड़ा, पी.एन. तथा अन्य

   (क) ए न्यू एडवांस्ड हिस्ट्री ऑफ इंडिया, प्रेंटिस हॉल ऑफ इंडिया, 1996।

3. चोपड़ा, पी.एन. तथा प्रभा चोपड़ा

   (क) कलेक्टेड वर्क्स ऑफ सरदार पटेल, खंड-III से XV, कोणार्क पब्लिशर्स, 1993-1999।

   (ख) इनसाइड स्टोरी ऑफ सरदार पटेल (द डायरी ऑफ मनीबेन पटेल-1936-1950), विजन बुक्स, 2001।

4. दास, दुर्गा

   (क) सरदार पटेल कॉरेस्पोंडेंस, खंड-III व IV, नवजीवन पब्लिशिंग हाउस, अहमदाबाद, 1972।

5. हडसन, एच.वी.

   (क) द ग्रेट डिवाइड (ब्रिटेन-इंडिया-पाकिस्तान), 1947-1985, ऑक्सफोर्ड यूनीवर्सिटी प्रेस, कराची, 1969।

6. मून, पेंड्रेल

(क) वावेल (द वाइसराय जर्नल), ऑक्सफोर्ड यूनीवर्सिटी प्रेस; लंदन, दिल्ली, कराची, 1973।

7. कुलकर्णी, वी.बी.

(क) द इंडियन ट्राइमविरेट, भारतीय विद्या भवन, बॉम्बे, 1969।

8. फिलिप्स, सी.एच. ऐंड वेनराइट, मैरी डोरीन

(क) द पार्टिशन ऑफ इंडिया, जॉर्ज एलन ऐंड अनविन लि., 1968।

9. शंकर, वी.

(क) सरदार पटेल—सिलेक्टेड कॉरेस्पोंडेंस, 1945-1950, खंड-I व II, नवजीवन पब्लिशिंग हाउस, अहमदाबाद, 1976।

□□□